Greg Graffin

PUNK PARADOXON
Eine Autobiografie

Für alle, die sich gern an meine Mutter, Marcella June Carpenter Graffin, und meinen Vater, Walter Ray Graffin, sowie die auf den folgenden Seiten geschilderten Ereignisse und Freundschaften erinnern.

GREG GRAFFIN

PUNK PARADOXON

EINE AUTOBIOGRAFIE

Aus dem Englischen von Paul Fleischmann

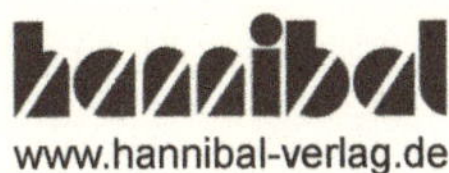

www.hannibal-verlag.de

Impressum

Deutsche Erstausgabe 2022

Hannibal Verlag, ein Imprint der KOCH International GmbH, A-6604 Höfen
www.hannibal-verlag.de

ISBN 978-3-85445-745-9
Auch als E-Book erhältlich mit der ISBN 978-3-85445-746-6

Titel der Originalausgabe: PUNK PARADOX – A Memoir

Cover Design von Timothy O'Donnell

Fotos Innenteil: Graffin Familienarchiv, außer anders vermerkt

Erstmals veröffentlicht im November 2022 von Hachette Books, einem Imprint von Perseus Books, LLC, einem Tochterunternehmen der Hachette Book Group, Inc.,1290 Avenue of the Americas New York, NY 10104

ISBN der Originalausgabe: 9780306924583

Grafischer Satz in deutscher Sprache: Thomas Auer
Übersetzung: Paul Fleischmann
Deutsches Lektorat und Korrektorat: Heinrich Dubel, www.heinrichdubel.de

Printed in Germany

CO_2-neutrale Produktion

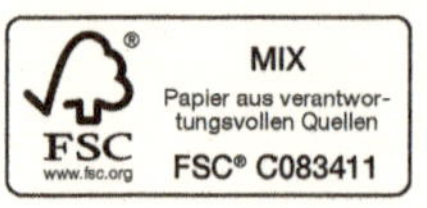

INHALT

TEIL 1

1 INTRO

„Ich hab John doch gesagt, dass er die Knarre holen soll. *Graaaaagh*, warum hat er das nicht getan?!", plärrte George und starrte mich an. Auf seinen Wangen begannen sich Schrammen abzuzeichnen. Er klammerte sich an meinen Jackenaufschlag und zog mein Gesicht näher an sein eigenes heran, während er verzweifelt nach einer Antwort suchte, ganz fassungslos ob seines Zustandes. „20 Leute haben mich attackiert, *Graaag*. ZWANZIG!", keuchte er. George vertraute mir. Er und sein Cousin John waren beide russische Einwanderer mit Bürstenhaarschnitten. John war kurzgeraten und stämmig. Über seinen Augen wucherten ein Paar massive, zusammengewachsene Brauen. George wiederum war schlank und von durchschnittlicher Größe. Sein Gesicht mit den kantigen Wangenknochen erinnerte mich an einen Boxer. Beide waren sie Punkrocker – so wie ich – und traten stets als Duo in Erscheinung. Egal, ob wir nun auf der Suche nach Action durch die Straßen cruisten oder bei einem Gig vor der Bühne dem Slamdance frönten: Die beiden waren schlichtweg unzertrennlich und unterhielten sich miteinander gern in ihrer mysteriösen Fremdsprache. Sie sahen in mir einen vernünftigen Jungen, der fernab von Hollywood wohnte, nichts mit Drogen und Alkohol am Hut hatte und immer die passenden Antworten für sie parat hatte.

„Keine Ahnung, warum John nicht das getan hat, was du von ihm wolltest, George, aber er fährt ja den Truck. Da sitzt er. Warum fragst du ihn nicht einfach selbst?", antwortete ich. Aber George war zu wütend, zugedröhnt und benommen, um einen klaren Gedanken fassen zu können. Also palaverte er weiter auf mich ein. „*Grag*, diese Wichser“, rang er nach Worten, „sie haben mich getreten. Die Knarre liegt im Handschuhfach!“ „Fahr einfach weiter, John, bis wir George von hier weggebracht haben“, sagte ich. „Sag bloß, *Grrr-aeg*! Ich fahre uns bis zum Oki-Dog, wo wir Heimvorteil haben, ja?“, klärte John uns auf.

Obwohl ich wusste, dass George und John irgendwo im Auto eine Knarre gebunkert hatten, hielt ich sie nicht für abgebrühte Kriminelle – und schon gar nicht für Killer. So wie viele Einwohner von Los Angeles waren auch sie Einwanderer der ersten Generation mit Malocher-Background, die entweder mit ihren Familien hierhergezogen oder zu Verwandten geschickt worden waren, um sich vor Ort den Traum von einem besseren Leben erfüllen zu können. Allabendlich traf man sie vor irgendeiner Punk-Konzert-Location in Hollywood und Umgebung an, wo sie nach Zerstreuung, Girls, Alkohol oder Pillen fahndeten. In dieser Hinsicht glichen sie all den anderen Szenemitgliedern im Herbst 1981. An diesem konkreten Abend stand jedoch weder in Hollywood noch sonst irgendwo ein Punk-Gig auf dem Programm. Doch da wir uns dem Punk-Lifestyle verschrieben hatten, mussten wir uns nach einem anderen Treffpunkt umsehen, wo wir abhängen konnten – und in der Regel landeten wir dann bei Oki-Dog am Santa Monica Boulevard, wo Punkrocker immer willkommen waren. Wohingegen alle anderen Imbissbuden ob unseres Anblicks das Gesicht verzogen, grüßten uns die Besitzer des Oki-Dogs mit asiatischer Gastfreundlichkeit: „Haaallo, mein Freund! Was willst du?“ Normalerweise bestellte man dann labbrige Pommes und Chili-Dogs. Doch selbst, wenn man kein Essen orderte, verhielten sie sich gegenüber den Mätzchen, die die Punks allabendlich auf ihrem Parkplatz abzogen, stets tolerant und wir fühlten uns akzeptiert. Immerhin waren wir stets bereit, auf den Straßen der Traumfabrik Hollywood für Tumulte zu sorgen, indem wir eine spontane Punk-Parade initiierten. Wo immer uns die Leute sehen konnten. „Lasst uns rüber nach Westwood fahren“, schlug jemand auf dem Parkplatz vor dem Oki-Dog vor.

Westwood war mit seinen hellen Bürgersteigen, glamourösen Filmhäusern, Nobelrestaurants, Eckläden, Donut-Buden und angesagten Modeboutiquen ein Schmelztiegel der Betuchten, Jungen und Gebildeten. Im Süden wurde das Viertel vom Wilshire Boulevard und im Osten von der Hilgard Avenue begrenzt. Es umfasste etwa 24 Häuserblöcke, die die Bedürfnisse etlicher Bewohner von Los Angeles deckten. Auf der anderen Straßenseite der Le Conte Avenue befand sich zum Beispiel die UCLA. Wenn man ein paar Kilometer den Wilshire Boulevard entlang fuhr, kam man zum Strand. In entgegengesetzter Richtung lagen Hollywood und das Stadtzentrum. Alle Wege führten offenbar nach Westwood, wo man weder auf die düsteren und schmuddeligen Aspekte Hollywoods noch auf die Kriminalität und Gewalt anderer verrohter Ecken der Metropole traf. Hier tummelten sich die Studenten der UCLA und jede Woche fanden Weltpremieren der neuesten Machwerke der großen Filmstudios statt. Auf den Bürgersteigen Westwoods trafen die Studis auf diverses Laufpublikum aus anderen Vierteln, die sich hier am höchst aktiven Nachtleben erfreuten. Auf den breiten Avenues verkehrten sogenannte „Cruiser“ – Jungs und Mädels unterschiedlicher ethnischer Abstammung, die die Automobilkultur zu ihrem Lebensinhalt erkoren hatten. Ein paar von ihnen – so wie auch die Punkrocker, mit denen ich mich abgab – waren darauf aus, etwas Unruhe in die ungetrübte abendliche Idylle Westwoods zu bringen. Sie suchten nach Remmidemmi – und im schlimmsten Fall nach Gewalt.

Ich fühlte mich wie zu Hause in Westwood. Die UCLA war schließlich der Grund dafür gewesen, weshalb es die Familie Graffin nach Los Angeles verschlagen hatte, als ich gerade einmal elf Jahre alt war. Meine Mom hatte ihren Job als Dekanin an der University of Wisconsin-Milwaukee hinter sich gelassen, um ab 1976 dieselbe Funktion an der UCLA zu bekleiden. Gelegentlich nahm sie meinen jüngeren Bruder Grant und mich mit zur Arbeit und ließ uns auf dem großen Campus und in Westwood herumstreunen. Das war keine große Sache. Selbst als kleine Kinder waren wir schon auf Uni-Gelände unterwegs gewesen. Unser Dad war ebenfalls an einer Hochschule beschäftigt, nämlich an der University of Wisconsin-Parkside. Zu meinen frühesten Erinnerungen zählt, Mom oder Dad in die Arbeit zu begleiten und dann eine Weile auf mich selbst gestellt zu sein, da meine Eltern unterrichten oder an Meetings teilnehmen mussten. Das einmalige Aroma der Unterrichtsräume, Bibliotheken, Kopierräume und Professorenbüros gehört zu meinen liebsten und angenehmsten Assoziationen mit dieser Zeit. An jenem Abend fühlte sich jedoch gar nichts angenehm an. Als wir auf einem der Parkplätze der Uni aus unseren Karren stiegen, war glasklar, dass diese Ansammlung von Punkrockern im ansonsten so lockeren Westwood eine durch und durch feindselige Reaktion auslösen würde. Heute Abend, ja, da wären wir das Unterhaltungsprogramm.

Mein Chauffeur in dieser Nacht war ein gewisser Greg Hetson. Er hatte sich in der Szene einen Namen gemacht, indem er in zwei bereits legendären Bands spielte, beziehungsweise gespielt hatte. Redd Kross verzichteten zwar inzwischen auf seine Dienste, doch seine andere Combo, nämlich die Circle Jerks, zählte mittlerweile zu den Leitwölfen der lokalen Punk-Clique und schickte sich an, ihren Einfluss auch weiterhin zu vergrößern. Greg fuhr einen El Camino und sagte: „Spring rein, ich wohne ohnehin in dieser Richtung." Er lebte nicht weit von Westwood entfernt und wir hingen regelmäßig in seinem Apartment ab, das uns oft als Ausgangspunkt für unsere abendlichen Abenteuer diente. Ich ließ mich in Gregs Beifahrersitz plumpsen und steckte meinen Kopf aus dem Autofenster, während wir den Santa Monica Boulevard bis zur Kreuzung mit der Wilshire Avenue hinunter brausten. „Vielleicht treffen wir in Westwood ja ein paar Miezen", orakelte Greg. Er wusste, dass dieses Thema – so wie Punkrock auch natürlich – beide Gregs gleichermaßen antrieb.

Mit Greg Hetson rumzuhängen war immer ein Abenteuer. Mit dem Typen wurde einem so schnell nicht langweilig. Wenn man wissen wollte, wo die wildesten Partys in Hollywood in Szene gingen oder in welchem Lagerhaus in Hawthorne oder irgendwo sonst im Großraum L.A. geheime Gigs auf dem Programm standen, dann war Greg der richtige Ansprechpartner. Er verhielt sich stets freundlich und zuvorkommend. Zudem zeichnete er sich durch sein ansteckendes Lächeln und seinen intelligenten Witz aus. Dennoch war er den derberen Aspekten und Ausschweifungen, für die die Punkszene ja legendär war, auch nicht abgeneigt. Nicht, dass er sich an allem, was da so abging, beteiligt hätte. Aber mit ihm befreundet zu sein hieß für uns, dass wir nicht auf die Beratung eines namenlosen Taxifahrers angewiesen waren, wenn wir wissen wollten, wo die große Sause stieg. Greg Hetson war unser Experte für alles. Menschenskind, der Junge fuhr eine Zeitlang sogar seine eigene Mercedes-Diesel-Limo, wie ich sie sonst als Taxi in Berlin kenne. Wir lauschten ihm aufmerksam, wenn er hinter seinem Lenkrad, das immer viel zu groß für ihn wirkte, mikrogeografische Details und Besonderheiten über die coolsten Hotspots mit uns teilte. Es fühlte sich dann immer so an, als ob wir nicht nur mit unserem besten Kumpel, sondern einem eigenen persönlichen Stadtführer unterwegs waren.

Als wir nun am Parkplatz neben der Gayley Avenue in Westwood eintrafen, schälte sich ein bunter Haufen Punks aus den Autos, unter denen sich auch Greg Hetsons El Camino befand. Der respekteinflößende Klang unserer Springer- und Chopper-Stiefel auf dem Asphalt, als wir aus den Wagen sprangen, verkündete unsere Ankunft schon von Weitem und noch bevor wir die Passanten vor Mann's Westwood Theater auseinandertrieben. Greg trug immer dieselbe grüne Armeejacke, Jeans und Tennisschuhe. Ich kleidete mich stets in meine Motorradlederjacke, auf deren Rückseite das weiße Bad-Religion-Logo prangte. Die Ketten, die von den Reißverschlüssen meiner Kluft baumelten, rundeten mein Outfit ab. Es war ein erhebendes Gefühl, mit meinen Freunden herumzustolzieren. Ein paar von ihnen spielten in berühmten Bands. So präsentierten wir der Welt einen Einblick in die noble Zunft des Punkrocks. Doch nur wenige Minuten später sollten sich die mir so vertrauten Straßen meiner Jugend buchstäblich von einem Tummelplatz in ein Schlachtfeld verwandeln. Während unsere Abordnung sich in Szene setzte, versammelte sich eine Gruppe Sportskanonen von der Uni um uns, während ihre Verbindungsbrüder uns verspotteten. Auf der Straße betätigten die Cruiser die Hupen ihrer frisierten Karren und drohten uns mit ihren Waffen. Sie würden sich von so einem dahergelaufenen Lumpenpack ganz sicher nicht die Show stehlen lassen. Man sollte gefälligst sie und ihre fahrbaren Untersätze zur Kenntnis nehmen – und nicht uns ungewaschene Punks!

Wir waren eine bunt zusammengewürfelte Crew, bestehend aus Kids mit unterschiedlichem sozialen Hintergrund. Viele von uns kannten einander gar nicht. Die meisten waren prinzipiell cool drauf, aber ein paar auch schon abhängig von Alk, Pillen oder noch schlimmeren Substanzen wie Heroin. Außer vielleicht sich selbst würden sie keiner Fliege ein Haar krümmen. Die Bandengewalt, die in viele der südlichen Stadtbezirke Einzug gehalten hatte, machte sich aber langsam auch in Punkrock-Zirkeln breit. Brutale Strandgangs und andere zwielichtige Gruppierungen aus Orange County machten einen immer größer werdenden Anteil des Konzertpublikums in den Clubs von Hollywood aus. An diesem Abend bestand unsere Truppe jedoch aus mehreren kleineren, „unabhängigen" Gruppen von Freunden und Bekannten, die aus diversen südkalifornischen Gemeinden im L.A. County stammten.

In Westwood – so wie auch in unseren Heimatbezirken und der Schule – galten wir als einfache Zielscheiben für Spott und Häme. Ganz egal, ob wir nun auf uns selbst gestellt oder als Gruppe unterwegs waren. Respekt rangen wir niemandem ab. Abseits von Hollywood hatten alle Punkrocker eine Sache gemeinsam: Wir wurden gehasst. Unter allen Nichtpunks schwelte eine tiefsitzende Abneigung und Aggression gegen alle, die ihre Kleidung willentlich in Mitleidenschaft zogen, sich Irokesenhaarschnitte schoren, Anarchie-Symbole auf ihre Lederjacken schmierten und Bands abfeierten, die darüber sangen, chaotische Zustände herbeiführen zu wollen. Das handgreifliche Vorgehen gegen uns Punks befand sich gerade auf seinem Höhepunkt – und ganz unverschämt in einer ansonsten so friedlichen Gegend aufzukreuzen, wurde als unverzeihlicher Affront gewertet. Das war uns natürlich klar.

Autos hupten und George schritt hinaus auf die Straße, wo er wie ein Irrer „*Fuuuck you!*" brüllte. Dabei hob er die Arme und reckte die Mittelfinger in die Höhe, während wir alle nervös, aber gutgelaunt zusahen. Immer mehr Autos verlangsamten ihr Tempo, um uns anzuhupen. „Punk ist scheiße, ihr Schwuchteln!", schallte es uns wiederholt entgegen. Greg Hetson und ich lungerten am hinteren Ende des Mobs herum, der zu George hindrängte, um ihn anzustacheln und den Verkehr zu blockieren. Ein paar Leute trugen Bierflaschen bei sich. Zumindest eine flog auch in Richtung Straße. Innerhalb weniger Minuten hielten mehrere Autos an, aus denen um die zwölf Radaubrüder mit der Absicht kletterten, sich mit uns zu kloppen. Die afroamerikanischen Gangs waren im ganzen Süden der Stadt berüchtigt und es war dabei herzlich egal, ob diese Typen nun den Crips oder den Bloods zuzurechnen waren – wir wollten es lieber nicht herausfinden müssen. Ein paar von ihnen hielten nun schnurstracks auf George zu, während wir anderen zusahen, dass wir schleunigst Land gewannen und uns in alle Windrichtungen vertschüssten. Gejagt zu werden war kein Honigschlecken, aber ich merkte relativ bald, dass meine Flucht überflüssig war. Nachdem ich einen Block hinuntergehetzt war, bemerkte ich nämlich, dass mir niemand folgte. „Wovor laufe ich bloß davon?", fragte ich mich. Ich drehte mich um und schlenderte ruhig zurück ins Epizentrums des Konflikts, wo sich die Lage mehr und mehr zuspitzte. Keiner der Punks leistete große Gegenwehr, doch wer es zumindest versuchte, bekam die Hucke vollgedroschen. Nachdem er sich ausreichend Mut angesoffen hatte, war George der Allerlauteste und

Kühnste aus unserer Gruppe. Allerdings war er alles andere als ein begnadeter Straßenkämpfer. Als ich schließlich wieder am Ort des Geschehens eintraf, hatten sich die Sportskanonen und ihre Verbindungskumpels ebenfalls den nunmehr vereinten Bestrebungen angeschlossen, die Punks ein für alle Mal aus der Stadt zu jagen. George wurde gerade am Boden liegend von einer eigentümlich durchmischten Allianz von Punk-Hassern malträtiert, als plötzlich ein großer Muskelprotz von der Uni auf mich zuhielt. Er versuchte, mich in vollem Lauf zu erwischen, doch war ich beweglich genug, um seinem Angriff athletisch ausweichen zu können und ihn mit ausgestrecktem Arm von den Beinen zu holen, bevor ich umgehend zurück zum Parkplatz flüchtete. Greg Hetson saß dort bereits in seinem Wagen. Direkt daneben parkte Johns Truck. „Steig schnell ein!", schrie John. „*Graaag*, wir müssen George retten!" Mit unseren zwei Autos fuhren wir nun zu George. Der Arme lag verlassen da und blutete. Allerdings wies er keine lebensbedrohlichen Verletzungen auf. Ich half ihm in Johns Truck und legte ihn quer über die Vorderbank. George packte meine Jackenaufschläge mit eisernem Griff und blickte mir mit blutunterlaufenen Augen ins Gesicht. „Hast du gesehen, *Graaag*?", fragte er. „20 Leute haben mich attackiert." Es sprudelte einfach so aus ihm heraus. „Warum hat John nicht die Knarre geholt! Joooohn, warum hast du nicht die Knarre geholt, du Wichser!"

Abgesehen von ein paar Kratzern und Schrammen waren die Punks glimpflich davongekommen. Keiner war ernsthaft verwundet. Zum Glück waren keine Waffen gezückt worden. Ein relativ normaler Abend für die Punks von L.A., an dem sie wieder einmal mit einer vollen Breitseite Hass konfrontiert worden waren. Ich konnte weder mit dem Bandenwesen noch der Gang-Mentalität jemals etwas anfange. Tatsächlich hasste ich Gewalt. Nein, Fighter war ich keiner. Aber ich liebte die Musik und fühlte mich automatisch mit jedem verbunden, dem es genauso ging. Leider war es zu dieser Zeit nun einmal so, dass so ziemlich jeder Punkrocker abzulehnen schien.

Die Polizei hasste die Punker nicht weniger als es die restliche Gesellschaft tat. Dies kann ich mit gleich zwei Erlebnissen belegen, die mir bereits vor diesem Zwischenfall widerfuhren. Eines davon ereignete sich am 24. Oktober 1980 gegen 21 Uhr in East Los Angeles, als die Cops in Sturmausrüstung vor der Baces Hall aufkreuzten. In Deckung hinter ihren Schilden rückte das gestiefelte Kommando den Großteils jugendlichen Konzertbesuchern auf den Pelz, deren Silhouetten vielleicht nicht nur von den in dieser Ecke der Stadt oftmals defekten Laternen, sondern auch von belastenden Schwierigkeiten Zuhause verdunkelt erschienen. Zwar wollten sie eigentlich drinnen ordentlich auf den Putz haben, doch vielen blieb der Zutritt zum überfüllten Black-Flag-Konzert verwehrt. Obwohl ich gerade erst selbst eine Band gegründet hatte, war ich noch nicht prominent genug, um mich für einen Platz auf der Gästeliste zu qualifizieren, weshalb auch ich mich draußen im Freien aufhielt. Selbst mit gerade einmal 15 Jahren gelangte ich zu der Conclusio, dass solche Randale höchstens einem guten Adrenalinrausch zuträglich waren, aber nicht wirklich den Absichten eines ambitionierten Punk-Musikers. Sollten Konzertlocations weiterhin bei jedem Punk-Gig auf diese Weise lahmgelegt werden, wie sollten Bad Religion dann jemals auftreten?

Unter den Punks gab es keine dominante Doktrin, kein festgeschriebenes Verhalten, wie man sich während eines Polizeieinsatzes zu benehmen hatte. Punk war – so wie ich selbst ja auch – noch zu jung für solche Formalitäten. Die „Reaktionsnorm“, an der sich die Punks orientierten, stammte vielleicht von den noch immer frischen Bildern der Proteste der Anti-Vietnamkriegsdemonstranten oder der Bürgerrechtsbewegung von gerade einmal einem Jahrzehnt zuvor. Wie auch immer sie konkret ausgesehen haben mochte, unsere Reaktion auf die Polizeibrutalität in L.A. war vollauf unkoordiniert. Auch die Punkzenen in London, New York, Detroit oder sonst irgendwo, von denen wir in Fanzines und Musikzeitschriften gelesen hatten, lieferten keinerlei brauchbare Anhaltspunkte. Deshalb kam das uneinheitliche Handeln, das die auseinandereilende Menschenmenge zur Schau stellte, alles andere als unerwartet. Auch mich überwältigte mein Fluchtinstinkt und anders als manche meiner Zeitgenossen, die mehr Wagemut als gesunden Menschenverstand walten ließen, floh ich, sobald die ersten Gummiknüppel gezückt wurden.

Gerade einmal einen Monat zuvor, am 19. September, fuhr mich mein neuer Freund und Bassist Jay Bentley zu einem Gig an der Ecke Alameda Street und 4th Street, wo sich ein „Club“ namens Hideaway nahe des Stadtzentrums von L.A. befand. Wir freuten uns schon sehr darauf, Greg Hetson und Keith Morris mit den Circle Jerks auftreten zu sehen. Ich hatte Keith bereits einmal im Fleetwood in Huntington Beach erlebt. Er war mein Lieblingssänger. Damals war er noch der Frontmann von Black Flag. Allerdings wusste ich zu diesem

Zeitpunkt noch nicht, dass das selbstgefertigte Shirt mit der Aufschrift „Circle Jerks", das er im Fleetwood trug, als eine Art Vorschau auf sein nächstes Projekt fungieren sollte. Dieser Gig war nämlich sein letzter Auftritt als Sänger von Black Flag. Nun waren Jay und ich schon heiß darauf, ihn und seine neue Band bewundern zu können.

Wie es damals so Mode war, verpassten wir die erste Band des Abends, eine Combo namens Descendents. Doch als die Mitglieder der nächsten Band, die Stains, gerade ihre Ausrüstung aufbauten, fuhren auch schon die Cops vor der überfüllten Location vor. Ein Typ aus dem Umfeld der Stains kletterte auf die Bühne und schnappte sich das Mikro: „Kann jeder von euch bitte einen Gang runterschalten? Die Bullen stehen vor der Tür und werden nicht hereinkommen. Wenn wir uns alle beruhigen, können wir weiter unsere Party feiern." Wie aufs Stichwort konnte man aus dem „Foyer" der Location ein Krachen hören. Das Hideaway war ja nicht mehr als eine Autowerkstatt, deren gläserne Garagentore während Konzerten geschlossen waren. Als nun die Polente eintraf, weil sie die Punks, die nicht mehr eingelassen werden konnten, nach Hause schicken wollte, trieb allein ihr Anblick die Punks schon zur Weißglut, weshalb sie einen alten Chevy direkt durch die Glasfront schoben.

„Irgendwie befürchte ich fast, dass wir die Circle Jerks heute nicht sehen werden", meinte Jay. Nur wenige Sekunden später, enterten die Cops die Location und die Punks stoben auseinander. Jay und ich hasteten zu seinem grünen Toyota-Truck und zischten ab – zurück in die gleichmütige Eintönigkeit unserer Wohngegend im westlichen San Fernando Valley. Pflichtbewusst lieferte er mich beim Haus meiner Mom ab. „Wir sehen uns am Montag in der Schule", verabschiedete er sich. „Später", sagte ich und betrat mein geruhsames Zuhause, dessen Haushaltsvorstand meine geschiedene Mutter war. Sie arbeitete hart, um meinen älteren Bruder Grant und mich durchzubringen.

Die polizeiliche Eskalation gegenüber uns Vorstadt-Kids im Rahmen von Musikveranstaltungen mochte ein Spezifikum der damaligen Zeit und des Ortes gewesen sein. Aber meine Reaktion darauf war definitiv vorhersehbar: blanke Abneigung! Pass bloß auf dich selbst auf, lauf weg und geh in dich! Behalte deinen Kopf unten, damit du dir später am Abend noch Gedanken über solche Vorfälle machen und daraus deine Schlüsse ziehen kannst. In meiner Welt genossen Verständnis gegenüber anderen und menschliche Räson einen höheren Stellenwert als Skrupellosigkeit, Vergeltung oder obsessive Hetze. Die intellektuelle Analyse gewaltsamer oder emotional verstörender Ereignisse war meine Bewältigungsstrategie. Außerdem war es so etwas wie unser Familiengeschäft.

Zuhause in der beschaulichen Vorstadtenklave Canoga Park dachte ich in dieser Nacht, nachdem sich mein Adrenalinspiegel wieder eingepegelt hatte, über die turbulenten Vorkommnisse der jüngeren Vergangenheit nach. Ich hatte bereits zur Genüge traumatisches Familiendrama durchleben müssen – und eigentlich sollte Punk die Probleme in meinem Leben lindern anstatt sie zu verstärken. Nun aber sehnte ich mich nach der Einfachheit eines anderen Lifestyles und auch nach meinen Kindheitsfreunden, die ich in Wisconsin hatte zurücklassen müssen. Wahrscheinlich stellten sie gerade Teams für ein weiteres monumentales Footballmatch am morgigen Tag zusammen. Ohne mich. Hier saß ich nämlich in einem anscheinend orientierungslosen Haushalt im nicht weniger ziellosen San Fernando Valley. Es war zehn Uhr abends und ich machte mich bereit für meinen unruhigen Schlummer. Ich würde von einer besseren Zukunft träumen – die auf einer Vergangenheit basierte, die nur drei Jahre zurücklag und mich an diesen Ort am Rande des Kontinents gebracht hatte, wo ich mich fühlte, als wäre ich der allerletzte Junge, der der Sonne beim Untergang zusehen konnte, in der Hoffnung, dass der nächste Morgen die Unbilden der Vergangenheit vergessen machen würde.

2 PROFESSORENKINDER

Wir waren Professorenkinder. Während unsere Erzeuger in der Stube saßen, Wein oder Gebranntes süffelten, Schafkopf spielten und schallend laut über die unentwegt zynischen Bemerkungen hinsichtlich aktueller Themen und die Fehlschläge der Menschheit lachten, lümmelten wir im Fernsehzimmer und gaben uns große Mühe, die Weltgewandtheit unserer Eltern zu imitieren, indem wir Monty Python schauten und teilweise sogar verstanden. Insgeheim wünschten wir uns aber die Aufmerksamkeit unserer gottgleichen Eltern im anderen Zimmer. Ach, würden sie doch bloß ein klein wenig ihrer Weisheit mit uns teilen, damit wir gegenüber den Philistern in unserer Grundschule einen Vorteil hätten

Wir, das waren ich, ungefähr acht Jahre alt, mein neunjähriger Bruder Grant sowie Wryebo und seine Schwester Katy, die gleich alt waren wie wir. Ihre Eltern hatten gemeinsam mit unseren an der University of Wisconsin-Madison studiert. Nachdem sie alle ihren Doktor in Englisch gemacht hatten, bekleideten sie nun Jobs am Institut für Englisch an der University of Wisconsin-Parkside in Kenosha. In manchen Familien, so nehme ich an, dreht sich alles immer nur ums liebe Geld. Von Anfang an wird den Kindern dessen Bedeutung eingetrichtert. In meiner Familie hieß es höchstens einmal: „Ohne Moos nix los.“ Viel mehr finanziellen Rat hatte unser Dad nicht parat. Darum kümmerte sich ein Freund unserer Familie namens Dan Zielinski. Er war ebenfalls ein

Professor und ein eingefleischter Junggeselle, der sich den allwöchentlichen familienübergreifenden Meetings bei uns Zuhause nur allzu gerne anschloss. Wenn sie in der Küche saßen oder rund um den Weber-Grill standen, lachten sie über aktuelle Schlagzeilen und andere weltliche Angelegenheiten. Stets vermieden sie das vulgäre Thema Geld, da sie der Ansicht waren, dass solche Dinge einem die Lebenskraft entzögen. Der Fokus eines Professors lag vielmehr auf Abenteuer und Aufregung. Tatsächlich stellte die Uni ihren Professoren ihre Unterbringungen kostenlos zur Verfügung, damit sie sich auf wichtigere Dinge wie etwa die Lektüre von *Moby Dick*, Tennismatches und Inszenierungen von *Richard III.* konzentrieren konnten.

Auf der Welt gab es jede Menge zu lernen – etwa den Unterschied zwischen Wahrheit und Fiktion sowie die mechanischen Grundlagen eines gut geworfenen Baseballs – und wir wurden stets ermuntert, uns dieses Wissen kontinuierlich anzueignen.

„Ihr solltet euch heute Abend den Film mit Peter Lorre bei *Night Gallery* reinziehen", ließ uns Wryebos Dad wissen, als er auf seinem Weg zum Klo an uns vorbeischlenderte. Von uns wurde nämlich auch guter Film- und Musikgeschmack erwartet. Wir sollten Dinge begreifen können, die andere Kids nicht verstanden, und uns positiv von den durchschnittlichen Tölpeln im modernen Amerika der Nachkriegszeit abheben. Die frühen 1970er verfügten über keinerlei spezifische Eigenschaften, weshalb unsere Eltern davon ausgingen, sie könnten getrost sämtliche Vorgaben ihrer eigenen Erziehung über Bord werfen. Was gäbe es für ein besseres Geschenk, so dachten sie, als uns Kindern ein weltgewandtes Auftreten zu vermitteln, das so gar nicht unserem Alter entsprach? Wryebo und Katy hatten, noch bevor sie die dritte Klasse besuchten, bereits London und Paris bereist. Von ihren Reisen brachten sie Kartenspiele mit, die sich um geografische Themen drehten, wie etwa „Mille Bornes" aus Frankreich. Sie wiederum erwarteten von mir, zu wissen, dass der Titel KEINE Anspielung auf eine Stadt in Australien war.

Professoren besaßen zwar nicht viel Geld, verfügten dafür aber über wahre Wissensschätze. Davon hatten sie wirklich reichlich auf Lager. Wryebo und ich hätten jedoch an jedem Tag unserer Kindheit materielle Güter vorgezogen. Grant und Katy begriffen den logischen Ansatz unserer Eltern schon in jungen Jahren, doch gelang es ihnen noch nicht, diesen sinnvoll umzusetzen.

Mein Dad, der Englischprofessor, liebte Musik und diskutierte mit mir gern über Liedtexte. *How high's the water Momma? Fifteen feet and rising ...* kommentierte er etwa so: „Siehst du, Greggo, wenn das Wasser erst einmal die Dammkrone erreicht hat, wird er übergehen. Johnny Cash bezieht sich damit auf ein Haus, das sich im Überflutungsbereich des Flusses befindet!" Da ich meinen Dad unbedingt beeindrucken wollte, konnte ich nicht zugeben, dass ich keinen blassen Schimmer davon hatte, was er da sagte. Weder wusste ich, was ein Damm war, noch dass Flüsse von Zeit zu Zeit über die Ufer traten. Wo hätte ich das denn lernen sollen? Wir fuhren auf unsere Rädern jeden Tag entlang der zementierten Pfade am Küstenverlauf des Lake Michigans, lebten in unüberschaubar großen Nachbarschaften. Bei uns gab es keinen Überflutungsbereich. Die Tücken, die diese Textzeilen offenbarten, blieben mir verschlossen, da mir das Vokabular unbekannt war. Wenn man die Bedeutung von Wörtern nicht kannte, erschlossen sich einem auch keine Konzepte. Unsere älteren Geschwister – mein Bruder Grant und Wryebos Schwester Katy – lasen viel mehr als durchschnittliche Kinder. Sie verschlangen Romane, studierten Zeitschriftenartikel und schmökerten sogar im Wörterbuch. Wryebo und ich konnten da nicht Schritt halten.

Einmal fragte Wryebos Dad seine Kinder, ob sie in Milwaukees Arthouse-Kino, dem Oriental, einen Film sehen wollten. Eine ganz besondere Belohnung! Mit ihrem Dad ins Kino. Aber die Sache hatte einen Haken. Sie mussten zuerst noch das Buch lesen, auf dem der Film basierte. Bis zur Aufführung waren noch vier Tage Zeit, weshalb sich Katy und Wryebo auf den Deal einließen. Als ich davon hörte, war ich mir sicher, dass es den Versuch nicht wert wäre. Ich hatte ja mit acht Jahren noch nicht einmal ein Kinderbuch gelesen, da ich mich nicht konzentrieren konnte. In der Welt ging einfach viel zu viel vor sich, um meine Sinne zum Stillstand zu zwingen und mich auf einzelne Absätze zu fokussieren. Der Titel des Films lautete übrigens *Der Fremde*, was ziemlich cool klang. Die Romanvorlage stammte von Albert Camus. Mir tat es leid, dass ich nicht mitgenommen wurde. Wryebo warf nach dem dritten Kapitel das Handtuch. Katy las den Schinken aber zu Ende.

Es stellte sich schließlich heraus, dass der Film mit Untertiteln gezeigt wurde. Nie im Leben wäre ich in der Lage gewesen, so schnell mitzulesen. Wryebo durfte Katy letzten Endes doch ins Kino begleiten. Als ich ihn das nächste Mal sah, konnte er mir genau gar nichts über die Story des Films verraten. Allerdings konnte er mir bestätigen, dass tatsächlich Filme existierten, bei denen am unteren Bildrand jeder Szene ganze Sätze eingeblendet wurden. Was für eine Verarschung!

Als Teil einer Lehrveranstaltung über zeitgenössische Literatur unterrichtete mein Dad auch Popart. So nahm er seine Studenten auf ambitionierte Exkursionen nach New York City mit. Grant und mich schleifte er immerhin in Ausstellungen im damals gerade erst eröffneten Museum of Contemporary Art in Chicago. Als wir vor den riesigen Leinwänden standen, die teilweise einfach einfarbig bemalt waren, während auf anderen mehrfarbige Flächen ineinander übergingen, machte sich Dad erst gar nicht die Mühe, uns zu erklären, mit was wir es da zu tun hatten. „Ist das nicht der absolute Wahnsinn?", jauchzte er. „Wow, seht euch mal das hier an! Hahaha, Grün und Gelb – Chartreuse! Jetzt seht mal hier, Jungs: Das ist Dada! Auch nicht schlecht, oder?" Ich wäre ja auch so gern so enthusiastisch wie er gewesen. Aber eigentlich war das Ganze eine psychische Folter. Ich konnte nichts Konkretes erkennen. Da waren nur Farben zu sehen, aber dafür keine klaren Umrisse. Leinwand folgte auf Leinwand. „Ist das alles?", fragte ich angesichts eines weiteren zweifarbigen Kunstwerks. „Nun, das ist bis zu einem gewissen Grad der Sinn dahinter", sagte Dad. Wenn dem so war, dann war das für mich als Achtjährigen einfach zu hoch. Ich konnte es kaum mehr erwarten, endlich mit einer Kugel Eis belohnt zu werden, wie mein Dad mir vorab versprochen hatte. Zunächst musste ich aber noch Interesse heucheln. In dieser Ausstellung gab es ja so viel zu sehen, bevor ich endlich meine leckere Belohnung erhielt. „Im nächsten Schauraum wartet etwas ganz Besonderes!" „Oh, ich verstehe, dass sind Suppendosen von Campbell's, oder?", sagte ich. „Genau!", jubilierte Dad. Ich machte offenbar große Fortschritte darin, ihn zu beeindrucken. „Sie stammen von Andy Warhol. Dieser Typ glaubt, dass jeder in Amerika einmal 15 Minuten lang berühmt sein wird."

Ich konnte es kaum erwarten, endlich berühmt zu sein! Dennoch war es mir zu hoch, was das mit der gigantischen Abbildung einer Campbell's-Dose zu tun hatte, die mir vor Augen führte, wie hungrig ich war. Auf mich wirkte das Alles wie ein großer ausgestreckter Mittelfinger, der der akademischen Elite samt ihrer Vorstellung, wie und was ein Künstler zu sein hatte, entgegengestreckt wurde. Künstler, so heißt es, sollen der Gesellschaft aufzeigen, was alles möglich ist, und Kommentare bezüglich des menschlichen Potenzials beisteuern, selbst wenn sie mit ihren Worten oder Darstellungen nicht in der Lage sind, dieses Potenzial tatsächlich auszuloten. Künstler sollen das Hier und Jetzt hinter sich lassen, um etwas zu enthüllen, das über die Grundbedürfnisse des Lebens hinausgeht, und die fundamentalen Aspekte der wahren Welt sichtbarmachen. Hier, inmitten all dieser Pop-Art-Kunstwerke und modernistischen Wandgemälden, gelangte ich langsam zur Erkenntnis, dass praktisch jeder Bullshit als Kunst durchgehen konnte. Der Schlüssel dazu, einer solchen Farce Legitimität zu verleihen, bestand darin, wie und wo man sein Machwerk präsentierte. Wenn einen anerkannte Institutionen wie das Museum of Contemporary Art als würdigen Künstler ansahen, konnten sogar infantil anmutende Gemälde oder irgendwelche Schnipsel-Collagen, wie wir sie in der Grundschule anfertigten, als feine Kunst und eventuell sogar als Ausdruck des Protests interpretiert werden. Mir gefiel, dass meinen Dad dieser nonkonformistische Ansatz ansprach, doch fehlte mir damals der Referenzrahmen, um alles richtig einordnen zu können.

Nein, mir erschienen sämtliche Konzepte höchst undurchsichtig, die Worte waren kaum fassbar und die Kunst ziemlich verwirrend – doch schon in diesem noch sehr jungen Alter begriff ich, wie Professoren tickten. Als menschliche Wesen wünschten sie sich die uneingeschränkte Freiheit, ihre Wissbegierde vom Lehnstuhl aus ausleben zu können. Doch als Eltern empfand ich sie in intellektueller Hinsicht einschüchternd, was aber vielleicht auf Eltern im Allgemeinen zutrifft. In ihrer übermotivierten Art lenkten sie uns Kinder hin zu Konzepten, die uns einfach noch zu hoch waren. Wir sollten Kunstkritiker sein, bevor wir noch richtig zeichnen konnten. Literaturexperten, bevor wir gern lasen. Existentialisten, bevor uns klar geworden war, dass wir überhaupt existierten! Ich hege keinerlei Groll deswegen und habe auch keinen permanenten Schaden davongetragen. Tatsächlich blieb ich dem Kurs, den meine Erziehung mir vorgegeben hat, mehr oder weniger treu.

Den Erwartungen der Professoren gerecht zu werden, erwies sich als Vollzeitbeschäftigung. Nach Beendigung der dritten Schulstufe fühlten wir uns verpflichtet, zu wissen, wie man eine Bogensäge verwendete, wie man den Subtext der Zeichentrickserie *Rocky and Bullwinkle* interpretierte, wie man einen ganzen Roman durchlas, wie man die militärische Bedeutung des Modellkriegsschiffes, das man gerade zusammenbaute, richtig einzuschätzen hatte, wie man Matherätsel löste und wie man beim Schach siegreich blieb. Allerdings brachte ich nichts davon auf die Reihe. Wie denn auch? Es hatte mir ja niemand beigebracht. Ständig plagte mich die Angst, dass ich von den Stammesältesten verstoßen werden könnte. Mein Bruder hatte es echt drauf, sein Status war abgesichert. Er war der Kluge und ich verfügte über die Muskelkraft. Ohne Katys und sein Vorbild hätte ich mich verloren gefühlt. Sie schienen mit dem intellektuellen Witz und der Weisheit der Professoren tatsächlich mithalten zu können. Ich imitierte ihre Bravourleistungen, ohne dabei zu realisieren, dass Wryebo und mich ein gemeinsames Merkmal auszeichnete, dass mir stets erhalten bleiben sollte, nämlich unsere Anpassungsfähigkeit.

Wryebo und ich passten uns quasi im Gleichschritt an unsere Umwelt an, wobei uns absolut gleichgültig erschien, ob wir etwas richtig machten. Wohingegen Grant und Katy fast jede Frage richtig beantworten konnten, zogen Wryebo und ich einfach die Legitimität der Frage an sich in Zweifel. Wann immer Dad vom Fahrersitz aus Fragen stellte – „Okay, Jungs, wie viele Planeten hat unser Sonnensystem?" –, wusste Grant stets die richtige Antwort. Vielleicht weil er den *National Geographic* tatsächlich las – anstatt wie Wryebo und ich bloß die Fotos nackter Pygmäen anzugaffen. In so einer Situation sagten Wryebo oder ich dann etwa: „Na klar, aber habt ihr diesen anderen Artikel gesehen? Den über diesen neuentdeckten Stamm im Amazonas?" Die Kunst, schnell vom Thema abzulenken, war eine Fähigkeit, die wir schon früh erlernten. Dabei handelte es sich aber eher um eine Bewältigungsstrategie, die im krassen Gegensatz zur Beherrschung höchst intellektueller Fakten stand.

Zum Glück fuhren die Professoren aber auch auf Baseball, Basketball, Tennis und Eishockey ab. Bei diesen Aktivitäten zeigte ich nämlich durchaus Talent. Ein bisschen mehr sogar als Grant. Obwohl meine Sportlichkeit in ihrer Wertigkeit nicht mit den Quizshow-Qualitäten meines Bruders mithalten konnte, galt sportliche Betätigung auch bei unseren Eltern als akzeptable Ergänzung des Lernstoffes. Immerhin wussten wir Jungens, dass die Griechen unsere Zivilisation und unsere Vorstellung von Ästhetik entscheidend geprägt hatten – dies spiegelte sich auch im modernen Sportwesen wider, das somit als Merkmal einer Hochkultur angesehen werden konnte. Sportliche Mode und anderer Firlefanz stand jedoch nicht im Vordergrund. Wir hatten auch nicht das Geld für gute

Ausrüstung oder coole Trainingsklamotten. Vielmehr wurde die bedingungslose Liebe zum Spiel an sich gepredigt: Das Streben, Techniken und Strategien zu perfektionieren, galt als Eckpfeiler der persönlichen Kultivierung.

Nebst unzähliger Ausflüge in diverse Arenen und Stadien, um den Profis zuzujubeln, oder auch zum Pferderennen nach Arlington Park in Illinois, sowie stundenlangen Ballspielen im Garten, war es ein noch früheres Erlebnis, dass sich auf meinen späteren Bildungsweg am stärksten auswirkte. So nistete sich das Wort „Lagune" schon Jahrzehnte vor meinem Studium der Ökologie am College in meinem Gehirn ein. „Greggo, willst du mit mir zur Lagune fahren, um Vögel zu beobachten?", fragte mich mein Dad. Ich hatte keine Ahnung, was das heißen sollte, aber es roch nach einem Abenteuer. Dazu gehörte eine knapp 30-minütige Autofahrt und die unablässige Konsultation eines Vogelführers, der wissenschaftlich akkurate Farbillustrationen und Verbreitungskarten unserer kleinen gefiederten Freunde enthielt. Wer hätte gedacht, dass die Baumkronen sowie das Gebüsch eine solche Vielfalt an zwitschernden Überraschungsgästen zuließen? Außerdem setzte unsere gemeinsame Aktivität ein klobig-robustes Ausrüstungsstück in Form eines Feldstechers voraus. Sobald man den Scharfstellmechanismus meisterte, erschloss sich einem die Natur aus surreal anmutender Nähe. Diese raffinierte, in akademischen Kreise gerngesehene Form der Frischluftbeschäftigung beflügelte meinen jungen Geist.

Vögel zu beobachten war eine Erwachsenenbetätigung, deren Ausübung nicht nur anerkannt, sondern Professoren sogar nahegelegt wurde. Obwohl ich mich vom Zubehör und dem dazugehörigen Abenteuer angezogen fühlte, war ich viel zu zappelig und ungeduldig, um als Vierjähriger so grundlegende Aspekte wie das Fernglas zu meistern. Doch zwischen all der gestrengen Ermahnungen, endlich ruhig zu sein, weil ich sonst die Vögel verscheuchte, und Anweisungen, uns einen besseren Ausblick zu verschaffen, blieb dort in den Feuchtgebieten nahe Chicago etwas in meinem gelangweilten, aber aufnahmefähigen Gehirn hängen. Der Geruch des Frischwasserhabitats, das geruhsame Rascheln des Blattwerks, hinter dem wir uns verbargen, und der wärmende Sonnenschein, den ich gemeinsam mit jemandem genoss, der nicht nur kompetent wirkte, sondern auch so aufmerksam gewesen war, mich mitzunehmen – all das trug wohl dazu bei, meine Vorliebe für ruhige Orte im Freien, meinen

Entdeckergeist und mein Interesse am Studium der Natur zu begründen. Alles Eigenschaften, die mir für immer erhalten bleiben sollten.

All dies wurde aus Liebe unternommen. Doch Professoren zeigten ihre Liebe eben mittels einer einzigartigen Mischung aus Gutdünken, hoher Erwartungshaltung, Lob, Manie, Besorgnis, Pflichtbewusstsein und Zwangsverhalten. Im Idealfall wird einem auf diese Weise ein höchst seltsames Vergnügen zuteil, aber oft genug endet alles in einem dysfunktionalen und enttäuschenden Fehlschlag.

Zu alledem waren wir aber auch Administratorinnenkinder. Die Mütter waren der sanfte Arm des Lehrkörpers, wenn man so will. Meine Mom war Dekanin an der University of Wisconsin-Milwaukee. Die Moms waren nicht weniger fleißig als die Professoren. Von ihnen konnten wir trotz unseres unfundierten Denkens und unserer Unbeholfenheit stets Milde und Aufmunterung erwarten. Noch wichtiger war jedoch, dass sie sich über die Jahre hinweg zu echten Profis entwickelt hatten, wenn es darum ging, ihre Kinder für den komplexen und nicht immer friktionsfreien Umgang mit den Professoren zu schulen. Mit ihnen konnten wir uns in späteren Jahren an der Musik und den lyrischen Nuancen Elvis Costellos und der Cars erfreuen, ohne uns für unseren Musikgeschmack rechtfertigen zu müssen. Doch nicht selten taten sich auch unüberwindbare Gräben zwischen den Administratorinnen und den Professoren auf.

Die Moms predigten ohne Unterlass Mitgefühl und Inklusion. Egal, ob es dabei nun um Menschen einer anderen Ethnie, sozialen Schicht oder körperlichen Verfasstheit ging – Vorurteile galten als Tabu. Körperliche Behinderungen waren für sie kein Grund, sich von jemandem abzuwenden. Eines Tages brachte Wryebo einen Freund aus der ersten Klasse namens André mit zu sich nach Hause. Wryebos Mom, Fran, wusste hinsichtlich Andrés Geschichte Bescheid und hatte uns schon Tage zuvor auf unseren gemeinsamen Nachmittag vorbereitet, damit André sich wie Zuhause fühlte und wir mit ihm spielten, wie wir das mit jedem anderem unserer Freunde taten.

André war ein genauso hyperaktiver Wildfang wie Wryebo und ich. Wir bereiteten den Pädagogen einiges an Kopfzerbrechen, schon in der Vorschule und dem Montessori-Kindergarten, wo wir oft in die Ecke geschickt wurden, um über unser Handeln nachzudenken. Doch André hatte als Kleinkind eine besonders schlimme Erfahrung machen müssen. „Andrés Eltern sind Sieben-ter-Tag-Adventisten", klärte uns Fran auf. „Das ist eine religiöse Sekte. Sie halten medizinische Versorgung in vielen Fällen für überflüssig. Als André noch klein war, hatte er in seinem Zeh eine Entzündung, die sich dann auf sein ganzes Bein ausgebreitet hat. Deshalb mussten sie es amputieren. Versteht ihr, Jungs? Er kann vielleicht nicht so wie ihr beide herumtollen, weil er ein Holzbein hat." „Wow!", dachten wir uns insgeheim. „Wie cool ist das denn? Dieser Junge ist genau wie ein Pirat!"

Wie sich herausstellte, konnte André ganz locker mit uns mithalten. Er war wild und laut – so wie wir. Seine Prothese mag zwar auf dem Hartholzboden in Wryebos Haus besonderen Krach verursacht haben, aber André war nicht weniger flink und beweglich als wir zwei. Als wir auf der hölzernen Veranda des viktorianischen Gebäudes Fangen spielten, stürmte André mit voller Geschwindigkeit auf mich zu. Sein Holzbein löste sich von seinem Körper und er stürzte mir der Länge nach entgegen. Ich wich noch schnell nach links aus und schrie: „Daneben!" André stolperte und krachte ins Geländer. Die Wucht seines Aufpralls verursachte ein scheußliches Geräusch, das mich an einen zerbrechenden Baseballschläger erinnerte. Er plumpste samt mehrerer Geländerpfosten auf den daruntergelegenen Rasen. Im Eifer des Gefechts hatten wir gar nicht mitbekommen, wie sich sein Bein gelöst hatte. Nun lag es zwischen all den Bruchstücken neben ihm auf der Wiese. „Alles in Ordnung, André?", frage Wryebo. „Klar, kein Problem. Das passiert mir dauernd." Tatsächlich sorgten wir uns aber primär um uns selbst. Eventuell steckten wir ja in gröberen Schwierigkeiten. Wryebo und mir war klar, dass wir vermutlich weniger den Zorn der Professoren, die sich ob des Materialschadens grämen würden, als den Ingrimm der Administration zu fürchten hatten. Immerhin war uns aufgetragen worden, uns mit André anzufreunden – nicht, ihn körperlichen Gefahren auszusetzen! Er schnallte sich aber rasch seine Prothese um und war offenbar gleich wieder startklar. Nachdem wir einen erheblichen Teil der Veranda gehörig in Mitleidenschaft gezogen hatten, beschlossen wir, dem Tatort den Rücken zu kehren und uns einer ruhigeren Aktivität im Haus zuzuwenden. Über den langfristigen architektonischen Schaden, den wir hinterließen, dachten wir nicht weiter nach.

„Wer zum Kuckuck hat meine Veranda demoliert!?", echauffierte sich Wryebos Dad. Klar, die Professoren waren außer sich vor Wut. Der gedankliche Ansatz der Mütter unterschied sich hingegen durch ihr Einfühlungsvermögen.

Hatte sich André wehgetan? Hatten wir Jungs ihm mit seinem Bein geholfen? (Das mussten wir ja gar nicht.) Aber es ging ihm gut. Nachdem wir intensive Beschwichtigungsarbeit geleistet hatten, überwog der Wert der guten Tat gegenüber dem sichtbaren Kollateralschaden. Jenen, die sie am meisten brauchten, Freundschaft zu bieten, war den Administratorinnen stets ein zentrales Anliegen – und letzten Endes schwenkten auch die Professoren auf diesen Kurs ein.

Leider riss der Kontakt zu unserem kleinen Piraten ab, als seine Eltern an die Westküste zogen. Von Los Angeles hatten wir damals nicht die geringste Vorstellung, doch unsere Pfade sollten sich im nächsten Jahrzehnt erneut kreuzen. Damals hätte ich nicht zu prophezeien gewagt, dass mein ungestümer Spielkamerad dereinst als stereotypes Aushängeschild einer gegenkulturellen Bewegung in L.A. gehandelt werden würde, während ich als versierter Profi in derselben Subkultur Karriere machen sollte, obgleich ich mich mit allen Kräften gegen all ihre vulgären Klischees auflehnte.

Wir sollten neuerlich in Kontakt kommen – allerdings nicht als Freunde, sondern vielmehr als Charakterdarsteller, die sich im Spannungsfeld der südkalifornischen Punkszene aufhielten. Wir würden diese spezifische Welt getrennt voneinander erleben. Nun aber würde zuerst die Welt der Graffins in zwei Teile zerbrechen.

3
SCHEIDUNG

Mein zweites Schuljahr reichte meinen Eltern aus, um es noch einmal miteinander zu probieren – zumindest um der Kinder willen. Im Falle einer „kaputten Familie“, wie es die Medien seinerzeit gern bezeichneten, gibt es zwei Optionen. Entweder werden die Kinder davon abgehalten, eines der beiden Elternteile weiterhin zu sehen, wie das mein Dad mit seinem eigenen Vater erlebt hatte (leider gibt es dazu seitens der Familie keine näheren Infos), oder aber die Kinder haben reichlich Umgang mit beiden Eltern, selbst wenn diese fortan in getrennten Haushalten leben, die vielleicht nur ein paar Kilometer oder aber auch einen halben Kontinent voneinander entfernt liegen können. Obwohl das zweite Szenario, wie es mein Bruder und ich erlebten, allgemein als das bessere gilt, heißt das nicht, dass es nicht seine eigenen Tücken aufwies. Man könnte sagen, dass der Campus der Graffin University von nun an viel, viel größer wurde. Da sich die beiden Haushalte nur in geringem Ausmaß abstimmten, galt es fortan, gleich zwei Anforderungskatalogen gerecht zu werden.

Alles deutete darauf hin, dass ich mich zu einem echten „Muttersöhnchen“ entwickelte. Als das erste Wochenende anbrach, das Grant und ich ohne Mom bei Dad verbringen sollten, schwante mir nichts Gutes, wofür es aber keinerlei Grund gab. Die Stunde des Abschieds nahte. Wir warteten darauf, dass Dad bei uns vorfuhr. Ich klammerte mich an meine Mom, während sie mir mit ruhiger

Stimme erklärte, dass ich sie am Sonntagabend wiedersehen würde. „Du wirst im selben Kinderzimmer übernachten wie damals, als ich auch noch dort wohnte“, sagte sie. „All deine Freunde aus der Nachbarschaft warten schon auf dich.“ Das machte selbstverständlich Sinn. Aber in jenem Augenblick, als Dad am Randstein anhielt, konnte ich mich nicht dazu überwinden, ihn zu begleiten. Ich umschlang Moms Hals und Schultern, während mich das intensive Gefühl einer unheilvollen Vorahnung quälte. Mein Bruder spazierte hingegen ganz entspannt und pflichtbewusst hinunter zum Auto. Ich blieb zurück und begann zu heulen und zu schreien: „Nein! Nein! Nein!“ Es fühlte sich an, als ob das Ende der Welt gekommen wäre. Das war meine erste Erinnerung an meine neue Lebenssituation. Zwei Haushalte, unterschiedliche Erwartungen, keine elterliche Einheit, kein klar vorgegebener Wegverlauf. Das machte mir eine Heidenangst. Wenn ich die Wahl gehabt hätte, wäre ich in diesem Augenblick wohl lieber bei meiner Mom geblieben. Dad musste mich tatsächlich aus meiner festen und zu Tode erschrockenen Umklammerung lösen. Er nahm meine Hysterie gelassen zur Kenntnis und setzte mich neben meinen gleichgültigen Bruder auf die Rückbank seines Rambler Americans.

Das Gefühl des Verlassenseins rund um diesen ersten Abschied hat sich tief in meine Psyche gegraben. Innerhalb von 30 Minuten waren wir wieder an jenem Ort, den auch Mom einst ihr Zuhause genannt hatte. Nun war es einfach nur mehr „Dads Haus“. Es sollte letzten Endes ein witziges Wochenende mit meinen alten Freunden aus der Nachbarschaft werden. Wir spielten Spiele mit meinem Dad und hörten von nun an vor dem Schlafengehen noch Schallplatten. Meine Stimmung begann, sich zu bessern.

Ich möchte die Situation keinesfalls überdramatisieren. Die Dekanin und der Professor stimmten hinsichtlich etlicher Erziehungspraktiken überein und teilten auch weiterhin zahlreiche ethisch-moralische Standpunkte. Allerdings will ich auch nicht herunterspielen, wie wichtig es ist, sich anzupassen. Wenn es keine signifikanten Diskrepanzen bei dieser Scheidung gegeben hätte, an die man sich anpassen musste, was war dann überhaupt der Sinn ebendieser Scheidung? Anders formuliert: Alles, was bedeutsam genug ist, einen Haushalt zu sprengen, ist ernst genug, um den Kindern Leid zu zuzufügen – selbst, wenn man wie in diesem bestmöglichen Szenario Zeit mit beiden Elternteilen verbringen darf. Die Kinder lassen sich hinsichtlich der Unterschiede nämlich nicht hinters Licht führen. Man macht sich bloß etwas vor, wenn man glaubt, dass jeweils zwei Weihnachts- und Geburtstagsfeiern das ewige Hin und Her wettmachen würden. In manchen Situationen würde es am meisten Sinn ergeben, wenn man sich für das erste Szenario entschiede und mit einem der beiden Elternteile gar keinen Kontakt mehr hätte. Das Opfer, ganz auf Mutter oder Vater verzichten zu müssen und sich somit kein klares Bild über 50 Prozent der eigenen Erzeuger machen zu können, kann den Nutzen nach sich ziehen, dass man auf diese Weise widersprüchliche Einflüsse vermeidet. Uns war jedoch ein anderes Los beschieden. Sowohl Mom als auch Dad waren gleichermaßen kompetente, liebevolle Eltern und sich auch immer noch ähnlich genug, obwohl ihre Differenzen ein Funktionieren der Graffin University leider verunmöglichten.

Doch ebendiese Unterschiede zu ignorieren könnte einen zur Annahme verleiten, ihre jeweiligen Einflüsse wären identisch gewesen. In einem konventionellen Zuhause, wo beide Eltern, selbst wenn sie vollkommen unterschiedlichen Weltanschauungen anhängen, unter einem Dach zusammenleben, kann sich die Lebensrealität mildernd auf diesen Umstand auswirken. Die unterschiedlichen Ansätze verschwimmen und die Trennschärfe ist für die Kinder nicht ganz so einfach auszumachen. Wenn die Eltern aber in zwei Haushalten wohnen, hinterlassen selbst geringfügige Unterschiede einen stärkeren Eindruck und wirken insgesamt akuter. Belanglosigkeiten wie der Umstand, dass Dad kremige Erdnussbutter kauft, wohingegen Mom die knusprige Variante bevorzugt, nötigen das Kind dazu, sich darüber den Kopf zu zerbrechen. Es fühlt sich gezwungen, jenen Teil seines Bewusstseins zu erkunden, der wissen will, welche Logik diesem unwichtigen Detail zugrunde liegt. Diese Abweichung hinsichtlich der Zubereitung unserer Schuljause wächst sich zu einer Gehirnsportübung aus. In unserem Fall waren das kleine Unterschiede, wie die Bestandteile eines Sandwiches, sowie größere Unterschiede, die sich etwa darauf bezogen, mit wem die Eltern gern ihre Zeit verbrachten. Mom umgab sich zum Beispiel mit anderen Administratorinnen von der Uni, mit Afroamerikanern aus den urbanen Vierteln Milwaukees, den Leuten, die sie beschäftigte, sowie anderen Dekanen, die ihren Status teilten. Wenn wir uns in Milwaukee aufhielten, besuchten wir zumeist Barbara Bender, die sich wie meine Mom als Dekanin um finanzielle Unterstützungen kümmerte. Ihre Kinder, Jason und Lisa, waren unsere Spielgefährten. Jason war so alt wie ich und Lisa etwas älter als Grant. Gemeinsam machten wir die Gegend unsicher und fuhren unsere Fahrräder durch die Gassen rund um ihr Haus. Obwohl es weder Grant noch mir wirklich bewusst war, müssen wir wie bunte Hunde aufgefallen sein, da wir die einzigen weißen Kinder in diesem überwiegend schwarzen Viertel im Norden Milwaukees waren. Arbeitsplätze wie die Verwaltungsgebäude, in denen meine Mom arbeitete, waren in den 1970ern bereits ethnisch durchmischt, was man von den Wohnvierteln nicht behaupten konnte.

Mit Stolz in der Stimme bezeichnete uns Jason gern als seine Cousins. Es bereitete ihm stets große Freude, uns all seinen Freunden in der Nachbarschaft vorzustellen. „Das sind meine Cousins Grant und Greg", sagte er dann mit einem Grinsen im Gesicht. Er brachte mir auch einen geheimen Handschlag bei, von dem ich selbst auch nicht genug bekommen konnte und den ich später sogar meinen Kindern beibrachte. Bei Barbara schauten wir *Tarzan* im Fernsehen und hörten uns immer wieder die *Greatest Hits* der Jackson Five an, bis ich meine Mutter überzeugen konnte, mir das Album für Zuhause zu kaufen. Das ist eine meiner ersten Erinnerungen daran, einen Tonträger zu besitzen. Ich verinnerlichte das komplette Album, damit es Jason und ich bei unserem nächsten Treffen singen konnten. Ich beherrschte jeden einzelnen Part. Manchmal sang ich die Leadstimme, manchmal die Harmonien. „I'll Be There" war mit seiner traurigen Melodie damals ein großer Hit im Radio. Der Sender WOKY in Milwaukee spielte den Song ununterbrochen. In Moms Auto hörten wir die Nummer immer wieder. Im Rahmen der geselligen Treffen bei Barbara lernte Mom auch Chuck kennen. Bei ihm handelte es sich um einen ernsthaften Kandidaten für die Rolle als Stiefvater. Zudem war er Musiker und somit auch der Erste, der mir eine Vorstellung davon vermittelte, wie es war, von der Musik zu leben.

Dads soziales Umfeld unterschied sich drastisch von jenem meiner Mutter. Er umgab sich bevorzugt mit anderen Professoren. Etwa Peter Martin, einem Fachmann für Shakespeare (und Wryebos und Katys Dad), dem Geografen Dan Zielinski und Don Kummings, einem Experten für Walt Whitman. Sie trafen sich jedes Wochenende, um Tennis zu spielen, sich den Baseball zuzuwerfen und Bratwürste zu grillen. Wir Kinder begleiteten sie immer gern zu diesen Treffen, nahmen an ihren sportlichen Aktivitäten teil und lauschten ihrem gebildet-zynischen Humor und ihren Kommentaren zur gesellschaftlichen Lage. Uns war definitiv bewusst, dass diese Bemerkungen de facto die Eintrittskarte zur bürgerlichen Elite repräsentierten. Uns dieses Denken zu vermitteln, war vermutlich nicht die Intention der Professoren. Aber wer weiß schon darüber Bescheid, was seine Handlungen für Auswirkungen auf die Gehirne von Zweit- und Drittklässlern haben?

Als ich sieben Jahre alt war, gab es nunmehr zwei Haushalte, die 30 Kilometer auseinanderlagen und an deren jeweilige Gepflogenheiten mein Bruder und ich uns anpassen mussten. Der Campus war ab sofort zweigeteilt, wobei der Professor in Racine residierte, wohingegen die Administratorin Milwaukee als Wohnort bevorzugte. Mom war Dekanin an der University of Wisconsin-Milwaukee und Dad Professor an der University of Wisconsin-Parkside. Administratoren und Professoren verhalten sich zueinander wie Öl und Wasser. Das verhält sich im ganzen Land so. Es ist dabei gar nichts Außergewöhnliches, wenn sie diese Trennung selbst ganz bewusst aufrechterhalten. Administrative Angestellte verdienen in der Regel besser als die Professoren. Letztere legen gegenüber den bürokratischen, sich stets einmischenden Administratoren eine eher zynische und oft sogar verächtliche Einstellung an den Tag. Gemeinsam vermitteln sie auf diese Weise den Studierenden eine uneindeutige Botschaft, obwohl sich diese vielmehr etwas Aufmunterung wünschen und sich nach dem Schlüssel zu einer erfolgreichen Zukunft sehnen.

Die Professoren waren nicht gerade für ihre emotionale Zugänglichkeit bekannt. Wir wandten uns diesbezüglich eher an die Administration. Bei den Professoren standen hingegen Tatendrang und Leistung im Vordergrund. Sie vermieden Gespräche bezüglich der sanfteren Aspekte des Lebens – Gefühle, Familiengeschichte, Ehrenpflichten et cetera –, es sei denn, diese Themen waren in Form eines Romans oder eines Dramas aufbereitet. Oder anders ausgedrückt: Über diese Dinge unterhielt man sich nur, solange es einen nicht selbst betraf. Von uns erwartete man sich einen analytischen Geist. Wir sollten uns nur ja fernhalten von den Vulgarismen des einfachen Mannes. Fühlten wir uns traurig, verzweifelt, besorgt oder verängstigt, suchten wir Trost bei der Administration.

Obgleich Mom einst selbst unterrichtet hatte, entschied sie sich letzten Endes für den besseren Salär einer Verwaltungsangestellten. Der höhere Sold kam alles andere als ungelegen, vor allem, nachdem sie den drastischen Schritt einer Scheidung unternommen hatte und nun allein für den Haushalt sorgen musste. Von Anfang an war klar: Um ihren „Campus" instand halten zu können, mussten mein Bruder, sie und ich allesamt an einem Strang ziehen. So mussten wir beiden Jungs von der Dekanin lernen, wie man kochte und reinemachte. Wir halfen, wo immer wir konnten. Jeder von uns musste seine Aufgabe erfüllen. Ihr Job war es, die Uni zu dirigieren, während wir zur Schule gingen. Ich war damit betraut, die Geschirrspülmaschine auszuräumen. Mein Bruder legte die Handtücher zusammen. Und so weiter eben. Was mich betraf, so waren die in mich gesteckten Erwartungen leider vergeblich. Nachdem wir getrennt von meinem Vater lebten, kümmerte ich mich nur sporadisch um meine Pflichten. Das beweist, dass veränderte Lebensumstände nicht unbedingt dazu beitragen, einen Faulpelz in eine Arbeitsbiene zu verwandeln. Es wäre mir gar nicht in den Sinn gekommen, das Geschirr zu wegzuräumen. Die Schmutzwäsche türmte sich zu einem Berg auf, den ich jeden Morgen eifrig nach der am wenigsten übelriechenden Hose durchforstete, um sie zur Schule zu tragen. Trotz all ihres Wissen und ihrer Expertise war meine Mom zu sehr mit ihrem Job beschäftigt, um sich um den Haushalt kümmern zu können, während mein Bruder und ich uns immer noch an unsere neue Schule gewöhnen mussten und uns daher ebenso wenig um unsere häusliche Pflichten scherten. Dads Haus war uns eine vertrautere Umgebung. Unter diesem Dach waren die drei Graffin-Männer vereint in ihrem Status als Junggesellen, bereit für neue Herausforderungen und gemeinsame Feldzüge. Jeden Morgen sang Dad einen alten Gassenhauer von Irving Berlin:

This is the army, Mr. Jones
No more private telephones
You had your breakfast in bed before
But you won't have it there anymore
This is the army, Mr. Green
We like our linens nice and clean
You had a housemaid to clean you floor
But she won't help you out anymore

Ironischerweise umfasste die Stationierung in Dads Regiment keinerlei Hausarbeiten. Er kümmerte sich im Alleingang um das schmutzige Geschirr und trocknete es ab, bis es strahlte und glänzte. Unsere Klamotten brachte er alle zwei Wochen in den Waschsalon. Jeden Morgen gab es Krapfen zum Frühstück. Er verordnete sich einen kompromisslosen Tagesablauf voller häuslicher Verpflichtungen und Besorgungen, der garantierte, dass wir die Zeit mit ihm ausschließlich als freudvolles Erlebnis registrierten. Unsere Wochenenden und die Schulfeiertage, die wir bei Dad verbrachten, waren stets geprägt von sportlichen Unternehmungen und anderen amüsanten Betätigungen mit unseren Freunden aus der Nachbarschaft. Unzählige Stunden spielten wir Pingpong, Tennis, Schach, Basketball und Baseball. Wir organisierten unsere Turniere mit dem unausgesprochenen Ziel, das Leben mittels Routine so lustig wie möglich zu gestalten. Niemals demütigten wir die Gegner. Wir achteten auf ausgeglichenen Wettbewerb. Manchmal ließen wir sie sogar einen Vorsprung herausspielen. All dies ermöglichte erst das so lebensbejahende Drama eines Überraschungscomebacks und eines ruhmreichen Triumphs in allerletzter Sekunde. Aus aussichtsloser Lage noch zum Sieg. Egal ob beim Baseball, Football oder Tennis. So erarbeiteten wir uns eine Lebensstrategie, die sogar als Philosophie funktionierte. Offenbare deinen Konkurrenten erst dann deine wahren Fähigkeiten, wenn du ihnen deine Überlegenheit beweisen möchtest. Überrasche sie, um sie zu bezwingen und ihnen zu zeigen, dass sie ihrer eigenen Selbstüberschätzung zum Opfer gefallen sind und du die ganze Zeit nur mit ihnen gespielt hast. Es war diese spezifische Herangehensweise, die die schier endlosen Stunden redundanten Spiels und das damit verbundene Sportlergehabe unserer Opponenten erträglich machte. Das wahre Vergnügen lag darin, die eigene Toleranz auszuloten und den richtigen Moment abzuwarten, seine wahre Stärke zu enthüllen.

Das Junggesellendasein hatte durchaus seine Vorzüge. Eintopfgerichte aus der Dose. Eiskrem vor dem Schlafengehen. Ein Pingpong-Tisch und ein Luftgewehr-Schießstand im Keller. Dazu noch eine unüberschaubare Heerschar Kumpels, die uns zu spaßigen Beschäftigungen unter freiem Himmel abholten. Zu Beginn erschien das Haus noch karg und leer. Wo zuvor noch Moms altes Spinett gestanden hatte, klaffte nun eine Lücke an der kalten, weißen Wand. Das Mobiliar hatte sich durch die Scheidung halbiert. Hinzugekommen waren bloß eine Militärpritsche für Gäste, ein Veranda-Sofa mit Holzrahmen und ein Bett für mich, dessen Lattenrost noch ärger durchhing als die Gesichtszüge und Brüste der alten Jungfer, die es uns bei ihrem Garagenflohmarkt verkauft hatte.

Auch die jeweiligen Nachbarschaften von Mom und Dad unterschieden sich. Dads Umgebung in Racine entsprach eher einer Schlafstadt ohne nennenswertes urbanes Flair. Moms Wohnviertel in Shorewood im Norden Milwaukees lag wiederum nur wenige Minuten von der Industriezone entfernt, wo eiserne Schiffsrümpfe einliefen, und unweit des Stadtzentrums, wo sich die berühmte Bierbrauerei befand. Beide Ecken waren für Akademiker aus der Mittelschicht durchaus angemessene Wohngegenden, doch Dads fühlte sich etwas heimeliger an. Auf einem Viertelmorgen großen Grundstücken standen ordentlich proportionierte Einfamilienhäuser, die heute wohl als moderne Architektur aus der Mitte des 20. Jahrhunderts bezeichnet würden. Die meisten – so auch unseres – verfügten über einen zentralgelegenen offenen Kamin, der das Wohnzimmer zu dominieren schien. Die Ziegel waren nicht im kremigen Weiß des vorangegangen Jahrhunderts gehalten, sondern vielmehr von einem mit Hämatit durchzogenen Rot, wie es auch der aus Wisconsin stammende weltberühmte Architekt Frank Lloyd Wright bevorzugte. So wie wir befeuerte die Mehrzahl der Haushalte ihre offenen Kamine nur einmal im Jahr während der Weihnachtsfeiertage. Primär wurde mit Öl geheizt, das in Tanks gelagert wurde, die sich in dunklen Ecken unten im Keller befanden. Dieses Heizungssystem wärmte die schlecht isolierten einstöckigen Gebäude gerade so weit, dass ein typischer Flanellhemdenträger ohne Erfrierungen durch den langen Winter kam.

In Racine wohnten ringsum Familien, deren Väter in den Betrieben der umliegenden Industrie beschäftigt waren. Bei J.I. Case wurden Traktoren angefertigt, das Verlagshaus Western veröffentlichte Comics und S.C. Johnson & Son stellte Reinigungsmittel her. Das Vergnügen mutete schier endlos an, da es reichlich Kinder in meinem Alter gab. Nebenan wohnten etwa Arthur und Robert, die jeweils gleich alt waren wie Grant und ich. Die ebenso gleichaltrigen Tommy und Dave wohnten auch nur einen Katzensprung entfernt. Wann immer wir Ball oder Brettspiele spielen, uns einem künstlerischen Projekt widmen oder unsere Fahrräder fahren wollten, stand uns ein ganzes Bataillon gewillter Kids aus der Nachbarschaft zur Verfügung.

In Shorewood lernten wir unsere Nachbarn gar nicht wirklich kennen. Natürlich freundeten wir uns dort mit den anderen Kids an der Schule an, nur wohnten sie weiter von uns weg, weshalb Mom uns mit dem Auto zu unseren Freunden bringen musste. Die Gebäude in dieser Ecke Milwaukees stammten aus einer anderen Ära. Shorewood zierten vom Gilded Age inspirierte Villen und Zweifamilienhäuser aus der Zeit nach der Jahrhundertwende. Häuser, die vorgaben, in der Epoche der Industrialisierung erbaut worden zu sein. Bungalows aus Stuckmauern, die von Handwerkern des vorigen Jahrhunderts errichtet worden waren, standen auf schmalen Rasenstücken, die sich entlang der vom Stadtzentrum auswärts strebenden Durchgangsstraßen erstreckten. Sowohl in Shorewood als auch Racine wohnten wir jeweils nur wenige Blocks von der aufregenden Küstenlinie des Lake Michigans entfernt.

Alle Kinder freuten sich auf die opulenten Feierlichkeiten am Seeufer anlässlich des 4. Julis. Die ausladenden Strände erlaubten wilde Lagerfeuer und Scheiterhaufen, die mit Sonnenuntergang einsetzten und bis tief in die Nacht loderten, lange nach Beendigung des traditionellen Feuerwerks. Bratwürste und Marshmallows auf Stöcken über dem offenen Feuer zu grillen beziehungsweise das damit einhergehende Aroma stellte bei solchen Anlässen die perfekte kulinarische Untermalung für das sommerliche Vergnügen eines jeden Kinds aus Racine dar. Auf die Scheidung folgte gezwungenermaßen ein weiterer Anpassungsprozess, was sich jedoch nicht negativ auf meine frühe Begeisterung für Musik auszuwirken schien.

4 MUSIKALISCHE INITIALZÜNDUNG

Obwohl die Scheidung meiner Eltern mich einerseits emotional verwirrte, lässt sich kaum leugnen, dass sie mir andererseits auch eine reichhaltige Auswahl an Erfahrungen ermöglichte. Zumindest auf eine Sache konnten sich Administratorinnen und Professoren nämlich einigen: Du wirst diese Lebensschule meistern und im Anschluss besser und aufgeklärter als je zuvor sein. So lautete die einheitliche Devise der Graffin University. Dennoch umgab mich trotz all der Freundschaften, die ich pflegte, in dieser Frühphase der Scheidung ein permanentes Gefühl der Einsamkeit. Dies rührte daher, dass ich der Überzeugung war, stets nur ein Elternteil, nie aber alle beide zufriedenstellen zu können. Somit befürchtete ich oft, einen der beiden im Stich zu lassen und zu enttäuschen. Wenn es mir nur gelänge, so dachte ich, ein Thema zu finden, das beide gleichermaßen begeisterte, mit dem ich eventuell sowohl die Administratorin als auch den Professor erreichen könnte.

Zum Glück teilten Administratorinnen und Professoren ihre Liebe zur Musik. Für Professoren galt sie als Reflexion ihres kulturellen Bewusstseins – eine Art Statussymbol, mit dem man sich schmückte wie mit einer Bibliothek voller Bücher, die Spezialgebiete und literarischen Vorlieben repräsentierte. Den Administratorinnen wiederum war die Musik ein Fenster in ihre Seele, ein Abbild ihres Zusammengehörigkeitsgefühls und ihrer Offenheit. In ihren Augen waren sozial Benachteiligte nicht minder berechtigt, die Vorzüge unserer Leistungsgesellschaft zu erfahren. Sie bestanden darauf, dass aktuelle, populäre Stilrichtungen den Ton angeben und den Breitengeschmack diktieren sollten. Zwar widersprachen ihre Präferenzen oft dem Geschmack der Professoren, doch trotzdem waren sie sich alle darin einig, dass Musik im Leben eines gebildeten Menschen eine wichtige Rolle zu spielen hätte. Für Mom war gute Musik wie ein beruhigendes Wiegenlied für die Seele und ein Ausdruck von Gefühlen, die zu komplex waren, um sie adäquat in Worte zu fassen. Dad verstand Musik als eine kodierte Botschaft hinsichtlich der Geheimnisse des Lebens, die er besonders im poetischen Ausdruck begnadeter Liedermacher erkannte.

In Shorewood meldete Mom uns an der Lake Bluff Elementary an. Einer der größten Vorteile daran manifestierte sich in Gestalt der Musiklehrerin Mrs. Perkins. Der Lehrplan der zweiten Schulstufe sah nämlich vor, das wir mehrmals pro Woche Musikunterricht hatten. Mrs. Perkins stand dann vor der Klasse und spielte mit viel Elan angesagte Gassenhauer auf ihrem Piano. Sie bat ihre Schüler, die Texte, die sie auf Blättern ausgeteilt hatte, mitzusingen. Ich liebte es, mich vor ihr in Szene zu setzen. Schließlich kannte ich den Großteil der Songs samt Texten aus dem Radio und konnte ohne Spickzettel mitsingen. Mom hörte ständig WOKY, Milwaukees Hitradiosender, und ihr Buick LeSabre war hinter der Rückbank mit großen Lautsprechern bestückt. Damals musste man sich noch nicht anschnallen, weshalb ich mit dem Gesicht nach hinten auf der Rückbank kniete. Ich war nur wenige Zentimeter vom Lautsprecher auf meiner Seite entfernt und sang alle aktuellen Songs mit. Mom sang oft Harmonien dazu. Diese Fähigkeit habe ich von ihr gelernt. Songs wie „Sunshine of My Life“ von Stevie Wonder, „Cecilia“ von Simon and Garfunkel, „I'll Be There“ der Jackson Five, „Lean On Me“ von Bill Withers und der Lieblingssong meiner Mom, „Killing Me Softly With His Song“ von Roberta Flack, liefen damals unablässig im Radio und auch Mrs. Perkins spielte sie für uns im Musikunterricht.

Mom war von Mrs. Perkins' Unterrichtsmethode und ihrer Philosophie, Kindern die Musik mithilfe aktueller Platten und zeitgenössischer Sänger und Songwriter näherzubringen, sehr angetan. Im Rahmen eines Elternsprechtages erfuhr meine Mom dann vom Schulchor. Allmorgendlich öffnete Mrs.

Perkins eine Stunde vor Schulbeginn ihren Unterrichtsraum, um dort eine Chorprobe abzuhalten, an der jeder teilnehmen durfte. Mom war nun der Ansicht, dass Grant und ich von einer Extraportion Musik in unserem Leben profitieren würden. Zudem wusste Mom ja bereits, dass wir gute Sänger waren, und ermutigte uns, der Lehrerin und ihren Weisheiten gut zuzuhören. Mrs. Perkins erkannte rasch meinen Enthusiasmus fürs Singen und meine Fähigkeit, Harmonien beizusteuern. Sie wies mir daraufhin vermehrt Soloparts zu, während die anderen 25 Kinder angehalten waren, mich zu begleiten. Darüber machte ich mir aber keine allzu großen Gedanken. Es fühlte sich fast so an, als würde ich einfach eine weitere Schulaufgabe erfüllen. Wenn man mich damals gefragt hätte „Greg, ist das etwas, das du für den Rest deines Lebens machen möchtest?“, dann hätte ich wahrscheinlich erwidert: „Nein, ich würde lieber Baseball oder Football spielen, Körbe werfen oder Autorennen fahren.“ Man könnte auch sagen, dass das Singen und Hören von Musik für mich eine Art emotionaler Ausdruck war. Es fühlte sich ganz natürlich an. Aber auf die Frage, mit welcher Aktivität ich Berühmtheit erlangen wollte (wovon so viele Kinder träumen), hätte ich Dinge bevorzugt, für die einerseits mehr Training und Coaching Voraussetzung waren und die sich andererseits eher außerhalb meiner Reichweite befanden – zumindest im Vergleich zu jener relativ einfach zu handhabenden Fähigkeit, die mir angeboren zu sein schien.

Obwohl ich es seinerzeit nicht als besonderes Privileg empfand, arrangierte Mrs. Perkins meine Teilnahme an jährlich stattfindenden Sommermusikprogrammen an der University of Wisconsin in Madison. Unsere Schule durfte zwei Plätze nach eigenem Gutdünken verteilen – und drei Jahre hintereinander wurde Grant und mir diese große Ehre zuteil. Für dieses einwöchigen Musiklager wohnten wir in Studentenheimen am Campus, besuchten den ganzen Tag lang Kurse und Proben, aßen wie die Studierenden in der Kantine und erfuhren auf diese Weise, wie es sich anfühlte, zum elitären Kreis der begabtesten Musikschüler des Bundesstaates zu zählen. Wir hatten dort eine Menge Spaß, aber ich litt permanent unter Heimweh. Das große Finale des Sommermusikprogramms bildete ein Abschlusskonzert am Wochenende mit mehr als 150 Sängern und einem gut 100-köpfigen Orchester, das im größten Konzertsaal auf dem Campus stattfand. Eltern aus ganz Wisconsin reisten an und obwohl ich bei diesen Veranstaltungen keine Soloauftritte absolvierte, bekam ich dort dennoch einen ersten Vorgeschmack darauf, wie es sich anfühlte, vor tausenden Fremden auf einer großen Bühne zu stehen. Außerdem machte es mich glücklich, dass sowohl Mom als auch Dad im Publikum saßen. Trotz des Zerwürfnisses zwischen der Administratorin und dem Professor half die Musik dabei, die Gräben an der Graffin University zumindest kurzfristig zu überbrücken.

Dads Plattensammlung bestand aus alphabetisch geordneten und in Reih und Glied aufgestellten Vinyl-Alben mit zumeist klassischer Musik. Er hatte sie bereits seit den 1950ern gesammelt. Soweit ich wusste, hörte er sie aber nur selten. Wenn aber wir Kinder zu Besuch waren, legte er Johnny Cash für uns auf und drehte die Lautstärke auf. Ich weiß noch, wie begeistert Dad war, als er *Live at San Quentin* für uns spielte. Dieser Enthusiasmus wirkte ansteckend. Ich liebte es, zur Musik zu singen, und achtete genau auf die Texte und Melodien. In diesem Alter entging mir noch, wie ausgezeichnet die Begleitband spielte, und welch ausgefeilte Produktionstechniken zum Einsatz kamen. Mein Fokus lag ganz auf dem „Man in Black“, der auf dem Albumcover zu bewundern war, beziehungsweise wie es ihm gelang, das Publikum aufzuwiegeln und meinen sonst eher verhaltenen Dad aus der Reserve zu locken.

Mein Vater spielte uns auch Platten von Elvis Presley, den Weavers, Pete Seeger, Joni Mitchell und sogar The Velvet Underground und andere Ikonen der 1960er vor. Dann gab es da noch Bob Dylan, den Dad allerdings – so glaube ich – für sich behalten wollte. Ich entdeckte ein abgewetztes Exemplar von *Highway 61 Revisited*, das er nie für uns spielte. Vermutlich handelte es sich dabei um ein persönliches Lieblingsalbum, wie mir seine Kommentare über diesen meisterhaften Lyriker, die er später von sich gab, bestätigen sollten. Aber wahrscheinlich nahm er an, dass das nichts für uns Kinder wäre. Damit lag er richtig. Einmal hörte ich mir die Platte nämlich heimlich an – und da gab kaum etwas, für das sich ein Kind der zweiten Schulstufe hätte begeistern können.

Mit Johnny Cash verhielt es sich anders. Nicht nur sangen meine Bruder und ich seine Texte mit Inbrunst mit, nein, er schien für meinen Dad eine gewisse Symbolhaftigkeit zu repräsentieren. Ich konnte diese Verbundenheit förmlich spüren. Wir lernten nie den Vater meines Dads kennen. Er war unsichtbar wie so viele amerikanische Väter zur Mitte des 20. Jahrhunderts. Vielleicht sprach ja die rebellische Art, wie Johnny seine persönlichen Konflikte in seinen Songtexten verarbeitete, meinen Vater hinsichtlich der Entfremdung, die er selbst empfand, besonders an. Was auch immer der Fall gewesen sein mag, ich wurde Zeuge, wie Musik den emotionalen Zement, mit dem die Menschen ihre Gefühle in Zaum halten, aufzubrechen vermochte. Ich fühlte mich zu dieser Fähigkeit hingezogen. Noch wichtiger war mir in meinem Alter damals, dass ich mich nach Geborgenheit sehnte, da Dads Haus keine mütterliche Wärme für mich bereithielt – und Johnnys Musik für mich das Nächstbeste war, das ich zu bekommen imstande war.

Dads Herangehensweise, uns Musik näherzubringen, war eigentlich sehr konventionell: Er zeigte guten Musikgeschmack, indem er eine brauchbare Sammlung zusammenstellte, Konzerte mit uns besuchte – etwa Arlo Guthrie beim Summerfest – und aufmerksam verfolgte, welche musikalischen Gäste in den Unterhaltungssendungen im Fernsehen auftraten. Mum hielt es mit der Musik auch nicht anders, nur war ihr Zugang von einer noch intensiveren Emotionalität geprägt. Sie trat zudem mit einem Chor namens Bel Canto in der ganzen Stadt auf. Außerdem sang sie in einer Produktion von Gilbert und Sullivans *Der Mikado* in Chicago im Chor mit. Angesichts meiner Empfindsamkeit gegenüber ihrer Gefühlswelt und meinem Bedürfnis nach mütterlicher Fürsorge beobachtete ich ihre Einstellung und Beziehung zur Musik (und zu Musikern) mit großer Aufmerksamkeit.

Ein oberflächliches Studium der Plattensammlung meiner Mom anno 1972 hätte zahlreiche Bestseller-Alben und Chartstürmer jener Zeit zutage gefördert. Ihre Platten waren aber nicht alphabetisch sortiert und auch nicht immer feinsäuberlich aufgeräumt. Oft lagen sie über die Kommode mit dem Schallspieler verstreut. Mitunter waren die Hüllen beschädigt oder überhaupt verschwunden. Manchmal stapelten sich neben dem Plattenteller die Vinyl-Scheiben. All dies ließ darauf schließen, das ihre Plattensammlung mehr als nur regelmäßig zum Einsatz kam. Zwar hielt sich deren Umfang in überschaubarem Rahmen – Mom hatte nicht so viel Geld, um sie ständig zu vergrößern –, doch war sie auf einem neueren Stand als jene meines Dads, die er im Verlauf mehrerer Jahrzehnte aufgebaut hatte. Ihre Platten umfassten Titel wie *The Age of Aquarius* der Band The 5th Dimension, *Talking Book* von Stevie Wonder und *Blood Sweat and Tears* der gleichnamigen Gruppe. Doch ihre absolute Lieblingskünstlerin war Roberta Flack, deren Alben *Chapter Two*, *First Take*, *Quiet Fire* und *Roberta Flack & Donny Hathaway* nahezu ohne Unterbrechung bei uns liefen. Mom spielte uns die Musik nicht einfach nur vor, sondern demonstrierte uns ihre eigene Leidenschaft für sie. Sie spielte diese Platten und gab sich ihrer emotionaler Verführungskraft hin. In gewisser Hinsicht entdeckte sie dabei ihre neue Identität. Der Soundtrack zu ihrem neuen Leben war herzergreifend und gefühlvoll. Ich konnte sehen, wie es sie vervollkommnete und stärker machte, wenn sie dazu mitsang. Offenkundig verlieh es ihr die Kraft, die sie benötigte, um zwei Jungs aufzuziehen und ihre neue herausfordernde Rolle als Alleinerzieherin und Brotverdienerin zu erfüllen. Natürlich sprachen mich vor allem die Hitsongs auf diesen Alben an. Ich lernte, sie mitzusingen, da ich annahm, dass sie mich, sollte es mir gelingen, an ihrem Vergnügen teilzuhaben, noch mehr lieben würde. Robertas Cover des Leonard-Cohen-Songs „Hey, That's No Way to Say Goodbye" offenbarte sich mir dabei als eher traurige Entdeckung. Es war mir eine tragischerweise sehr passende musikalische Untermalung der Scheidung meiner Eltern, diesem ersten echten Herzschmerz, den das Leben für mich bereithielt.

Ein wichtiges Album aus ihrer Sammlung war *Bridge Over Troubled Water* von Simon and Garfunkel. Mom hatte es erstanden, weil Roberta Flack eine Version des Titelsongs gesungen hatte und sie vermutlich neugierig auf das Original gewesen war. Wirklich oft legte sie die Platte aber nicht auf. Wenn ich allein war, hörte ich hingegen sehr oft Simon and Garfunkel. Einer der Songs, nämlich „The Boxer", sprach mich ganz besonders an. Ich konnte davon gar nicht genug bekommen. Zwar konnte ich den Text nicht sehr tiefgründig interpretieren, da ich dafür noch zu jung war, aber die traurigen Mollakkorde und die Lyrics rund um eine einsame Person, die kein Zuhause hat und sich verlassen fühlt, trafen einen Nerv bei mir. Emotionale Songs wie dieser und „The Only Living Boy in New York" sowie Roberta Flacks im Duett mit Donny Hathaways gesungene Nummer „Where Is The Love" oder auch Stevie Wonders „I Believe (When I Fall in Love It Will Be Forever)" spendeten mir Trost während dieser so verwirrenden Zeit. Ich glaubte, ich könnte mittels des genauen Studiums dieser Lieder und der Emotionen, die sie hervorriefen, Moms Psyche anzapfen, was mir ein Gefühl der Geborgenheit und des Behütetseins bereitete.

Vielleicht war es ja eine Art Botschaft aus der Zukunft, als ich ganz unten im Plattenstapel die für mich vermutlich prägendste Platte ausfindig machte: *Jesus Christ Superstar*. Nichts übte ein größeren Einfluss auf mich aus als diese

Scheibe. Es forderte mich intellektuell heraus und stimulierte mich, Jesus als Mittelpunkt eines Persönlichkeitskultes präsentiert zu sehen. Auch war es meine erste Berührung mit gegenkulturellen Musikstilen. Zudem war es lehrreich. Der Lehrplan an der Graffin University kam schließlich ganz ohne christliche Mythologie aus. Alles, was ich über die Bibel wusste, lernte ich von diesen Songs. Sowohl in musikalischer als auch textlicher Hinsicht handelte es sich hier um ein extrem gut gemachtes Album. Es zeigte mir echte Qualitätsstandards. Die zugrundeliegende Aussage, dass es religiösen Mitläufern an Durchblick mangelte, war für mich nicht bloß ein gegenkultureller Weckruf, sondern für mich als Schüler der dritten Klasse ein enorm richtungsweisendes Konzept.

Bald schon erfuhr ich, dass Moms Beziehung zu ihrer Lieblingsmusik im Einklang mit einer weiteren neuen Beziehung in ihrem Leben stand. Der neue Freund meiner Mutter hieß Chuck und war ein begnadeter afroamerikanischer Jazzmusiker, der in den Clubs rund um die Großen Seen aufzutreten pflegte. Mom und Chuck machten einen sehr glücklichen Eindruck. Er besuchte uns oft zum Abendessen und blieb bald auch über Nacht bei uns, obwohl er ein eigenes Apartment auf der anderen Seite der Stadt hatte. Es sollte nicht allzu lange dauern, bis er praktisch bei uns einzog und viel mehr Zeit bei uns als bei sich zuhause verbrachte. Im Schlepptau hatte er seine Platten von Ornette Coleman, dem er ein wenig ähnelte. Zudem besaß er ein Abonnement der Musikzeitschrift *Downbeat*. Er war sehr witzig und talentiert. Wir kamen jedenfalls prima miteinander aus. Meinem Bruder gab er den Spitznamen „Fingers", als dieser anfing, Gitarrenunterricht zu nehmen. Mich nannte er wiederum „Sammy". Chuck war cool, verfügte über Stil und brachte mir Slang bei.

Mom und Chuck waren regelmäßig bei Barbara Bender zu Besuch und nahmen Grant und mich mit. Während wir mit Jason herumalberten, relaxten und kochten die Eltern. Außerdem hörten sie natürlich Musik. Mom und Barbara waren beide fantastische Köchinnen, die beide eine Vorliebe für das „Soulfood" des amerikanischen Südens teilten. Es fühlte sich an, als würden wir ein ganz neues Leben beginnen – obwohl wir uns gerade einmal 20 Minuten vom Haus meines Dad entfernt aufhielten.

An den Tagen, die wir bei Dad verbrachten, hingen wir hingegen mit unseren alten Freunden, die wir noch aus der Zeit vor der Schule kannten und die noch nie mit einem schwarzen Menschen ein Wort gewechselt hatten. Damals kam es nur selten vor, dass Schulen und Viertel ethnisch durchmischt waren. Obwohl alle meine Freunde fernab der schwarzen Nachbarschaften wohnten, waren die meisten Sportler, die wir bewunderten, dunkler Hautfarbe: Kareem Abdul-Jabbar, Oscar Robertson, John Brockington, Wilt Chamberlain, Tommy Harper, Muhammed Ali, Hank Aaron. Das waren unsere Stars, denen wir am Wochenende bei unsere Spielen vor Dads Haus nacheiferten. Ihre Pigmentierung war bei uns nie ein Thema. Wir verehrten sie als Helden. Es handelte sich bei ihnen um Menschen, deren Leistungen normale menschliche Fähigkeiten bei Weitem überstiegen. Rasse und Hautfarbe waren uns schlichtweg egal. Wir hatten das Glück, dass unser gesellschaftliches Milieu uns als Kinder vor derlei Sorgen bewahrte. In unserer Vorstellung spielte die Hautfarbe einer Person keine Rolle. Chucks Teint war neben seiner coolen Persönlichkeit allerhöchstens eine Randbemerkung wert. Meine Freunden verloren darüber auch nie ein Wort.

Als nun der Tag kam, an dem Mom und Chuck in Dads Viertel kamen, um eines meiner Baseballspiele zu besuchen, wurde das „gemischtrassige“ Paar auf der Tribüne nicht angestarrt. Chuck war vielleicht der einzige Schwarze vor Ort, aber das war mir egal. Ich wollte mich vor ihm von meiner besten Seite zeigen und nur für ihn einen Homerun schlagen. In den Geschichtsbüchern kann man nachlesen, dass Rassenkonflikte und -spannungen in den frühen 1970ern praktisch allgegenwärtig waren. Aber Mom und Dad verloren nie ein Wort darüber. Als ob es kein Grund zur Besorgnis gewesen wäre. Stattdessen setzten sie sich aktiv für integrative Maßnahmen ein.

Für Mom ging es um mehr als Integration, sondern um Liebe. Unser Leben wurden von Chuck mitgeprägt. Seine Hautfarbe spielte in unserem Alltag jedoch keine übergeordnete Rolle. Sein musikalisches Talent trug jedoch allerhand dazu bei, mir die Erfahrung eines Konzerts näherzubringen. Chuck probte oft bei uns zuhause. Er spielte etliche Blasinstrumente wie Saxofon, Trompete und Flöte. Er war einfach ein rundherum begnadeter Typ. Manchmal, wenn er sein Flötenspiel übte, begleitete ihn meine Mom am Piano. Zu den schönsten Dingen, deren Zeuge ich werden durfte, zählt ihre Duett-Version von „Colour My World“ von Chicagos zweitem Album. Es erinnerte mich an einen Hochzeitstanz! Wie sich herausstellen sollte, würde eine Hochzeit zwischen den beiden jedoch nie zustande kommen.

Zusammen zu spielen und zu singen, lag uns allen im Blut. Es trug zudem dazu bei, mich wie in einer echten Familie zu fühlen. Ähnliches verspürte ich, wenn wir uns mit Moms Bruder, Onkel Stanley, trafen. Er brachte an Thanksgiving immer sein Banjo und seine Gitarre mit, um uns die großartige Musik unserer Vorväter und diverse populäre Countrysongs beizubringen. Als er und Mom uns „He Will Set Your Fields On Fire" vorsang, wirkte es auf meinen Bruder und mich sowie unsere Cousinen Annette und Julie wie pure Magie. Die Musik bekräftigte unser verwandtschaftliches Zusammengehörigkeitsgefühl und die Harmonien, die wir gemeinsam sangen, unterstrichen die Nähe, die wir zueinander empfanden. Musik hielt unsere Familie wie Klebstoff zusammen.

Wann immer Mom und Chuck miteinander musizierten, sah ich, wie glücklich sie das machte. Dies wiederum vermittelte mir ein Gefühl von Sicherheit. Sie hatte sich ihr Glück durch ihren Entschluss gesichert, den Professor zu verlassen, mit einem anderen Mann Musik zu machen und einen Haushalt zu führen, in dem Musik ein zentrale Rolle spielte. Sie schien ihre wahre Liebe mit einem Musiker gefunden zu haben. Die Scheidung fing dank Chuck an, tatsächlich einen Sinn für mich zu ergeben.

Ein dunkler und verrauchter Jazzclub irgendwo in einem schwarzen Viertel Milwaukees anno circa 1972 war kein geeigneter Aufenthaltsort für einen siebenjährigen Jungen aus den Suburbs. Doch genau dort holte Mom Chuck von seinem regelmäßigen Engagement ab. Sie lauschte seiner Band und hing mit seinen Musikerkollegen ab. Angesichts dessen, wie frisch die Scheidung noch war und wie sehr ich noch an der unsichtbaren Nabelschnur hing, fühlte ich mich enorm verunsichert, wenn sie uns am Abend wissen ließ, dass sie Chuck abholen würde und erst ein wenig später wiederkäme. Wir waren daran gewöhnt, stundenlang allein zu bleiben, doch irgendetwas an ihrem Clubbesuch – womöglich die Angst, sie könnte Chuck mehr als mich lieben – ließ mich eines Tages darauf bestehen, dass sie mich dorthin mitnähme. Ich umklammerte eines ihrer Beine, als sie versuchte, die Wohnung zu verlassen. Sie gab nach und nahm mich fortan immer mit. Es war mir so peinlich, dass man mich nicht wie meinen Bruder mir selbst überlassen konnte, weshalb ich mein Schamgefühl zum Ausdruck brachte, indem ich mich zwischen den beiden Sitzreihen des Buick LeSabre versteckte und so tat, als wäre ich gar nicht da. An Wochentagen fuhr sie in der Regel einfach nur vor dem Club vor und Chuck sprang zu uns rein und tat so, als würde er mich gar nicht bemerken. Doch eines Abends wollte sie etwas Musik hören und nahm mich mit hinein in den Club. Ich spürte eine überwältigende Euphorie. Vielleicht lag das auch daran, dass Mom mich als ihren Begleiter mitgebracht hatte, doch den größten Eindruck hinterließen sicherlich der Sound sowie das verrauchte und alkoholgeschwängerte Aroma. Dann war es auch noch ein visuelles Erlebnis: Ich bestaunte, wie die von Scheinwerfern beleuchteten Blasinstrumente, das glänzend lackierte Schlagzeug und die schimmernden Verstärker auf der Bühne zu einem verraucht-kaleidoskopischen Ganzen verschmolzen. Der betörende Klang von Chucks Saxofon tönte durch das Lichtspiel. Wenn die Kickdrum in kurzen Intervallen angeschlagen wurde, bebte mein gesamter Torso. Der Bass brummte sanftmütig, während das Klavier gleichzeitig lebhaft und geschmeidig wirkte. Ich erkannten keinen der Jazz-Klassiker, die auf der Bühne gespielt wurden, aber ich vermochte es, einfach zuzuhören und zu beobachten, ohne meiner Mom auf die Nerven zu gehen, als sie dasaß, um der Musik zu lauschen und sich darin zu verlieren. Zum ersten Mal in ihrem Leben hatte sie einen Ort gefunden, an dem sie sich fernab der Kongregation, der Verwaltung oder irgendeiner Verpflichtung vergnügen konnte. Nach ein paar Songs legte die Band eine Pause ein. Chuck holte uns in den Bereich des Clubs, der für die Musiker reserviert war, wo sie alle nun ein paar Drinks zu kippen gedachten. „Ich habe eines meiner Monster mitgebracht“, sagte Mom. Chuck lächelte zustimmend, warf mir einen Blick zu und sagte: „Sammy, das hier ist Geechy. Er spielt Keyboard.“ So einen coolen Namen hatte ich noch nie gehört. Geechy trug zudem einen lässigen Schlapphut und verspiegelte Sonnenbrillen. „Was geht ab, Gregory? Bitten wir doch Lil darum, dass sie dir von der Bar ein Getränk bringt“, sagte Geechy. In diesem Augenblick, als nun mein Shirley Temple gebracht wurde, fühlte ich mich als vollwertiges Bandmitglied. Leider sollte dieses Vergnügen nur von kurzer Dauer sein, da Chuck noch ein weiteres Set spielen sollte und Mom darauf bestand, dass wir aufbrachen, bevor dieses losging. „Dein Vater kommt morgen früh und du musst jetzt ins Bett!“, ermahnte sie mich. Chuck organisierte sich für später eine andere Mitfahrgelegenheit und Mom und ich verschwanden durch eine Tür seitlich der Bühne. Ich war richtig stolz darauf, dass ich wie ein VIP behandelt worden war und mir mit der Band einen Drink genehmigt hatte.

Auf dem Heimweg dämmerte mir, dass Chuck ein erfolgreicher Zeitgenosse war und Mom seine Leistungen ebenso schätzte wie den Mann selbst. Das war das erste Mal, dass ich Moms Bewunderung gegenüber einem Musiker bei der Arbeit bewusst zur Kenntnis nahm. Ich wollte, dass sie auch mich bewunderte. So wusste ich bereits in diesem jungen Alter von vielleicht sieben oder maximal acht Jahren, dass ich mein intensives Interesse an Musik weiterverfolgen würde. Was mit dem Bedürfnis nach der Zuneigung meiner Mutter begann, entwickelte sich zu meiner lebenslangen Berufung. Von diesem frühen Zeitpunkt an wusste ich, dass Musik zu spielen, ein sich lohnendes Ziel darstellte und meine Zukunft prägen würde.

5 DIE BAD-RELIGION-DNA

Religion war an der Graffin University ein fremdartiges Konzept. Zwar nicht für meine Mom, dafür umso mehr für meinen Vater, meinen Bruder und mich. Die Bibel oder ihr Inhalt waren kaum einmal Thema.

Mom war gemäß der ländlichen Kirchentraditionen Zentral-Indianas erzogen worden. Ihre Mutter war streng, aber liebevoll, deren Vater wiederum als einflussreicher Geistlicher der Church of Christ wirkte. Die Geschichte dieser vorwiegend in ländlichen Gebieten aktiven Bewegung, die man in zahlreichen Kleinstädten in den ganzen USA antrifft, umfasst das 19. und 20. Jahrhundert. Für einen Großteil dieser Zeitspanne war unsere Nation auch nichts weiter als ein loses Netzwerk von Kleinstädten. Meine Familie lebte in Zentral-Indiana und dem südlichen Teil Illinois' als Anhänger der Church of Christ. Mein Urgroßvater, der Bibelgelehrte E.M. Zerr, verfasste einen Bibelkommentar in sechs Bänden, der in der Church of Christ immer noch zur Anwendung kommt. In der Bibel steht „singet Gott, lobsinget seinen Namen …" (Psalm 68:4), aber nichts über Musikinstrumente. Aus diesem Grund und trotz ihrer langen musikalischen Tradition verbietet die Church of Christ die instrumentale Begleitung ihrer Chöre. Chorgesang spielte hingegen eine wichtige Rolle in der Church of Christ und die Hymnen aus dem Gesangsbuch wurden bei jedem Gottesdienst geradezu perfekt praktiziert. Die Plattensammlung meiner Mom bestand überwiegend aus Sangeskünstlern, die in den späten 1960ern und frühen 1970ern das Genre des Rhythm & Blues definierten – und so ziemlich alle von ihnen beriefen sich auf die Kirchenmusik des amerikanischen Südens und das christliche Gesangsbuch als großen Einfluss auf ihren eigenen Musikstil. So wie Mom waren all diese Musiker in Kirchen und im Chor aufgewachsen, wo sie nachdenkliche Lieder mit berührenden bis fast schon philosophischen Texten über den Sinn des Lebens sangen.

Einem frommen christlichen Haushalt zu entstammen zog unbeabsichtigte Konsequenzen nach sich. Als erwachsener Frau fehlte es Mom nämlich an jeglicher Begeisterung für die Kirche ihres Großvaters. Zwar war er ein berühmter und vielgepriesener Prediger, der das ganze Land bereiste, um seine sechswöchigen Bibelseminare abzuhalten, und darüber hinaus ein liebevoller und fürsorglicher Großvater, doch die Glaubensbrüder des Reverends waren streng, unnachgiebig und steif. Solange man sich an ihre Gebote hielt, hießen sie einen mit offenen Armen willkommen. Ihre Warmherzigkeit und Gastfreundlichkeit war so behaglich und tröstlich, dass man das Gefühl hatte, von Engeln umgeben zu sein. Allerdings tendierten sie auch dazu, Menschen öffentlich anzuprangern und zu blamieren.

Mom musste vor die versammelte Kirchengemeinde treten und sich für ihre vermeintlichen Verfehlungen entschuldigen, die sie sich am College geleistet hatte. Das Leben am „Big City Teacher's College" (Ball State University) in Muncie, Indiana, hatte sie zu etlichen Aktivitäten verleitet, die weder die Kirche meines Großvaters noch deren Anhänger in Moms Heimatstadt Anderson, Indiana, gutheißen wollten. Sich dafür entschuldigen zu müssen, dass sie, wie sie glaubte, einfach ihr Leben lebte und sich weiterentwickelte, war eine große Erniedrigung für meine Mom. Nun vergällten die gestrengen, kleingeistigen Leute ihrer heimatlichen Kirchengemeinde ihr die Religion für immer. Sie beschloss, dass all die Liebe, Behaglichkeit und Gastfreundschaft es nicht wert waren, wenn sie für all diese Dinge ihr persönliches Wachstum, ihre Selbstentfaltung und ihre Selbstbestimmtheit aufgeben müsste. Nach einer allerletzten öffentlichen Entschuldigung für ihre nicht gebilligte Heirat – Mom hatte meinen Dad im Aufbaustudium an der Indiana University Bloomington kennengelernt – kehrte sie der Kirche endgültig den Rücken. Diese Frau, die Bibelverse aus dem Gedächtnis zitieren konnte und die Reihenfolge aller 1.189 Kapitel kannte, traf nun die bewusste Entscheidung, fortan einen anderen Lebensweg einzuschlagen. Sie entschied, meinen Bruder und mich von jeglichem religiösen Einfluss zu isolieren. Bei uns Zuhause gab es stets jede Menge Bücher, doch die Bibel, wenn wir überhaupt eine besaßen, befand sich außerhalt unserer Sicht- und Reichweite, etwa ganz oben auf einem hohen Bücherregal. Mir ist jedenfalls nie eine untergekommen, wohingegen ich mich an diverse literarische Werke erinnere, die mit Stolz präsentiert wurden.

Großvater Zerr verstarb, noch bevor er erfahren konnte, dass seine Enkelin meinen Bruder und mich zur Welt gebracht hatte. Seine Tochter – wir nannten sie Momo – war mir eine liebevolle und fürsorgliche Großmutter, aber ich konnte spüren, dass sie gegenüber meiner Mutter eine unausgesprochenes Gefühl der Missbilligung hegte. Das lag sicherlich daran, dass sie uns ohne irgendwelche Kenntnisse der Heiligen Schrift erzog. Im Anschluss an die Scheidung meiner Eltern wohnte sie drei Monate im Jahr bei uns. Unsere Großmutter war das Abbild einer perfekten Oma aus der Kleinstadt: Sie kochte, las vor, interessierte sich für unsere schulischen Leistungen – und hielt ihre Zunge in Zaum, wenn sie uns „Großstadt-Heiden" ihre Besuche abstattete. Im Fernsehen verfolgte sie den TV-Prediger Billy Graham und freute sich immer über unsere Gesellschaft. Sie muss wohl ihren gesamte Willenskraft aufgebracht haben, um sich unter Kontrolle zu behalten, als ich ihr noch als Teenager voller Stolz mein erstes Album mit Bad Religion präsentierte, auf dessen Cover ein real existierendes Sodom und Gomorra namens Hollywood samt dem Titel *How Could Hell Be Any Worse?* zu sehen war. Sie lächelte bloß, nickte und sagte mit ihrem Südstaatenakzent: „Da schau an!" Sie starb im Haus meiner Mom, nachdem wir Kinder flügge geworden waren und das College besuchten. Wir betteten sie auf dem Friedhof ihrer Heimatstadt zur letzten Ruhe, während uns zu den Klängen des Chors der Church of Christ, der in der kleinen Landkapelle ihrer Jugend Großmutters liebste Kirchenlieder sang, die Tränen in Strömen über die Wangen flossen. Mom sollte dieses Gebäude jedoch nie wieder betreten. Ihr Bruch mit der Religion war nun endgültig vollzogen.

6 PROG RELIGION UND POLITIK

Mein Bruder und ich befanden uns immer noch in unseren ersten Semestern an der Graffin University. Als ich in die vierte Klasse ging, hatte sich eine relativ bequeme Routine etabliert. Mom war als Dekanin für Lernkompetenz eine herausragende Administratorin an der University of Wisconsin-Madison, Chuck war ein vielgebuchter Musiker, der fast jeden Abend in Milwaukee oder Chicago auftrat, und Dad unterrichtete Englisch an der University of Wisconsin-Parkside. Zudem saß er in mehreren Gremien, die sich mit den bundesstaatsweiten Aufnahmeprüfungen befassten. Gleichzeitig besuchten mein Bruder und ich eine der besten Grundschulen weit und breit. Wochenenden, Feiertage und Schulferien verbrachten wir in unserem alten Haus bei Dad, wo uns bereits unsere Freunde erwarteten.

Auf der anderen Seite der Stadt nahm uns auch unsere Großmutter väterlicherseits, Nana, jederzeit gern in Empfang, um den Eltern etwas Zeit für sich selbst zu ermöglichen. Sie liebte ihren Sohn abgöttisch. Auch Grant und ich wurden wie kleine Prinzen verwöhnt. Jeden Morgen, Mittag und Abend kochte sie. Nomen est omen: Immerhin hatte sie im Mädchennamen Koch geheißen. Wie treffend das doch war! Abgesehen von den Mahlzeiten, die sie für uns zubereitete, gab es auch stets Reste und Streuselkuchen zum Mitnehmen nach

Hause. Immer, wenn wir bei ihr zu Besuch waren, spazierten mein Bruder und ich mit unserem Großvater, den wir „Papa" riefen, zum örtlichen Metzger, Roundy's, um frisches Fleisch für das Abendessen zu holen. Milwaukee war damals noch gut zu Fuß erschließbar – eingeteilt in Stadtbezirke entlang der ethnischen Grenzen, von denen jeder einzelne über eigene kleine Krämerläden, Tankstellen und Bars an fast jeder Straßenecke verfügte.

Manchmal nahm Papa uns nach unserem Einkauf in seine Lieblingsspelunke mit. „Sagt bloß Nana nicht, dass wir hier waren, okay?", lautete dann seine Bitte an uns. Während er nun an seinem spätnachmittäglichen Cocktail nippte, zapfte der Barkeeper für Grant und mich jeweils ein Root Beer der Marke Baumeister. Wir fanden das echt cool und konnten daran absolut nichts Verwerfliches erkennen.

Nana liebte unsere Familie so sehr, dass es ihr förmlich das Herz brach, als sie von der Scheidung erfuhr. Sie liebte Mom und uns Kinder deshalb nicht weniger. Sie war eine Großmutter vom alten Schlag, die ihre Möbel im Stile der Frühzeit der USA sowie ihre deutschen Traditionen schätzte. Für mich war sie stets ein Fels in der Brandung, altmodisch und voller Liebe. Allerdings war sie wohl fortschrittlicher, als ich zu begreifen imstande war, denn Milwaukee war 1974 ein Ort der Veränderung – und sie offenbarte keinerlei Abneigung gegen diesen Prozess.

Ein Anzeichen dafür, dass sie bereit war, moderne Gepflogenheiten anzunehmen, zeigte sich jedes Jahr zu Weihnachten. Dieser Feiertag genoss in unseren Haushalten den allerhöchsten Stellenwert. Hatte ich in den vergangenen Jahren von ihr immer ganz konventionelle Geschenke erhalten – Socken und Unterhosen, Spielzeugautos von Hot Wheels und von Papa in seinem Keller angefertigte Holzspielsachen –, so schenkte sie uns 1974 etwas ganz besonders Ausgefallenes, nämlich Schallplatten! Es überstieg damals meinen Horizont, wie und wo es Nana bewerkstelligt hatte, Rock'n'Roll-Platten zu kaufen.

Tatsächlich hatte sie eine Fernsehwerbung für den Konzern K-Tel gesehen, die für ihre Masche, Sampler-Alben zu verkaufen, bekannt waren. Sie dachte sich nun, dass sie uns mit der neuesten Veröffentlichung aus dem Hause K-Tel namens *Heavy Metal* eine große Freude bereiten könnte. Immerhin, so war sie überzeugt, waren die jungen Leute dieser Tage ja besonders musikaffin. Ich kann mich jedenfalls an keine frühere Verwendung des Begriffs Heavy Metal für eine Musikgenre erinnern. Zudem bin ich mir absolut sicher, dass Nana nicht den blassesten Schimmer hatte, dass es sich als Bezeichnung für eine Musikrichtung durchsetzen sollte, oder dass ich mit meiner eigenen Gruppe eines Tages mit einigen der Bands von diesem Album diverse Festivalbühnen teilen würde. Dennoch war meine Überraschung und meine Freude beim Öffnen des Geschenks genau jenes zufriedenstellende Resultat, auf das Nana gehofft hatte. Ich studierte die Plattenhülle und die Liner Notes, musste mich aber noch gedulden, bis ich das Album abspielen konnte, da Nana keinen Plattenspieler besaß. Höchstwahrscheinlich hatte sie aber überhaupt nichts dagegen, nicht mitanzuhören zu müssen, was für abgefahrene Klänge sich in den Rillen dieser Scheibe verbargen.

Dieser Sampler umfasste eine bunte Mischung diverser klassischer Songs von Acts wie Deep Purple, Black Sabbath, Jimi Hendrix, Alice Cooper, Allman Brothers, T-Rex, MC5, Buffalo Springfield und den Eagles. Der Albumtitel war definitiv nicht gewählt worden, um ein sich in den Startlöchern befindliches Genre zu klassifizieren. Doch ein Track zog mich ganz besonders in seinen Bann, was mein Interesse an ungewöhnlichen musikalischen Ansätzen begründen sollte. Hierbei handelte es sich um den Song „Starship Trooper" der Band Yes.

Wenn ich nun sagte, dass diese Nummer meinen Musikgeschmack nachhaltig beeinflusste, wäre das eine krasse Untertreibung, da dieser Sound in großem Ausmaß auch mein soziales Leben mitprägen sollte. Yes avancierten nämlich zum Anknüpfungspunkt zwischen mir und einer überschaubaren Gruppe meiner Schulfreunde. Im Chor traf ich auf einen Jungen namens Jeff, dessen Musikgeschmack ich mir in den unzähligen Stunden, die wir nach der Schule zusammen verbrachten, zum Vorbild nahm. Jeff widmete sich jedem Thema – inklusive der Musik – mit einem ausgesprochen intensivem Eifer. So unterhielt er mich mit seinem weitreichenden Verständnis von Musik und seinem Wissen über Songwriting. Die Gespräche mit ihm motivierten mich, aufmerksamer hinzuhören, wie Songs aufgebaut waren. „Hier ist ein Song, den eigentlich Paul Simon geschrieben hat, aber ich spiele ihn dir in einer Version von Yes vor", sagte er etwa. Der Song hieß „America" und als ihn Jeff mir nun vorspielte, erinnerte er mich an ein Rock-Orchester mitsamt unterschiedlicher Abschnitte, die sich mitunter von der Hauptmelodie entfernten. „Ich nehme an, Simon and Garfunkel hatten während der gesungenen Passagen einfach eine Akustikgitarrenbegleitung", schrie Jeff aus voller Kehle, während der Song aus den Lautsprechern dröhnte. Da begriff ich zum ersten Mal, dass eine Aufnahme immer auch die Interpretation der Vorstellungskraft des Songwriters darstellt. Bei meiner allerersten „Jam-Session" mit Jeff haute ich in die Tasten der kleinen Wurlitzer-Orgel seiner Mutter, während er die Saiten einer Akustikgitarre anschlug. Er besaß die Noten für „Perpetual Change" von Yes und zeigte mir, wie man es spielte. Die ersten paar Takte des Songs hört man nur Keyboard und Gitarre, weshalb wir es tatsächlich auf die Reihe brachten, wie die Albumversion zu klingen!

Jeff besaß eine riesige Plattensammlung, die er Song für Song studierte. Er hörte unentwegt Musik und prahlte mit seiner beeindruckenden Stereoanlage, deren Lautstärkeregler er gern bis zum Anschlag aufdrehte. Wenn ich zu Besuch in seinem ausgebauten Hobbykeller zu Besuch war, hörte ich wie gebannt zu. Jeff hatte diesen Raum in eine magische Bude verwandelt und den Boden sogar mit Flauschteppichproben beklebt. Die Wandbemalung war wiederum seinen liebsten Plattencovern nachempfunden. So diente das Artwork von *Birds of Fire* des Mahavishnu Orchestras als Hintergrund seiner Stereoanlage samt Lautsprechern, Plattenteller und Röhrenverstärker, die er auf einem niedrigen Regal aufgebaut hatte. Das Cover zu *Dark Side Of The Moon* mit dem berühmten Prisma-Motiv schmückte eine weitere Wand. Hinter uns prangte ein massives Yes-Logo, das im Original vom Künstler Roger Dean entworfen worden war. Jeff hatte es meisterhaft kopiert und in fluoreszentem Grün und Gelb bemalt, ganz ähnlich wie auf dem Albumcover zu *Close To The Edge.* Über unseren Köpfen war eine ganze Batterie Schwarzlicht-Glühbirnen befestigt. Wenn sich nun das Vinyl auf dem Plattenteller drehte, wurden wir von dieser eigenartigen Lichtquelle in ein magisch-radioaktiv anmutendes Ambiente getaucht. Der gesamte Deckenbereich des Raums war mit einem neonroten Fischernetz verhängt, das im Schwarzlicht seltsam schimmerte. Im Prinzip hatte Jeff hier den Traum eines jeden LSD-Psychonauten wahrwerden lassen, obwohl wir beide erst die vierte Klasse besuchten und von solchen Dingen keine Ahnung hatten. Die Musik, mit der Jeff die Atmosphäre ergänzte, war inspirierend, jenseitig, lebensbejahend und auf ihre eigene spezielle Weise psychotropisch. Wir saßen entrückt da und drifteten in unsere Fantasiewelten ab, während wir den verwunschenen Klängen aus den Lautsprechern lauschten: John McLaughlin, Steve Hillage, Todd Rundgren, Yes, Pink Floyd, ELP. Man hätte glauben können, wir würden auf Drogenexperimente abfahren. Tatsächlich waren wir nur schwer begeistert von der Musik, der Beleuchtung und unserer Kameraderie. Auch der Geschmack von Jeffs Nachbarn Wes war ein großer Einfluss auf uns. Er besuchte bereits die High School und gab sich echt Mühe, die Kids auf der Straße mit Progressive Rock zu versorgen. Ein guter Musikgeschmack spielte eine wichtige Rolle im Leben von kultivierten, gebildeten Kindern, deren Eltern etwa Akademiker (wie in meinem Fall) oder auch Juristen (wie bei Jeff) waren. Hauptsächlich jedoch gab es uns das Gefühl, cool zu sein, weil wir uns ja nun mit viel älteren Kids austauschen konnten. Als wir die sechste Schulstufe besuchten, nahm uns Wes mit zu einem Yes-Konzert in der Milwaukee Arena. Jemand bot mir einen Zug von einem Joint an, aber ich lehnte ab. Stattdessen konzentrierte ich mich ganz auf das Konzert und die grünen Laser, die das Publikum anstrahlten. „So wie in Jeffs Keller", dachte ich mir. „Nur in einem ganz anderen Maßstab." Ich war vollauf hypnotisiert von dieser Reizüberflutung. Fünf Musiker, von denen jeder unterschiedliche Parts eines orchestrierten Ganzen spielte, auf einer weißglühenden Bühne, die durch einen wabernden Kunstnebel schimmerte, dessen Konsistenz von zahllosen Nadelstichen giftgrüner Laserlichts auf die Probe gestellt wurde. Ich sang lauthals mit dem unvergleichlichen, glockenklaren Gesang Jon Andersons mit. So stelle ich mir am ehesten ein religiöses Erweckungserlebnis vor.

Es gefiel mir ungemein, dass nur ich und noch ein paar enge Freunde von mir sich für Prog Rock begeisterten. Meine Erfahrung mit Yes und unserem kleinen Geheimbund von Prog-Aficionados glich einer Art Initiationsritus. Es vermittelte mir das Gefühl, dass es cool war, Musik zu mögen, die nicht dem Breitengeschmack entsprach. Doch tatsächlich erfreute ich mich auch an Mainstream-Mucke. 1974 spielte der in Milwaukee ansässige Radiosender WOKY nämlich alle möglichen Hits. Der Song „The Loco-Motion" lief damals in der Version von Grand Funk Railroad fünf Monate lang mehrmals täglich. Dieser von Todd Rundgren produzierte Klassiker überzeugte mit Elementen, die das ganze Auto zum Mitrocken bewegten. Mom liebte es, Chuck liebte es und sogar mein Bruder klatschte mit. Ich fokussierte mich in erster Linie auf die Lyrics. Sobald das verhallte Händeklatschen zu Beginn des Songs einsetzte, rief ich umgehend: „Mach' das lauter, Mom!" Natürlich konnte ich da noch nicht wissen, dass ich 25 Jahre später selbst mit Todd Rundgren im Studio stehen würde, um mit meinen kalifornischen Bandkollegen und ihm unser eigenes unverwechselbares Album aufzunehmen. 1974 wäre uns das garantiert nicht in den Kopf gekommen. Um überhaupt dorthin zu gelangen, musste aber zunächst noch eine Reihe von einschneidenden Ereignissen passieren.

Politik genoss als Thema sowohl bei meiner Mom als auch meinem Dad ein hohen Stellenwert. Beiden waren sie aufrechte Demokraten aus dem Mittleren Westen – ganz im Gegensatz zu ihren jeweiligen Eltern, die ganz schnöde Republikaner waren. In den 1950ern und 1960ern engagierten sich immer mehr Bürger für gleiche Rechte für alle Menschen im Land. Die Administratorin und der Professor waren sich hinsichtlich der meisten diesbezüglichen Themen einig. Eine geglückte Integrierung schwarzer Studenten an weißen Unis war für sie Voraussetzung für eine erfolgreiche Hochschule. Aber damit hörte es noch lange nicht auf. Auch Frauenrechte waren damals vielen Frauen und vor allem geschiedenen Müttern wie meiner eigenen ein großes Anliegen. Wenn nun die abendlichen Nachrichtensendungen über den Bildschirm flimmerten, nahmen beide Elternteile, die sich jeden Tag für wichtige Themen engagierten und sich auf dem Campus mit einem Mikrokosmos der landesweiten politischen Steitigkeiten konfrontiert sahen, vor dem Fernseher Platz, um der Zusammenfassung und Analyse der bedeutendsten Ereignisse des Tages zu folgen.

Den Nachrichtensprechern brachte man ein ähnlich großes Vertrauen wie seinen eigenen Eltern entgegen. 30 Minuten lang mussten wir uns nun am Riemen reißen, den Mund halten und auf jegliche elterliche Aufmerksamkeit verzichten, da wir jedes noch so kleine Detail, das da auf konzise Art und Weise berichtet wurde, aufsaugen mussten. Wir gingen nie zur Kirche, wo sonntägliche Predigten hyperaktive Heranwachsende mit für uninteressierte Ohren sterbenslangweiligen Themen auf eine schwere Geduldsprobe stellten. Stattdessen wurde bei uns jeden Tag ein halbe Stunde lang einer Predigt gelauscht, die uns der TV-Klerus in Form der Fernsehnachrichten auftischte und durch die wir – quasi osmotisch – von den dringenden Sorgen der Erwachsenen erfuhren. Wir saßen auf unseren Händen und hielten unsere Münder geschlossen, wie wir das vermutlich auch in einer Kirche getan hätten, und verfolgten, wie die Informationen aus der Glotze unsere Eltern zu emotionalen ebenso wie zu intellektuellen Reaktionen bewegten.

Es war keine große Überraschung, dass die landesweite Berichterstattung über die Sex Pistols im Jahr 1976 Punk als Phänomen in unserem Haus legitimierte. Wenn selbst Dan Rather von diesem Trend drüben in London berichtete, dann sollten wir der Sache wohl unsere Aufmerksamkeit widmen. Die Sex Pistols galten als kulturelles Faszinosum. „Wow, das ist ja mal etwas, oder?", sagte Dad. „Schaut euch nur an, wie das Publikum tanzt." Damit qualifizierte sich Punk auch als hervorragendes Gesprächsthema für die nächsten Runde Schafkopf, die an diesem Wochenende auf dem Programm stand!

Das abendliche Nachrichtenritual, das die gemeinsamen Werte unserer getrennten Haushalte unterstrich, einte die Graffin University. So konnte man in beiden Häusern ungezwungen über aktuelle Ereignisse und liberale politische Ansichten diskutieren. Die TV-News boten den passenden Rahmen für angemessene Debatten und für die wirklich großen Themen, die die intellektuelle Verfassung unserer Familie prägten.

Auf einem Regal im Haus meines Dads stand eine gerahmte Fotografie, die er – wie so viele andere familiäre Schnappschüsse – mit Stolz präsentierte. Sie zeigte Dad in seiner typischen Professorenaufmachung mit hellem Blazer und einer mit Friedenssymbolen verzierten Krawatte, wie er als Gastgeber eine echte Berühmtheit auf dem Campus willkommen hieß. Hierbei handelte es sich jedoch nicht um einen gewöhnlichen Hollywood-Star, sondern vielmehr um den bemerkenswerten Autor und literarischen Provokateur Norman Mailer. Dad empfing ihn während seiner Lesetour im Jahr 1971, die Mailer für sein mit dem Pulitzerpreis ausgezeichnetes Buch *Heere aus der Nacht*[1] überaus erfolgreich bestritt.

Eltern realisieren oftmals nicht den Effekt, den die Dinge, die sie im Wohnbereich aufstellen, auf die unbewusste Entwicklung ihrer Kinder haben können. Da der Campus der Graffin University zweigeteilt war, war ich wohl ein wenig achtsamer als normale Kinder. Ich sah in allem, was Dad aufhängte und aufbaute, eine geheime Botschaft – eine stumme Aufforderung, gewissen Dingen unsere Wertschätzung entgegenzubringen. Mailer beschreibt sich selbst in der dritten Person als „... Egoist von erschreckenden Ausmaßen, in empörender und auch für ihn nicht immer glücklicher Weise auf sich selbst konzentriert –

1 Mailer, Norman (1968): *Heere aus der Nacht*, München: Droemer Knaur.

und dennoch fähig, sich mit geradezu klassischer Strenge von allem loszulösen. Denn er war ein Schriftsteller, und es war daher sein Los, jede kleine Regung des Guten, des Edlen, des Wütenden und des Närrischen bei den anderen und bei sich selbst zu studieren."

Können sich solche Charakterzüge von einer simplen Fotografie ins Unbewusste übertragen lassen? Jein. Ich war mir ja bewusst, dass es meinem Dad Respekt abringen würde, wenn ich diesem Mann in gewisser Weise nacheiferte. Auf dem Foto ist zu erkennen, wie Mailer über ein ernstes Thema schwadroniert, während Dad, der neben ihm steht, über die sich gerade versammelnde Menschenmenge blickt, zu der sein Gast in Bälde sprechen soll. Das Bild schien zu mir zu sprechen: „Sohn, es ist überaus ehrenhaft, etwas Wichtiges zu sagen zu haben. Nur solche Leute sind berechtigterweise prominent." Es gefiel Dad, dass Norman Mailer für analytische Gesellschaftskritik stand. Er wusste zu polarisieren – und obwohl ich damals nicht imstande war. dies in Worte zu fassen, sagte mir meine Intuition, dass dies etwas Wünschenswertes war. Mir mangelte es noch an einem formellen Verständnis der Details. Aber der Anblick dieses Bildes motivierte mich, althergebrachte Weisheiten zu hinterfragen. Es war offenbar cool, sich der Obrigkeit zu widersetzen.

Allerdings sollten noch mehrere Jahre vergehen, bis ich diesen Ansatz in die Tat umsetzen würde. Diese frühen Gehirnübungen waren eher flüchtiger Natur, da wir ja nur die Wochenenden unter der Aufsicht von Norman Mailer hoch oben auf dem Regal verbrachten. Bald schon sollten zwischen unseren Besuchen im Hause meines Dads viele Monate vergehen. Der Graffin University stand nämlich eine richtungsweisende Veränderung bevor.

7 EINE REISE ANS ENDE DES KONTINENTS

Im Frühling des Jahres 1976 verkündete Mom, dass sie einen neuen Job als Dekanin für Lernkompetenz an der UCLA angenommen hatte und wir im Verlauf des Jahres nach Los Angeles umziehen würden. Auf mich mit meinen gerade einmal elf Lenzen war der Ausblick auf so eine Odyssee ans andere Ende des Erdteils mit der Vorstellung gleichzusetzen, schon bald als erster Mensch den Mond zu betreten. Zwar war ich voller Vorfreude, hatte aber auch nicht die geringste Ahnung, wie die Veränderung sich tatsächlich auf mich auswirken würde. Demnächst würde ich von einem beliebten Schuljungen aus dem Mittleren Westen mitsamt seiner Milch- und Schwerindustrie zu einem Winzling in der multikulturellen Megastadt avancieren und mich in ihrer gesellschaftlichen Unübersichtlichkeit verlieren.

Der Umzug an sich würde fünf Tage in Anspruch nehmen. Jede Einzeletappe endete mit einer Übernachtung bei Freunden der Familie, die über die gesamte Wegstrecke verteilt lebten. Obwohl ich schon ein routinierter Mitfahrer war und in den vergangenen vier Jahren so ziemlich jeden Nebenweg zwischen Milwaukee und Racine zumindest einmal befahren hatte, hatte ich dabei bisher nicht viel mehr gesehen als grüne Wälder, Kohl- und Maisfelder im Sommer sowie Winterlandschaften, die an jene Gemälde der alten niederländischen

Meister erinnerten, die ich aus Dads Büchern kannte. Auch die Ausflüge zu unseren Großeltern nach Indiana boten nicht viel Abwechslung zu dem, was wir aus dem Südosten Wisconsins kannten, nur dass es dort vielleicht sogar noch weniger Städte, dafür umso mehr Maisfelder gab.

Ich hatte keine Angst. Vielmehr erwartete ich mir ein Abenteuer, einen echten Roadtrip eben. Angesichts meines damaligen Alters ist es wohl keine Übertreibung, wenn ich behaupte, dass ich nicht über die nächsten paar Stunden hinausdenken konnte – und diese versprachen fröhlich zu werden. Wir hatten uns schon so lange an jedem Sonntagabend von Dad und unseren Freunden verabschiedet, dass es sich inzwischen ganz natürlich anfühlte. Woher hätten wir also wissen sollen, wie es sein würde, wenn bis zum nächsten Treffen und der nächsten väterlichen Umarmung anstelle von ein paar Tagen nunmehr Monate vergehen würden?

„Habt ihr alles? Eure Mom wird gleich hier sein", sagte Dad. In der Regel alberten wir am Ende des Wochenendes noch herum, bevor uns Dad wieder an unsere Mutter übergab. Aber nun fühlte sich alles ein wenig bedrückter an als sonst, und in Dads Ermahnung war ein ernster Unterton zu vernehmen. Mom fuhr in ihrem verbeulten 1969er Buick LeSabre vor, wie sie es versprochen hatte. Aber wo steckte Chuck? Sie hatte ihn wohl bei Little Richard's abgesetzt, einer Burger-Bude an der Douglas Avenue, weil sie wusste, wie schwer dieser Abschied meinem Dad fallen würde. Dad und Chuck kamen gut miteinander klar, aber sie standen sich auch nicht nahe. Mom zog es vor, ihren Ex-Mann und ihren neuen Gefährten getrennt voneinander zuhalten, als sie nun couragiert in die Einfahrt einbog, um uns endgültig abzuholen.

Zweifellos war dies ein einschneidendes Ereignis, dass das Schicksal der Familie Graffin für viele Jahre und weitere Generationen prägen sollte. Wir zogen nun nach Los Angeles um. Die beiden Fakultäten der Graffin University lagen ab sofort einen halben Kontinent entfernt voneinander. Wir umarmten Dad, wie wir das sonntags immer taten, nur dieses Mal fühlte es sich anders an. Von der Rückbank aus sah ich, wie Dad am Garagentor verweilte, während sich unsere Mom ihm näherte. Anstatt sich umzudrehen und wieder hineinzugehen, blieb er stehen und beobachtete uns. Dann sah ich etwas so Ungewöhnliches, dass ich meinen Augen kaum trauen wollte. Mom und Dad umarmten sich. Das war das einzige Mal, dass ich meine Eltern dabei sehen konnte, wie sie sich in Armen hielten. Was für eine schöne Sache das doch war, eine elterliche Umarmung. In meiner Familie stand es jedoch für Trauer und Abschied. Als Mom zu uns ins Auto stieg, hatte sie Tränen in den Augen. Sie wischte sich kurz übers Gesicht und rang nach Fassung. „Auf geht's, Jungs. Ich habe Chuck bei Little Richard's gelassen", sagte sie. Da begriff ich, dass dieser Abschied mehr bedeutete als die übliche Übergabe am Sonntagabend. Es war keine Furcht, die mich nun überkam, mir wurde einfach das Herz schwer. Dennoch fühlte ich mich in der Obhut meiner Mom sicher, da sie ja bestimmt wusste, was das Beste für uns war. Wie hätte ich ahnen können, dass die bevorstehende Irrfahrt nicht nur die fünftägige transkontinentale Reise umfassen würde, sondern ein ganz neues Dasein mit sich brächte, das in keinerlei Hinsicht jenem Leben ähnelte, das wir bisher als normal erachtet hatten. Wir wechselten in eine völlig neue Flugbahn, die uns auf Kurs mit bis dahin unvorstellbaren Situationen brachte, woraus sich wiederum tragische Umwälzungen ergaben, die uns veranlassten, bereits gefasste Pläne zu verwerfen. Dies war der relativ unspektakuläre Ausgangspunkt meiner Punkrock-Odyssee.

Nur 15 Kilometer vom Haus meines Dads entfernt verlief der Interstate 94. Auf dem Weg dorthin ritten wir auf der roten Welle und blieben – so schien es – an jeder einzelnen Kreuzung stehen. Niemand sprach ein Wort. Während ich dasaß und die immanente Traurigkeit einer sich in Aufbruch (und Auflösung) befindlichen Familie verarbeitete, tauchte vor uns endlich die Autobahnauffahrt auf und die Beschleunigung des V8-Motors drückte mich zurück in den Sitz., Jedesmal, wenn ich meinen Kopf über den Vordersitz hinausreckte und dem Asphalt dabei zusah, wie er uns draußen vor der Windschutzscheibe entgegenraste, rückten neue Landschaften ins Blickfeld. Ein Anflug von Begeisterung half dabei, die Fadesse der im Rückspiegel langsam verschwindenden traurigen Realität weiter in den Hintergrund zu drängen. Über die I-94 auf die I-80 nach Des Moines und dann immer der Nase nach. Stets gen Westen, lautete unsere Devise, das war alles, was ich wusste, und das bedeutete, dass ich an jedem Tag unserer Reise die Sonne hinter den Superhighways vor uns versinken sah, deren jeweilige konkrete Bezeichnungen in den Verantwortungsbereich der beiden Steuerleute in der vorderen Sitzreihe fiel.

Manche werden sich noch an jene Zeiten erinnern, die ich hier beschreibe – an die langen, ja, schier endlosen Highways, die erst vor relativ kurzer Zeit vom

Mist sorgloser Autofahrer, die sie als Müllhalde zweckentfremdeten, befreit wurden. Es gab keinerlei Garantien und ausschließlich Überraschungen, wenn der Navigator hinterm Steuer beschloss, an der nächsten Ausfahrt abzufahren. Mitunter befanden sich dort Tankstellen oder auch Truckstop-Ketten mit integrierten Märkten wie etwa Stuckey's. Wenn man ganz großes Glück hatte, erwartete einen sogar ein Waffelimbiss, ein Denny's oder überhaupt am allerbesten ein Big Boy. In jedem Bundesstaat orientierte sich dieses Franchise an einer eigenen Nomenklatur. Wir lernten schnell, wie man sich mithilfe dieser Variabel zurechtfand. Sahen wir etwa einen Marcs Big Boy, wussten wir, dass wir uns noch in Wisconsin befanden. Sobald uns ein Frische's Big Boy auffiel, war uns klar, dass wir es – Halleluja! – nach Indiana geschafft hatten. Natürlich hatten wir am Tag unseres Aufbruchs aus Marc-Land alias Wisconsin nicht den blassesten Schimmer, das uns in Kalifornien der alliterative Bob's Big Boy erwartete. Seinerzeit gab es keine GPS-Daten, keine handlichen Geräte oder Bildschirme, die einem sämtliche verfügbaren Dienstleistungen der nächsten 15 Kilometer verrieten. Stattdessen begleitete unseren Weg eine Mappe mit überdimensionierten Straßenkarten, die mitunter nicht mehr auf dem neusten Stand waren. Diese Routenplaner der *American Automobile Association* lagen ausgebreitet auf Chucks Schoß, während Mom hinterm Steuer ein Lied trällerte, das gerade im Radio lief, und uns in Richtung unseres nächsten Etappenziels irgendwo in Iowa steuerte. Die erste Nacht brachte tiefempfundenes Heimweh mit sich, begleitet vom eigenartigen Gefühl, sich in einer fremden Gegend zu befinden. Als wir nach Einbruch der Dunkelheit beim Haus des Freundes einer Mitarbeiterin meiner Mutter eintrafen, hieß dieser uns gastfreundlich willkommen, obwohl ihn unsere Anwesenheit auch ein wenig zu kompromittieren schien. Wir begrüßten den nächsten Morgen voller Optimismus und brachen bald schon Richtung Denver auf.

Die Kapitänin unserer Expedition entschied, von Iowa aus gen Süden zu fahren, um bei Kansas City auf der Interstate 70 aufzufahren, anstatt weiterhin auf der I-80 zu bleiben. Vielleicht lag das auch daran, dass KC angeblich gerade eine Art „Renaissance" erlebte. So hatte die Stadtverwaltung Millionen von Dollar in PR-Kampagnen investiert, um nicht länger als Inbegriff einer amerikanischen Rinderzuchtmetropole wahrgenommen zu werden, sondern als aufstrebendes urbanes Zentrum, das man sich gut und gern auch als Austragungsort eines republikanischen Parteitags vorstellen konnte. Im August dieses Jahres, innerhalb derselben Woche, in der wir unsere Reise unternahmen, betrat nun tatsächlich ein schneidiger Kalifornier namens Ron Reagan das Podium in der Kemper-Arena, um eine Rede zu halten, die nicht nur seine landesweite Politkarriere starten, sondern ihn letzten Endes bis ins Weiße Haus führen würde. Doch die republikanische Weltanschauung besaß keinerlei Reiz für meine Mom, weshalb die vermaledeite Kursänderung einen anderen Grund gehabt haben muss.

Der I-70 hatte in diesem Jahr einiges an Berichterstattung erfahren. Er war erst 1970 fertiggestellt worden und somit der jüngste aller Interstate-Highways. Gerade im Frühjahr 1976, dem Jahr unserer Reise, war die Schnellstraße mit dem U.S. Highway 50 verschmolzen worden, was Millionen Dollar für Reparaturen und neuen Belag verschlungen hatte. Mom war eine verwegene und unerschrockene Kapitänin, die gern hinterm Steuer saß und schlecht instandgehaltene Landstraßen verabscheute. Wenn wir beiden Scheidungskinder zwischen Milwaukee und Racine hin und her pendelten, bevorzugte sie stets den I-94 gegenüber der etwas kürzeren Strecke auf dem State Highway 32. Deshalb ergab es Sinn, dass sie sich für die weniger holprige Route nach Denver entschied. Außerdem zählte der Bundesstaat Kansas genau wie Wisconsin noch zum Mittleren Westen. Vielleicht wollte sie ihrer Familie ja auf diese Weise einen reibungsloseren Übergang bei ihrem Exodus aus der alten Heimat ermöglichen.

Eventuell übte Kansas City auf die musikaffine Administratorin und den Musiker an ihrer Seite aber auch noch eine andere Art der Anziehungskraft aus. Immerhin galt die Stadt als Geburtsort eines bestimmten essenziellen Jazz-Stils, was sowohl meine Mom als auch Chuck, der dieser Ecke noch nie einen Besuch abgestattet hatte, besonders angesprochen haben könnte. Da wäre es doch gelacht, wenn die Leute dort nicht ebenso weltoffen und aufgeschlossen wie unsere Familie wären und darüber hinaus unsere Liebe zur Musik und humanistischen Werten teilten! Oder etwa nicht? Nun, Jazz-Dorado hin oder her: Kansas sollte einen bitteren Nachgeschmack für uns bereithalten und unsere Erinnerung an diesen Bundesstaat nachhaltig trüben. Ganz egal, weshalb meine Mom tatsächlich diese Route wählte, sie hatte nicht miteinkalkuliert, dass wir durch ein Territorium reisten, in dem reichlich feindselige Trucker unterwegs waren, die aus Überzeugung „gemischtrassige“ Paare terrorisierten.

1976 bot Reisenden nicht dieselben komfortablen Annehmlichkeiten wie wir sie heute entlang der Highways erleben dürfen. Es gab keine „Reise-Service-Stationen", „Rastplätze" mit Picknicktischen und Barbecues für die ganze Familie, oder „PKW-freundliche" Truckstops. An den meisten Ausfahrten gab es keinerlei konsumentenrelevante Angebote. Stattdessen handelte es sich bei ihnen in erster Linie um Durchfahrtsstraßen beziehungsweise County- oder State-Highways. Manchmal stieß man dort zumindest auf eine Tankstelle, wo man sich mit Schokoriegeln und belegten Broten sowie in gewissen Bundesstaaten auch mit der dort omnipräsenten homogenisierten Milch versorgen konnte. Die Trucker wussten Bescheid, wo sie sich die Bäuche vollschlagen konnten: In vielen Bundesstaaten handelte sich dabei um elitäre Insider-Kaschemmen, deren Existenz nur mittels geschlossener Kommunikationskanäle wie etwa CB-Funk bekanntgegeben wurde. Familien waren dort zwar nicht per se unwillkommen, wurden aber auch noch nicht gezielt als Kundschaft angeworben.

Etwas außerhalb der Stadtgrenze von Kansas City tankten wir gerade unseren Wagen auf, als uns ganz in der Nähe ein gut gefülltes Diner auffiel, auf dessen Parkplatz in der glühenden Sonne jede Menge dreckiger, großer LKWs standen. Chuck überquerte die Straße, um ein paar Milchshakes oder ähnliches für uns Kinder auf der Rückbank zu holen. Nun, ich kann nicht beschwören, dass das, was ich nun zu berichten habe, sich zu 100 Prozent genau so und nicht anders zugetragen hat, aber ich bin mir angesichts dessen, was ich von meinem temporären Sitzplatz auf dem Beifahrersitz sehen konnte, ziemlich sicher, dass er höchstwahrscheinlich der einzige schwarze Mann in einem mehrere Kilometer umfassenden Radius war.

Unsere inklusive, liberale Erziehung hatte meinen Bruder und mich gegenüber der Vorstellung immun gemacht, dass Chucks bloße Anwesenheit in diesem Diner so explosives Potenzial zu entfalten imstande wäre wie bleihaltige Benzindämpfe in Gegenwart eines einzelnen Funken. Wir hatten nicht die geringste Ahnung von nur allzu gängigen kulturellen Normen. Wie sich herausstellte, war auch meine Mom in ihrer naiven Annahme falschgelegen, an dieser spezifischen Ausfahrt auf warmherzige und großzügige Menschen zu treffen. Hier handelte es sich um das ländliche Kansas. Mom hatte bisher noch nie abseits des nördlichen Mittleren Westens gelebt, aber sie war sich definitiv des landesweiten Rassismus bewusst und hatte sich in ihrer Funktion als oberste

Administratorin am Campus redlich bemüht, gesellschaftliche Unausgewogenheit zu tilgen sowie Frauen und Männer anderer Hautfarbe in ihre wichtigsten akademischen Projekte und Arbeitsgruppen miteinzubeziehen. So war sie auch eine frühe Verfechterin gleicher Bezahlung von Frauen am Campus und setzte sich für Quotenregelungen am Arbeitsmarkt ein, lange bevor solche Bestrebungen in den Abendnachrichten diskutiert wurden. Ihr waren die Probleme, die ihre Beziehung zu einem Schwarzen mit sich bringen konnte, durchaus bewusst. Dennoch zeigte sie keinerlei Scheu oder Angst, diese ihr unbekannten Gebiete zu durchqueren. Meinem Bruder und mir hatte niemals jemand erklärt, dass es sehr wohl hasserfüllte Menschen in unserem Land gab, beziehungsweise primitive Ressentiments und blanker Neid solche Leute zu brutalen Handlungen gegenüber Menschen in gemischten Lebenspartnerschaften trieben.

Chuck kehrte mit ein paar Snacks zurück zum Wagen. Sein Gesicht verriet eine gewisse Verstörung, als er uns aufforderte, keine Zeit zu verlieren und rasch auf den Highway aufzufahren. Nachdem Mom ihre übliche Fahrtgeschwindigkeit erreicht hatte, war Chuck seine Unruhe ganz klar anzumerken, als sich nun drei Sattelschlepper an uns heranpirschten. Mom blickte nervös in den Rückspiegel. Sie war nicht leicht aus der Ruhe zu bringen, aber ich konnte spüren, wie sie den Druck auf das Gaspedal erhöhte. Ich drehte mich um und sah, dass uns ein paar schwere Laster auf die Pelle rückten und immer näher kamen. Da ich in der akademischen Tradition der rationalen Analyse geschult war, fragte ich mich zunächst, ob sie vielleicht besonders eilig ihr Ziel erreichen mussten. Als ich die Situation einer noch intensiveren Prüfung unterzog, fiel mir nicht nur Moms besorgter Blick auf, sondern auch, dass wir Trucks bisher zumeist links auf der Überholspur passiert hatten. Nun aber beschleunigten die schweren Fahrzeuge kontinuierlich, um zu uns aufzuschließen. Die Menschheit muss sich mit diversen historischen Unvereinbarkeiten herumschlagen. Religion und Wissenschaft, Bildung und Sklaverei, Rassismus und Liberalismus. Wenn ich nun meine Ängste, die ich als Elfjähriger auf dem I-70 empfand, zu rekonstruieren versuche, stoße ich auf die vielleicht größte aller Unvereinbarkeiten: Angst und rationales Denken.

Rund um uns herum war nichts außer offenem Land. Der Gegenverkehr fuhr auf der anderen Seite eines breiten, flachen und mit Präriegras überwucherten Trennstreifens. Es schien, als säßen wir im einzigen PKW weit und breit. Als wir nun verlangsamen mussten, drückte mich die plötzliche Verzögerung nach vorn und Angst stieg in mir auf. Mom musste bremsen, da vor uns auf beiden Spuren zwei Trucks ein Vorbeikommen mittels einen arglistigen Manövers zu verhindern versuchten. „Die alte Texas-Straßensperre“, zischte Chuck. „Jesus Christus!“, ergänzte Mom, was so viel hieß, dass alle rationalen Ressourcen erschöpft waren. Ich kauerte auf der Rückbank, fürchtete mich zu Tode und zog mein treues Kuschelkissen, das mich auf dieser Fahrt begleitete, über den Kopf. Als ich einen Blick aus dem Rückfenster riskierte, lauerte direkt über mir ein Führerhaus samt dem darin befindlichen Trucker. Er hatte uns eingeholt und versuchte nun, sich rechts neben uns zu platzieren. „Sie wollen uns in die Enge treiben!“, schrie Mom.

Eigentlich waren Trucks für mich damals ja noch die Allergrößten. Wenn ich mich einmal still beschäftigen sollte, verbrachte ich stundenlang am Schreibtisch in meinem Kinderzimmer im Haus meines Dad und zeichnete alle nur denkbaren Maschinen wie Panzer, Flugzeuge, Rennautos und natürlich die auf dem I-94 so allgegenwärtigen Trucks. Meine Sympathie für diese Vehikel wurde nun auf eine intensive Belastungsprobe gestellt, als ich mich Auge in Auge mit dem Fahrer eines solchen Brummis wiederfand, der neben unserem LeSabre den Highway entlangraste. Bei einer Geschwindigkeit von 130 Stundenkilometer driftete der Laster bis auf wenige Zentimeter an meine Hintertüre heran. Der Fahrer starrte direkt in mein Gesicht, das vor Angst und Fassungslosigkeit eingefroren zu sein schien. Tränen und blanker Terror zeichneten mein zutiefst erschrockenes Antlitz, doch nichts hätte den hasserfüllten Zorn dieses bärtigen Fettsacks besänftigen können. Er verzog seine Visage zu einer Fratze und fletschte die Zähne. Seine zu Schlitzen verengten Augen gierten nach Rache. Niemals zuvor hatte ich solch einen aufgestauten Hass und Frust erlebt. Ich war vollkommen perplex. Er wirkte wildentschlossen, mich und alle anderen Insassen unseres Autos einfach umzubringen.

Vor und seitlich von uns fuhr nun bereits jeweils ein Truck, als sich ein weiterer LKW von hinten in einem Tempo annäherte, das nahelegte, dass er uns zu rammen beabsichtigte. Kein Kapitän auf stürmischer See hätte es hinsichtlich Contenance mit meiner Mom aufnehmen können, als sie mit aller gebotenen Vorsicht versuchte, Kollisionen mit diesen CB-Funk-Konspiratoren zu vermeiden. Vermutlich war nicht mehr als eine Minute vergangen, die sich jedoch wie eine Stunde anfühlte, als der Trucker sein Fenster herunterließ und auf Chuck auf dem Beifahrersitz zeigte. Als er ausschwenkte, hätte er uns fast an der vorderen Stoßstange touchiert, doch Mom wich geistesgegenwärtig aus. Wir fuhren nun von der Fahrbahn auf den holprigen Mittelstreifen. Mom trat auf die Bremse, woraufhin wir noch einige Meter rutschten und eine Staubwolke aufwirbelten, die uns sogleich einhüllte. Unsere nicht angegurteten Körper wurden allesamt gegen die Türen geworfen und wild durchgerüttelt, während die Sitze aufgrund der uneleganten Vollbremsung nach vorn kippten. Kiesel trommelten lautstark gegen das Innengehäuse unserer Kotflügel. Das Geräusch wurde aber umgehend von den Signalhörnern der sinistren Trucks übertönt, die nach Vollendung ihrer niederträchtigen Mission in Richtung des westlichen Horizonts entschwanden. Unser Wagen kam schließlich zum Stillstand. Wir saßen regungslos da. Mom rang nach Luft und warf sich in Chucks starke Arme. Es wurden zwar nicht übermäßig viele Worte gewechselt, aber Mom war stets darauf erpicht, ihren Jungs einen Sachverhalt zu erklären.

„Mom, was hast du getan, das diese Typen so sauer gemacht hat?", fragte ich. „Nichts, Liebling, sie haben einfach nur Vorurteile", antwortete sie. Ich wäre nie auf den Grund für ein solch skrupelloses Verhalten gekommen, weil mir nie dargelegt worden war, dass manche Leute „Rassenmischung" als Tabu empfanden. Als sich nun der Staub um uns herum wieder legte, konnte ich das Gesicht meiner Mutter im Rückspiegel erkennen. Ihre Augen hatten diesen abwesenden Blick, den man von Menschen kennt, die über ihr Dasein nachsinnieren und versuchen, einen solchen Augenblick der Konfrontation richtig einzuordnen. Ihre Gedanken müssen in diesem Moment sehr ernst gewesen sein. Wir waren erst zwei Tage unterwegs, als sich erstmals die Angst vor dem Unbekannten breitzumachen begann. Immerhin steuerten wir auf eine uns unbekannte Welt zu. Würden sich die Lehren und der Lebensstil einer Akademikerin aus dem Osten auch im äußersten Westen umsetzen lassen? Würde die Flucht vor einer trübseligen religiösen Erziehung und einer gescheiterten Ehe in Kalifornien, das einen halben Kontinent von ihrer eigentlichen Heimat entfernt lag, ein Happy-End herbeiführen? Würde ihre Beziehung zu einem schwarzen Mann in Los Angeles weiter erblühen und ein Leben voll uneingeschränkter Liebe ermöglichen, oder angesichts permanenter gesellschaftlicher Stigmatisierung verdorren? Und würden die Kinder von der Situation, die Sommer in Wisconsin zu verbringen und die Schule in L.A. zu besuchen, profitieren können? In diesem Augenblick, irgendwo auf einem namenlosen Straßenabschnitt in Kansas, war ein einsamer Wal auf einem von Menschenhand geschaffenen Strand angespült worden, der wiederum zu beiden Seiten hin von zwei Asphaltbändern begrenzt wurde. In der einen Richtung lag unser sicheres Zuhause. Wenn wir uns von der Strömung zurück nach Osten treiben ließen, könnten wir innerhalb weniger Tage wieder in vertrauten Gewässern sein. Doch Mom nahm ihren ganzen Mut und all ihre Entschlossenheit zusammen, um das Ungetüm weiter gen Westen zu steuern, um uns in eine unsichere Zukunft zu kutschieren, die zu entdecken sie sich vorgenommen hatte.

Der Wunsch nach Freiheit vom kritischen Urteil ihrer Familie und deren erdrückenden religiösen Erwartungen, von der Engstirnigkeit des kleinstädtischen Mittleren Westens sowie von den Zwängen einer letztlich unglücklichen Ehe wurde in diesem Moment aufs Äußerste auf die Probe gestellt. Ihre sichtbare Erschöpfung, die zwar nur vorrübergehend war, beunruhigte mich. Aber sie erlangte ihre Fassung wieder und verdoppelte ihren Einsatz, uns in ein besseres Leben zu chauffieren, das unsere damalige Vorstellungskraft bei weitem übertreffen würde. Ihr Eskapismus war zum Teil auch rational begründet: Auf uns wartete immerhin die hoffnungsvolle Vertrautheit einer Universität, was immerhin unsere Familientradition war, die bei uns die Religion ersetzt hatte.

Nach ein oder zwei Minuten, die wir auf dem einsamen Mittelstreifen verbummelt hatten, legte Mom, nachdem sich nun der Staub endgültig gelegt hatte, wieder einen Gang ein, um den LeSabre zurück auf den gen Westen ausgerichtete I-70 zu manövrieren. Mom und Chuck tauschten sich kurz aus, aber ihnen war beiden bewusst, das derartige Angriffe im Straßenverkehr, wie wir es gerade erlebt hatten, potenziell tödlich enden konnten. Die bloße Existenz ihrer Liebe zueinander war in manchen Landesteilen lebensgefährlich. Keine verbale Analyse der Welt hätte uns Kinder vor der Realität des Rassismus schützen können. Wir sprachen nie offen über die Tatsachen und Implikationen, die ihre Beziehung mit sich brachte. Uns wurde stets erklärt, dass Rasse keine wichtige Rolle auf der Welt spielte, solange man sich stattdessen darauf konzentrierte, menschliches Leid zu lindern. Wir lernten, die Menschheit als eine einzige vielfältige Familie zu verstehen – und Vorurteile stellten die Antithese zu dieser Lehre dar. Mom ließ die Gelegenheit ungenutzt, ihrem Ärger und ihrer Enttäuschung Luft zu verschaffen und diese rassistischen Individuen zu verfluchen, die ihr und ihrer Familie körperliches Ungemach hatten zufügen wollen. Es hätte den absichtsvollen Rassismus, die Kleingeistigkeit und den Hass nur noch mehr zur Geltung gebracht, was ihrer eigentlichen ethischen Intention, nämlich all diese Dinge zu überwinden, widersprochen hätte. Also tat sie das, was sie in dieser Krisensituation für das Beste für ihre Familie hielt. Sie wechselte das Thema. „Wie weit ist es noch nach Denver, Chuck?“ In diesem Augenblick, da bin ich mir ganz sicher, hoffte sie inständig, dass unser neues Zuhause im Westen gastfreundlicher sein würde.

Auf der Rückbank übermannte mich einstweilen meine wilde Fantasie, aber der forsche Optimismus meiner Mom neutralisierte meine Angst. Doch mit dem Aufsteigen dieser Emotion erwachte in mir eine introspektive Nachdenklichkeit, die mir fortan zum permanenten Begleiter werden sollte. Schon in diesem jungen Alter akzeptierte ich, dass es „dort draußen“ eine Welt gab, die auf Tatsachen beruhte. Meine Mission im Leben bestünde darin, sie als solche anzunehmen und etwas mit ihr anzufangen.

Mir dämmerte langsam, dass es ganz egal war, wie sehr ich mich nach der Sicherheit und Geborgenheit der vertrauten Umgebung von Dads Haus und Wohnviertel sehnte, und dass mich eine stärkere Kraft in eine andere Welt voller unbekannter Tücken und Abenteuer zog. Dies hatte zur Folge, dass ich mich zunächst, während unsere Karre wieder Fahrt aufnahm, ziemlich machtlos fühlte, aber überraschenderweise wich dieses Gefühl der Mutlosigkeit rasch einer hoffnungsvolleren Gesinnung. Die Welt war groß und unsere Reise lang. Als erster Offizier meiner Kapitänin war ich bald wieder bester Laune und fühlte mich voller Tatendrang. Auf ihren Schultern lag eine schwere Last – die Scheidung, die gemischtrassige Beziehung, der Umzug in den Westen. Vermutlich war die Bürde, die wie ein Albatros über seinem Kopf kreiste, für den Co-Piloten am größten. Chuck muss insgeheim begriffen haben, dass seine Beziehung mit dieser weißen Familie in dieser rassistischen Welt für manche ein rotes Tuch darstellte. Trotz all unserer Ängste und Sorgen behielten wir unseren westlichen Kurs weiterhin bei. Tatsächlich war es das Einzige, was uns Trost zu spenden imstande war. Dies – und der beruhigende Sound des V8-Motors. Wir konnten den Schauplatz unserer brisanten Begegnung gar nicht schnell genug hinter uns lassen.

Nachdem wir ein Leben voll ebenso angenehmer wie altmodischer Geruhsamkeit im Mittleren Westen, diesem präkambrischen Kerngebiet des Kontinents, den Rücken gekehrt hatten, blinzelte ich einer völlig neuen Lebenssituation entgegen, während sich vor mir ein unvergesslicher Anblick auftat, als sich echte Berge aufzutürmen begannen. Direkt vor unserer Windschutzscheibe. Auch sie würden mein zukünftiges Leben nachhaltig beeinflussen – und sie wurden schnell immer größer. Nun gab es kein Zurück mehr. Mein Schicksal sollte fortan in der tektonischen Unruhezone der amerikanischen Westküste zur Entfaltung kommen.

8 EINE NUMMER ZU GROSS

Es lässt sich kaum beschreiben, welche Strapazen Chuck täglich über sich ergehen lassen musste. Die Suche nach einem normalen Job war damals – 1976 und 1977 – wahrlich kein Honigschlecken. Vermutlich gestaltete sich dies für einen schwarzen Mann in der so mittelständischen Umgebung von Canoga Park im westlichen San Fernando Valley, wo wir uns niedergelassen hatten, sogar noch schwieriger. Die Inflation stieg rasant an und selbst Hilfsarbeiterjobs waren allesamt vergeben. Sogar ein College-Absolvent und Navy-Veteran wie Chuck blieb so bei seiner Stellensuche erfolglos. Zumal er ja eigentlich Musiker war und nach Los Angeles gekommen war, um weiterhin seiner Profession nachgehen zu können. Nur befanden sich die besten Clubs der Stadt 40 Kilometer entfernt im Stadtzentrum oder in Hollywood. Wir besaßen allerdings nur ein Auto, welches Mom jeden Tag brauchte, um damit die 30 Kilometer zur UCLA pendeln zu können. Chuck ergatterte sporadische Wochenend-Engagements in unterschiedlichen Jazzbuden, die jedoch keine nennenswerte Kohle einbrachten. Er verbarg seinen Stress gut, indem er tagein-tagaus auf seinen Blasinstrumenten übte. Vor meinem Bruder und mir konsumierte er nie zu viel Alkohol oder warf irgendwelche Pillen ein. Doch der Damm zeigte bereits erste Risse.

1978 war ich 13 Jahre alt. Für manche eine Unglückszahl. Eine andere 13 spielte für die meisten Kalifornier eine ebenso ominöse Rolle, als im Juni dieses

Jahres ein Gesetzesvorschlag mit ebendieser Nummer durch eine Volksabstimmung verabschiedet wurde. Bei dieser kontroversen Initiative ging es um eine Limitierung der Steuer auf Immobilien- und Grundbesitz, was nun zur Folge hatte, dass die Einkünfte des Bundesstaats um 60 Prozent sanken, was selbstverständlich verheerende Auswirkungen auf alle Aspekte des öffentlichen Schulwesens nach sich zog – vor allem auch auf die University of California, wo meine Mom als Dekanin tätig war. Zu jener Zeit wurden die Immobilienpreise in ganz Los Angeles an die neue Situation angepasst. In diesem beispiellosen Klima der Inflation und Lohnflaute verdoppelten manche Häuser innerhalb weniger Jahre ihren ursprünglichen Wert. Bescheidene Domizile wie unseres, die im Jahr 1976 um die 60.000 Dollar gekostet hatten, waren 1979 plötzlich weit über 100.000 Dollar wert. Zu allem Übel wurden Hypothekendarlehen von nun an mit Zinssätzen von knapp 15 Prozent versehen. Wie sollte es Mom fertigbringen, ohne Lohnerhöhungen die Steuer auf ihre immer wertvollere Immobilie zu zahlen, vor allem so lange Chuck keinen Job finden konnte, um zum Haushaltsbudget beizutragen? Dies muss für ihre Beziehung eine unvorstellbare Belastungsprobe gewesen sein. Zwei Jungs im Teenageralter, ein unregelmäßig beschäftigter Jazzmusiker, der sich um Gigs in der Welthauptstadt der Musik bemühte, sowie eine Brötchenverdienerin und Mutter, die sich permanent um die Finanzen Sorgen machen musste. Sie stellte Chuck vermutlich irgendwann vor ein Ultimatum: Auch er musste seinen Teil zum Budget beitragen. Das ist allerdings nur meine persönliche Einschätzung der Lage, da ich diesem Thema als Kind keinerlei Aufmerksamkeit widmete. Mom achtete darauf, dass ihr Stress niemals auf uns abfärbte. Allerdings hinterließ ein plötzlicher Ausbruch unerklärlicher Gewalt unauslöschliche Spuren in meiner Erinnerung.

Wer schon einmal aus dem Tiefschlaf gerissen worden ist, weiß, wie hilflos man sich dabei fühlt. Der Körper schüttet Angsthormone aus, was zur Folge hat, dass man weder weiß, wo oben noch unten ist, noch, wo die Türe ist oder in welchem Zimmer man sich aufhält. Man fühlt sich wie gelähmt – bis auf zwei grundlegende Instinkte, die einem nahelegen, entweder zu flüchten oder zu kämpfen. Doch weiß man in diesem Moment zumindest, wer man selbst ist – und kurz darauf, aus was für einem Holz deine Mom tatsächlich geschnitzt ist. Ich erinnere mich daran, wie zunächst gedämpfte Unmutsbekundungen zu mir drangen, gefolgt von etwas lauteren Ausbrüchen alkoholisierten Protests. Ich schlummerte weiter, immerhin hätte es sich ja um einen Traum handeln können. So verblieb ich unter meiner Bettdecke und rollte mich zur Seite. Doch das nächste Geräusch war schlichtweg zu schrecklich, um es ignorieren zu können. Es riss mich hoch und zwang mein Gehirn, seine Synapsen in Gang zu setzen und die fürchterliche Angst, die mich durchflutete, unter Kontrolle zu bringen. Desorientiert und immer noch im Aufwachen begriffen hörte ich Mom am anderen Ende des Flurs eine Art angestrengtes, panisches Grunzen von sich geben, auf das ein Fußgetrappel folgte, das sich anhörte, als würde sie nach Halt und Balance suchen. Als ob ein Handgemenge im Gange wäre. Plötzlich wurde das Haus von einem Donnergrollen erschüttert und Mom schrie auf wie ein Runningback, der beim Football von einem brutalen Tackling zu Fall gebracht wurde.

In diesem Moment war ich von meiner Angst und Orientierungslosigkeit vollauf paralysiert. Nur eines schien glasklar zu sein, nämlich dass Mom in Schwierigkeiten steckte. Wurden wir von Einbrechern heimgesucht? War dies ein Überfall? Weitere Kampfesgeräusche drangen zu mir. Meine Mom atmete schwer und weinte. War dies der Klang einer Faust, die gegen einen Wangenknochen schlug? Ich hatte zuvor noch nie gehört, wie es schallte, wenn geballte Knöchel das Gesichtsfleisch eines Menschen trafen. Wie hätte ich mir da also sicher sein können? Vernahm ich da einen unterdrückten Schrei nach Hilfe? Warum stand ihr denn niemand bei? „Scheiße“, dachte ich mir, „das heißt, ich muss aufstehen und ihr helfen!“

Courage ist etwas, von dem niemand wirklich weiß, ob er sie besitzt, bevor ihn die schlimmsten Augenblicke des Lebens dazu zwingen, sie zutage zu fördern. Ich schälte mich aus der Geborgenheit meines Doppelbetts und tastete mich zu meiner Zimmertür vor. Allerdings wusste ich nicht, was ich unternehmen wollte, sobald ich sie öffnete. Ich war unbewaffnet, schwächlich, kampfunerprobt und zu klein, um einen Eindringling zu übermannen. Mir fehlte es an jeglicher Erfahrung, einen gewaltsamen Konflikt zu deeskalieren. Zur Verfügung stand mir bloß meine Stimme. Motiviert wie von einer unsichtbaren Nabelschnur überwand ich meine Angst und öffnete die Tür gerade soweit, dass ein schmaler Lichtstreifen durch den Spalt vom Flur in mein Schlafzimmer drang. Nun gab es kein Zurück mehr. Was auch immer mich am anderen Ende des Flures erwarten mochte, musste unverzüglich in seine Schranken gewiesen werden. Das Leben meiner Mom schwebte in höchster Gefahr! Ich musste mich ins Getümmel werfen und mich an ihre Seite stellen.

Es fühlte sich an, als ob ich zu meiner eigenen Hinrichtung schleichen würde. Wer auch immer eine solche Brutalität in unser Haus brachte, würde mich garantiert umbringen, sobald er mitbekäme, wie ich mich in seine Angelegenheiten mischte. Und doch musste ich das Drama mit eigenen Augen sehen. So war das Leben nun einmal. Unerbittlich und voller Konsequenzen. Ich musste mein Schicksal selbst in die Hand nehmen! Wie von einer unsichtbaren Peristaltik angeschoben bewegte ich mich vorwärts. Es gab nur mehr eine Richtung für mich. Mom brauchte meine Hilfe!

Manchmal, wenn man mit dem Unvorstellbaren konfrontiert sieht, verwandelt sich die Welt in einen sehr verwirrenden Ort. Ich verließ meine sichere Deckung und wurde Zeuge einer schier unmöglichen Szene: Mom lag hilflos auf dem Boden – und Chuck saß auf ihr. Sein rechter Arm war bis weit hinter seine Schulter abgewinkelt, seine Faust geballt. Mit der linken Hand umfasste er die Kehle meiner Mom. Anstelle von Angst fühlte ich nun seltsamerweise so etwas wie Erleichterung darüber, ein mir bekanntes Antlitz zu sehen und keinen Fremden, der für diesen Gewaltausbruch verantwortlich war. Wahrscheinlich war es die Überraschung, die mich ergriff und es mir nun erlaubte, mit ganzer Kraft und so laut wie möglich zu schreien: „Chuuuuuck! Was tust du da?“

Das reichte schon aus. Bevor er seinen rechten Haken ausführen konnte, hielt er nun inne und ließ des Hals meiner Mom wieder los. Nachdem ich ihn quasi in Flagranti bei seiner Schandtat gestellt hatte, fixierte er mich mit seinen blutunterlaufenen Augen. Für was sich wie eine Ewigkeit anfühlte, die wahrscheinlich nicht länger als ein paar Sekunden dauerte, erstarrten wir drei in unserer jeweiligen Haltung und wussten nicht, wie sich dieser singuläre Moment auf unsere Zukunft auswirken würde. Jeder von uns fühlte sich angesichts der Situation gleichermaßen überwältigt und entsetzt. Wir blieben zunächst stumm. Ich stand wie angewurzelt da und erwartete Anweisungen. Mom erlangte in ihrer ausgestreckten Position irgendwie ihre Fassung wieder und sagte mit gelassener Stimme: „Geh wieder in Bett zurück, Liebling.“ Ich kroch unter die Decke, zufrieden darüber, dass die Gewalt nun vorüber war. Moms Befehl war alles, was ich gebraucht hatte, um mir sicher zu sein, dass sie schon klarkäme. Ich weinte ein wenig, da das Leben in Los Angeles nicht meinen Vorstellungen entsprach. Ein Haus brauchte einen Dad, der sich um solche Angelegenheiten zu kümmern hätte. Andererseits wollte Mom, dass Chuck in diese Rolle schlüpfte. Dachte ich zumindest.

Nach ungefähr einer Stunde kam Chuck in mein Zimmer und setzte sich an mein Bett. Ich fürchtete mich nicht vor ihm, weil ich ihn als Familienmitglied empfand. Er war nicht gekommen, um mir wehzutun. Ich bin mir sicher, dass meine Mutter ihn dazu veranlasst hatte, mit mir Aussprache zu halten. So bekam ich meine erste Bullshit-Dosis von typischen Alkoholiker-Ausreden verabreicht. Die gespielte Aufrichtigkeit des Volltrunkenen.

„Sammy, du weißt, ich würde nie etwas tun, das deiner Mutter wehtun könnte, oder?“, sagte Chuck.

„Ich weiß“, antwortete ich.

Natürlich hätte ich in diesem Augenblick alles gesagt, damit er wieder wegginge. Er stank infernalisch nach Alkohol und Kippen.

„Mach dir bloß keine Sorgen und schlaf weiter“, versuchte er, mich zu besänftigen.

„Okay“, willigte ich ein. Doch konnte ich in der Nach kaum mehr ein Auge zumachen. Von dieser Nacht an erschauderte ich jedes Mal, wenn ich ein ungewöhnliches Geräusch vernahm. Egal, ob es sich dabei um ein geringfügiges Knarren oder zwei kämpfende Katzen im Garten handelte, ich verharrte in permanenter Alarmbereitschaft.

Am nächsten Morgen schien auf dem Westküsten-Campus der Graffin University wieder alles ganz normal zu sein. Wir Jungs machten uns für die Schule startklar und Mom machte sich im Bad für ihre Arbeit zurecht. Mein Bruder und ich haben uns nie über diesen Vorfall in jener Nacht unterhalten. Er muss wohl seinen Kopf unter seinem Kopfkissen begraben haben, wofür ich ihm keinen Vorwurf machen kann. Das hätte ich selbst ja auch am liebsten getan. Seltsamerweise behielt sich auch Mom stets bedeckt. Chuck blieb hinter verschlossener Tür, wo er seinen Kater ausschlafen konnte.

Mitansehen zu müssen, wie die eigene Mutter die Spuren körperlicher Gewalt zu übertünchen versucht, gehört wohl zum Allerschlimmsten, das man sich vorstellen kann. Moms Hals wies lila Male auf, weshalb sie einen Rollkragenpullover überstreifte. Rund um ihr linkes Auge zog sich ein grässlicher

Ring, der schwarz und bläulich schimmerte. Auf keinen Fall konnte sie so das Haus verlassen. Deshalb verbarg sie die Schrammen auf ihrem Gesicht und die Traurigkeit in ihren Augen hinter einer übergroßen Sonnenbrille.

Zum Glück verfügte sie über ausgezeichneten Rückhalt in Gestalt enger Vertrauter und Familienfreunde. Ich bin mir sicher, dass sie ihr dabei halfen, ihren Tagesablauf zu bewältigen. Zumindest weiß ich, dass sie fast ihre gesamte Freizeit in deren Gesellschaft verbrachte. Mom und Dad lehrten meinen Bruder und mich, dass der Stellenwert guter Freunde jenem der Familie sehr nahekam. Es war daher wichtig, entsprechend großen Einsatz in Freundschaften zu investieren. In Zeiten wie diesen zeigte sich, das diese Weisheit Früchte trug. Die Freunde unserer Familie standen uns bei, selbst wenn wir nie offen über unsere persönlichen Krisen sprachen.

Für mich war es völlig untypisch, dass ich in der Schule niemandem etwas sagte. Nicht einmal gegenüber meinem Dad, mit dem ich wöchentlich telefonierte, verlor ich ein Wort über den Vorfall. Mein Bruder und ich schienen eine stille Übereinkunft getroffen zu haben, diese Episode für uns zu behalten. Auch Mom schwieg bis viel später in ihrem Leben, als wir schon längst erwachsen waren. Doch die Schritte, die sie nun einleitete, ließen kaum Platz für Spekulationen über ihr Innenleben zu.

Mom stellte nämlich sicher, dass unsere Familie nie wieder eine solche Nacht erleben würde müssen. Es mag eine drakonische wie drastische Maßnahme gewesen sein, doch sie setzte Chuck vor die Tür und ließ ihn wissen, dass er sich verpissen könne. Natürlich kann ich den genauen Wortlaut nicht wiedergeben, da ich bei ihrem Gespräch nicht anwesend war. Doch es war nun einmal so, dass Mom die Vorsteherin dieses Campus war und Gewalt auf keinen Fall tolerieren würde. Nach dieser Schreckensnacht sahen wir Chuck nie wieder. Als wir aus der Schule nach Hause kamen, war er schon fort. Er zog in ein Apartment in der Nähe. Mom und er liefen sich noch ein paar Mal über den Weg, doch er gehörte schon bald für immer der Vergangenheit an.

Wenn ich behaupten würde, dass ich ob dieses Vorgehens Erleichterung verspürte, wäre das nicht ganz wahrheitsgetreu. Natürlich war ich erleichtert darüber, dass es zu keinen brutalen Vorfällen mehr kommen konnte. Auch war ich angesichts der Tatsache erleichtert, dass Mom stark genug war, stets die Kontrolle zu behalten und unsere Familie zu führen. Doch im Großen und Ganzen barg diese Form der Rückversicherung hinsichtlich einer besseren Zukunft für unsere Familie keinen wirklichen Trost für mich. Ich liebte Chuck und fand es cool, einen Musiker in der Familie zu haben. Als Kind fehlte es mir an Durchblick, um das tatsächliche Ausmaß seiner gravierenden Verfehlungen zu begreifen.

Also begann ich, vermehrt Obrigkeiten in Frage zu stellen. Der Professor und die Dekanin sollten den Überblick bewahren und souverän den Ton an der Graffin University angeben, selbst wenn sie auf Hindernisse stießen. Die Dekanin hatte im Westen zwar das Sagen, doch die höchst unberechenbare Landschaft, die mit ihren real existierenden wie überaus aktiven Verwerfungslinien solides Felsgestein zu feinem Pulverstaub zermalmte, wirkte sich zunehmend negativ auf ihre Hoffnung von einem geruhsamen Zuhause aus. Ich frage mich, ob sie damit auf dem vertrauten wie stabileren Terrain des Mittleren Westens mehr Erfolg gehabt hätte. Offenkundig war sie inzwischen wildentschlossen, die Sache resolut bis zur letzten Konsequenz durchzuziehen – selbst wenn dieses Unterfangen unsere Familie bis in ihre Grundfesten erschütterte.

In Wisconsin hielt sich der Professor an sein übliches, angenehm vorhersehbares Curriculum. Sein häuslicher Alltag folgte einer verlässlichen Routine, wohingegen in Los Angeles eine viel flexiblere Mentalität herrschte. Es gab schlichtweg keine Garantien dafür, dass diese ganze Episode – die Expansion der Graffin University gen Westen – sich letzten Endes bezahlt machen würde.

Mit Gewalt konfrontiert zu werden ist ja schon schlimm genug. Darüber hinwegzukommen, setzte die unbändige Willenskraft einer echten Wonder Woman voraus. Doch nur wenige Monate später sollte Mom sich bereits dem nächsten lebensverändernden Rückschlag gegenübersehen – dieses Mal in Form einer rückwärtsgewandten gesellschaftlichen Entwicklung, die das ganze Land betraf und sich vor allem auf erwerbstätige Frauen negativ auswirken sollte.

8A. Der Platz einer Frau

„Was sucht ihr hier in dieser Lehrveranstaltung? Oder überhaupt an dieser Universität?“, fragte der Professor 1960 an der University of Indiana in Bloomington, wo meine Mom ihr Aufbaustudium absolvieren wollte. „Wisst ihr denn nicht, dass ihr damit Männern ihren rechtmäßigen Studienplatz wegnehmt?" Diese höchst bigotte Perspektive lag darin begründet, dass das Aufbaustudium jenen vorbehalten sein sollte, die danach streben, selbst einmal an einer Hochschule zu unterrichten. Die Arbeit als Lehrerin in der allgemeinen Schulbildung war für Frauen angemessen – und tatsächlich hatte Moms Studium am Ball State Teacher's College in Muncie, Indiana, auch genau darauf vorbereitet. Doch Posten an der Uni waren prinzipiell eher Männern vorbehalten. Damals zählte es nicht, wie clever man war. Frauen gehörten in den Haushalt. Professoren an der Universität wurden zum Nachsinnieren gedrillt. Sie sollten sich rund um die Uhr ihre tiefschürfenden Gedanken machen – nicht nur von neun bis 17 Uhr. Das weibliche Lehrpersonal (wie etwa meine Großmutter mütterlicherseits, Elsie Zerr Carpenter) konnte es nach der Arbeit an der Grundschule noch rechtzeitig nach Hause schaffen, um sich am Nachmittag um den Haushalt zu kümmern und ein Abendessen auf den Tisch zu zaubern. Professoren verblieben hingegen auf dem Campus, brachten ihre Arbeit mit nach Hause, zogen sich nach dem Abendessen in ihr Lesezimmer zurück und standen morgens zeitig wieder auf, um sich, in tiefe Gedanken versunken, auf ihre Lehrveranstaltungen vorzubereiten. Diese Routine folgte einem ungeschriebenen Gesetz. Nein, Frauen sollten besser kein Aufbaustudium absolvieren, um eine Laufbahn als Uniprofessorin anzustreben.

Aber Mom war gekommen, um zu bleiben. Immerhin blickte sie bereits auf eine herausragende Schul- und Universitätslaufbahn zurück. So hatte sie ganze Schulklassen übersprungen, jedes Jahr zahlreiche Auszeichnungen bei schulischen Wettbewerben einheimsen können und überdies die ganze Bibel auswendig gelernt, um sie aus dem Gedächtnis zitieren zu können, wie das ihr Großvater E.M. Zerr vorschrieb. Sie war belesener als viele ihrer Professoren. Sie würde sich ganz sicher nicht von irgendeinem dahergelaufenen Schikaneur mit Doktortitel hinausekeln lassen. Sie strebte nach allerhöchsten akademischen Weihen und lernte, die herablassende wie chauvinistische Engstirnigkeit tyrannischer Professoren an sich abperlen zu lassen.

Es war dieser Ehrgeiz, der ihr letzten Endes das Dekanat bescherte – zunächst an der University of Wisconsin in Milwaukee, später an der UCLA. Mom erreichte ihren akademischen Zenit in den 1970ern, während einer Ära, in der sich Frauen in Diversitätsinitiativen engagierten, die sich in den 1960ern von der Bürgerrechts- und der Frauenbewegung abgespalten hatte. Universitäten heuerten nun mit Vorliebe weibliches Personal für hochrangige Positionen im administrativen Verwaltungsbereich an. In Kalifornien bestand ihr Job darin, ein Institut zu leiten, das sich mit Fragen der sogenannten Lernkompetenz befassen sollte. Dabei drehte sich alles darum, benachteiligten Studierenden durch Förderunterricht und Beratung zu besseren Noten zu verhelfen. Das Finanzierungsmodell dieser Einrichtung – sowie für das beneidenswerte System der University of California im Allgemeinen – basierte zu einem Großteil auf der Grundsteuer. Mom erhielt einen Job an der UCLA und kaufte sich ein Haus, was mit einer beachtlichen Steuerverpflichtung verknüpft war. Der einzige Trost war, dass ebendiese Steuer für eine gute Sache aufgewendet wurden. Auf das frei zugängliche Schulsystem des Bundesstaats Kalifornien – inklusive der weltweit hochangesehenen Universitäten und der renommierten staatlichen Schulen – blickte die ganze Nation voller Neid. Der Bildungssektor finanzierte sich also über Steuergelder, von denen sogar noch reichlich übrigblieb. So verzeichnete Kalifornien 1977 einen Budgetüberschuss von fünf Milliarden Dollar. Eine Situation, die den Konservativen ein Dorn im Auge war.

Die Gesetzesvorlage Nummer 13 – alias *„People's Initiative to Limit Property Taxation"* – war ein Anliegen konservativer Republikaner, das besonders vom Lobbyisten Howard Jarvis gepusht wurde. Als das Gesetz 1978 verabschiedet wurde, befand sich schlagartig Moms gesamte Lebensgrundlage in der Schwebe. Allein Howard Jarvis' Anblick weckte bei Mom unangenehme Erinnerungen. „Er sieht genau so aus wie die Professoren in Indiana, die mir sagten, dass Frauen in ihren Kursräumen nichts zu suchen hätten", sagte sie. Jarvis behauptete, dass die „Schnorrer und Faulenzer" in öffentlichen Ämtern unsere Steuergelder vervespern würden. Seine Mission bestand darin, zu einer „Steuerrevolte" aufzurufen. Sein Auftreten zeigte, dass politische Strömungen wie etwa die Tea Party keineswegs neue Phänomene darstellen. Er ermahnte die Bürger, den Politikern zu zeigen, wer hier der „Boss" war und verlangte eine Steuersenkung um 60 Prozent. Er stieß mit seinen kurzsichtigen Forderungen und Beschwerden bei vielen Leuten auf offene Ohren. Die Gesetzesinitiative wurde mit 65 zu 35 Prozent der Stimmen angenommen und verhinderte fortan weitere Erhöhungen der Grundsteuer, während gleichzeitig Gelder für das Bildungs- und Schulwesen gestrichen wurden. Obwohl Immobilien im Allgemeinen 15 bis 25

Prozent pro Jahr im Wert zulegten – prinzipiell ja ein Glücksfall für den Bundesstaat und die dort beheimateten Schulen und Bildungsinstitute –, limitierte die Initiative des Mister Jarvis' nun die Steuerzahlungen der Hausbesitzer auf ein einziges mickriges Prozent im Jahr. Das klingt, als hätten davon viele wirtschaftliche und gesellschaftliche Bereiche profitieren können. Doch der fehlende Weitblick wird offenkundig, sobald man sich dem Thema Bildung zuwendet.

Die überwiegende Mehrheit der kalifornischen Bevölkerung lebt in Gemeinden mit bescheidenen Einkünften und niedrigen Grund- und Immobilienpreisen. Ganz im Gegensatz zu den gängigen Klischees besteht Kalifornien nämlich nicht ausnahmslos aus prächtigen Prunkvillen, mondänen Golfplätzen und lässigen Strandhäusern. Die Kalifornier zahlten zwar keine hohe Immobiliensteuer, wurden dafür aber um eine viel bedeutsamere und langfristigere Ressource geprellt. Vor der konservativen „Steuerrevolte" konnten arme Familien und solche mit bescheidenem Einkommen immer noch auf eine tadellose Schulbildung, finanziell gut aufgestellte Schulen, Nachmittagsprogramme und höhere Lehrergehälter zählen. Das Leben in finanziell benachteiligten, ärmlicheren Gegenden wurde teilweise kompensiert, indem zumindest hochqualitative Bildung angeboten wurde. Der akademisch ausgerichtete Fokus förderte eine von Hoffnung gekennzeichnete Mentalität und das Streben nach Aufstieg. Doch nach der Verabschiedung des Gesetzesentwurfs Nummer 13 klafften bald schon eklatante Löcher im Bildungsbudget des Bundesstaats. Auch wurde nun gesetzlich verankert, dass die Legislative Kaliforniens nicht imstande sein würde, Steuern ohne eine Zwei-Drittel-Mehrheit zu erhöhen. Dies bedeutete, dass nicht nur Schulen, sondern auch der Gesundheitssektor, die Sozialhilfe, öffentliche Bauvorhaben und sogar die Feuerwehr im Handumdrehen mit Geldproblemen zu kämpfen hatten. Den meisten kalifornischen Bürgern wurde das gesellschaftliche Fundament entzogen.

Eine gute Schulbildung kann einem keiner wegnehmen. Man braucht jede Menge Steuergelder, um einer Gesellschaft gut budgetierte Schulen bieten zu können. Wenn sich eine Gemeinschaft dazu verpflichtet, steuerliche Einnahmen in seine Schulen fließen zu lassen, ist das ein ethisches wie moralisches Statement. Auf diese Weise betont man, dass man den gesellschaftlichen Fokus auf Themen wie sozialen Aufstieg, Fortschritt und Fürsorge richtet. Hierbei dreht sich alles um das Allerwichtigste: die Menschen. In einer Gesellschaft zu leben, die aus überwiegend ungebildeten Leuten besteht, ist eine Tragödie – ganz egal, wie reich man selbst ist. Was sagt es über einen aus, wenn das Vorzeigeviertel, in dem man wohnt, umzingelt ist von Wohngegenden, die von Elend und Ignoranz geprägt sind? Die Botschaft ist klar: Man macht sich bloß vor, dass sich die eigene Insel durch paradiesische Zustände auszeichnet.

Moms Institut für Lernkompetenz fiel schon bald nach der Verabschiedung des neuen Gesetzes Budgetkürzungen zum Opfer. Aufgrund ihrer Abhängigkeit von der öffentlichen Hand sah sich die University of California 1978 mit argen finanziellen Engpässen konfrontiert. Die Studiengebühren wurden dramatisch angehoben, aber selbst dieser Schritt konnte die budgetären Ausfälle nicht kompensieren, wovon in Folge vor allem die „nichtessenziellen" Einrichtungen betroffen waren. Moms Personal musste entlassen werden und kurze Zeit später wurde auch ihre Stelle wegrationalisiert. Ihre Universitätslaufbahn war zu Ende. Sie erhielt weder eine Abfindung noch ein anderes Jobangebot. Danke für Ihre Dienste, jetzt packen Sie aber bitte Ihre sieben Sachen und machen sich gefälligst aus dem Staub!

In gewisser Hinsicht – und vor allem rückblickend – war die Auflassung eines von einer Frau geleiteten Instituts im Jahr 1979 durchaus erwartbar. Mom befand sich im Visier einer hochmotivierten konservativen Agenda, deren frauenfeindliche und rassistische Themen von der rechtsgerichteten Minderheit seit den 1960ern immer wieder neu aufgewärmt worden waren: Steuern sind schlecht, Frauen und ethnische Minderheiten sollten keine Machtpositionen innehaben – sie haben diese ohnehin nur aufgrund einer unfairen Bevorzugung erhalten – und Kinder benötigen keine kostspieligen Programme, öffentliche Unterstützung oder überschaubare Klassengrößen für ihre Schulbildung und persönliche Entwicklung. Kurz um, die konservative Agenda hatte es meiner Mom seit langer Zeit schon ins Ohr geflüstert: *Meine Damen, ihr seid ganz auf euch allein gestellt! Wenn ihr euch also scheiden lassen und Haushaltsvorstand sein wollt, müsst ihr euch schon mächtig ins Zeug legen, weil wir euch sicher nicht helfen werden! Bettelt jetzt bloß nicht eure Regierung an, damit sie euch mit euren selbstsüchtigen Absichten unterstützt.*

Der Westküsten-Campus der Graffin University war nun führungslos. Da die Administratorin in Turbulenzen geraten war, welchen Weg sollten wir fortan verfolgen? Mom erklärte uns, dass wir in näherer Zukunft den Gürtel viel enger schnallen würden müssen. Dies bedeutete den Verzicht auf zahlreiche

Annehmlichkeiten, die sie gehofft hatte, uns nach unserem Umzug nach Kalifornien zu ermöglichen. Unser Haushalt würde über kein sattes Budget, keine Farbfernseher oder schniekes Mobiliar verfügen. Keine Extrakohle für Entbehrliches. Stattdessen gab es nur mehr Billigware vom Discounter. Meine Mutter lieh sich Geld von Momo, griff auf ihr Erspartes zurück, bat um Aufschübe hinsichtlich der Ratenzahlungen für unser Haus und tat schlichtweg alles, um sicherzustellen, dass wir auch weiterhin ein Dach über dem Kopf hätten.

Mein Bruder und ich mussten uns ebenfalls nach Jobs umsehen – etwa als Zeitungsausträger oder Tellerwäscher –, wenn wir etwas mehr Geld für uns haben wollten. Aber meine Faulheit und der Vorwand, regelmäßig meinen Dad zu besuchen, hielten mich davon ab, mich übermäßig zu verausgaben. Mom verbrachte ihre Tage in einem Büro, dass ihr ein Freund kostenlos zur Verfügung stellte. Dort schrieb sie das nächste Jahr lang an ihrer Dissertation und arbeitete hart daran, ihren Doktorgrad zu erringen, was ihr letzten Endes auch gelingen sollte. Als Nächstes heuerte Mom einen Headhunter an, der für sie nach lukrativen Stellen in Südkalifornien fahnden sollte.

Nach etwa einem Jahr beschloss Mom, in die Privatwirtschaft zu gehen und fand eine gute Anstellung als Leiterin der Personalabteilung einer Firma. „Akademiker kämpfen so unerbittlich, weil die Belohnung dafür so mickrig ist", erklärte sie mir einmal. In der Geschäftswelt, so sollte sie nun herausfinden, waren die Ziele klar definiert und ihr Job auch viel vorhersehbarer. Im Laufe vieler Jahre stieg sie immer weiter auf, knüpfte viele gute Freundschaften und wurde ob ihres Humors und ihrer Intelligenz, mit der sie ihre Rolle erfüllte, stets mit großer Wertschätzung bedacht.

Aber fürs Erste war die Dekanin in unserem Haushalt nicht länger so präsent wie noch zuvor. Unter unserem Dach wurde es still. Nach der Schule zogen sich mein Bruder und ich in unsere Zimmer zurück. Gelegentlich besuchte mich Jon, mein Kumpel aus der Junior High, um gemeinsam Platten zu hören. Manchmal übernachtete er auch bei uns. Doch an den meisten Tagen des Schuljahres fühlte ich mich wie ein Außenseiter fernab der Heimat. Im Herzen war ich einfach kein kalifornischer Junge. Mir fehlte es am Nötigsten, um dazuzugehören. Ich besaß kein Skateboard, war kein Surfer, rauchte kein Pot und meine Freunde gehörten auch nicht zu den coolen Kids. Ich träumte oft davon, wieder zurück in Wisconsin zu sein, wo es noch egal gewesen war, wer cool war und wer nicht. Auch freute ich mich schon auf die nächsten Schulferien, in denen ich zu Dad fliegen würde, um meine alten Freunde wiederzusehen.

Es wäre keine große Überraschung gewesen, wenn Mom nach all den Unbilden, die ihr widerfahren waren, das Handtuch geworfen hätte. Aber gegenüber meinem Bruder oder mir beklagte sie sich nie. Sie ertrug ihr Schicksal stoisch und resolut und freute sich schon auf ihre nächsten Abenteuer. Grant und ich folgten in ihrem Windschatten. Damals wussten wir es noch nicht, aber wir erlebten das erste Kapitel einer neuen gesellschaftlichen Realität, nämlich ein neues Amerika, in dem Mütter als Haushaltsvorstände und Entscheidungsträger brillieren und sich auch ohne Ehemänner als respektable Säulen der Gemeinschaft profilieren konnten.

Für diesen ungeschriebenen Sozialkontrakt mussten konventionelle Rollenbilder geopfert werden, vor allem aber eine Abkehr von der klassischen Mutterrolle vorangegangener Generationen stattfinden. Natürlich empfand ich das als persönlichen Affront. Auch wenn ich nun ein Teenager war, so war ich doch immer noch ein Muttersöhnchen. Doch das Comeback der Dekanin Graffin entwickelte sich auf lange Sicht zu einem neuen Archetypus des amerikanischen Haushalts. Wenn verwundert es, dass *Drei Jungen und drei Mädchen* vom TV-Publikum gleichermaßen abgelehnt und gefeiert wurde und schließlich zur beliebtesten Fernsehserie der damaligen Zeit avancierte? Brötchenverdienerinnen wie meine Mom hassten die Show. Es beleidigte sie förmlich, dass Carol Brady einer solch traditionellen Interpretation einer Hausfrau und Mutter entsprach. Wir Kinder aus Scheidungshaushalten verfolgten die Serie mit großem Interesse, da viele von uns das seltsame Gefühl nachvollziehen konnten, mit Stiefgeschwistern aufzuwachsen. Fernsehserien, die sich weibliches Empowerment auf die Fahnen schrieben, wie etwa *Maude*, *Rhoda*, *Mary Tyler Moore* oder *Alice*, orientierten sich hingegen vermehrt an der Thematik geschiedener Mütter, die die Normen der amerikanischen Gesellschaft neu definierten – starke, eigensinnige Frauen, die ins Rampenlicht drängten und ihre gelegentlichen Schwierigkeiten zu meistern wussten. Das wiederum sprach meine Mutter an und sie verpasste kaum eine Folge.

Für meine Mom stellten die Scheidung, die Bigotterie, die häusliche Gewalt und der geplatzte Traum von einer glücklichen Beziehung mir schwer vorstellbare Prüfungen dar. Sie ereigneten sich allesamt vor dem Hintergrund lebenslanger Vorurteile am Arbeitsplatz und konservativer Einschätzungen hinsichtlich der Rolle der Frau in einer Gesellschaft, die ihrer Ansicht nach überfällig für Veränderungen war. Nun musste sie ganz auf sich allein gestellt für ihre Ziele kämpfen. Obwohl diese Dinge nie konkret angesprochen oder diskutiert wurden, konnte ich das Ressentiment, das sie hegte, unterschwellig wahrnehmen. Die als Steuerreform getarnte konservative Agenda, mit deren Hilfe zudem ein rückwärtsgewandtes Frauenbild gefördert wurde, hinterließ ihre Spuren bei uns. Sie unterminierte das Kerngeschäft meiner Familie und unsere Moral. Gesetzesentwurf Nummer 13 betraf uns direkt, doch anstatt uns zu unterstützen, wurde der Brötchenverdienerin ihre Lebensgrundlage entzogen. Die Gesellschaft war durch und durch verlogen und aus meinem Blickwinkel war dies nicht allzu schwer zu erkennen.

Die Saat meines Dissens war nun ausgebracht. Innerhalb eines Jahres sollte das Feld meines persönlichen Unmuts erblühen und ich würde meine komplizierte Kindheit hinter mir lassen, um die Bühne des Punkrocks zu betreten. Die Sporen meiner Unzufriedenheit übergab ich von da an dem Wind – in Form der Songtexte und Melodien von Bad Religion.

TEIL 2

9 DER MORGEN DANACH

Nach meinem nächtlichen Punk-Abenteuer in Westwood erwachte ich am Samstagmorgen zuhause im San Fernando Valley. Alles war so wie immer: Die Sonne stand hoch am Himmel und um 10 Uhr 30 herrschte bereits eine Affenhitze, Hunde bellten die omnipräsenten Raben und Nachtigallen an, pflichtbewusste Vorstadt-Dads warfen die Motoren ihrer Rasenmäher an, die Kinder nebenan planschten im Pool. Auf Uneingeweihte wirkte es, als würde hier endlos Sommer herrschen.

Dass ich als Teenager an den Wochenenden ein solcher Langschläfer war, lag sicher nicht daran, dass ich verkatert gewesen wäre. Vielmehr war dieser Umstand der Monotonie geschuldet, die sich auch im Wetter und dem Mangel an Jahreszeiten widerspiegelte. In Wisconsin rückte man an jedem Herbsttag spürbar an den Winter heran. Mit jedem Frühlingstag näherte man sich sommerlich-paradiesischen Zuständen mit immer später einsetzenden Sonnenuntergängen und nie enden wollenden Freiluftaktivitäten. Jeder Morgen brachte von Neuem Spiel und Spaß mit sich. Kurzum, es lohnte sich, aus den Federn zu kriechen. In Los Angeles jedoch hatte das Wetter nichts Motivierendes an sich. Es war einfach immer gleich! Die Willenskraft, die man aufzubringen hatte, um sich aus der eigenen Bettstatt zu erheben, musste also gänzlich von Innen kommen. Ich musste endlich den für besondere Leistungen notwendigen Elan entwickeln, wenn ich jemals zu früherer Stunde aufstehen wollte.

Von einem Teenager im Jahr 1981 war dies aber offenbar zu viel verlangt. Da ich mir jedoch keine Lebensstrategie zurechtgelegt und für meine Faulheit keine guten Gründe vorzuweisen hatte, musste ich auf die Akademiker und anderen Erwachsenen in Moms Umfeld wie ein Taugenichts gewirkt haben. Das war mir einerseits zwar relativ egal, andererseits beschlich mich dennoch das Gefühl, mich doch gern auf die eine oder andere Art und Weise profilieren zu wollen. Wie schon damals, als wir als kleine Kinder Monty-Python-Sketche auswendig lernten, um damit die Professoren zu erheitern und mit unserer Frühreife zu beeindrucken, wünschte ich mir auch jetzt die Zustimmung der Erwachsenenwelt.

Ich spielte in einer Band, aber das reichte wohl nicht aus. Mit Punkrock Respekt zu ernten, war vielmehr ein Ding der Unmöglichkeit. In Punker-Randale mitsamt Polizeieinsatz verwickelt zu sein, brachte mir bei meiner Mom sicher keine Bonuspunkte ein, weshalb ich nun auch die Ereignisse des Vorabends tunlichst für mich behielt. Ich empfand solche Vorkommnisse ja selbst auch weder als lustig noch aufregend. Das künstlerisch-kreative Flair, das Punkrock jedoch ebenfalls anhaftete, wurde im moralischen Milieu meiner Familie hingegen sehr wohl goutiert. Doch an den Erfahrungen des Vorabends war genau gar nichts Künstlerisches auszumachen. Brutalität, Ungerechtigkeit, Herdenmentalität und ausgelebte Kampfeslust – all dies waren Dinge, die in akademischen Haushalten wie unserem aktiv vermieden wurden. An der Graffin University wurde Pop Art, Theater und Literatur gefördert, und die Administration bemühte sich zudem unermüdlich um erfolgreiche Integration und Diversität. Wie konnte ich bloß meine Teilnahme an der an suspekten Zeitgenossen nicht armen Punk-Szene mit den hohen Ansprüchen meiner Erziehung versöhnen?

Während der Großteil meiner Freunde also noch ihre Kater ausschliefen, rollte ich von der Matratze und widmete mich meiner Lektüre. Schließlich hatte ich mir selbst ein rigoroses Lesepensum auferlegt. Mein Lesepult bestand aus einem Kartentisch zum Aufklappen samt Masonitplatte und einem dazu passenden Schreibtischsessel. Ich hatte all diese Utensilien aus Moms Fundus entliehen. Sie selbst benutzte diese improvisierte Arbeitsecke gelegentlich, um dort zu nähen. Zumindest hatte ich genug Platz, um ein paar Taschenbücher abzustellen, die die den Grundstock meiner im Entstehen befindlichen naturwissenschaftlichen Bibliothek bilden sollten: *The Antecedents of Man* von Wilfrid Le Gros Clark, *Der Aufstieg des Menschen* von Jacob Bronowski und *Wie der Mensch zum Menschen* wurde von Richard Leakey.

Zwar durchsuchte ich diese Schriften mit wachen Augen nach Ideen für Songs, aber ich las keines davon jemals von Anfang bis Ende durch. Tatsächlich schämte ich mich, dass mir die Geduld fehlte, konzentriert zu schmökern, wie das echte Intellektuelle vermochten. Deshalb zwang ich mich nun dazu, einen massiven Wälzer in seiner Gesamtheit durchzuackern, obwohl ich nicht länger als eine Stunde am Tag in diese Aufgabe investieren konnte. Glücklicherweise hatte ich mich für ein echt fesselndes Werk entschieden, das mir über Jahre hinaus intellektuelle Glaubwürdigkeit verleihen würde, nämlich *Die Fahrt der Beagle* von Charles Darwin.

Irgendwie gelang es mir, Darwins Geschichte als Punkrock-Erzählung zu interpretieren. Da war dieser Mann, der von seinen intellektuellen und höchst erfolgreichen Eltern dazu erzogen worden war, sich dem Klerus anzuschließen. Sie schickten ihn aus diesem Grund sogar auf die Cambridge University. Schließlich brach er sein Theologiestudium jedoch ab und zog sich für viele Jahre zurück. Er begab sich nämlich auf eine Weltreise, um sich ausführlicher naturwissenschaftlicher Forschung zu widmen. Darwins ultimatives „fuck you" bestand darin, die theologische Deutung der Natur als intelligente Schöpfung zu hinterfragen. Er tat dies, indem er eine moderne säkuläre wie wissenschaftliche These namens Evolution formulierte, in der es keinen Platz für Götter, höhere Intentionen oder Bestimmung gab.

Am Wochenende las ich an jedem Morgen über Darwins naturwissenschaftliche Forschungsarbeit, was mir große Genugtuung bereitete. Endlich eine wenig diskutierte Studienrichtung an der Graffin University, in der ich mich langsam als Hausexperte herauskristallisierte. Wenig später besorgte ich mir eine Taschenbuchausgabe von *Über den Ursprung der Arten* vom selben Autor, wobei es mir schwerfiel, es von Anfang bis Ende zu lesen. Aber ich exzerpierte, was ich für mein Allgemeinwissen benötigte und versuchte, meine neuen Kenntnisse in den Biologiekurs, den ich belegt hatte, einzubringen. Es gab damals im Schulbezirk Los Angeles kein eigenes Modul für Evolutionskunde im Biologieunterricht. Also bat ich meine Lehrerin, ob ich eine Dia-Präsentation zum Thema abhalten dürfte. Sie willigte ein. Dies war mein erster Vortrag über den Prozess der Evolution und er enthielt eine Reihe von Schädel-Fotografien, die aus den Seiten meiner Bücher stammten und die Chronologie der menschlichen Entwicklung abbildeten. Ich erhielt daraufhin die Bestnote in Biologie – einem Bereich, in dem es sowohl Mom als auch Dad an Fachwissen mangelte. Der Professor und die Administratorin waren jedenfalls furchtbar stolz auf mich!

Aber wie war es um meine Punker-Kumpels bestellt? Sie kurierten nach wie vor ihre Kater, während ich mit Darwin tief ins Pantanal vordrang. Aber wie sollte ich nun meine akademischen Erfolge mit den Ausschweifungen und der Rücksichtslosigkeit eines Punk-Lifestyles vereinen? Meine Bandkollegen lagen zwar musikalisch auf derselben Wellenlänge, doch die Schule besaß keinen sonderlich hohen Stellenwert für sie.

Zu meinem Glück hatte ich aber eine Freundin, die sich sehr wohl für intellektuelle Herausforderungen begeisterte. Ihre Eltern waren zwar ebenfalls geschieden, doch lebte sie in einer wohlhabenderen Wohngegend namens Sherman Oaks. Gehobene Mittelschicht eben. So fuhr Jodi mit einem BMW zu den Punk-Gigs. Wie ich ja auch fand sie keinen Gefallen an den rabiateren Aspekten von Punk. Sie hatte sich zudem erfolgreich für ein Stipendium vom *National Endowment for the Humanities* beworben, einer Einrichtung zur Förderung der Geisteswissenschaften, um irgendein obskures Thema mit Frankreich-Bezug zu untersuchen, und sie ermutigte mich nun, es ihr gleichzutun.

„Sie geben dir 1.000 Dollar, damit du das Smithsonian besuchen kannst!", versuchte sie mir die Sache schmackhaft zu machen.

Mir fielen gleich eine Menge Fossilien ein, die ich gern studieren würde. Dann vielleicht noch ein paar Forschungsmaterialien und -unterlagen. Und als Zugabe womöglich ein Paar Stiefel und eine Lederjacke?

„Okay, kannst du mir bitte die Formulare kopieren?"

Jodi organisierte alles, was ich brauchte. Allerdings konnte sie mir nicht dabei behilflich sein, eine erfolgreiche Bewerbung zu schreiben. Also wurde ich ganz kurzerhand abgelehnt. Im Gegensatz zu mir hatte Jodi ihren Unterlagen Empfehlungsschreiben ihrer Vertrauenslehrer von der High School beigefügt. Ich wusste ja nicht einmal, wer das bei uns war. Trotz dieses Misserfolgs ermutigte mich Jodi auch weiterhin und gab mir das Gefühl, dass es cool war, derartige Ziele zu verfolgen.

Wenn ich so in meinem Zimmer saß, wusste ich, dass ich mich letzten Endes glücklich schätzen durfte. Immerhin hatte ich ein Zuhause – einen Zufluchtsort, an den ich mich nach etwaigen Tumulten auf den zwielichtigen Straßen von Hollywood zurückziehen konnte. Ein Refugium, wo ich meine Gedanken sammeln und die Vorkommnisse des Vorabends Revue passieren lassen konnte. Vielen Punks blieb dies verwehrt. Manche Kids aus meinem Freundeskreis waren von ihren Eltern auf die Straße gesetzt worden, weil sie sich gegen deren rigide Verhaltensregeln, Bekleidungsvorschriften und religiösen Ansichten auflehnten. Sie litten außerdem häufiger als andere unter der Polizeibrutalität und der Gewalt seitens verfeindeter Lager. Da sie keinen vernünftigen Unterschlupf zur Verfügung hatten, avancierten sie zur beliebten Zielscheibe für brachiale Schikanen und mussten ihre Blessuren in Seitengassen und zu temporären Unterkünften umfunktionierten Parkhecken versorgen. Alle meine engsten Freunde waren gut versorgt und hatten ein Dach über dem Kopf, doch hingen wir mit vielen Kids ab, die unter Hunger oder Schmerzen litten und innerhalb der nachtaktiven Punk-Szene nach ihrer nächsten Mahlzeit und einem Ort zum Pennen suchten.

Punk hieß Klassenkampf. So sehr die Bewegung von sich behauptete, egalitär und gemeinschaftlich orientiert zu sein, richtete sich Punk in Wirklichkeit zumindest in Südkalifornien nach malthusianisch-darwinistischen Prinzipien, die im Grunde genommen paradox waren: Zwietracht, Konflikte und Krieg führten Fortschritt herbei. Natürlich waren meine Freunde und ich in der Lage, im Leben voranzukommen und dabei körperliche Auseinandersetzungen zu meiden, doch jene, die mittellos waren, mussten all die Drecksarbeit erledigen und für Punk große Opfer bringen. Sie würden niemals das Privileg genießen, eine Band zu gründen. Viel eher würden sie sich irgendwann dauerhaft in einem Glasscherbenviertel wiederfinden. Der inhärente Widerspruch der malthusianischen Metapher – nämlich Fortschritt durch Konflikt – entsprach hierbei der Erschaffung einer Subkultur durch die Auslöschung der Lebensgrundlagen vieler ihrer Teilnehmer. Dies zählte zu den Erkennungsmerkmalen der sozialen Zirkel, in denen ich nun verkehrte. Diese Umstände motivierten die rudimentären Gedanken, die in meinem Gehirn aufkeimten, und das Bedürfnis, sowohl meinen Lernprozess als auch meine kreativen Unternehmungen weiter zu intensivieren. Es waren philosophische Beweggründe, die mich in Bezug auf Punk bei der Stange hielten. Die Spannung des allabendlichen Lebens auf der Straße und die romantische Vorstellung des Musizierens waren beides greifbare Bereicherungen, die meine Teenager-Existenz ertragbar machten und die Sorgen linderten, die mich angesichts der jüngsten Prüfungen plagten, welche meine kaputte Familie zu bestehen hatte.

10 JUGENDLICHE AUSSCHWEIFUNGEN 80–82

Heute fällt es nicht sonderlich schwer, Informationen über die Punk-Rock-Szene Südkaliforniens zwischen 1979 und 1982 zu finden. Etliche Autoren, die diese Ära selbst miterlebten, haben inzwischen ihre Memoiren oder Sachbücher zum Thema vorgelegt. Manche von ihnen glorifizieren darin gewisse Aspekte, die ich selbst als unerträglich empfand. Wer nicht gern liest, kann als Alternative auf zahlreiche Dokumentarfilme zurückgreifen, die eine wildgewordene Jugend außer Rand und Band porträtieren sowie all die Bands jener Tage vorstellen, die den Kids den Soundtrack zu ihren zügellosen Eskapaden lieferten, in deren Rahmen sie zunächst sich selbst und dann auch andere kaputtmachten. Autobiografen neigen dazu, die Details ihrer gefahrvollen und mit Intrigen gespickten Frühphase aufzublähen. Allzu oft soll damit die positive Entwicklung des Protagonisten hervorgehoben werden. Um eine gut lesbare Erzählung zu garantieren, wird daher der Dramafaktor erhöht, indem die Probleme der Vergangenheit als besonders extrem dargestellt werden. Der Prozess der Wiedergutmachung und die letztliche Erlösung fühlt sich schlichtweg befriedigender an, wenn die Ausgangssituation für den Akteur der Handlung außergewöhnlich ungünstig und unfair war.

Meine Story handelt jedoch nicht von Erlösung und dergleichen. Stattdessen beschäftigt sie sich mit dem fortlaufenden Mysterium der Selbstwahrnehmung. Hinsichtlich meiner Selbstwahrnehmung war ich 1982 im Alter von 17 nicht wirklich weiter, als ich es im Alter von elf gewesen war. Seit damals habe ich mich schleichend und relativ willkürlich weiterentwickelt. Ich fühlte mich nicht zu den zwielichtigen Elementen des Punkrocks hingezogen. Für mich war Punk vielmehr ein aufregendes kreatives Ventil. So wie in anderen Bereichen meines Lebens verdankte ich es günstigen Umständen und guter Führung, dass ich mich von den Bösewichten fernhielt und nicht straffällig wurde. Unter meinen Freunden, die sich an Drogen und Alkohol erfreuten, galt ich nicht als geeigneter Ansprechpartner, wenn der Augenblick gekommen war, loszuziehen und Gesetze zu brechen. Ich erfuhr alles immer erst im Nachhinein. „Greg, wir haben eine Rohrbombe gebastelt und einen Cadillac in die Luft gesprengt!", hieß es dann etwa. Oder auch: „Greg, wir haben etwas Koks aufgetrieben und uns durch die Nase gezogen – erst danach haben wir herausgefunden, dass es mit Bleichmittel gestreckt war!"

Mein Bandkollege Brett behandelte mich in gewisser Hinsicht wie einen kleinen Bruder – obwohl ich bereits einen älteren Bruder hatte. Tatsächlich besuchten Brett und mein echter Bruder Grant an der El Camino Real High School ein paar Kurse zusammen. Beide liebten es, bei Spielen zu gewinnen, für die Intelligenz Voraussetzung war, etwa Schach oder auch *Dungeons and Dragons*. Gegeneinander spielten sie aber nie. Brett war weltgewandt und mobil – ihm stand stets ein eigener Wagen oder Van zur Verfügung –, er war höchst gesellig veranlagt und liebte es, Zeit mit anderen Leuten zu verbringen. Im Gegensatz dazu war Grant eher ein Einzelgänger. Er tolerierte meine Freunde und hatte auch seine eigene kleine Clique, die auf Devo und Tubeway Army abfuhr. Wenn sie ihre Strategiespiele spielten, blieb ich stets außen vor. Obwohl ich noch immer zu meinem älteren Bruder aufblickte und vor allem seine Intelligenz bewunderte, wünschte ich mir mehr brüderliche Action, was Brett zu gewährleisten imstande war.

Brett versuchte oft, mich in die Welt der Drogen einzuführen. „Junge, ich muss stoned sein, damit ich dich überhaupt ertragen kann", sagte er einmal, womit er sich auf meine Hyperaktivität bezog. „Zieh mal an diesem Hasch hier!"

Ich fühlte mich fast wie ein Mann von Welt, weil er mir beibrachte, wie man einen Klümpchen Hasch auf eine Nadel steckte und anfachte, bevor man das Ganze mit einem Longdrink-Glas bedeckte und die entweichende Rauchwolke inhalierte, sobald man das Glas wieder anhob. Ich mochte den Geruch. Aber da ich keinerlei Wirkung verspürte, hatte ich nicht das Bedürfnis, es öfter zu probieren.

Manchmal begleitete ich Brett, wenn er sich LSD von echt schrägen Vögeln oben im Topanga Canyon besorgte. 1981 und 1982 war die Erinnerung an die sektenhafte, einsiedlerische Drogensubkultur der Manson Family, die unweit von dort auf der anderen Talseite gehaust hatte, noch relativ frisch. Dubiose Schattengestalten erwarteten Brett auf einer nicht asphaltierten Straße, die sie als Ort der Übergabe vereinbart hatten. Einer der Typen, der Ian Anderson auf dem Cover des Jethro-Tull-Albums *Aqualung* ähnelte, überreichte Brett nun durch das Autofenster ein kleines Paket, das er schnell an mich übergab, da er dem Dealer noch die Kohle schuldig war. Der komische Kauz nannte Brett noch „Bruder“, was ich als ziemlich abgeschmacktes Hippie-Klischee empfand. Doch abgesehen von der spürbaren Paranoia – der Typ blickte ständig nach links und rechts, um die Gegend nach potenziellen Feinden zu scannen –, schien alles ganz nach Plan verlaufen zu sein.

Anders als beim Haschisch, von dem mir Brett etwas angeboten hatte, wirkte diese LSD-Transaktion wie eine etwas gravierendere Angelegenheit. Auf keinen Fall wollte ich jemals LSD ausprobieren – und es wurde mir auch nie offeriert. Trotzdem fühlte es sich witzig an, bei diesem typisch amerikanischen Initiationsritus eines Drogendeals, einem echten Relikt aus der Hippie-Ära, als Bretts vertrauenswürdiger Komplize fungieren zu dürfen.

Die mit mir befreundeten Punks in Hollywood waren hingegen an ganz anderen Substanzen interessiert. Die geografische Distanz zwischen dem Topanga Canyon und Hollywood beträgt schlappe 25 Kilometer, doch bis heute repräsentieren diese beiden Lokalitäten die wahren Extreme des Lebens in Südkalifornien wohl am besten. Wenn man in den Topanga Canyon fährt, beschleicht einen das Gefühl, in den Wilden Westen von anno dazumal zu reisen. Hier stößt man auf Pferderanches, Bretterfassaden, wildromantische Felsvorsprünge und von der Außenwelt isolierte Einsiedler, die sich modernen Trends und Normen verweigern. Ihr Lebensstil erinnert an die Outlaws in

Easy Rider. Sie haben sich in den Canyon abgesetzt, um der Welt von heute zu entsagen. Sie scheren sich schlichtweg einen feuchten Kehricht um das aktuelle Weltgeschehen. Die Leute in Hollywood flanieren hingegen mit Vorliebe durch ihre Straßen und beziehen ihre Lebenskraft aus dem vitalen Gefühl der Gegenwärtigkeit, die diese lebhafte Metropole charakterisiert. Die permanente Invasion von Touristen aus der ganzen Welt und das nächtliche Einströmen vorstädtischer Club-, Bar- und Theaterbesucher kreieren eine sich unaufhörlich im Wandel begriffene urbane Landschaft der Ungewissheit und nächtlichen Möglichkeiten. Die Punk-Rocker aus Hollywood interessierten sich nicht für kiffende Hippies und ihre altmodischen Verhaltensweisen. Speed und Heroin gaben auf den Straßen den Ton an und praktisch alle meine Freunde in Hollywood experimentierten damit. Brett trieb sich allerdings in erster Linie im westlichen Valley herum. Sowohl geografisch als auch geistig standen ihm die wildromantischen Canyons näher als die Hollywood-Szene. Er bevorzugte es, sich mit engen Freunden zuzudröhnen und dabei Musik im heimeligen Ambiente des elterlichen Wohnzimmers, seines eigenen Musikzimmers oder der zum Proberaum umfunktionierten Garage zu genießen.

Auch ich hing mit meinen Freunden lieber zuhause als auf der Straße ab. Doch gelegentlich fand ich mich nach einem Gig in Hollywood in Gesellschaft derberer Drogenkonsumenten wieder. Mein selbstsicheres Auftreten und meine offen zur Schau getragenen Werte, die meine Herkunft aus dem Mittleren Westen verrieten, trugen dazu bei – so nehme ich zumindest an –, dass ich nie eingeladen wurde, mich mit ihnen zuzudröhnen. Sie versorgten sich stets nur selbst mit Drogen. Meine Rolle bestand vielmehr darin, ihnen ihre Drogen zu verabreichen, weil ich mich für Biologie interessierte und über eine ruhige Hand verfügte. Sie scherzten, dass ich ihr „Doktor" wäre. Diese Drogen machten mir Angst, da ich meinen Körper nie etwas zuführen wollte, das mein Bewusstsein verändert hätte. Allerdings fühlte ich mich in gewisser Weise geehrt, dass sie mir mit der Injektionsnadel vertrauten. Ich empfand auch keinerlei Skrupel, da ich damals der Auffassung war, dass es sich hierbei um das ganz normale Verhalten von jugendlichen Straßenpunks in Hollywood handelte. Außerdem würde ich, sollte ich stets die Rolle des Doktors bekleiden dürfen, nie im Rahmen von Gruppenzwang dazu genötigt werden, die jeweiligen Drogen selbst zu konsumieren. Auf diese Weise konnte ich mich als Teil der „Gang" beweisen, ohne mich dabei zuzudröhnen. Das passte mir eigentlich ganz gut in den Kram.

Wir waren Kinder und uns der Auswirkungen unserer Handlungen überhaupt nicht bewusst. Ich dachte, ich hätte eine Aufgabe zu erfüllen, und nahm an, dass mich dies weniger zu einem Delinquenten machte als jene, denen ich die Drogen spritzte, weil ich ja nicht mein eigenes Bewusstsein mit Chemikalien benebelte. Das war ein sehr naiver Denkansatz, ich verhielt mich nicht minder einfältig und falsch als jene, die die Drogen kauften und gedankenlos konsumierten. Einige von ihnen wurden sehr schnell abhängig. Manche von ihnen sollten nur mehr wenige Jahre zu leben haben. Auch würde ich niemals aufhören, meine eigene Rolle zu hinterfragen, die ich bei ihrem Ruin spielte. Ich erleichterte und unterstützte ihren Drogenmissbrauch. Mein einziger Widerstand bestand darin, mir nicht selbst Drogen reinzuziehen. Wenn sie meinen Vorbild folgen würden, so glaubt ich, könnten wir eine sinnhaftere Beziehung zueinander aufbauen und sie würden sicher keiner Überdosis zum Opfer fallen. Womöglich würde sich eine Art Bruderschaft rund um gemeinsame Interessen wie Filme, Sport oder Wissenschaft entwickeln – so wie das damals mit meinen alten Freunden in Wisconsin der Fall gewesen war. Aber wir waren südkalifornische Punk-Rocker, die durch Hollywood streunten. In Hinblick auf das Thema Freundschaft war eindeutig mehr Schein als Sein angesagt. Diese Kids versuchten, sich eine Identität zurechtzuschneidern – genau wie ich auch. Man ist bereit, jede Menge dumme Risiken in Kauf zu nehmen, wenn man sich auf solche Unterfangen einlässt.

Diese Phase markierte bereits das Ende jener Ära, in der Teenager ohne Weiteres in der Lage waren, Drogen auf der Straße, am Schulhof oder von ihren Eltern zu bekommen. Abgesehen von den gelegentlichen Ausflügen mit Brett in den Canyon sah ich nie, wie sich die Deals abspielten. Meine Freunde waren jedenfalls bestens ausgestattet. Vielleicht bekamen sie den Stoff bei ihren älteren Geschwistern. Oder sie stahlen ihren Müttern Geld aus der Handtasche und versorgten sich beim nächsten Dealer in der Nachbarschaft. Die Ration reichte dann entweder ein Wochenende lang, wenn man es mit Gleichgesinnten teilte, oder sogar einen ganzen Monat, wenn man den Stoff wegbunkerte und ganz allein konsumierte. Für mich war all das zwar ein einziges großes Mysterium, doch der Anblick von Substanzen wie Quaaludes, Gras, Hasch, braunem Heroin, Black Beautys und diversen weißen Pulvern, verpackt in kleinen Papierumschlägen, war so alltäglich und omnipräsent in meinem südkalifornischen Milieu, dass es selbst an der Junior High School ausreichend Gelegenheiten gab, sich zu versorgen und zuzudröhnen. Obwohl ich gerade einmal die Mittelstufe besuchte, empfand ich all diese Substanzen nicht länger als fremdartiges Tabu.

Zum ersten Mal wurde mir in der siebten Klasse im Kunstunterricht eine Quaalude angeboten – von einem Mädchen, das ununterbrochen high war. Sie war korpulent, hatte ein echt nettes Gesicht, befand sich bereits in der neunten Schulstufe und schwänzte mindestens ebenso oft den Unterricht, wie sie ihn besuchte. Sie roch nach Marihuana. Das Aroma durchdrang und erfüllte ihre Klamotten, ihre Haare und selbst ihren Atem. Sie war in mich verknallt – so wie in eigentlich alle Jungs. Doch als sie mir die Pille im Kunstkabinett anbot, wo sämtliche Utensilien verstaut waren, lehnte ich ab, und sie hatte kein Problem damit. Stattdessen nahm sie einen der anderen Jungs, mit dem sie ihren Rauschzustand teilen konnte, ins Visier. Mir war es nicht peinlich, derlei Angebote zurückzuweisen. Der Umstand, dass ich zuhause in Wisconsin einen ganz anderen Freundeskreis besaß, verlieh mir Selbstvertrauen und Sicherheit. Sobald das Semester vorüber wäre, würde ich den Sommer wieder mit diesen Kids verbringen. In Wisconsin basierte unsere Freundschaft vorrangig darauf, aus demselben Viertel zu stammen und uns bereits seit der gemeinsamen Zeit im Sandkasten zu kennen. Ich hätte ihnen niemals als drogenversiffter Loser aus Los Angeles entgegentreten können.

Scheidung löst bei Kindern Schuldgefühle aus. Selbst in den besten Fällen müssen solche Kids unablässig erklären, was es mit ihrer Familie auf sich hat, und die immer gleichen Fragen beantworten, etwa „Wo ist dein Dad?“ oder „Warum haben sich deine Eltern scheiden lassen?“. Manchmal ist es für die Kinder sogar noch härter, wenn eine Scheidung „freundschaftlich“ vollzogen wurde, weil es dann keinen offenkundigen Grund für eine Teilung des Haushalts gibt. Als meine Mom den Job in Los Angeles annahm, verspürte ich einen starken Drang, meinen Freunden und Verwandten in Wisconsin nur positive Dinge zu berichten. Innerlich war ich vorsichtig und unsicher, was das Leben in Südkalifornien betraf. Was die Kultur betraf, unterschied sich Los Angeles enorm vom südöstlichen Wisconsin – vor allem, wenn man ein Jugendlicher war. Mit dem Umzug an die Westküste hatten meine wöchentlichen Basketball-,

Baseball- und Football-Matches mit meinen Kumpels aus der Nachbarschaft ein abruptes Ende genommen. Alle außerschulischen Sportaktivitäten im San Fernando Valley wurden durch die Jugendsportorganisation Pop Warner organisiert. Das schreckte mich ab. Außerdem war es zu zeitaufwändig für meine alleinerziehende Mom, mich dafür durch die Gegend zu kutschieren. Allerdings konnte ich meine Freunde in Wisconsin nun nicht mit glorreichen Sportabenteuern von der Westküste beeindrucken.

Die Unfähigkeit meiner Eltern, weiterhin miteinander klarzukommen, löste keine Schuldgefühle bei mir aus. Allerdings verspürte ich den seltsamen Zwang, die Scheidung im bestmöglichen Licht erscheinen zu lassen und meinen Freunden ausschließlich die Vorteile zweier getrennter Haushalte zu präsentieren. Die Schattenseiten behielt ich hingegen für mich. Es stand vollkommen außer Frage, dass ich weder meinen Freunden noch meinem Vater unter die Augen treten konnte, um jeden Tag des ganzen Sommers mit Sport im Freien zu verbringen, wenn ich irgendein Interesse an Drogen zeigte. Es ist schon erstaunlich, wie allgegenwärtig Drogen in Südkalifornien waren, während sie in der Nachbarschaft meines Dads in Racine, Wisconsin, fast überhaupt keine Rolle spielten. Wäre ich in Los Angeles zwischenzeitlich zum Drogenkonsumenten avanciert, hätte ich während der Sommerferien in Wisconsin einen langen, einsamen kalten Entzug durchmachen müssen.

Aufgrund dieser Diskrepanzen musste ich etwas finden, um die Gräben zwischen beiden Kulturen zu überbrücken. Um meinen Zwang, nur Positives über mein Leben in Los Angeles zu berichten, befriedigen zu können, musste ich auf etwas zurückgreifen, das nur außerhalb von Wisconsin zu finden war. Meine Musik. Obwohl meine „Musikerlaufbahn" bereits vor dem Umzug an die Westküste begonnen hatte – nämlich im Grundschulchor in Milwaukee –, verspürte ich erst in Kalifornien den Impuls, mein Interesse zu intensivieren und an meinem diesbezüglichen Können zu feilen. So konnte ich jeden Sommer nach Wisconsin zurückkehren, um meinen Freunden zu berichten, dass Los Angeles eine geeignete Plattform bot, einen gewissen Status in der Welt der Musik zu erlangen. Damit ließe sich auch die drastische geografische Distanz und überhaupt die ganze Sache mit der Scheidung rechtfertigen! Allerdings hatte ich in den ersten drei Sommern noch keine Band am Start. Zumindest jedoch konnte ich auf ein stets wachsendes Interesse an Musik und mein unersättliches Verlangen nach Konzertbesuchen verweisen. Das reichte schon aus, um ein positives Bild von meinem Leben in Los Angeles zu zeichnen. Ab 1982 verstummten endgültig alle Fragen nach meinem Leben in Kalifornien, da ich meinen Freunden eine Vinyl-LP des ersten Bad-Religion-Albums *How Could Hell Be Any Worse* präsentieren konnte. „Greggo, darauf wirst du dein ganzes Leben lang stolz sein können", betonte etwa mein Dad.

Aber Dad war nicht völlig unwissend, was die Ausschweifungen in Hollywood betraf. Er hatte mir schon zuvor einmal einen Artikel aus der *New York Times* gezeigt, in dem die alltägliche Gewalt, der Drogenmissbrauch und der allgemein vorherrschende Nihilismus der Punkszene in Los Angeles dokumentiert wurden.

„Das sind hoffentlich nicht dieselben Leute, die deine Gigs besuchen, Greggo!", sagte er.

„Keine Angst, Dad, das tun sie nicht", log ich.

Aber da ich heute selbst ein Dad bin, kann ich mit Sicherheit behaupten, dass er wohl wusste, was Sache war.

Trotz meiner schwarzgefärbten Haare, der zerschlissenen Jeans und meinem neuen Status als Punksänger verliefen die Sommer in Wisconsin weiterhin so, wie das schon immer der Fall gewesen war. Ich betrieb diverse Outdoor-Sportarten, radelte auf meinem Bike durch die Gegend und verbrachte jeden Tag mit den anderen Jugendlichen in der Nachbarschaft. Dort gab es keine Clubs, die ich abends hätte frequentieren können, um abzuhängen und nach Mädchen Ausschau zu halten. Es erinnerte ein wenig an die alte Sitcom *Erwachsen müsste man sein* mit einer etwas liberaleren Ausrichtung. Das Leben spielte sich hier rund um Aktivitäten ab, denen man bei Tageslicht nachging. Wenn man sich nach dem „Nervenkitzel" der Großstadt sehnte, musste man schon ein bisschen mit dem Auto fahren. Milwaukee lag 40 Kilometer entfernt. Nach Chicago musste man 90 Kilometer in die anderen Richtung in Kauf nehmen. Trotz der nächtlichen Vergnügungen, die diese Metropolen bereitzustellen vermochten, verzichteten wir zumeist auf ihre Wonnen. Stattdessen erfreute ich mich tagsüber an der Gesellschaft meiner Kumpels und genoss abends die Geborgenheit meines Elternhauses aus Kindertagen. Ich war glücklich darüber, dass das Nachtleben hier keine Rolle spielte – anders als in Südkalifornien, wo es eine Notwendigkeit für die Erfüllung meiner musikalischen Ambitionen darstellte.

Bei einer Erzählung der verkommenen Aktivitäten eines jugendlichen Punkrockers im Südkalifornien der frühen 1980er darf natürlich auch die sexuelle Komponente nicht zu kurz kommen. Man kann gar nicht oft genug betonen, wie stark sich der Unterricht hinsichtlich „Gesundheitsfragen" von den 1970ern bis heute gewandelt hat. Im Curriculum des Schulbezirks Los Angeles war für die Mittelstufe ein Kurs vorgesehen, der ganz offen die Normalität und sogar die Vorzüge von Selbstbefriedigung sowie die Notwendigkeit von Verhütung darlegte und die Verfügbarkeit beziehungsweise möglichst sichere Praxis von Abtreibungen thematisierte. Auch wurde der notwendige Konsens zwischen Sexualpartnern hervorgehoben. Zwar handelte es sich nicht um die bei den Schülerinnen und Schülern beliebteste Methode, doch bewarb der Lehrkörper vor allem gegenseitige Masturbation anstelle von Geschlechtsverkehr als sinnvolles intimes Erlebnis.

Geschlechtskrankheiten waren damals allesamt behandelbar. Aids war noch längst keine weitverbreitete Seuche. Wir befanden uns auf der Zielgerade der Ära der „freien Liebe", wie sie die Hippies gepredigt hatten, und den meisten Kids wurde beigebracht, dass Sex nichts war, das einem peinlich sein musste.

Tatsächlich bestand die allergrößte Peinlichkeit unter den Jungs der Junior High und der High School darin, noch keine Erfahrungen mit dem anderen Geschlecht gemacht zu haben. Die Mädchen an meiner Schule sprachen sehr offen über ihre sexuellen Präferenzen. Damals neigten viele von ihnen dazu, sich sehr provokativ zu kleiden. Sie trugen tiefausgeschnittene Tops und verzichteten auf den BH. Auch trugen sie hautenge Jeans, die den Schritt auf besonders aufreizende Art betonten, indem sie einen sogenannte „Camel-Toe" hervorriefen, wie wir jugendliche Delinquenten es nannten. Das war höchst angesagt. Viele der Mädchen hatten regelmäßig sexuelle Begegnungen mit älteren Typen. Wir nannten diese Girls die „Erfahrenen". Im Verlauf der Mittelstufe hätte ich nie und nimmer ihre Aufmerksamkeit auf mich lenken können.

Im ersten Semester der High School, als ich gerade 15 Jahre alt war, gelang es mir aber, eines der Mädchen aus meiner Klasse für mich zu interessieren. Sue war weithin als Flittchen verschrien. Zudem war sie mit einem Typen liiert, der ein paar Jahre älter als wir war. Eines Tages lud sie mich nach der Schule zu sich nach Hause ein, wo sie mich verführte. Ich machte mir „währenddessen" unentwegt Sorgen, dass ihr Freund zur Tür hereinplatzen könnte, aber sie versicherte mir, sie hätten ihre Beziehung beendet und er interessierte sich nicht länger für sie. Zwar war ich mir ob des konkreten Ablaufs meines ersten Mals ein wenig unsicher, doch war sie erfahren genug, um mir zu einer erfolgreichen Premierenvorstellung zu verhelfen – gleich da, an Ort und Stelle, auf der Wohnzimmercouch, während ihre Eltern noch in der Arbeit waren. Alles schien glatt gelaufen zu sein, als ich auf dem Heimweg – ich befand mich bereits ein paar Blocks von ihrem Haus entfernt – eine starke emotionale Reaktion verspürte. Sue war so lieb und hatte mich mit einer solch zärtlich-kompetenten Art und Weise angeleitet. Ich fühlte mich ihr verpflichtet und empfand Geborgenheit. Nun, da ich es ja nicht besser wusste, nahm ich an, dass dies Liebe sein musste. Als ich nun zuhause angekommen war, beschloss ich, die ganze Welt daran teilhaben zu lassen. Meinem ersten Impuls folgend, rief ich sogleich meinen besten Freund Jon an: „Jonny, ich bin jetzt ein Mann!" Allerdings war ich nicht in der Lage, ihm gegenüber zum Ausdruck zu bringen, dass ich offenbar in Sue verliebt war. Meine Freunde sahen in ihr eine Schlampe, die nicht fähig war, Zärtlichkeit zu spenden. Immerhin erzählte ich meiner Mom von meiner emotionalen Verbindung zu Sue. Den Teil mit dem Sex behielt ich aber für mich. „So fühlt es sich an, Schätzchen, wenn man verliebt ist", klärte sie mich auf.

Als sich das Semester dem Ende zuneigte, sprach Sue bereits nicht mehr mit mir. Unsere Telefonate wurden kontinuierlich kürzer. Nach der Schule gingen wir immer seltener zusammen nach Hause. Ihr Interesse an mir nahm ab. Letzten Endes kehrte sie wieder zu ihrem Freund zurück, der älter war als ich, einen Job hatte, ein Auto besaß und richtig viel Gras rauchte. Es fühlte sich nun so an, als wäre ich bloß eine Art Experiment gewesen. Als ob sie mich nur benutzt hätte, um ihn eifersüchtig zu machen, oder sich in der Zwischenzeit einfach ein bisschen mit mir vergnügen wollte. Ich war jedenfalls am Boden zerstört. Obwohl alle gewusst hatten, dass Sue keine ernsthafte Kandidatin für eine langfristige Beziehung war, hatte ich – ungelogen – damit spekuliert, sie irgendwann zu heiraten. Die Enttäuschung darüber resultierte schließlich in einer wütenden Revolte gegen gesellschaftliche Normen: Ich schnitt mir die Haare kurz und färbte sie rabenschwarz. Damit signalisierte ich, dass ich nun ein Punk war – angespornt durch eine emotionale Enttäuschung, die mir erlaubte, sämtliche diesbezügliche Bedenken über Bord zu werfen. Mein lächerlicher und extremer Look war meine Art zu sagen: „Fick dich doch ins Knie,

Sue!“ Damals gab es nur eine Handvoll anderer Schüler, die so kühn waren, sich die Haare zu färben. Sie galten als Radikale und Geistesgestörte. Ich war so zornig auf Sue, dass ich glaubte, mein extremes Verhalten würde sie blamieren. O, welch jugendliche Torheit und Unerfahrenheit! Sie ignorierte mich einfach und schloss sich einfach wieder ihrem alten sozialen Umfeld an – denselben Leuten, die Punk für Drecksmucke hielten und Extremisten wie mich als Versager empfanden.

Meine neue Punkrock-Identität zog jedoch die paar wenigen anderen Punks an meiner Schule an, mit denen ich ab Ende 1979 verkehrte. In der Klasse meines Bruders Grant galt ich aber als der unreife jüngere Bruder, der nur mit einer Mode experimentierte. Dead Rat Randy war etwa der Archetypus eines richtigen Assel-Punkers. Er sah echt hässlich aus mit seinem ungepflegten Gesichtshaar und hatte permanent schlechte Laune. Tatsächlich war er seiner Zeit weit voraus und versuchte sich eine Zeitlang sogar als Musiker. Aber wir kamen nie miteinander klar oder hingen zusammen ab.

Ein anderer Typ namens Karl unterhielt sich zumindest gern über Punk. Er spielte Bass, liebte Stiv Bators und die Dead Boys. Auf musikalischer Ebene befanden wir uns auf derselben Wellenlänge, allerdings war er von durchgeknallten Verschwörungstheorien fasziniert, über die er sehr gerne sprach. So glaubte er etwa, dass der amtierende Präsident, Jimmy Carter, ein religiöser Fanatiker wäre, der Punkrock hasste. Tatsächlich war er davon überzeugt, dass Carter eine geheime Agenda zur völligen Auslöschung Punkrocks aus der amerikanischen Gesellschaft verfolgte. Er würde sogar so weit gehen, Plattenläden und Radiosender zu eliminieren, die Punkrock verkauften und spielten. Dafür war Karl ein bekennender Fan des republikanischen Gegenkandidaten, Ronald Reagan, da dieser Karl zufolge Punk liebte und bereit wäre, Punkbands zu unterstützen, solange sie nur fleißig und dem DIY-Ethos verpflichtet wären, da dies dem amerikanisch-konservativen Denkansatz entspreche.

Mit 15 wusste ich nicht sonderlich viel über Politik, aber ich war ziemlich sicher, dass sich weder Reagan noch Carter sonderlich für Punkrock interessierten. Ich fand, dass Karl die Causa schlichtweg überinterpretierte. Karl war auch ein gutes Beispiel dafür, wie der blinde Glaube an Politverschwörungen Freundschaften nicht nur beeinträchtigen, sondern sogar verhindern kann. Wir mochten zwar dieselben Bands, doch Karls Freundschaft zu mir war an Bedingungen geknüpft.

Er konnte nicht akzeptieren, dass meine eher liberale Ausrichtung mit den Werten des Punks vereinbar war. Dabei war ganz egal, dass meine politische Präferenzen stark von meiner Familie beeinflusst waren. Zudem durfte ich ja noch nicht einmal wählen! „Wie kannst du Reagan nicht mögen, wo er doch der einzige Kandidat ist, der Punk unterstützt?“, insistierte Karl.

Selbst damals konnte ich schon erkennen, dass die Denkweise mancher Leute töricht ist und auf ihren neurotischen Obsessionen und schlecht recherchierten Thesen und Mutmaßungen basiert. Karl und ich hingen nicht miteinander ab, weil ich schon bald erkannte, dass man sich jemanden wie ihn höchstens als Bekannten wünschte.

Einer der coolsten Typen, die ich damals kennenlernte, war ein stylischer Bowie-Klon namens Doug. Er stand auf Tubeway Army und Fotografie. Nach der Schule verbrachten wir gern Zeit zusammen und träumten davon, in einer Band zu spielen, die eine ganz innovative Musik spielte. Wir wollten uns nicht von den Vorgaben des Punks einschränken lassen, sondern neue Genres definieren. „Lass es uns ‚War-Rock‘ nennen“, schlug er vor. Eine sehr mutige Idee, aus der leider nichts wurde. Auch seine Eltern waren geschieden und arbeiteten beide so hart, dass sie kaum etwas von den Unternehmungen ihrer Kinder mitbekamen. Doug besaß eine Eigentumswohnung in Hollywood und eines Abends durften wir ohne Erwachsene dort übernachten. Dougs Schwester fuhr uns zum Whisky a Go-Go, wo wir Pearl Harbor & The Explosions sahen. Als Vorband traten Oingo Boingo auf. Die Musik ließ mich zwar eher kalt, aber ich interessierte mich dafür umso mehr für die knappen Outfits der meisten Girls. Im Anschluss an die Show nahmen Doug und ich in ein Taxi zur Wohnung seines Dads. Unterwegs weihte er mich ein, dass er die Adresse auch zwei Mädels zugesteckt hatte, die später noch vorbeikommen wollten. In meinen Augen war Doug ein echter Magier: Wie war es ihm bloß gelungen, einen solchen Deal einzufädeln?

Ich hatte keine Ahnung, wie ich Mädchen anquatschen sollte, die mich antörnten. So war ich noch immer von einem gescheiterten Versuch traumatisiert, den ich ein Jahr zuvor unternommen hatte, das heißeste Mädchen in unserer Klasse zum Eisessen nach der Schule einzuladen. Nachdem sie augenrollend abgewunken und dabei das Gesicht verzogen hatte, sah ich sie, wie sie mit ihren Freundinnen tuschelte und auf mich zeigte, während das kollektive Kichern ihrer Crew den Schulflur entlanghallte. In Kombination mit der persönlichen Kränkung durch Sue, die Schindluder mit meinen Gefühlen getrieben hatte, zerstörte diese Erfahrung mein Selbstvertrauen im Umgang mit dem schönen Geschlecht.

Doug hatte nicht zu viel versprochen. Um Mitternacht herum hörten wir ein Klopfen. Zwei Mädchen standen vor der Tür. Sie waren vermutlich Teenager wie wir, nur waren sie in sexueller Hinsicht bereits viel erfahrener. Sie trugen Nylonhosen und gestreifte Shirts, die sich eng an ihre BH-losen Oberkörper schmiegten. Beide hatten ihre Haare blond gebleicht. Ihr frechen, jugendlichen Gesichter waren stark geschminkt. Alle vier grinsten wir bis über beide Ohren. Das Apartment von Dougs Dad war sehr stylisch und verfügte über eine feine Auswahl an alkoholischen Getränken. Unsere Gäste mixten sich ohne Umschweife harte Drinks, wohingegen ich mit einer Cola vorliebnahm. Doug gefiel sich in der Rolle des erfahrenen Casanovas. Tatsächlich ließ er ein paar sehr lockere Sprüche vom Stapel. Die Girls fragten immer wieder, welche Art von Spiel wir jetzt spielen würden. Darauf wusste ich keine Antwort. Ich begeisterte mich für Monopoly, Schach, Risiko und diverse Kartenspiele, aber ich wusste, dass ich damit wohl nicht punkten würde können. Doug antwortete ganz nonchalant: „Wie wäre es mit einer Runde ‚Dromedar'?" Eines der beiden Mädchen stieg sofort darauf ein und gemeinsam zogen sie sich ins Schlafzimmer zurück. Ich blieb bei dem anderen Mädchen und drehte Däumchen – keiner von uns beiden hatte Dougs zoologisches Wortspiel verstanden: Camelus dromedarius alias das Arabische Kamel verfügte über einen einzelnen Höcker, zu Englisch „hump", was aber auch „bumsen" bedeutete. Als ich später herausfand, was Doug gemeint hatte, war ich echt sauer, dass mir das nicht selbst eingefallen war! Vielleicht haben das andere Mädel und ich ein wenig herumgeschmust, aber es handelte sich um die klassisch unbeholfene Situation, in der sie darauf wartete, dass ich endlich den nächsten Schritt machte, mir aber das Know-how und die Selbstsicherheit fehlte, wie ich das anstellen sollte. Wir hörten, wie nebenan das Bett wackelte. Inzwischen guckten wir HBO und irgendwann mussten die beiden Mädchen dann schließlich wieder aufbrechen.

Ein oder zwei Wochen später schmiss Doug im Haus seiner Mom eine Fete. Wieder schaffte er es, in der Abwesenheit eines Elternteils ein paar Mädchen anzulocken. Während die meisten Partygäste im Wohnzimmer Gras rauchten und tranken, flirtete in der Küche eines der Mädchen mit mir. Sie hieß Melissa und erkundigte sich, welche Bands mir gefielen. Auch schien sie bemerkt zu haben, dass ich in den tiefen V-Ausschnitt ihres zerschlissenen Shirts glotzte. Nun schob sie mich sanft in die Abstellkammer. Wir hatten beide Platz, wo sonst Besen, Wischmopps und Ähnliches aufbewahrt wurden. Keine Ahnung, wie es uns gelang, dort Liebe zu machen, weil es so ein schräger Ort war – aber ich werde es sicher nie vergessen. Ein paar Tage später erfuhr ich, dass Doug noch in derselben Woche ebenfalls Sex mit Melissa hatte. Dabei hatte ich gedacht, ich wäre etwas Besonderes! Ich verachtete Doug dafür, dass er sich an meine neue Freundin herangemacht hatte, aber natürlich sah mich Melissa nicht als ihren festen Partner, sondern als vorübergehendes Spielzeug, mit dem man eine neue Stellung an einem scheinbar unmöglichen Ort ausprobieren konnte.

Melissa eröffnete Doug kurz darauf, dass sie eventuell schwanger sei. Diese Offenbarung führte zu einer weiteren verbalen Auseinandersetzung zwischen Doug und mir. Doug baumelte am Haken, aber er argumentierte geschickt, dass er, da er ja erst ein paar Tage nach mir zum Zug gekommen war, aus dem Schneider wäre – schließlich hätte mein Sperma ihre Eizelle zuerst befruchtet. Ich bestand darauf, dass sie aber erst gar nicht mit Doug geschlafen hätte, wenn sie bereits mit meinem Baby schwanger gewesen wäre. Mal abgesehen von der unfreiwillig komischen Absurdität unserer jeweiligen Argumentationslinien: Wir waren beide wie gelähmt vor Angst, im zarten Alter von gerade einmal 15 Vater zu werden. Ich behielt die Sache jedenfalls für mich. Doug ebenso. Wir hofften bloß, dass die Episode wie ein Albtraum an uns vorbeiziehen würde. Letzten Endes stellte sich heraus, dass Melissa gar nicht schwanger war, und bald verloren wir drei uns aus den Augen.

Mein Leben als Teenager im San Fernando Valley war um Längen dramatischer und schockierender als der Alltag meiner Freunde im verhätschelten und verschlafenen Wisconsin. Als ich 1979 die Weihnachtsfeiertage in Racine verbrachte, verriet ich meinem Kumpel Arthur, der immer noch nebenan wohnte, dass ich nun keine Jungfrau mehr war. „Du hast Unzucht getrieben?“, fragte er ungläubig. Das machte mir nichts aus, aber ich begriff, dass sich meine Freunde in Los Angeles und Wisconsin unterschiedlich schnell entwickelten. Was Teenagern in L.A. völlig normal erschien, war meinem Freundeskreis im Mittleren Westen total fremd. In Südkalifornien musste man sich offenbar mit dem Erwachsenwerden etwas beeilen.

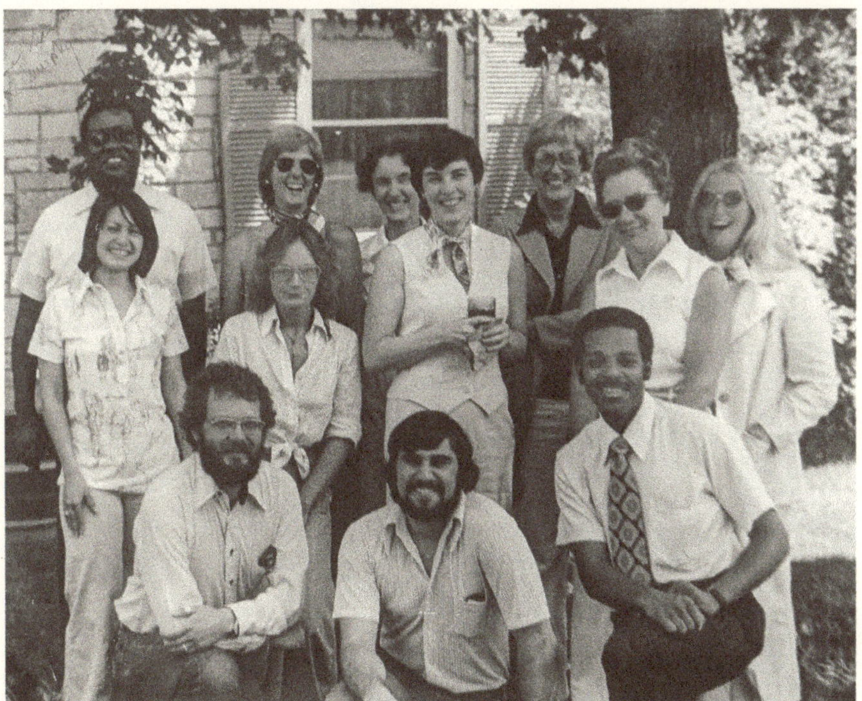

Die Administratorin. Mom alias Marcella Graffin (Mitte) mit ihren Angestellten, hier in der Blütezeit ihrer Karriere als Dekanin des Instituts für kompetenzorientiertes Lernen an der University of Wiscoscin-Milwaukee im Jahr 1976. Im August dieses Jahres nahm sie ein Dekanat an der UCLA an, was das kalifornische Kapitel unserer Familiengeschichte einläutete.

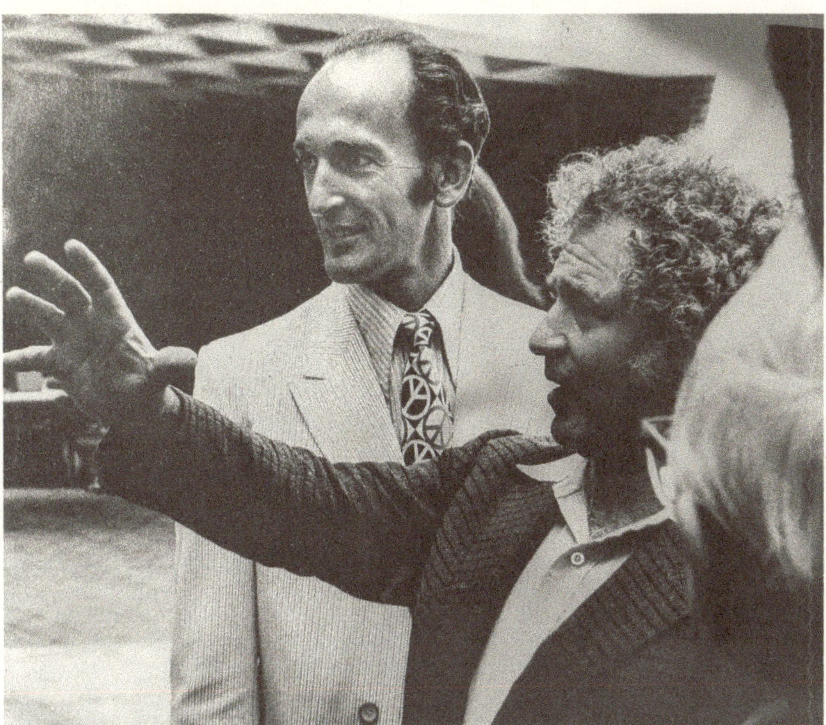

Der Professor. Dad alias Walter Graffin (mit Sakko und Krawatte) zeigt dem Autor Norman Mailer im Jahr 1972 den Campus der University of Winsconsin-Parkside. Dad hieß gern Gastredner am Institut für Englisch willkommen, wo er seine ganze Karriere lang unterrichtete und als Institutsvorstand wirkte.

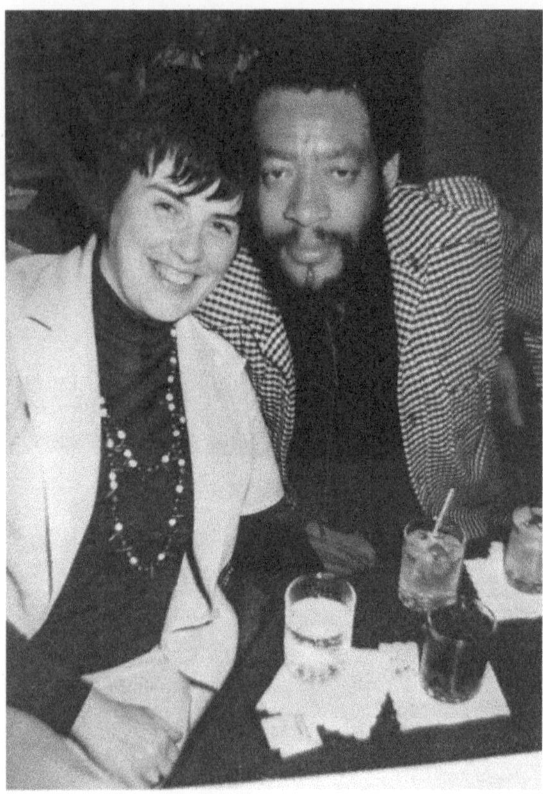

Ein verhinderter Stiefvater. Chuck war ein hochbegabter Jazzmusiker, der zahlreiche Instrumente beherrschte. Hier sieht man ihn bei einem Clubbesuch mit meiner Mom in Milwaukee (circa 1975).

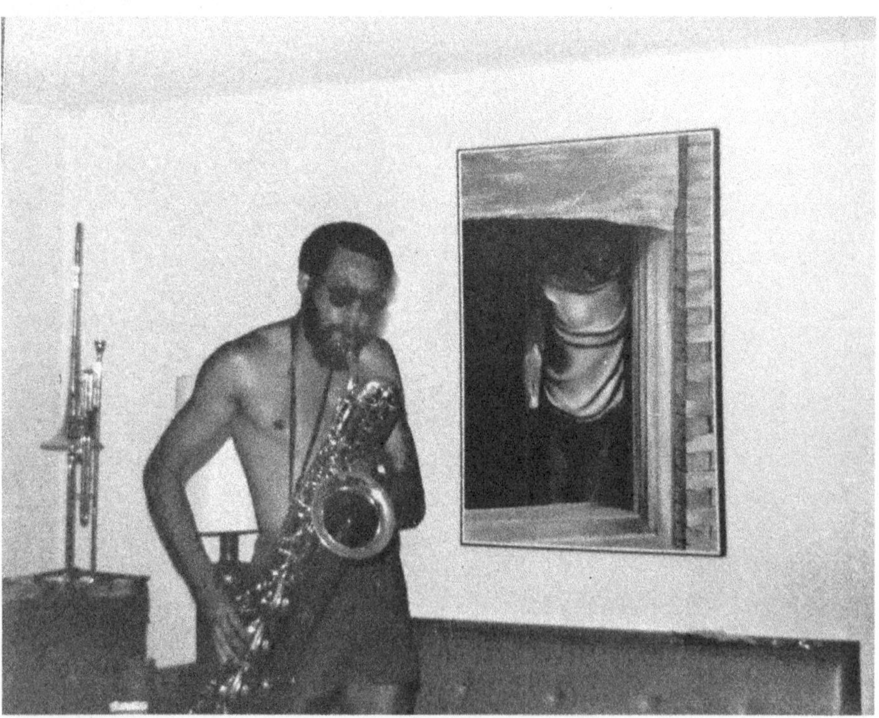

Beim Saxofonspiel in seinem Apartment in Milwaukee (circa 1974)

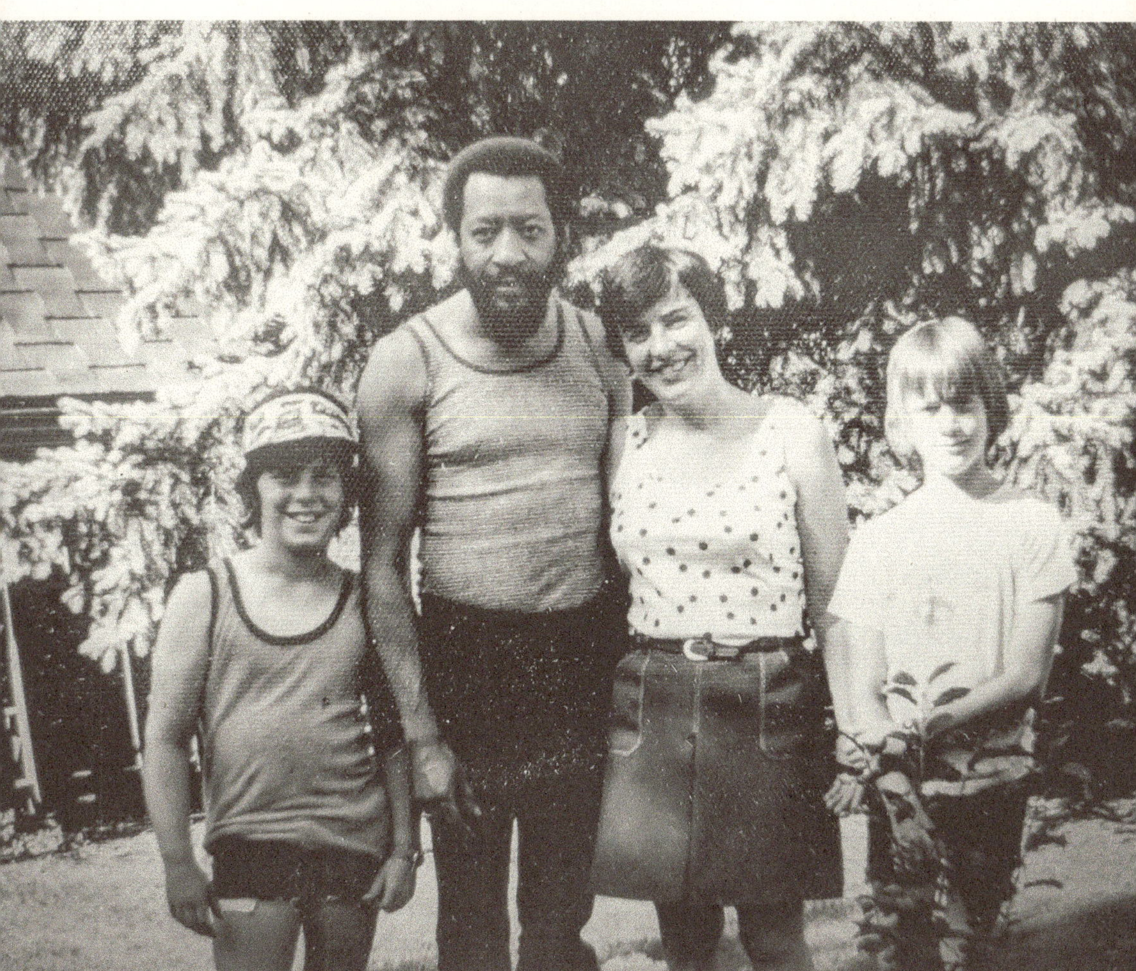

In seiner Rolle als Stiefvater mit mir (links), meiner Mom und meinem Bruder Grant (rechts) in Colorado während unseres Umzugs quer durchs Land im Jahr 1976

LAKE BLUFF SCHOOL
PARENT TEACHER ASSOCIATION
SHOREWOOD, WISCONSIN, 53211

May 14, 1976

Dear Mrs. Graffin,

The Lake Bluff PTA is pleased to inform you that your son Greg has been granted $50.00 in scholarship funds to be used toward attending music camp this summer.

Mrs. Jane Perkins, Lake Bluff vocal music teacher, made a recommendation to the PTA board based on Greg's talent and potential in music, and the PTA felt that they would like to help in furthering his development through music camp.

We hope that Greg will enjoy his camp experience.

Very truly yours,

Joan Spector

Joan Spector
Secretary, Lake Bluff PTA

Erstes Anzeichen für Showbiz-Talent. Ein Brief von der Verwaltung meiner Grundschule

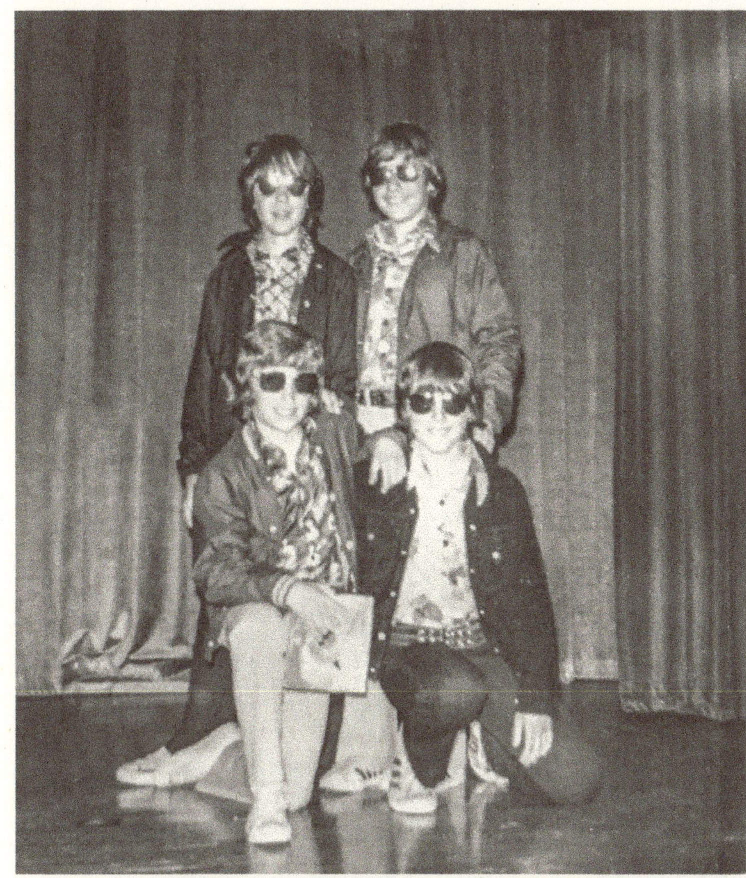

Die „Fab Four". Hier posierte ich mit meinen Freunden Jeff (links, stehend), Frankie (rechts, stehend) und Danny (links, knieend) auf der Bühne der Lake Bluff Elementary in Shorewood (Milwaukee), Wisconsin.

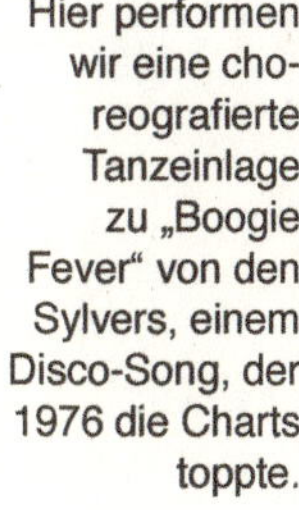

Hier performen wir eine choreografierte Tanzeinlage zu „Boogie Fever" von den Sylvers, einem Disco-Song, der 1976 die Charts toppte.

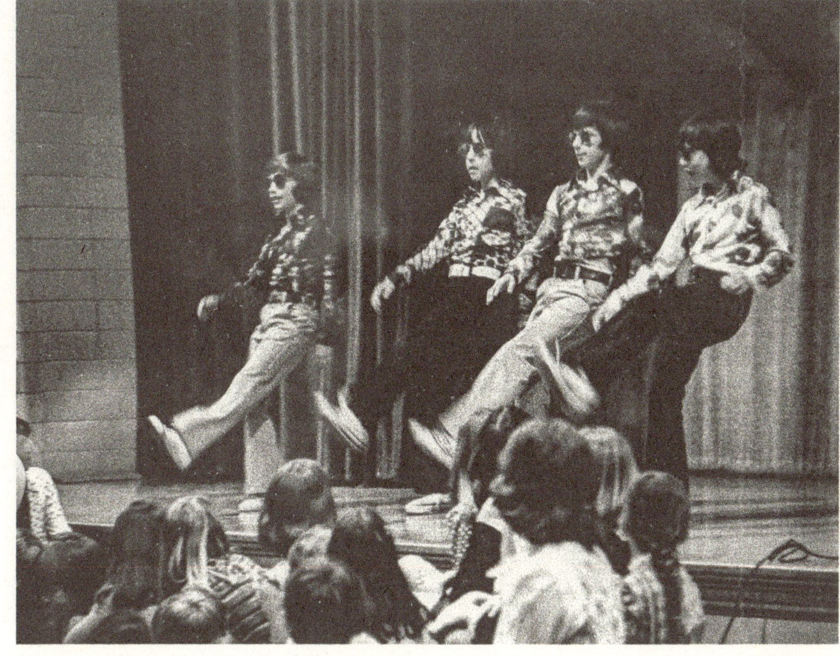

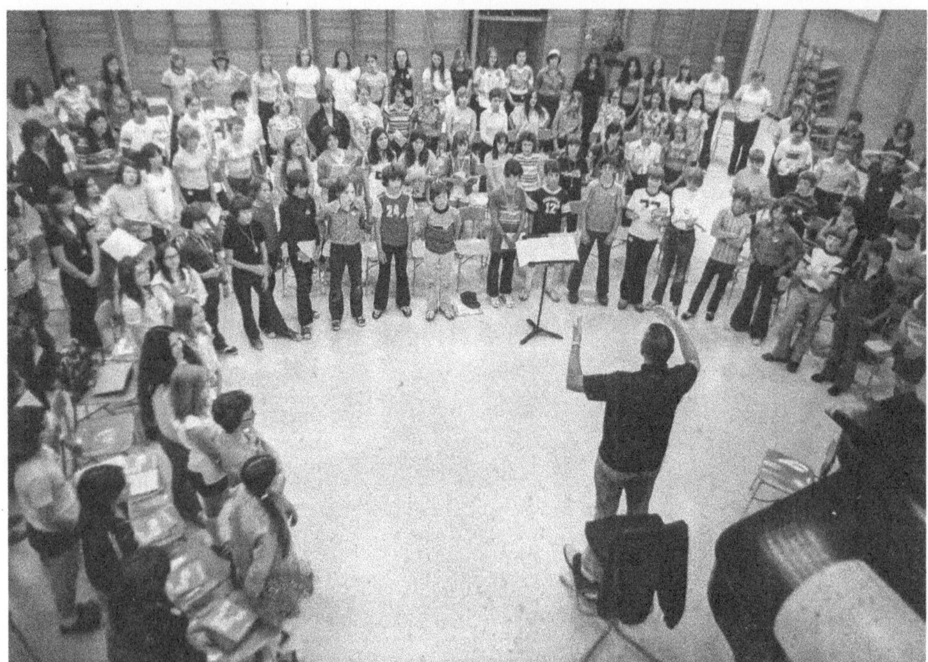

Chor. Ein sommerliches Highlight. Mein Bruder und ich (mit Prinz-Eisenherz-Frisuren, Sechster und Siebter links vom Notenständer) lauschen den Instruktionen des Chorleiters während der Probe für einen Auftritt an der University of Wisconsin-Madison im Jahr 1976.

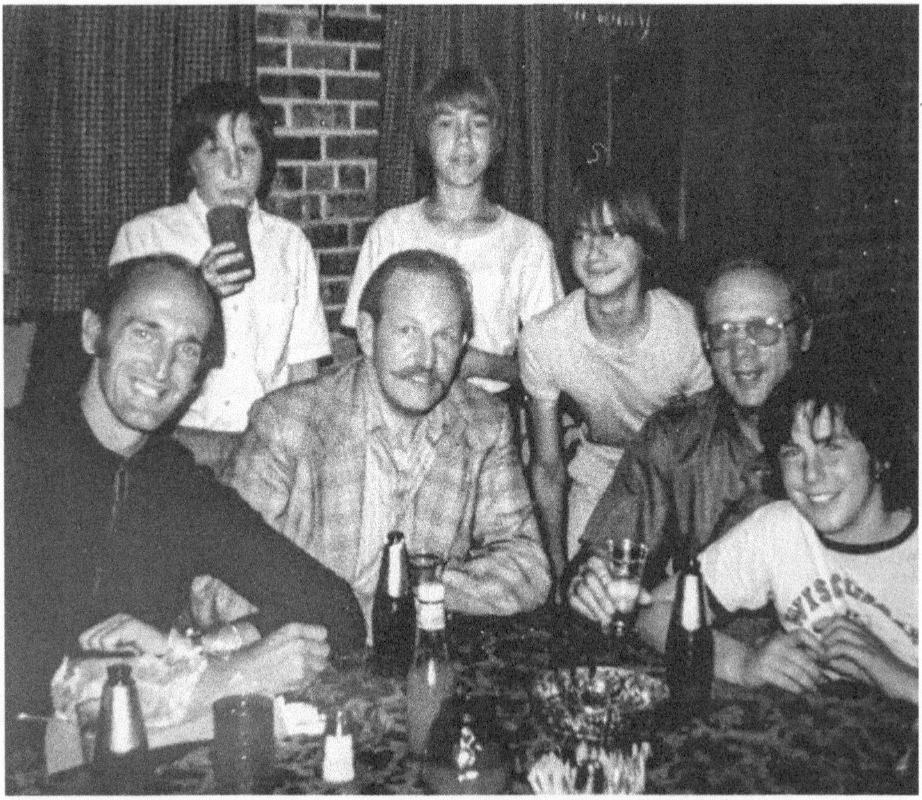

Unter Professoren #1. Wir Kids mit unseren Göttern/Vätern in einem griechischen Restaurant in Racine im Jahr 1977. Von links: Dad, Wryebo, Peter Martin, Tommy, Grant, Dan Zielinski, ich.

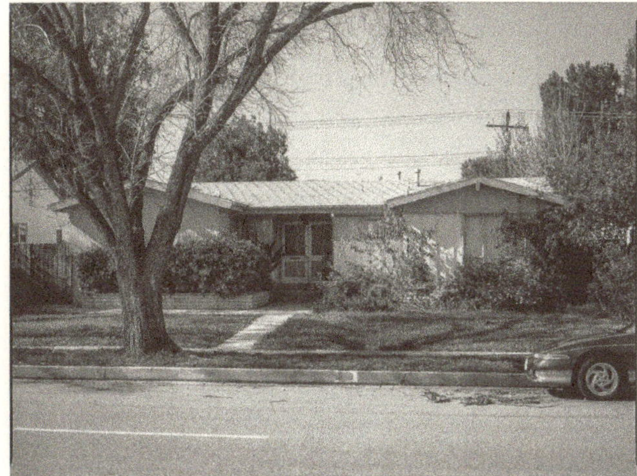

Zwei Häuser, Welten entfernt. Unser bescheidenes Zuhause in der Woodlake Avenue in Canoga Park, Kalifornien, wohin wir 1976 mit Mom gezogen waren.

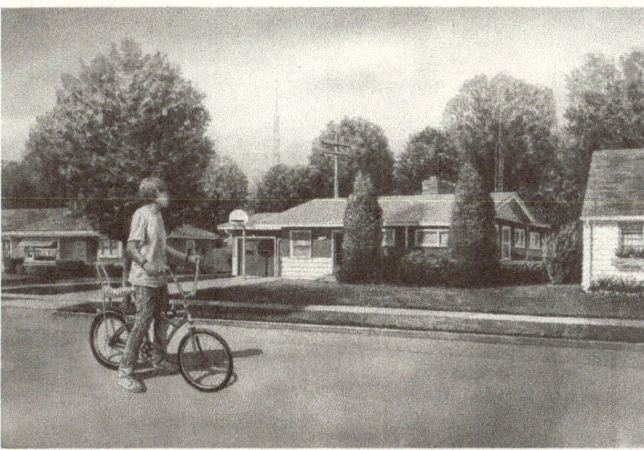

Dads Haus. Unser bescheidenes Eigenheim in der Saint Clair Street in Racine, Wisconsin. Seit 1968 erfüllt das Haus seine Rolle als Graffin-Familiensitz. Hier zu sehen als Gemälde des Künstlers Patrick King.

Das Hell Hole. Hinter den freundlichen Fassaden der Nachbarschaften im San Fernando Valley verbarg sich ein schier unendliches Labyrinth aus unwirtlichen Gassen, die von Bretterzäunen und Betonziegelmauern gesäumt wurden, welche zwischen den zahllosen, für zwei Autos konzipierten Garagen aufragten. Moms Garage, die man hier links vorne sieht, diente als Bad Religions Proberaum, der weder über Fenster verfügte noch Schutz vor der kalifornischen Hitze bot.

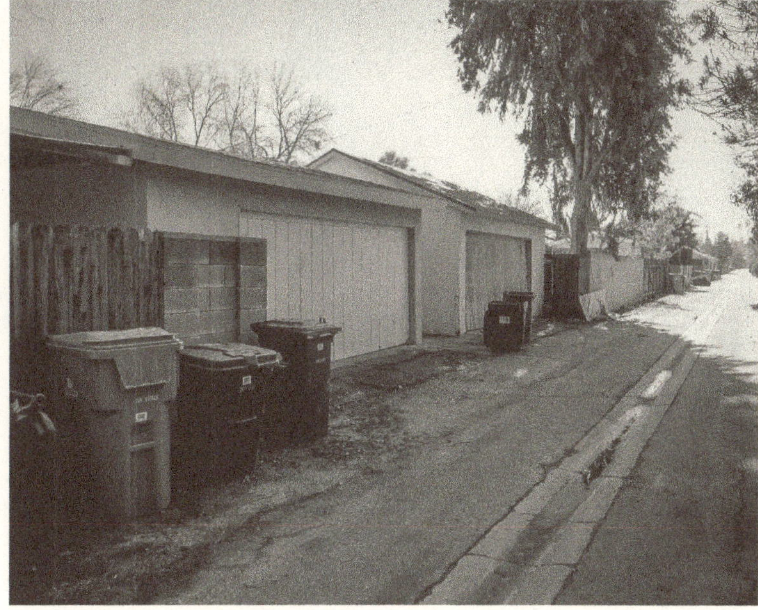

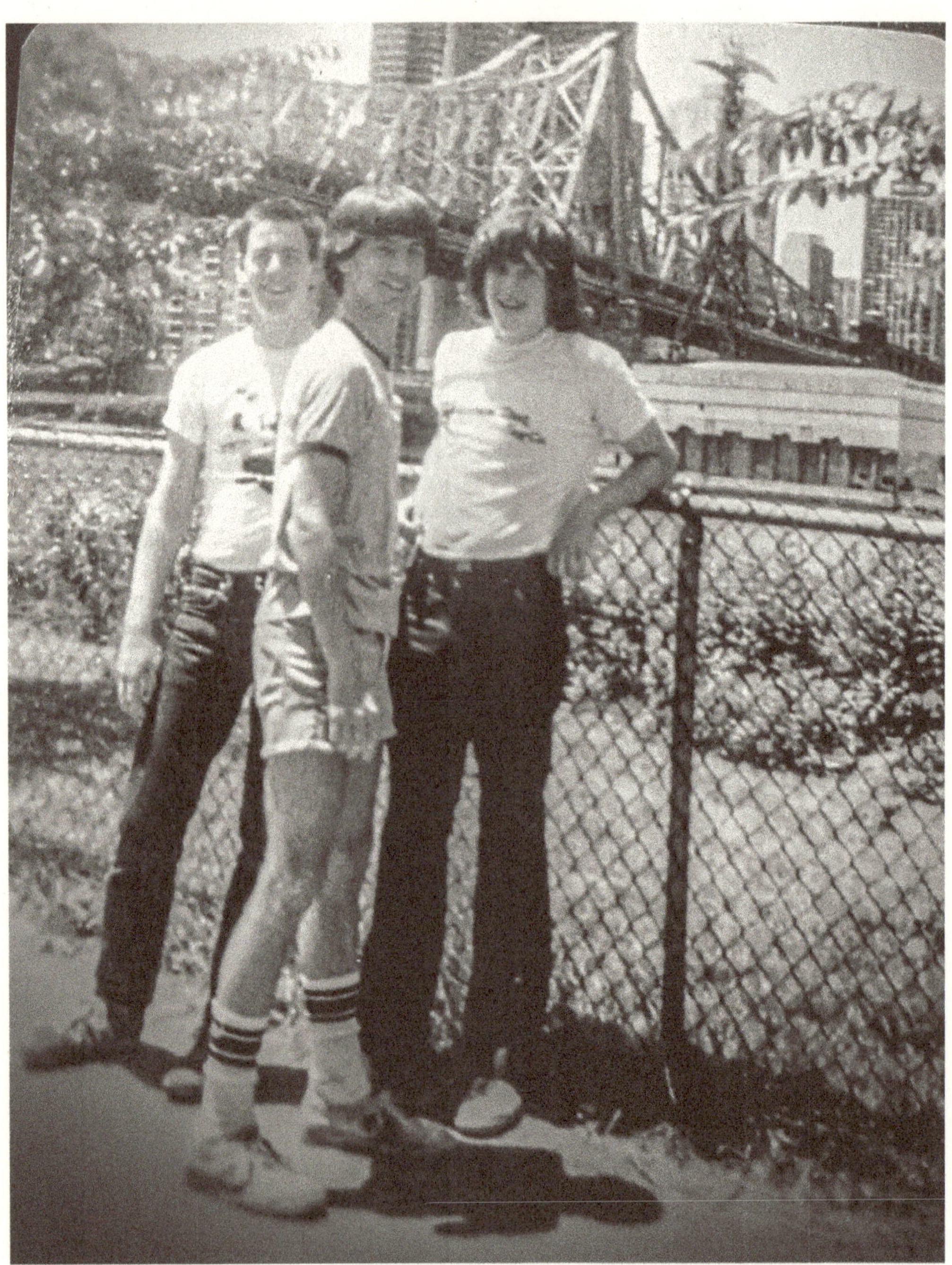

Punks in New York. Ich (links) mit meinem Bruder Grant (Mitte) und unserem Freund Wryebo (rechts) während eines Ausflugs nach New York City mit Dad im Sommer 1980. Noch bevor ich als Sänger in Aktion trat, hatte ich bereits meinen subtilen „Punk-Look" etabliert, den ich auch nach der Gründung von Bad Religion zwei Monate später in Los Angeles weiter kultivierte.

11 AUF DER SUCHE NACH BAD RELIGION

1979 traf man im San Fernando Valley in der zehnten Schulstufe nicht auf allzu viele Punks und Szene-Insider. Ich fühlte mich als frischgebackener Punkrocker zwar richtig wohl in meiner Haut, doch wollte ich nun auch die dazugehörige Szene besser kennenlernen. Vielleicht würde ich mir ja nun eine Freundin mit eigenem Auto anlachen, damit wir zusammen zu Konzerten in Hollywood oder Orange County fahren könnten. Aber mehr als alles andere wollte ich in einer Band singen. Nur waren so ziemlich alle anderen Punks älter als ich.

Praktisch jeden Tag hing ich mit meinem Kumpel Jon ab, der mit mir zusammen die Schule besuchte und mittlerweile auch die Unterschiede zwischen den Jugendlichen aus Wisconsin und L.A. verstand. Immerhin hatte ich ihn im Sommer einmal in den Mittleren Westen zu meinem Dad mitgenommen. Was Baseball betraf, liebte er die Los Angeles Dodgers und ich die Milwaukee Brewers. Aber beide liebten wir die Musik, was auch die einzige Gemeinsamkeit zwischen meinen Freunden in Los Angeles und Wisconsin darstellte. In diesem Sommer fuhren Jon, mein Bruder Grant, mein bester Freund in Wisconsin – der gute, alte Wryebo –, und ich zu einem Filmfestival in Milwaukee, das im Oriental Theater stattfand. Im Rahmen dieses Events wurden Konzertbildmitschnitte und musikalische Kurzfilme von Avantgarde-Bands gezeigt. Das war kurz bevor die Ära der Musikvideos im Fernsehen anbrechen sollte. Manche Acts nahmen jedoch MTV vorweg, indem sie ihre eigenen Clips drehten und mit ihrer Musik hinterlegten, um sie in Kinos auf der ganzen Welt vorführen zu können. Im Oriental sahen wir die vollständigen frühen Filmexperimente der Band Devo, unscharfes Live-Material von Siouxsie & The Banshees und Bewegtbilder noch anderer Bands, von denen wir bis dahin noch nichts gehört hatten. Aber der Höhepunkt war in unseren Augen Elvis Costello mit seinem Video zu „(What's So Funny 'Bout) Peace, Love, and Understanding?".

Am selben Tag fand in der Nähe des Kinos am Bürgersteig auch noch eine Plattenbörse statt, die vermutlich in Verbindung zum Festival organisiert wurde. Dort konnte man alle möglichen britischen Import-Veröffentlichungen erstehen. Ebendort, auf den Straßen Milwaukees, kaufte ich meine erste Punk-Single, eine Import-Version von „Give a Dog a Bone" von Sham 69. Das Highlight war für mich aber die B-Seite, „Mister You're A Better Man Than I". Jon erstand Armed Forces von Elvis Costello und Wryebo gönnte sich Devos Debütalbum *Q: Are We Not Men? A: We are Devo!*. Diese Platten bildeten das originale Fundament einer langsam anwachsenden Musiksammlung, die als übergeordnetes Verbindungselement zwischen den unterschiedlichen kulturellen Gegebenheiten der beiden Städte, die ich mein Zuhause nannte, fungieren würde. Diese Musik fanden sowohl meine Freunde in Los Angeles als auch hier in Wisconsin cool! Auch wenn sich die jeweiligen Milieus stark voneinander unterschieden, funktionierte die Musik als sozialer Klebstoff, mit dem meine Freunde an beiden Orten etwas anfangen konnten.

Wir schrieben das Jahr 1980, als ich wieder zurück in Los Angeles ein älteres Mädchen namens Kerry kennenlernte, das bereits die High School hinter sich hatte. Für mich war sie schon eine erwachsene Frau. Sie und ich verstanden uns gut, weil sie, so glaube ich, meine Denke hinsichtlich solcher Dinge wie Kultur, Kunst und Wissenschaft zu schätzen wusste. Allerdings konnte ich nicht wissen, dass das schon alles war, woran ihr gelegen war. Kerry versuchte sich als Songwriterin und Gitarristin à la Chrissie Hynde von den Pretenders. Wie ihr Vorbild trug sie an einer ihrer beiden Hände eine Art Handschuh aus Spitze. Sie fuhr Auto und ich war begeistert, dass sie mich nach Hollywood kutschierte, um dort mit mir ein Konzert von X im Whisky zu sehen. Ich versuchte aber nie mein Glück bei Kerry – und sie auch nie bei mir. „Diese platonische Nummer ist zwar irgendwie lahm, aber in intellektueller Hinsicht funktioniert es für mich", dachte ich mir. Außerdem ermöglichte mir dieses Arrangement, Teil einer Szene zu sein, die aktuell und lebendig war und sich fernab des San Fernando Valleys abspielte. Bei anderen Mädchen half es mir aber auch nicht weiter, dass ich nun mit einer älteren Lady abhing. Da sie nicht wussten, dass unsere Beziehung rein intellektueller Natur war, nahmen sie an, ich wäre nicht zu haben, obwohl ich definitiv Interesse an ihnen hatte und jederzeit startklar gewesen wäre.

In Kerrys Freundeskreis gab es keine anderen Mädchen. Sie kannte ein paar intellektuell angehauchte Punkrock-Typen und war selbst Musikerin. Sie unterhielten sich am liebsten über Songwriting und die Bedeutung von Songs. Jedenfalls gehörten sie in der Punkszene von Los Angeles zu den absoluten Pionieren. Sie fuhren nun schon seit einem Jahr oder so nach Hollywood und hatten auch bereits den legendären Club Masque besucht. Auch zählten sie zu den Allerersten, denen die Gewaltzunahme bei Punk-Gigs aufgefallen war. So machten sie mich auf die Bandanas aufmerksam, die gewisse Schlägertypen aus Huntington Beach als ihr Markenzeichen auserkoren hatten, und wiesen mich an, mich vor ihnen in Acht zu nehmen. Ich lernte eine Menge von Kerry und ihren Freunden. Allerdings hatte ich da noch nicht selbst begonnen, Musik zu komponieren. Obwohl ich gern auf dem Klavier herumklimperte, sahen sie mich nicht als Musikerkollegen. Ich war mehr so etwas wie ein jüngerer Mitläufer. Trotzdem nahmen sie mich auf ein paar echt coole Shows mit, wie etwa X im Whisky, und einmal unternahmen wir sogar einen Ausflug nach Huntington Beach.

Was für ein schräger Haufen wir doch waren. Kerry, unser Chrissie-Hynde-Verschnitt, ein 1,95 Meter großer Schlacks namens Gregg (ausgerechnet!) und ein ehemaliger High-School-Footballer namens Scott, der gedrungen war und einen militärischen Bürstenhaarschnitt trug. So fuhren wir nun zu einem düsteren und schmuddeligen Lagerhaus in Huntington Beach, das unter dem Namen Fleetwood bekannt war. Ich war völlig aus dem Häuschen, da ich seit Monaten an jedem Sonntagabend die Radiosendung Rodney on the ROQ hörte und nun endlich eine der dort am meisten gespielten Bands live auf der Bühne erleben würde: Black Flag! Hier sollte ich zum ersten Mal slamdancen.

Gregg und Scott hatten das schon bei anderen Shows getan, waren somit alte Hasen. Kerrys Ding war das hingegen nicht – sie mochte die Musik wegen deren Bedeutung und ihres Stils. Sie hatte nicht das Bedürfnis, ihre aufgestauten Aggressionen abzubauen, wie das bei uns Jungs der Fall war.

Scott meinte, das Fleetwood gelte als raues Pflaster, obwohl er selbst noch nie dort gewesen war. Mir war das herzlich egal. Ich ging davon aus, dass hier alle cool wären und ich mich hervorragend einfügen würde. Wie es Mode war, kamen wir ein bisschen zu spät, weshalb wir nur das Ende des Auftritts einer der Vorgruppen sahen. Es könnte sich dabei um Middle Class oder auch Redd Kross gehandelt haben. Egal. Als wir die schlecht beleuchtete Halle betraten, gab es dort zunächst keinen Slamdance zu bestaunen. Stattdessen flogen die Fäuste und ein paar langhaarige Typen rannten um ihr Leben. „Mensch, diese Jungs müssen jemandem im Publikum echt verärgert haben!“, dachte ich.

Bald schon enterten Black Flag die Bühne. Ich gehörte zu einer Ansammlung von ungefähr 400 Punkrockern, die den ersten Song kaum mehr erwarten konnten. Auf dem T-Shirt des Sängers konnte man den Schriftzug „Circle Jerks“ lesen. Das hatte keinerlei Bedeutung für mich, da ich noch nie von dieser Band gehört hatte. Da konnte ich auch noch nicht wissen, dass diese Jungs ein paar Jahre später zu meinen engsten Freunden zählen würden. Als Black Flag nun loslegten entlud sich die grimmige Energie, die sich zuvor im Raum aufgestaut hatte. Die Leute stießen sich voneinander ab wie Gasmoleküle bei großer Hitze. Fäuste wurden geschwungen, Beine traten wild um sich. Die Konzertbesucher slam-dancten wie verrückt zu Schlagzeuger Robos wildem Beat. Als Gitarrist Greg Ginn die Anfangsakkorde zu „Nervous Breakdown“ anschlug – das war jener Song, den ich aus dem Radio aufgenommen hatte, um ihn immer wieder anhören zu können –, warf ich mich ins Getümmel und verlor dort im Handumdrehen jegliche Orientierung. Ich wurde herumgeschubst und ging zu Boden, doch ein anderer Punk half mir blitzschnell wieder auf die Beine. Meine Athletik, vor allem aber mein Expertise als Angreifer beim Basketball, verliehen mir eine gewisse Stabilität. Ich schwang meine Arme abwechselnd wie ein Eisschnellläufer und sang lauthals mit: *„Crazy! Crazy! Crazy! I'm crazy and I'm hurt … head on my shoulders … going berzeeeerrrrk!“*

Da ich meine Slamdance-Feuertaufe unversehrt überstanden hatte, fühlte ich mich auf der Heimfahrt bereits als Mitglied dieser Szene. Meine reifen und intellektuellen Reisegefährten diskutierten über Politik und waren sich einig, dass ihnen die Show von X besser gefallen hätte. Hatten sie etwa den Verstand verloren? Die heutige Show hatte doch viel mehr Spaß gemacht! Zudem war sie auch deshalb besonders denkwürdig, da es sich dabei um Keith Morris' letzten Auftritt als Sänger von Black Flag gehandelt hatte. Es war somit eine Nacht für die Geschichtsbücher.

Das Konzert der aus L.A. stammenden Band X war eine echte Enttäuschung für mich gewesen. Damals begriff ich es zwar noch nicht, doch auch diese Erfahrung sollte später von großer Bedeutung für mich sein. Als X die Bühne betraten, war Sänger John Doe kaum in der Lage, sich ans Publikum zu wenden. Seine Partnerin und Co-Sängerin Exene wirkte sogar noch abwesender und stand förmlich neben sich. Sie weinte unkontrolliert, als die Band loslegte. Dabei hätte es eine besondere Nacht für X sein sollen, da Ray Manzarek von den Doors sie am Keyboard begleitete. Die Show glich einem lärmigen Durcheinander. Die beiden Sänger heulten untröstlich aufgrund einer Tragödie, von der ich damals nichts mitbekam. Vielleicht lag es daran, wo ich stand, aber ich konnte nicht hören, was sie dem Publikum mitteilten. So stellte sich heraus, dass kurz vor ihrem Auftritt Exenes Schwester bei einem Autounfall ums Leben gekommen war. Was für ein schrecklicher Abend. Als Teenager-Punk überstieg die Größenordnung dieses Konzerts meinen Horizont. Doch Kerry, Gregg und Scott stimmten darin überein, dass es sich um eine sehr beeindruckende Performance gehandelt hatte. Auch zeigten sie sich von Ray Manzarek begeistert. Ich war hingegen ein ungeduldiger Punker, der auf Action und Slamdance aus war. Einfach zu unreif, um mich von meiner sensiblen Seite zu zeigen.

Die „Verwandlung" zum Punk, dieser Übergang, den angehende Punkrocker durchlaufen, wenn sie sich endgültig dazu durchringen, sich die Haare zu schneiden und extremere Klamotten zu tragen, ihre Sicht der Dinge ändern oder andere Adjustierungen in ihrem Leben vornehmen, um ihre Nonkonformität gegenüber etablierten Normen zu demonstrieren, kann für manche Freundschaften eine Belastungsprobe darstellen. Tatsächlich verlor ich auf diese Weise ein paar Freunde. Etwa Kenny, der zu den ersten gezählt hatte, mit denen ich mich nach meiner Ankunft in Los Angeles angefreundet hatte. Kenny brachte mir ein paar coole Hobbys näher. Zum Beispiel das Zaubern. So waren wir beide ziemlich geschickt darin, Illusionen und Taschenspielertricks vorzuführen, da wir beide Unterricht nahmen und den wöchentlichen Vorführungen im Magic Emporium beiwohnten, einem lokalen Geschäft für Zauberzubehör. Wir spielten auch oft Basketball zusammen und besuchten in der Junior High mehrere gemeinsame Kurse. Seine Familie adoptierte mich in gewisser Hinsicht, da sie sahen, wie gut Kenny und ich uns verstanden. Sie luden mich am Sabbat zum Abendessen ein und wir übernachteten regelmäßig beieinander. Sie nahmen mich auch mehrmals nach Palm Springs zu Kennys Großmutter auf einwöchige Kurzurlaube mit. Ich genoss die gemeinsame Zeit und all die Dinge und Orte, zu denen Kenny und seine Familie mir Zugang verschafften, da sie allesamt meinen Horizont erweiterten. Wenn ich in Wisconsin weilte, hielten wir Kontakt, indem wir uns allwöchentlich Briefe schrieben, um uns über unsere jeweiligen Aktivitäten am Laufenden zu halten.

Aber sobald ich zum Punk mutierte, begann Kenny, sich von mir zu distanzieren. Er misstraute den Typen, mit denen ich mich nun umgab. Ich glaubte, er wäre nur eifersüchtig auf sie, aber es muss wohl etwas mehr als nur das gewesen sein. Kenny schrieb mir einmal eine Notiz, in der er mich dafür schalt, mit Leuten abzuhängen, die er für degenerierte Fieslinge hielt. Auch kritisierte er darin die Musik an sich, weil es ihr Kenny zufolge an Qualität und spielerischem Vermögen mangelte. Die Einladungen zum Übernachten und zum freitagabendlichen Dinner blieben fortan aus. Ich begriff rasch, dass unsere Freundschaft offenbar an strikte Bedingungen und oberflächliche Normen – etwa musikalische und modische Präferenzen – geknüpft war, gegen die ich nun schonungslos rebellierte. Allerdings wusste ich damals bereits, dass Freundschaften auch anders laufen konnten.

Auch mein Freund Jon erlebte meine Transformation mit. Obwohl er selbst diesen Prozess nicht durchlief, zeigte er dennoch Interesse am Genre und stand der Musik offen gegenüber. So borgte er sich etwa auch das Auto seiner Mom, um mit mir zur Tauschbörse für Punkplatten bei Capitol Records in Hollywood zu fahren, wo ich nach Import-Scheiben aus England und Punk-Accessoires fahndete. Jon orientierte sich eher am etwas biedereren Style eines Elvis Costellos, wohingegen ich wie Cal von Discharge aussehen wollte. So wie ich erkannte er, wie großartig das Punk-Songwriting war, und wie sich Punk graduell auf die Gesellschaft als Ganzes auswirkte. Jon bewies mir, dass wahre Freundschaft nicht enden musste, wenn eine der Parteien beschloss, sich zu verändern. Ein guter Maßstab für die Haltbarkeit einer Freundschaft besteht darin, ob sie trotz etwaiger Veränderungen weiterhin zu wachsen imstande ist. Auf diese Weise konnte eine solche Transformation zur Stärkung einer freundschaftlichen Beziehung beitragen. Leider sah Kenny das anders. Er wollte nicht einsehen, dass die Verwandlung zum Punk nicht ausschließlich ein Rezept zur gesellschaftlichen Selbstdegradierung darstellte. Unsere Freundschaft endete wenig später.

Zum Glück konnte man aber auch neue Freunde finden. Jon und ich lungerten jeden Tag in der Mittagspause am Schulhof ab. Ich mit meinen neuerdings schwarzgefärbten Haare und Jon mit seiner schmalen Krawatte, die von Elvis Costello inspiriert war, fielen auf. Zwei Arten von Leuten fühlten sich zu uns hingezogen: einerseits an Punkrock Interessierte und andererseits diejenigen, die mit Vorliebe auf Punks herumhackten. An unserer Schule ging es nicht allzu gewalttätig zur Sache. Jeden Tag patrouillierten Drogenfahnder über das Gelände. Also kam es nur ganz selten zu handgreiflichen Zwischenfällen. Einmal wurde ich jedoch vom Quarterback unseres Footballteams auf dem Flur belästigt. Er wollte offenbar seine Männlichkeit unter Beweis stellen, indem er sich jemanden vorknüpfte, der größer als er selbst war. So hielt er mich auf und schrie: „Hey, was guckst du, Punk?“ Ich konterte: „Was bist du denn für einer? Ein Möchtegern-Dirty-Harry?“ Auf diese Replik hin deckte er mich mit Faustschlägen ein, was mich dazu zwang, zu einer Taktik namens „Rope-a-dope“ zu greifen, die ich mir Jahre zuvor bei meinem Idol Muhammed Ali abgeschaut hatte. Ich bedeckte mein Gesicht mit meinen Unterarmen, wippte mit dem Kopf und beugte mich nach vorn, während ich den Idioten gewähren ließ. Fast alle seine Schläge gingen ins Leere. Er landete nur ein paar harmlose Treffer gegen meine Schultern. Nachdem er sich ausgepowert hatte, eskortierte ihn seine Entourage den Flur hinunter. „Punk ist scheiße, du Schwuchtel!“, verkündete er lauthals. Die mir wohlgesonnenen Kids – in erster Linie die Nerds und die Geeks aus der Marschkapelle – versammelten sich um mich und sahen, dass ich unverletzt war. Ein paar der schwarzen Kids, die aus South Central zu unserer Schule gekarrt wurden, meinten, dass ich dem Typen, wenn ich mich aktiv gewehrt hätte, den Arsch versohlen hätte können. Ich war jedoch zufrieden mit meiner Reaktion auf eine solch sinnbefreite Rauferei mit diesem Penner. Die Gandhi-Methode funktionierte am besten: Man darf sich nicht auf das Niveau der Tyrannen begeben. Über kurz oder lang werden sie sich ohnehin selbst zum Verhängnis.

Es war witzig, welch unterschiedliche Leute sich in der Mittagspause in unseren angestammten Bereich verirrten. Eines Tages besuchte uns ein etwas älterer Punkrocker namens Tom, um mit uns zu quatschen. Tom und ich verstanden uns auf Anhieb. Er war blitzgescheit und humorvoll. Seine spitzbübische Haltung gefiel mir. Er wohnte mit seinen Eltern direkt neben einer Filiale der Fastfoodkette Denny's, die sich in den Folgejahren zu einem beliebten Treffpunkt der Punkrocker im westlichen Fernando Valley entwickeln sollte. Tom fuhr total auf Mädchen ab. Sie liebten ihn ebenfalls, weil er ein süßer, neckischer Typ war. Zwar traf das auf mich weniger zu, doch zumindest stellte er mir auch ein paar Girls vor. Ich kann mich an mindestens eine nachmittägliche Schmuse-Session in seinem Elternhaus erinnern. Allerdings erfuhr ich schon bald, dass diese Mädchen sich für ein Angebot Toms interessierten, mit dem ich nicht konkurrieren konnte, nämlich Drogen. Tom experimentierte gern mit allen möglichen bewusstseinsverändernden Substanzen. Er war der Erste, den ich dabei beobachtete, wie er den Inhalt einer Pillenkapsel auf seinen Daumenrücken streute, um ihn dann zu schniefen.

Toms Beziehung zu seinem Dad war von immerwährenden Streitereien gekennzeichnet. Er hatte keine Geschwister und lachte ob der Versuche seines Vaters, einen respektablen jungen Mann aus ihm machen zu wollen. Tom zahlte es ihm heim, indem er das ganze Bier im Kühlschrank wegtrank. Sein Vater leistete als Maschinenschlosser Schwerarbeit und saß, wenn er abends nach Hause kam, auf dem Trockenen. „Aaaah, Tom, du Bastard!", lautete dann sein Klagelied, wie Tom mir mit großer Freude und im Tonfall seines Vaters berichtete. Tom erklärte mir oft, wie sehr er seinen Vater verabscheute. Er meinte, dass er nur dann positives Feedback von ihm erhalte, wenn er für ihn Besorgungen im Schnapsladen erledigte. Der Besitzer kannte Toms Vater, weshalb er Tom erlaubte, Kippen und Alkohol für seinen alten Herren abzuholen. Tom zweigte sich von diesen Lieferungen stets großzügige Provisionen ab.

Ein paar Jahre, nachdem er die High School hinter sich gelassen hatte, wohnte Tom immer noch in besagtem Apartment neben dem Denny's. „Verdammt noch mal, Tom", sagte sein Dad eines Tages. „Du hast meine letzte Kippe gequalmt. Fahr sofort los und hol mir ein neues Päckchen." Tom, der inzwischen schwer heroinabhängig war, klemmte sich hinters Steuer des Familienautos und machte sich auf den Weg. Als er mit 90 Stundenkilometern den

Valley Circle Boulevard entlangraste, krachte er in einen geparkten Sattelschlepper und wurde dabei enthauptet. Doch diese Tragödie lag damals noch ein paar Jahre in der Zukunft.

Ungefähr zur selben Zeit, als Tom mit uns am Schulhof abhing, gesellte sich auch ein schlaksiger und wortkarger Junge in schweren Stiefeln zu uns. „Geht ihr auch zu dieser Black-Flag-Show?“, fragte er uns. Jon erklärte, dass er in der Nacht nicht so weit mit dem Auto seiner Mutter fahren dürfte.

„Ich habe sie schon einmal im Fleetwood gesehen“, rechtfertigte ich mich. „Außerdem habe ich keine Mitfahrgelegenheit.“

„Ich werde fahren“, entgegnete der Junge, der auf den Namen Jay hörte. Klar, dass wir uns auf Anhieb prächtig verstanden. Nicht nur besuchte er dieselbe Schulstufe wie ich, nein, er wollte auch mit uns abhängen und uns mitten ins Herz des Geschehens kutschieren.

Nur wenige Wochen zuvor hatte Tom uns seinen Freund Brett vorgestellt, der die El Camino High School bereits hinter sich hatte. Ich hatte Tom gegenüber erwähnt, dass ich entschlossen war, in einer Punkband zu singen. Allerdings fehlte mir das Know-how, wie ich eine gründen sollte. Tom erwiderte, sein Freund wäre in einer Gruppe namens The Quarks, die Tom aber nicht sonderlich gut fand. Brett spielte dort Gitarre und war einer der Sänger, aber Tom war der Meinung, dass ihnen noch etwas fehlte. Tom nahm mich zu einem ihrer Auftritte bei einer Tanzveranstaltung in unserem High-School-Auditorium mit. Was ich dort geboten bekam, war eine Art New-Wave-Desaster: ein Gitarrist (Brett), der offensichtlich mit Haut und Haaren auf die Ramones abfuhr, traf hier auf einen Keyboarder (Brian), der sich als Mischung aus Billy Joel und Danny Elfman inszenierte. Beide wollten noch mehr aus ihrer Band herauskitzeln. So viel war sowohl mir als auch Tom klar. Tom leitete daraufhin Privataudienzen mit den beiden Masterminds der Gruppe in die Wege. Brian besuchte mich bei mir zuhause, wo wir auf dem Piano meiner Mutter herumklimperten. Er zeigte mir, wie man mit der linken Hand im Bassbereich Oktaven spielte. Diesen Trick hatte ich zuvor nie geübt. Zudem empfahl er mir noch ein „furchterregendes“ neues Album von einer Band aus Los Angeles namens The Germs, deren Texte er als sehr innovativ und bahnbrechend empfand. Ich kannte die Germs bereits aus dem Radio, da ich sie bei Rodney on the ROQ – wo sonst? – gehört hatte. Doch jeder, der die Band kennt, weiß, dass man, um die Lyrics richtig wertschätzen zu können, das dem Album beiliegende Textblatt zur Hand nehmen musste, da der Gesang auf den Aufnahmen nur schwer verständlich war. Ich beherzigte Brians Ratschlag und kaufte mir schon kurz darauf GI von den Germs. Allerdings hatte es zwischen ihm und mir auch nicht so richtig gefunkt und es kam zu keinem weiteren Treffen.

Auch mit Brett organisierte Tom eine erste Zusammenkunft unter vier Augen. Dabei ging es aber nicht um Songwriting. Tom hatte Brett schon eingeweiht, dass ich ein großartiger Sänger wäre. Dafür gab es keinerlei Belege außer meiner diesbezüglichen Prahlerei. Ich war begeistert, mit jemandem Zeit verbringen zu dürfen, der bereits in einer Band engagiert war und über eine vollständige Ausrüstung verfügte, um Konzerte zu bestreiten. Brett und Tom holten mich mit dem Kombi von Bretts Mom ab. Wir wollten nämlich zum Hollywood Palladium fahren, um dort die Ramones zu sehen. Der absolute Hammer! Bretts erste Worte zu mir lauteten: „Bis du bereit für einen ‚Nonstop-Bop', Junge?" Ich bejahte, obwohl ich mir nicht sicher war, was er damit meinte. Ab dem ersten Akkord, den die Ramones anschlugen, war klar, dass Brett und ich uns für dieselben musikalischen Nuancen begeisterten. Mir fiel auch auf, dass Brett sich für sämtliche Aspekte der Selbstinszenierung einer Band interessierte. Vom Sound und der Platzierung der Verstärker, bis hin zur Optik und den Einlagen der Musiker. Ich konzentrierte mich aufs Slamdancen und sang bei allen Songs mit, die ich kannte. An dieser Ekstase teilhaben zu können, war die reinste Freude.

Am nächsten Wochenende hatte Brett sturmfrei, weshalb wir beschlossen, eine kleine Party im Hause seiner Familie zu feiern. Das Einzige, woran ich mich noch erinnern kann, ist der Adrenalinrausch, den es mir bescherte, über die Gesangsanlage, die Brett in seinem Zimmer aufgebaut hatte, aus voller Kehle zu singen. Während Brett unten ein paar Girls aus der Gegend bei Laune hielt, übernahm auch Tom eine Zeitlang den Part des Sängers und ich rockte inzwischen auf Bretts Ibanez. Das war das erste Mal, dass ich in voller Lautstärke E-Gitarre spielte. Obwohl die normalen Aktivitäten einer solchen unbeaufsichtigten Party im San Fernando Valley in jenen Tagen Drogenkonsum und Geschlechtsverkehr umfassten, konzentrierte ich mich in dieser Nacht ausschließlich auf meine Soundexperimente. Als Tom schließlich auf das Hausdach kletterte und bei einer Lautstärke von 100 Dezibel Darby

Crash imitierte, beschwerten sich die Nachbarn und wir mussten den Stecker ziehen. Doch ähnlich wie nach einem Drogenrausch, von dem ich annehme, dass er sich für jene, die sich auf ihn einlassen wollen, großartig anfühlt, wurde in meinem Gehirn an diesem Abend eine Art Obsession ausgelöst. Ich war wildentschlossen, so bald wie möglich wieder zu singen und mich auch dem Thema Songwriting zuzuwenden.

12 DIE GENESE

Anfang Herbst 1980, an einem dieser typischen drückend heißen Tage in Los Angeles, an denen Leute aus dem Osten des Landes eigentlich kühlere Temperaturen und die hinreißende Optik der sich verfärbenden Blätter erwarten, aber stattdessen von Bruthitze und sengenden Santa-Ana-Winden begrüßt werden, die ihnen Staub in die Augen wehen und die Platanen ihres unansehnlichen Laubwerks berauben, dessen Farbe den knusprig braunen Rasenflächen in der Nachbarschaft entspricht, begab ich mich zu einem Treffen mit zwei neuen Kumpels, die bereits voller Vorfreude und Tatendrang auf mich warteten. „Was läuft, Alter? Das hier wird sicher hammermäßig!", begrüßte mich der Kürzere der beiden.

Wir befanden uns im Haus von Jay Ziskrout, einem Drummer, der die High School schon hinter sich gebracht hatte. Brett hatte ich erst zwei Mal getroffen, nämlich bei ihm zuhause, als ich seine Party besuchte, und ein paar Wochen zuvor beim Ramones-Konzert, zu dem er uns mit dem Auto seiner Familie gefahren hatte. Beide Male befand ich mich in Begleitung unseres gemeinsamen Freundes Tom, dessen Anwesenheit mir ein Gefühl der Sicherheit vermittelte. Diese Jungs waren nicht nur älter als ich, sondern auch gerissene Südkalifornier und Drogenkonsumenten. Sie hatten Freundinnen, fuhren Auto und waren von klein auf mit der kalifornischen Kultur vertraut. All das schüchterte mich ein. Tom bestand darauf, dass wir im Handumdrehen unseren eigenen Freundeskreis bilden würden.

Ich vertraute Tom inzwischen, weil ich ganz ehrlich der Meinung war, dass wir ein gutes Duo abgaben. Wir konnten völlig vorbehaltsfrei miteinander herumalbern. Auch gingen wir nicht nur gemeinsam zu Punkshows, wo wir uns beim Slamdancen gegenseitig den Rücken freihielten, sondern unternahmen auch für Jugendliche ganz normale Dinge. So begleitete Tom Jon und mich nach Magic Mountain, wo wir uns auf die größte Holzachterbahn der Welt namens Colossus wagten. Im Vergnügungspark wurde Tom von den anderen Besuchern angegafft. „Der Typ hat ja blaue Haare!", riefen sie. Generell hatte ich das Gefühl, dass Tom als Punk viel mehr hermachte als ich.

Einmal wurden wir am Jungenklo in der Schule von ein paar hartgesottenen Typen aus South Central in die Ecke gedrängt, weil sie überzeugt waren, dass wir zu irgendeiner Art Gang gehörten. Ich war mir jedenfalls sicher, dass sie uns so richtig die Hucke vollhauen würden. Wenn nicht gerade irgendwelche Sportskanonen ihren Zorn an uns auslassen wollten, sprangen eben die Möchtegern-Gangster für sie in die Bresche. „Zu welcher Gang gehörst du, Junge?", fragten sie. Sie deuteten auf die Sicherheitsnadeln, die wir durch den Stoff unserer T-Shirts gesteckt hatten und erkundigten sich mit düsteren Minen, was es damit auf sich hätte. „Wir sind in keiner Gang", antwortete Tom. „Das ist Punk-Mode. Seht mal her!" Er zog einer der Sicherheitsnadeln aus seinem T-Shirt, ging hinüber zum Spiegel und stach sich das Teil in sein Ohrläppchen! Es blutete stark und schwoll rasch an.

„Ihr Punker seid echt durchgeknallt!", sagte der Fieseste aus der Truppe. Aber zumindest löste sich diese Versammlung samt Gelächter und Handgreiflichkeiten nun in Luft auf und sie ließen von uns ab. Tom piercte sein eigenes Ohr mit einer fetten Nadel, weil er vermutete, dass er auf diese Weise die Gewalt unserer Angreifer abwehren könnte. Es funktionierte. Ich hielt ihn für ein bauernschlaues Genie. Er versuchte kein einziges Mal, mich dazu zu bewegen, eine der zahlreichen Substanzen und Pillen zu probieren, mit denen er regelmäßig experimentierte. Tom schien einfach intuitiv zu wissen, wer ich wirklich war – und er akzeptierte mich, ohne ein Urteil über mich zu fällen. Ich wäre ihm überallhin gefolgt und vertraute ihm auch jetzt, als er behauptete, dass Brett und ich ein gutes Team abgeben würden.

Als ich Jay Ziskrouts Haus betrat, waren sämtliche Vorbehalte sofort verflogen. Meine Augen erspähten nämlich einen absolut wunderbaren Anblick, beleuchtet von güldenen Sonnenstrahlen, die von hinten durch die Glasschiebetüren fielen, durch die man hinaus zum Pool gelangte, thronten auf dem weißen Teppichboden des Wohnzimmers zwei PA-Lautsprecher. Sie ragten ungefähr 1,80 Meter auf und umrahmten eine improvisierte Bühne, in deren Zentrum und ein wenig nach hinten versetzt ein oranges Schlagzeug stand. Neben den Drums befand sich ein silbern-schwarzer Gitarrenverstärker. Davor mittig ein Mikrofonständer samt Mikrofon der Marke Shure.

All diese Grundvoraussetzungen für eine Band waren völlig unerschwinglich für mich. Da weder ich noch meine Familie sich solch ein Set-up leisten konnte, fühlte es sich so an, als wäre ich eingeladen worden, die Welt einer privilegierten Elite zu betreten, von der ich schon mein ganzes Leben geträumt hatte. In meiner eigenen Welt mussten solche Güter von einer öffentlichen Einrichtung zur Verfügung gestellt werden. Es waren Schulen und Universitäten, die ihre Schüler und Studenten mit musikalischem Equipment versorgten. In der Regel musste man dafür einen schriftlichen Antrag stellen. Zudem war es nach jahrelangem Gebrauch stark in Mitleidenschaft gezogen – und natürlich musste man es auch wieder zurückgeben. Aber hier stand ich nun, umgeben von höchstprivilegierter Pracht. Mein eigenes Mikro! Es fühlte sich so an, als wäre ich von Tom, der sowohl Brett als auch mir ein getreuer Berater war, auserwählt worden, um auf diese neue Reise aufzubrechen. Schon seit meiner frühen Kindheit war es mein Traum gewesen, ein Sänger zu sein. Doch standen mir einfach nicht die Mittel zur Verfügung, um ihn mir erfüllen zu können. Nun standen sie mir aber zur Verfügung und ich ergriff die Gelegenheit prompt am Schopfe. Ich fühlte mich, als würde ich in einen erlauchten Kreis aufgenommen, und war den Jungs, die dies ermöglichten, sehr dankbar.

Sollte an meinen ersten Schreiversuchen am Mikro etwas auszusetzen gewesen sein, dann fiel das wohl niemandem auf. Brett und Jay Ziskrout schienen jedenfalls sehr auf ihre eigenen Instrumente fokussiert zu sein. Brett überreichte mir einen Songtext, den er auf einen Schreibblock gekritzelt hatte. Ich sang: *„I don't have the weed and I don't have the time and I will tell you why!"* Sein „w" war eigentlich ein „n", aber die ersten paar Male sang ich *„weed"* statt *„need"*. Ich nahm an, dass der Song von Drogen handelte. Immerhin war das ein Thema, mit dem sich meine Bandkollegen gut auskannten. Ich fand es cool, dass sie mir vertrauten, diesen Lifestyle für sie kommunizieren, auch wenn ich selbst nicht an solchen Aktivitäten teilnahm.

Ich präsentierte meinen Mitstreitern daraufhin ebenfalls einen Song, den ich geschrieben hatte. Sie spielten ihn nicht weniger enthusiastisch als den anderen, den wir zuvor geprobt hatten. Nach ein paar Stunden intensiven Probens hatten wir bereits Material für einen vierminütigen Auftritt am Start! Um unsere Probe gut zu nützen, spielten wir aber auch andere Songs aus unseren Plattensammlungen. Ich liebte es, über die PA-Anlage zu singen. Während die Jungs ein Päuschen einlegten, versuchte ich mich daher an etwas A-Cappella-Gesang. Zudem war ich kein schlechter Stimmenimitator und konnte gut andere Sänger nachmachen. So entdeckten Brett und ich auch unsere gemeinsame Vorliebe für ELP. Ich sang etwa *„Confusion – ssschon – ssschon – ssschon … will be my epitaph"* genau so wie es Greg Lake auf dem Livealbum *Welcome Back My Friends to the Show That Never Ends* tat. Brett fuhr auf das Gitarrenriff von „My Sharona" von The Knack ab und ich konnte diesen Sänger ebenfalls imitieren.

Wir hatten jede Menge Spaß beim Herumalbern, aber uns war klar, dass wir einen Bassgitarristen benötigten, um jene klangliche Wucht entwickeln zu können, die uns vorschwebte. Aber wo wir einen finden sollten, war uns zunächst ein Rätsel. Brett wollte auf keinen Fall einen seiner alten Bandkumpels von den Quarks einladen, da sie sich zu stark an New Wave orientierten und nicht wirklich zur aufblühenden Szene von Los Angeles zählten, zu der wir dazugehören wollten. Brett und Jay Ziskrout hatten nach ihrer High-School-Zeit keine Verbindungen zu anderen Mitgliedern der Szene aufgebaut, weshalb nun seltsamerweise mir die Aufgabe zugeteilt wurde, nach einem Bassisten zu fahnden, da ich Freunde an der Schule hatte, die für diesen Posten geeignet erschienen.

Mir fiel auch sofort jemand ein, nämlich der andere Jay – Jay Bentley! –, mit dem ich in der Mittagspause auf dem Schulhof abgehangen hatte. Am Anfang des Semesters hatte er angedeutet, dass er gern an der Punkszene, die im Southland – aber nicht unserer unmittelbaren Nachbarschaft – gedieh, teilhaben wollte. Wenn Jay seinen Dad in Manhattan Beach besuchte, traf er auf Skateboarder und Surfer, die sich bereits als Punkrocker einen Namen machten. Jay schien mir jedenfalls ein patenter Kerl zu sein. Auch verstand er sich gut mit Jon, weil sie beide als High-School-Schlackse Basketball spielten.

Ich zögerte nicht lange, ihn in der Mittagspause mit meinen aufregenden Neuigkeiten zu konfrontieren. „Wir haben da jetzt diese Band gegründet, aber wir brauchen noch einen Bassisten", sagte ich. „Jay, willst du bei uns einsteigen?" Das erwischte ihn irgendwie auf dem falschen Fuß. „Äh, ich spiele aber Gitarre", antwortete er.

Also probten wir auch weiterhin zu dritt und unser Repertoire wuchs, nachdem sowohl Brett als auch ich einen weiteren Song beigesteuert hatten, schon bald auf insgesamt vier Eigenkompositionen an: „Politics", „Sensory Overload", „Drastic Actions" und „Slaves". Unsere Setlist füllte somit schon ganze acht Minuten. Brett nahm uns mit einem Kassettenrekorder auf und wir spielten unser Repertoire drei Mal auf drei verschiedene Tapes, damit jeder von uns eine Kopie für zuhause hätte. Ich besaß damals zwar nur einen billigen Kassettenrekorder, liebte es aber, unsere eigenen Songs anzuhören – obwohl meine Stimme völlig verzerrt war und die Gitarre die Snaredrum übertönte. Selbst wenn es wie inkohärenter Lärm anmuten mochte, so musizierten wir dennoch passabel zusammen. Ich war auf jeden Fall begeistert vom Resultat. Jay Ziskrout war überzeugt, dass der Sound viel besser wäre, wenn wir einen Bassisten in unseren Reihen hätten, aber weder er noch Brett hatten irgendwelche Fortschritte dabei gemacht, ein geeignetes viertes Mitglied für unsere Band zu rekrutieren.

Es herrschte ein stille Übereinkunft, dass derjenige, der in diese Rolle schlüpfen würde, gewissen Ansprüchen gerecht werden müsste. Es müsste sich dabei um jemanden handeln, der nicht nur sein Instrument spielen könnte, sondern auch bereit wäre, die Popularität der Band aktiv zu fördern, indem er Kontakte zur Punkszene hätte. Im Valley gab es einfach nicht ausreichend Punkrocker, um unseren Anhang ausschließlich aus lokalen Szenehelden zusammenzustellen. Wir würden schon ein Brücke nach Hollywood und darüber hinaus schlagen müssen. Deshalb musste ich wieder an Jay denken. Immerhin verkehrte er mit coolen Leuten vom Strand, besaß ein Auto und erweckte den Eindruck, selbst Musik spielen zu wollen, da er sich als Gitarrist ausgegeben hatten.

Am nächsten Schultag überreichte ich ihm am Schulhof das Tape, das wir bei unserer Probe mitgeschnitten hatten. „Hier sind vier Songs. Wenn sie dir gefallen, könntest du dir vorstellen, dazu Bass zu spielen?" Obwohl ich es gar nicht beabsichtigt hatte, stellte ich mit meiner Frage seine Wünsche und Prioritäten auf die Probe. Spielte er wirklich lieber allein Gitarre als Bass in einer Band? Ich bot ihm an, sich unserer Gruppe anzuschließen, aber dafür müsste er das Instrument wechseln. Ich glaubte, dass es jemandem, der bereits Gitarre spielen konnte, nicht schwerfallen würde, sich an den Bass zu gewöhnen. Jay nahm das Tape bereitwillig mit nach Hause und brachte sich die Songs bei. Innerhalb von 24 Stunden kaufte er sich bei Sears eine Bassgitarre und einen Verstärker, um schon bei unserer nächsten Probe bei Jay Ziskrout aufzutauchen.

Nach einer kurzen Vorstellungsrunde spielte Jay den Bass exakt im Rhythmus und folgte den Akkordfolgen unserer vier Songs präzise. Wir waren richtig aus dem Häuschen! Mit Bassgitarre waren wir plötzlich eine Urgewalt, mit der von nun an zu rechnen sein würde. Das ganze Haus vibrierte, während Jays Bassspiel mit der Kickdrum synkopierte. Alle grinsten wir übers ganze Gesicht. Wir waren überzeugt, mit unserem Sound in den Clubs bestehen zu können. Klar, wir müssten noch etwas proben, aber wir wollten das fortan jeden Tag nach der Schule tun, bis wir so gut eingespielt wären, dass wir unser Repertoire im Schlaf beherrschten. Am selben Tag noch begannen wir uns darüber Gedanken zu machen, wie wir unsere Band nennen wollten.

Wir tauschten viele Ideen aus – aber zumeist verhielten wir uns einfach bloß wie alberne Teenager. Tom war ebenfalls mit von der Partie. Er war nicht nur unser erster offizieller Roadie, sondern tatsächlich noch viel mehr, da er es ja war, der uns zusammengebracht hatte. So saßen wir nun zusammen und veräppelten uns gegenseitig. Diese Jungs besaßen alle einen messerscharfen Sinn für Humor und unser Gelächter wurde unser ständiger Wegbegleiter. Wir ließen unseren jugendlichen Gemütern freien Lauf. Brett, Tom und Jay Ziskrout diskutierten etwa, wie man sich den Arsch abwischen musste, um sicherzustellen, dass man auch tatsächlich sauber war. Musste man nach jedem Mal Wischen prüfen, ob man fertig war, oder legte man eine bestimmte Menge Klopapier fest, bevor man sich wieder vom Thron erhob? Bis dahin hatte ich mir über diese Frage noch nie Gedanken gemacht! Dann erzählte mir Brett, dass er ein Mädchen kannte, deren Klitoris sich in ihrem Rektum befand, weshalb sie jedes Mal, wenn sie scheißen musste, einen Orgasmus hatte. Er sprach mit großer Autorität und Selbstsicherheit und ich war damals noch so naiv, dass ich ihm tatsächlich glaubte! Tom entgegnete, er wäre mit einem anderen Mädchen befreundet, dass drei Brustwarzen hätte. Ich fand das faszinierend und hätte gern tiefschürfende Untersuchungen in dieser Richtung unternommen.

Es war mir ein großes Anliegen, mich in die Gruppe einzugliedern, ohne dabei unbeholfen zu wirken. So steuerte ich auch meine eigene Bonmots bei. Wie gesagt: ich war ein talentierter Imitator. Auch hatte ich eine Muskelprotz-Nummer parat, die alle zum Schießen fanden. Keine Ahnung, ob ihre Lachanfälle dem Marihuana geschuldet waren – durchaus möglich! –, aber sie spornten mich an, den Muskelprotz für sie zu geben, bis ihnen vor lauter Lachen Tränen über die Wangen kullerten. Zudem war ich echt gut darin, den TV-Moderator Tom Snyder, der ebenfalls aus Milwaukee stammte, zu parodieren. Snyder hatte von Punk nicht die geringste Ahnung, lud aber wiederholt Punkbands in seine Talkshow bei NBC namens *Tomorrow* ein, um völlig zusammenhangslose Interviews mit ihnen zu führen. „Okay Jungs …", frage ich in meiner Rolle und zog an einer unsichtbaren Zigarette, „warum all die Gewalt?" Auch Jay hatte eine irrwitzige Nachäfferei drauf – im wahrsten Sinne des Wortes sogar! Er konnte wie Clyde, der Orang-Utan aus *Der Mann aus San Fernando* mit Clint Eastwood, gehen, was uns hysterische Lachanfälle bescherte.

Unsere Weltsicht bestand ausschließlich aus Satire, Ironie und Parodie. Beachtlich, dass Brett und ich zwischendurch lange genug ernsthaft bleiben konnten, um Songs zu schreiben, die eine tiefere Bedeutung aufwiesen, denn jedes Mal, wenn wir aufeinandertrafen, wechselten wir uns mit scharfzüngigen Kommentaren hinsichtlich eher profanen Themen, albernen Witzeleien oder Anekdoten über das anderen Geschlecht ab.

Wir waren uns allesamt einig, dass ein Bandname eine ernste Entscheidung wäre, weshalb wir unsere Instrumente niederlegten, eine Pause vom Proben einlegten und uns um den Kaffeetisch zu setzen. Doch auch jetzt wollten die Kalauer nicht verstummen.

Da saßen wir nun im opulenten Wohnzimmer der Ziskrouts und krümmten uns ob der Namensmöglichkeiten förmlich vor Lachen. Jeder Vorschlag wurde mehrmals durch den Kakao gezogen. So schlug Jay Ziskrout etwa „Smegma" vor. Ich kannte dieses Wort bisher nur aus dem Bio-Unterricht. Diese sagenumwobene Substanz bildete sich unter der Vorhaut eines Penis, der nicht regelmäßig gereinigt wurde. Wie ekelhaft und abstoßend! Im Englischen gibt es dafür einen Slang-Ausdruck, den Brett ebenfalls in die Runde warf, nämlich

„Head Cheese“. Wir kamen aus dem Lachen nicht mehr heraus. Dass die Einwohner meines Heimatbundesstaates, der für seine Milchindustrie berühmt ist, oft und gern „Cheeseheads“ genannt werden, machte das Ganze natürlich nicht weniger lustig: „Ladys und Gentlemen, direkt aus Wisonsin, der Sänger von Head Cheese!“

Nach ungefähr zehnminütiger Diskussion einigten wir uns, dass sämtliche Namen, die irgendetwas mit dem männlichen Penis zu tun hatten, nicht infrage kämen. Wir alle waren Fans der Dickies und bewunderten sie für ihr perfektes Logo, doch wünschten wir uns etwas Eigenständiges und Einzigartiges. Also wandten wir uns logischerweise dem weiblichen Geschlecht zu. So brachte sich Tom etwa mit dem Namensvorschlag „Vaginal Discharge“ ein. Nachdem unser amüsiertes Gejaule verhallt war, ließen wir uns den Bandnamen kurz durch den Kopf gehen. „VD“ würde sich gut als Logo machen. Aber das wäre identisch mit der Abkürzung für *„venereal disease“* – also: Geschlechtskrankheit. Das wäre zwar auch ein cooles Konzept, wurde aber dank der Beratungslehrer und des Sexualkundeunterrichts an der High School etwas inflationär gebraucht. Ich war ein Riesenfan der britischen Band Discharge, die ich auf fast religiöse Art verehrte. Ich wollte keinen Bandnamen, der an ein Plagiat grenzte. Sie hatten sich ihren widerlichen, zu ihrem schockierenden Sound passenden Namen ja auch selbst ausgedacht. Dieser Ansatz passte nicht wirklich zu uns. Wir waren stattdessen auf der Suche nach einem etwas witzigeren, nachdenklicheren und ironischeren Namen.

Wir ließen somit sämtliche Namen aus dem Sexualkundeunterricht hinter uns und suchten uns andere gesellschaftlich relevante Themenbereiche, um sie zu parodieren. Etwa die liebe Familie. Jay Bentley und ich stammten beide aus Scheidungshaushalten, wohingegen Jay Ziskrout und Brett diesbezüglich keinerlei Erfahrungen vorweisen konnten. Jay warf erst einmal *„Bad Family“* in die Runde, was ich sogleich zu *„Bad Family Life“* erweiterte. Die Buchstabenkombination „BFL“ ergäbe schließlich ein cooles Logo und fast jeder Punk wusste, wie es war, in seiner eigenen Familie auf Widerstände zu stoßen. Es stünde uns zudem eine schier endlose Themenauswahl für unser Songwriting zur Verfügung. So galt der Namen ein paar Minuten lang als ernstzunehmender Kandidat. Doch fehlte ihm die Schlagkraft, die uns vorschwebte. Nach mehreren Runden höchst alberner Namen, die wir alle zum Schreien gefunden hatten, schlief das Gelächter langsam ein. An diesem Punkt hätten wir es fürs Erste auch gut sein lassen können, aber als ruhelose Teenager waren wir der Meinung, dass der Name hier und jetzt entschieden werden musste, bevor wir uns wieder ans Proben machen konnten.

Abgesehen davon, dass Jay Bentley und ich beide aus Haushalten stammten, die von unseren jeweiligen Moms geleitet wurden, waren wir auch beide vom gestrengen Einfluss religiöser Lehren verschont geblieben. Meine Mom hatte mich mein ganzes Leben schon vor Religion bewahrt und Jay war auch nicht als Kirchgänger oder für sein eifriges Studium der Bibel bekannt. Brett und der andere Jay entstammten wiederum beide ziemlich typischen jüdischen Haushalten. Beide hatten den Hebräisch-Unterricht besucht und waren hinsichtlich der uralten Traditionen ihres Glaubenssystems formell geschult worden. Einer von beiden schlug nun vor: „Wie wär's mit Bad Religion?" Da mich dieses Konzept nicht kränkte, empfand ich es als nichts Schändliches. Aber mir dämmerte rasch, welch große Rolle Religion im Leben fast aller amerikanischen Bürger spielte – egal, ob sie Juden, Christen oder irgendetwas anderes waren. Für mich schien sich damit ein steter, beinahe unversiegbarer Quell an Songwriting-Optionen zu öffnen. Der Name klang intellektuell genug, um den Professor zufriedenzustellen, kritisch genug, um die Administratorin zu erfreuen, und Punk genug, um uns in den Augen unserer Zeitgenossen Glaubwürdigkeit zu verleihen. Einstimmig akzeptierten wir den Vorschlag als unseren Bandnamen und machten uns sogleich daran, wieder zu proben.

Im Anschluss an unsere Session schrieb Brett an jenem Abend unser „Titellied" – einen Song, der wie die Band „Bad Religion" hieß. Ein perfektes Marketingmanöver. Aber damit nicht genug. Als er am nächsten Tag zur Probe erschien, hatte er Verspätung. Wir hatten bereits eine halbe Stunde auf ihn warten müssen, als er endlich ins Wohnzimmer stolzierte und uns seine riesige Skizze eines Bandlogos auf einem 45 mal 90 Zentimeter großen Papierbogen präsentierte. Das war die Geburtsstunde unseres „Crossbuster"-Symbols: Dabei handelte es sich um ein schwarzes Kreuz in einem roten Kreis, das mit einer roten Diagonale durchgestrichen war. Von nun an sollte dies das international gültige Erkennungszeichen unserer Band sein! Wir waren alle hellauf begeistert. Es war zwar einerseits angriffig, aber andererseits nicht boshaft oder hasserfüllt. Da das christliche Kreuz in der westlichen Welt über das größte Wiedererkennungspotenzial verfügte, würde man unser Logo als ideale Metapher für alle Religionen begreifen können.

Es bietet sich an, kurz darüber nachzudenken, wie stark das Verbotsschild in unserer gesellschaftlichen Vorstellungswelt verankert hat. In den 1970ern wurden in Amerika die ersten Parkverbotsschilder mit einem durchgestrichenen „P" aufgestellt. Bis dahin stand auf den Schildern „No Parking Zone" zu lesen. Der Hype um den roten Kreis samt ebenso roter Diagonale um ein beliebiges Motiv herum erreichte 1984 mit dem Kinohit *Ghostbusters* seinen Höhepunkt: In diesem konkreten Fall platzierte das Marketing-Team des Films ein an Casper, den freundlichen Geist, erinnerndes Gespenst, das offenbar in Flagranti beim Spuken erwischt wurde, im Zentrum des Verbotsschild. Dieses Design beflügelte die Fantasie sämtlicher demografischer Gruppen, wobei sich vor allem Kinder dafür begeisterten. Der Film entwickelte sich zu einem kulturellen Phänomen und blieb bis zum Ende des Jahrzehnts die an den Kinokassen erfolgreichste Komödie aller Zeiten. Sogar die Library of Congress hat den Film inzwischen in ihr Archiv aufgenommen. Er gilt somit als amerikanischer Kulturschatz von historischer Relevanz. Es ist gar nicht einmal unwahrscheinlich, dass unsere zufällige Assoziation mit diesem fröhlichen Motiv uns dabei behilflich war, unser Logo im Laufe der Jahre erfolgreich zu etablieren. Ich bin mir sicher, dass zumindest in Amerika das Geisterjäger-Symbol und das Parkverbotsschild dazu beitrugen, den Widerstand religiöser Gruppierungen gegen uns etwas abzuschwächen. Wir inszenierten uns ja auch nie als Gegner jenes Symbols, das wir da durchstrichen, sondern vielmehr als Antithese dazu: In unserem Haus spielt Religion einfach keine Rolle.

Nach gerade einmal einer Handvoll Proben stellte sich heraus, dass die Ziskrouts ihr Haus nur kurzfristig als Probelokal zur Verfügung stellen wollten. Wir mussten uns also schleunigst nach etwas Neuem umsehen. Auf keinen Fall würden Jay Ziskrouts Eltern uns jeden Tag nach der Schule in ihrem Wohnzimmer tolerieren. So begaben wir uns auf die Suche nach einer dauerhaften Bleibe, wo wir niemandes Eltern auf die Nerven gingen.

Damit blieb uns nur eine einzige Option. Obwohl ich stets zögerte, meine Mom um Hilfe zu bitten, da sie ohnehin schon Überstunden machte, um unseren Alleinverdiener-Haushalt über die Runden zu bringen, hatte ich nun keine andere Wahl. Kleinlaut fragte ich sie, ob wir unsere Garage zum Proben zweckentfremden dürften. „In Ordnung, aber nur solange ihr fertig seid, bevor ich von der Arbeit zurückkomme“, antwortete sie. Keine 24 Stunden später verluden wir unser Equipment und verfrachteten es in unsere freistehende Garage in einer Seitengasse der Woodlake Avenue in Canoga Park, Kalifornien.

Moms Garage, die locker auch als Sauna durchgegangen wäre, war ganz typisch für diese Ecke des Valleys. Keinerlei Isolierung, Holzbauweise, geteertes Dach, ungefähr sechs mal neun Meter Bodenfläche. Ein Großteil dieser Bodenfläche war bereits mit Kisten zugestellt, die noch von unserem Umzug an die Westküste stammten, seit damals ungeöffnet auf rudimentären Regalen herumstanden und im Hitzeschlaf bei typischen Valley-Temperaturen von 32 bis 38 Grad Celsius vor sich hinvegetierten. Die Garage verfügte weder über Ventilation noch Fenster – nur eine Pendeltüre, durch die man hinaus auf die Straße gelangte, sowie eine reguläre Personentüre im hinteren Teil, durch die man den Garten betreten konnte. Da die Bude sich etwas abseits unseres Wohnhauses befand, blieb auch mein Bruder von uns penetranten Punkern unbehelligt. Wir stellten ein paar Kisten um und schufen auf diese Weise genug Raum, um Schlagzeug, Amps und PA-Anlage aufbauen zu können. Unser neues Domizil machte zwar nicht viel her, sollte aber seinen Zweck erfüllen. Hier konnten wir nach der Schule fernab unserer Eltern und Geschwister abhängen und Pläne für die bevorstehenden Missionen unserer Band schmieden. Bald schon erhielt die Hütte von uns den Namen „Hell Hole“ verpasst, was für eine Band wie Bad Religion ja durchaus zulässig war.

Ich fühlte mich sehr emotional, ließ mir das jedoch nicht anmerken. Mich überkam ein starkes Gefühl der Entfremdung, als wir unsere Ausrüstung aus Bretts und Jay Ziskrouts Vans ausluden. Entrümpelung und Erneuerung. All der alte Kram weckte ein paar melancholische Erinnerungen an eine Vergangenheit, die gar nicht so lange zurücklag – Erinnerungen, die langsam unscharf wurden, mich aber dennoch stark berührten. Gerade einmal ein Jahr zuvor hatte noch Chuck in dieser Garage geprobt. Er verbrachte hier draußen, etwas abseits unseres Hauses, viel Zeit, spielte seine Blasinstrumente und stand dabei auf einem kleinen Zottelteppich, der immer noch den Zementfußboden in einer Ecke der Garage bedeckte. Manchmal vermisste ich ihn nach der Schule. Wenn ich im Garten spielte, drangen die Klänge seines sanften Jazz-Saxofonspiels aus der Garage zu mir herüber. Ich kannte mich nicht wirklich aus mit Jazz, aber da ich in meiner Kindheit und Jugend so oft damit in Berührung gekommen war, vermittelte er mir eine gewisse emotionale Geborgenheit. Dad hörte ununterbrochen Jazz im Autoradio, wenn wir zwischen Racine und Milwaukee pendelten. Floyd Browns Jazz-Show auf WGN begleitete uns jeden Sonntagabend auf unserem Weg zurück zu Mom, wo schon die nächste Schulwoche in den Startlöchern scharrte. Bei Mom wiederum ertönten an den Nachmittagen Chucks Jazz-Serenaden, die er abwechselnd auf Flöte, Saxofon, Klarinette und Posaune spielte und uns zu permanenten Wegbegleitern wurden – beruhigende Hintergrundmusik, die das Haus durchflutete, bevor er sich am Abend zu einem Engagement in irgendeinem Nachtclub in Milwaukee begab. Dies war die musikalische Untermalung meiner komplexen Kindheit. Doch irgendwann musste Chuck – und alles, was er repräsentierte – weichen und wurde nach besagter Schreckensnacht für immer aus der Familiengeschichte getilgt. Unsere Familie machte ohne ihn weiter und erschloss sich neue Klänge. Der Jazz verstummte, als sich nun die Punks hier breitmachten.

Mit den Leuten, die jetzt einzogen, würde ich neue Erfahrungen machen. Es war vollkommen belanglos, dass sie den Mann, der hier vor gerade einmal einem Jahr noch geprobt hatte und mich mit einem emotionalen Trauma zurückgelassen hatte, nie kennenlernen würden. Ihre Kenntnisse meiner Person beschränkten sich zu diesem Zeitpunkt noch auf ein Minimum. Sie wussten nichts über mein bisheriges Leben und interessierten sich auch nicht dafür. Das war, nehme ich an, auch besser so. So würde ich mich neu erfinden und gemeinsam mit diesen Typen eine neue Welt kreieren, die ohne den emotionalen Ballast meiner eigenen Unsicherheit und meiner so schrecklich komplizierten familiären Situation zustande kommen konnte. Als bunter Haufen befreundeter Punkrocker konnten wir es kaum erwarten, unsere Mission in Angriff zu nehmen. Da spielte es für uns keine Rolle, wer oder was unsere Vergangenheit geprägt hatte.

13 ALS FESTER FREUND UNGEEIGNET

„Tu mir nicht in den Ausschnitt starren. Ich hab' gesehen, wie du sie angestarrt hast", sagte sie mit unterdrückter Stimme. Dad hatte mich immer vor Mädchen gewarnnt, die Vollverben entgegen grammatikalischer Regeln als Hilfsverben verwenden. „Hä?", entgegnete ich und heuchelte, nicht zu wissen, wovon sie da sprach. „Meine Titten! Tu bloß nicht so, als ob es nicht so wäre! Ich hab dich erwischt! Aber es ist schon okay", sagte sie und kuschelte sich an mich. Wir befanden uns vorm Whisky a Go-Go und die Dead Boys hatten gerade ihren Auftritt hinter sich gebracht. Alle Punks wollten sich nun zum Oki-Dog begeben, als Jill, eine stämmige, aber niedliche Punkrockerin aus dem Osten, mich auf dem Parkplatz abfing. Ihre weißblond gebleichten Haare trug sie kurz, aber nicht zu Stacheln aufgestellt. Zu ihren zerrissenen Bluejeans trug sie schwarze Sneaker, Gürtel und ein weißes Ruderleibchen – und darunter einen Spitzen-BH. Ich gestehe: Ja, ich gaffte ihr so tief in den Ausschnitt, wie das eben möglich war. Drinnen beim Konzert hatte eine regelrechte Affenhitze geherrscht. Draußen auf dem Sunset Boulevard hatte es immer noch 26 Grad. Die feuchte Luft sorgte dafür, dass ihr Körper auch weiterhin schwitzte, was ihr Shirt nur noch durchsichtiger machte. Ihr V-Ausschnitt gewährte mir Einblick auf eine verrutschte, schimmernde Schale des darin befindlichen Büstenhalters, der es offenkundig nicht länger gelang, ihren Inhalt in Zaum zu halten. So erspähte ich eine hervorlugende Brustwarze, die ihrer elastischen Barriere entwischt war. „Nun ja, vielleicht können wir auch woanders als zu Oki-Dog fahren“, schlug ich vor. Wie es der Zufall wollte, spazierte in diesem Moment Lucky vorbei. Er war ein berühmter Drummer und ein Bekannter von mir, der bei den Circle Jerks spielte. „Warum kommt ihr beide nicht mir zu mir? Ich wohne gleich um die Ecke.“ Wow! Was für ein feiner Zug von ihm. Ich wollte dieses Mädchen echt ein wenig besser kennenlernen. Wir folgten Lucky in ihrem Wagen hinterher und plauderten ein bisschen.

„Woher kommst du?“, fragte ich.

„Aus San Diego“, antwortete sie. „Wir sind mit meiner Mom aus Missouri dorthin gezogen.“

„Cool, wir sind aus Wisconsin hergezogen“, sagte ich.

Als wir Luckys Bude erreichten, war bereits klar, dass wir ganz ähnlich tickten. Wir interessierten uns nicht dafür, uns zuzudröhnen oder Chaos zu verursachen, waren dafür aber umso interessierter aneinander. Wir mussten gar nicht mehr viele Worte verlieren. Lucky zog sich mit einem anderen Mädchen in sein Schlafzimmer zurück. In seinem kleinen Wohnzimmer stand eine Ausziehcouch, die Jill und ich im Handumdrehen startklar machten, um sie einer Belastbarkeitsprobe zu unterziehen. Wir waren schnell, wild und sorglos – wie Teenager nun einmal so sind. Als es vorüber war, lächelte sie mich an und ich hatte das Gefühl, sie glücklich gemacht zu haben.

Als wir uns unsere Klamotten, derer wir uns gerade erst entledigt hatten, wieder anzogen, kam Luckys halbnackte Gespielin ins Zimmer. „Wollt ihr jetzt vielleicht tauschen?“, fragte sie. Da dieser Vorschlag von einer Frau stammte, die ein paar Jahre älter als ich war, blieb mir kurz das Herz stehen. Obwohl sie sexy war, als sie da so oben ohne vor uns stand, erschrak ich und machte mir sofort Sorgen darüber, wie Jill darauf reagieren würde. Wir sahen uns kurz an und spürten, dass es noch so viel mehr zwischen uns zu bereden gäbe, um einander besser kennenzulernen.

„Nein, ich muss los. Mein Stiefvater hat mir das Auto nur bis Mitternacht geliehen“, winkte sie ab.

„Danke, aber ich muss auch zurück. Meine Mitfahrgelegenheit wartet beim Oki-Dog auf mich“, log ich. Ich wollte einzig und allein mehr Zeit mit Jill verbringen. Manchmal verhält man sich beim gegenseitigen Kennenlernen gleich viel weniger unbeholfen, wenn man die Sache mit den Sex an den Anfang vorzieht. Als wir das Apartment verließen, sagte Jill, dass sie mich zum Oki-Dog bringen würde. „Aber lass uns zuerst noch ein bisschen durch die Gegend cruisen", meinte sie. Wir unterhielten uns vielleicht eine Stunde oder so. Wie sich herausstellte, stammte Jill aus einer ziemlich normalen Familie aus dem Mittleren Westen. Ihr Dad arbeitete für das Profi-Baseball-Team in Kansas City. Das war von großer Bedeutung für mich, da ich nur wenigen Leuten in der Punkszene meine Liebe zum Sport sowie meine Teilnahme an der Little League zuhause in Wisconsin offenbarte. Tatsächlich verstand mich Jill in vielerlei Hinsicht schon deswegen, weil ich so wie sie Kindheitsfreunde im Mittleren Westen zurücklassen hatte müssen. Wir vermissten unsere alten Freunde, die sportlichen Spiele, die Erkundungsfahrten auf dem Fahrrad. Wir teilten viele ähnliche Erfahrungen, da wir beide an die Westküste gezogen waren und uns hier in mancherlei Hinsicht wie Außerirdische fühlten. Ich spürte, dass ich jemanden getroffen hatte, der das Potenzial besaß, wirklich zu begreifen, wer ich war. Und umgekehrt genauso. Wir hätten für eine lange Zeit Liebende und Freunde sein können, aber es sollte nicht sein.

Nach zahlreichen Telefonaten, die bis spät in die Nacht andauerten, und ein paar Besuchen von Jill im Haus meiner Mutter endete unsere Beziehung. Man könnten annehmen, dass es vielleicht daran lag, dass ich bloß ein 17-jähriger Punk ohne fahrbaren Untersatz war, der seiner Freundin keinerlei gemütliches Refugium zu bieten hatte. Tatsächlich bot uns nur das Hell Hole, also Bad Religions Proberaum in Moms Garage, ein wenig Privatsphäre. Wenn wir dort am Abend Zeit verbrachten, teilten wir uns eine Schaummatratze, die bei unseren Proben als Schalldämmung für das Schlagzeug fungierte. Eines Nachts fragte ich sie nach dem Vögeln, ob sie nicht bei mir übernachten wollte. „Du möchtest doch nicht den ganzen Weg nach San Diego zurückfahren, oder? Bleib doch hier bei mir. Wir können gemeinsam Haferflocken zum Frühstück essen!", sagte ich. „Nein", antwortete sie. „Ich muss das Auto zurück nach San Diego bringen." Ich bin mir sicher, dass sie gern geblieben wäre, aber sich ihren Eltern gegenüber verpflichtet fühlte. Auch das sprach mich an. Das war das genaue Gegenteil von dem, was viele meiner Punkfreunde taten, die aktiv daran arbeiteten, in ihren zwischenmenschlichen Beziehungen jegliches Vertrauen zu untergraben, alle Regeln zu ignorieren und Chaos zu stiften. Dieser Ansatz zum Thema Punk entsprach nicht meiner persönlichen Vorstellung. Eigentlich hatte solcherlei Verhalten für mich gar nichts mit Punk zu tun. Nachdem ich selbst genug zwischenmenschliche Querelen miterlebt hatte, sehnte ich mich nach Harmonie in einer Welt, die ohnehin schon im gesellschaftlichen Chaos zu versinken drohte. Bevor es zu spät wurde und sie vielleicht nicht länger das Auto benutzen durfte, zischte sie lieber rechtzeitig den Highway hinunter nach San Diego. Ohne das Auto stünde unsere Beziehung nämlich auf Messers Schneide!

„Na gut, aber du siehst so müde aus. Bist du dir sicher, dass du es noch nach Hause schaffst?“, hakte ich nach. Ich wollte es ihr so angenehm wie nur irgendwie möglich machen, damit sie auch nirgendwo sonst auf der Welt mehr sein wollte als hier an meiner Seite. Ich wünschte mir so sehr, ihr irgendetwas Verlockenderes bieten zu können, damit sie diese Nacht doch noch bei mir blieb. Aber nichts da. Sie stammte aus einem wohlhabenden Haus samt cooler Karre und hübschen Klamotten. Sie war es gewohnt, von netten Dingen umgeben zu sein. Es fühlte sich so an, als würde ich weit unter ihr stehen. Es musste ihr zutiefst zuwider sein, den ganzen langen Weg zu mir auf sich zu nehmen, wo ich sie bloß in meiner stickigen Garage willkommen hieß, um unsere fleischlichen Gelüste auf einer miefigen Schaumstoffmatte zu befriedigen, die im Kontext meiner Band eigentlich eine andere Aufgabe zu erfüllen hatte. Jill fühlte sich vermutlich richtig unwohl dort, wusste aber nicht, wie sie dies in Worte fassen sollte. Wahrscheinlich wollte sie sagen: „Ich mag dich ja echt gern und wir haben viel gemeinsam – aber das hier ist echt ein bisschen widerlich.“

Ich konnte ihr nichts bieten, was dies geändert hätte. Mir fehlte es an den materiellen Rahmenbedingungen und anderen Annehmlichkeiten, um eine ernste Beziehung führen zu können. In vielerlei Hinsicht war ich wie ein echter Straßenpunk. Mein Zimmer war verlottert und ich wechselte niemals mein Laken, ich hing in einer staubigen, düsteren und vollgeramschten Garage hinterm Haus ab, besaß kein Auto, hatte keinen Job und verfügte über kein Einkommen. Das Einzige, was ich vorweisen konnte, war meine Band und die Songs, die wir aufnahmen. Aber Jill war kein Groupie. Sie mochte mich nicht ausschließlich aus diesem Grund – und ich wollte auch nicht, dass mich jemand aufgrund meines Status mochte. Nachdem ich sie mehrmals angebettelt hatte, doch bei mir zu bleiben, legte sie sich fest.

„Ich habe keine Wahl. Ich muss los. Aber es wird schon alles gutgehen“, sagte sie.

„Ruf mich bitte an, wenn du zuhause angekommen bist, ja?“, bat ich sie.

Doch in dieser Nacht blieb der Anruf aus. Auch am nächsten Tag blieb das Telefon stumm. Ich war mir sicher, dass ich es verkackt hätte. So etwas nagt an einem jungen Mann – dieses Gefühl der Hilflosigkeit, wenn er nicht in der Lage ist, eine langfristige Beziehung auf die Schiene zu bringen. Ich musste mir eingestehen, dass ich auf ganzer Linie versagt hatte. Mir fehlte es nicht nur an geistiger Reife, sondern auch an jeglicher Infrastruktur und Stabilität. Ich benötigte ein paar materielle Dinge, um die Art Beziehung, wie ich sie mir wünschte, gewährleisten zu können. Meine Partnerin konnte ich weder mit einem Auto noch einem behaglichen Setting beeindrucken. Ich war zwar gerade erst 17 Jahre alt, aber ich war schon lange genug auf der Welt, um zu erkennen, dass für eine Beziehung ein zentraler Anlaufpunkt von großer Bedeutung war. Wo sonst sollte sie schließlich gedeihen können? Zudem wohnte ich 200 Kilometer von Jill entfernt, weshalb ich nicht für sie da sein konnte, wenn sie mich brauchte.

Zwei Tage später erhielt ich einen Anruf von einem Typen namens Derek. „Greg, ich bin ein Freund von Jill. Sie hatte einen Unfall auf dem Highway. Spätnachts, nachdem sie bei dir war. Die Rettung hat sie ins nächste Krankenhaus gebracht, hier in Mission Viejo. Dort liegt sie immer noch“, so Derek.

„Mission Viejo? Sie hat es also fast bis ganz nach Hause geschafft?“, fragte ich.

„Sie fuhr gerade ins San Diego County ein, in der Nähe von San Onofre, nehme ich an. Aber sie haben sie hierher nach Mission Viejo gebracht“, erklärte Derek.

Jill hatte sich, nachdem sie hinterm Steuer eingeschlafen war, den Hals gebrochen. Ich machte mir große Sorgen um sie. Würde sie nun gelähmt sein? Würde sie irgendwelche Langzeitschäden davontragen? Dann dämmerte mir, dass Mission Viejo so weit entfernt lag, dass es eine halbe Weltreise für mich darstellte – vor allem, da ich erst wenige Monate zuvor meinen Führerschein gemacht hatte. Ich würde mir niemals Moms Auto ausleihen dürfen, das der einzige fahrbare Untersatz war, über den unsere Familie verfügte, um Jill im Krankenhaus zu besuchen. Tatsächlich war ich seit meiner Fahrprüfung auch nicht mehr auf dem Freeway unterwegs gewesen. Ich war zu unreif und unerfahren, um zu wissen, was zu tun wäre. Doch wusste ich, dass ich unbedingt an ihr Krankenhausbett eilen wollte. Es war mir nicht möglich, diese grundlegende fürsorgliche Geste in die Wege zu leiten, die dieser bedeutsamen und erblühenden Beziehung sicher überaus zuträglich gewesen wäre. Ich hätte Mom bitten können, mich dorthin zu fahren, doch mein Stolz hielt mich davon ab. Wie peinlich wäre es gewesen, mich von meiner Mom zu dem Mädchen fahren zu lassen, das ich beeindrucken wollte. So dachte ich zumindest.

Etwas später am selben Tag, als Jill stabil war, konnte sie mit mir vom Krankenhausbett aus telefonieren. Derek rief mich an und ich fragte, ob ich mit ihr sprechen könnte. Jill klang schwach, war aber dennoch gut verständlich. „Greg? Warum hast du mich denn nicht im Krankenhaus besucht?“, fragte sie. Ich fühlte mich peinlich berührt und hilflos. „Meine Mom hat den Wagen den ganzen Tag gebraucht, weil sie damit zur Arbeit gefahren ist. Ich hatte kein Transportmittel“, rechtfertigte ich mich.

Sie muss in diesem Augenblick begriffen haben, dass sie, wenn sich diese Beziehung weiterentwickeln sollte, die ganze Arbeit erledigen müsste. Ich wusste nicht, wie ich ihr entgegenkommen konnte. Wenn sie nur in einem näheren Krankenhaus gelegen wäre, dann hätte ich ein öffentliches Verkehrsmittel genommen, um zu ihr zu gelangen. Selbst wenn ich dafür drei Stunden im Pendlerverkehr festgesteckt und im Schneckentempo unterwegs gewesen wäre, hätte ich das gern auf mich genommen. Nur leider war das südkalifornische Linienbussystem sehr schlecht organisiert, vor allem, wenn man von einem County ins nächste reisen wollte. Mission Viejo befand sich schon weit hinter der Grenze zu Orange County – und damals gab es zwischen den Countys in Südkalifornien keinen Busverkehr. Also gab ich alle Versuche auf, Jill doch noch zu besuchen, womit ich sämtliche Sympathien bei ihr verspielte. Ich war einfach zu einfallslos, zu unreif in zwischenmenschlichen Beziehungen und zu unsicher, um als fester Freund reüssieren zu können.

Ungefähr eine Woche später rief mich Jill an, um mir mitzuteilen, dass sie ganz ohne Bleibeschäden genesen würde. Bei ihrer Verletzung handelte es sich bloß um eine kleinere Halswirbelfraktur. Allerdings gab es auch schlechte Nachrichten. Derek und sie würden von nun an ein Paar sein. Das war ihre Art, mir zu erklären, dass ich mich nicht ausreichend für sie ins Zeug gelegt hatte und mein Verhalten rund um ihren Krankenhausaufenthalt gleichgültig wirkte – als ob sie mir egal wäre. Ich war hinsichtlich meiner Beziehung zu Jill bis in die Haarspitzen motiviert gewesen, aber ich war leider nicht in der Lage, diesen Impuls auch auszuleben. Gewisse Entfernungen, wie sie in der so weitläufigen geografischen Matrix Südkaliforniens häufig anzutreffen sind, machen ein Auto samt zugehörigen Abstellplatz erforderlich. Da ich diese Bedingungen nicht erfüllen konnte, durfte ich mir keine Hoffnungen auf eine Beziehung abseits meiner eigenen Postleitzahl machen.

„... außerdem hat Derek ein Auto und wir leben nicht weit voneinander entfernt", fuhr Jill fort.

„Na ja, das ist schön für Derek. Aber weiß er, dass das schon seine attraktivsten Eigenschaften sind?", erwiderte ich. Sie ließ meine Frage zwar unbeantwortet, aber wir immerhin verabschiedeten wir uns noch voneinander.

Mein Herz war gebrochen. Wenigstens zwei meiner Merkmale hätten mich zum perfekten Partner für Jill qualifiziert: ähnliche, von meiner Kindheit im Mittleren Westen geprägte Wertvorstellungen und eine Vorliebe für Punkrock. Aber trotz unserer scheinbaren Kompatibilität fehlte es mir an ein paar materiellen Voraussetzungen. Ich lebte immer noch mit meiner Mom unter einem Dach und jegliche Stabilität in meinem Leben hing vollkommen von ihrem Arbeitseinsatz ab. Tatsächlich war ich noch ein Kind, das zusätzlich zu seinem Dasein in Südkalifornien auch noch ein weiteres Leben leben musste. Von mir wurde nämlich erwartet, die Sommer in Wisconsin zu verbringen. Dort wohnten nicht nur Freunde von mir, sondern auch mein Dad, der mich ebenfalls mit Rückhalt und materiellen Gütern versorgte. Mein Leben war höchst komplex und das blieb auch so, bis ich mir schließlich etwas mehr Autonomie erarbeitete. Aber bis dahin war mir das Schicksal eines Junggesellen beschieden. Meine Beziehungen blieben zeitlich begrenzt, obwohl ich mir eigentlich etwas Langfristigeres wünschte.

Von diesem Zeitpunkt an betrachtete ich Beziehungen auch stets aus einem pragmatischen Blickwinkel. Ich war überzeugt, dass sie für beide Partner nur dann funktionieren konnten, wenn dank finanzieller Stabilität und Vorhersagbarkeit fundamentale Alltagsroutinen gewährleistet und berufliche Bedürfnisse erfüllt würden. Oder anders ausgedrückt: Im Privatleben durften keine anarchischen Zustände herrschen, außer man wünschte sich eine rasche Abfolge vieler unterschiedlicher Partnerinnen im Leben. Mir widerstrebte diese Vorstellung. Ich strotzte fortan nicht unbedingt vor Selbstvertrauen, was mein Potenzial als fester Freund betraf. Ich brauchte jemanden an meiner Seite, der selbst so stabil und reif war, um sich auf mich ausschließlich aufgrund meiner Qualitäten einlassen zu können – jemanden, der mich auch gerade wegen meiner Unreife liebte. Wie ich noch herausfinden sollte, ist dies der Traum (oder auch das Hirngespinst) vieler professioneller Unterhaltungskünstler.

14 POESIE DES PUNK UND ENTFALTUNG EINER SZENE

Nach ein paar Wochen fleißigen Probens im Hell Hole umfasste unser Repertoire immerhin schon sechs eigene Songs. Diese elfminütige Setlist spielten wir immer und immer wieder. Um noch etwas mehr Zeit herauszuschinden, imitierten wir die Jam-Session, die wir von den Shows von Black Flag kannten, bei der sie ihre erweiterte Version von „Louie Louie" zum Besten gaben. Unsere Proben wurden stets von mehreren Pausen unterbrochen. In der Regel hielten wir es nicht länger als 30 Minuten hinter dem verschlossenen Garagentor aus, bevor wir dieses aufreißen mussten, um den Backofen durchzulüften, den wir zu unserem Proberaum auserkoren hatten. Wir zogen uns dann immer ins Haus zurück, wo es etwas kühler war, und generell eine zivilisiertere Atmosphäre herrschte.

Während dieser Unterbrechungen setzte ich mich oft ans Spinett meiner Mom, um jeden, der sich gerade in der Nähe befand, mit simplen Klavierinterpretationen diverser Punksongs zu unterhalten. Brett begeisterte sich sehr für meine Versionen verschiedener Songs von ELP und forderte mich stets auf, mehr davon zu spielen. „Lucky Man" war unser gemeinsamer Favorit. Ich besaß auch eine billige zwölfsaitige Gitarre, die man ständig stimmen musste. Ihr Klang erinnerte an viele der damaligen Aufnahmen, bei denen ein Chorus-Effekt für eine Zwölfsaitige zum Einsatz gebracht wurde, was selbstverständlich unsinnig war, da dieses Instrument diesen Effekt ja schon selbst zu erzeugen imstande war! Sie war die perfekte Begleitung für die Anfangspassage von „More Than A Feeling" von Boston. Auch Nummern von Styx, Billy Joel und Foreigner wünschte sich Brett von mir, um meine rudimentären Darbietungen dieser populären Radiohits mit Harmoniegesang zu begleiten. Auch Songs der Dickies spielte ich mit großer Inbrunst auf dem Piano. So umfasste mein Oeuvre auch eine Killer-Version von „You Drive Me Ape". Viel komplexer als Elvis Costellos „Sneaky Feelings" durfte ein Piano-Riff für mich damals aber nicht sein. Der Gesang lag mir hingegen im Blut, womit ich die Jungs ebenfalls gern unterhielt. Ich brachte mir auch ein paar Songs von Todd Rundgren bei, die ich aber nur für mich selbst spielte, da ich sie nicht ins Lächerliche ziehen wollte und befürchtete, dass meine Bandkollegen meiner Vorliebe für sein Schaffen mit Misstrauen begegnen würden. Brett verarschte mich aber nie, wenn ich mich an Elton John versuchte, weil er selbst ein großer Fan von Elton war.

Praktisch von Anfang an nahmen wir unsere Aufgabe, Songs zu schreiben, ziemlich ernst. Auch wenn wir gern herumblödelten und uns an Coversongs aus anderen Genres versuchten, zeichnete sowohl Brett als auch mich ein gutes Bauchgefühl hinsichtlich der Ausrichtung und Mission unserer Band aus. Irgendwann wollten wir schließlich mal eine Platte aufnehmen. Dieser Wunsch fungierte als eine Art bandinterne Verfassung, die auch unsere Punk-Ästhetik unterstrich. Aber wie sah es eigentlich in Bezug auf unsere Texte aus? Die Poesie des Punk war für uns allgegenwärtig. Wir wollten uns nun auch in Hinblick auf die zahlreichen Themenbereiche, derer sich die anderen Bands in Südkalifornien annahmen, eine eigene Nische schaffen. Die Inhalte und Ansätze dieser Bands, die wir allesamt liebten, rangierten vom Lächerlichen bis hin zum Tiefgründigen:

Absurd

„He used to be a funny man with big black hair, he lost it in an accident but he doesn't care"
oder
„Planes carry people around and around, Trains are late getting in the station"

oder
„Operation, operation, snip and tie, snip and tie"

Wörtlich
„I don't care about you, fuck you!"
oder
„Fix me, fix my head, fix me please I don't wanna be dead"

Existentialistisch
„Standing in line we're aberrations, defects in a defect mirror"
oder
„Don't want to drown in American society"

Lifestyle-bezogen
„Grab a girl, go for a whirl, head on down to the beach"
oder
„Go-go music really makes us dance, do the pony, puts us in a trance"
oder
„She found it hard to say goodbye to her own best friend, bought a clock on Hollywood Boulevard the day she left"

Als Aufruf zur Mobilmachung
„We're not the background for your stupid fights, get out of the darkness, it's time to unite"
oder
„Let's lynch the landlord man"

Eine zur selben Zeit wie wir aktive Band namens Circle One galt zwar weithin als überaus virtuos, scheiterte jedoch daran, ein nachhaltiges Thema zu etablieren. Doch trotz der scheinbaren Kurzsichtigkeit ihres Songtitels „High School Society" und der Simplizität ihrer Texte vermittelten sie mit ihrer Dichtkunst eine Haltung, die eine Leben lang Gültigkeit besaß: *„Fuck the people! They go with the crowd."* In den Händen eines wortgewandteren Texters konnte diese Aussage in alle nur denkbaren Bereiche ausgeweitet werden. Charles Darwin versuchte mit seiner Evolutionstheorie den Theologen auch nur zu verklickern, dass Gruppendenken und Konsensstreben Bullshit sind und unkritischer Populismus bekämpft werden sollte.

Allerdings mussten wir auch mit Attitüde und Haltung auftreten. Oftmals übernimmt der Sänger dieser Aufgabe stellvertretend für die ganze Band. Nur fehlte es meinem Auftreten an der Aggressivität, die so viele meiner persönlichen Favoriten auszeichnete. Genau das galt aber als integrales Kriterium für eine Punkband. Wenn man die Streitlust aus der ästhetischen Gleichung des Punks streicht, verliert man eine fundamentale Komponente der für das Genre ausschlaggebenden Idiomatik.

Es gibt zwei Arten offen zur Schau getragener Konfliktbereitschaft. Jene des einfachen Mannes aus der Arbeiterklasse, die etwa als ungeschlachte und tumbe Wut eines Truckers zum Ausdruck kommt, der gemischtrassige Paare terrorisiert und von der Straße abdrängen will. Das ist ganz ordinäre Angriffs- und Kampfeslust. Da sie praktisch überall im Leben präsent ist, inspirierte sie auch seit jeher die Populärmusik. Es ist daher auch wenig verwunderlich, dass viele Abkömmlinge der Arbeiterklasse und den damit verbundenen Milieus sich für Musik begeistern, die voll reinhaut und der aggressiven Attitüde des einfachen Mannes entspricht. Punk verfügte über ebendiese Qualität und stiftete zu Randalen an. Diese Herangehensweise ist jedoch alles andere als einzigartig. Tatsächlich ist sie so alltäglich, dass Punk sie nicht als definierendes Alleinstellungsmerkmal für sich in Anspruch nehmen kann. Ich wünschte mir jedenfalls etwas mehr von unserer Musik.

Es gibt auch noch eine andere Art und Weise, seine Bereitschaft, vor keinem Konflikt zurückzuscheuen, zum Ausdruck zu bringen. Nämlich mithilfe des menschlichen Verstands. Ideen können genauso kontrovers wie offenkundig abstoßendes Verhalten sein. Dieser Ansatz ist in Amerika nicht minder fest verankert. So bedienten sich etwa die Gründungsväter dieses Prinzips. Sie strebten seinerzeit danach, die britische Vorherrschaft samt dem damit einhergehenden Rechtssystem zu Fall zu bringen, indem sie unsere nationale Verfassung niederschrieben. Anstelle der rabiaten Kampfeslust der niederen Klassen brachten sie Wörter zu Papier, die die Krone im alten London derart in Aufruhr versetzten, dass ein Krieg letzten Endes unausweichlich war.

All diese Aspekte zu berücksichtigen war leichter gesagt, als solche Texte samt dazu passender Musik tatsächlich zu schreiben. Doch wie die zittrige Nadel am Kompass eines Bergwanderers wies uns diese Herangehensweise den Weg zu unserem Konzept. Unsere Direktive war somit klar und wir wussten um unsere Ausrichtung.

Allabendlich traf man beim Oki-Dog auf etliche Gleichgesinnte, die sich gern über Musik unterhielten und ebenfalls in Bands spielten. Ein paar von ihnen hatten sich auch schon einen gewissen Bekanntheitsgrad erspielt. Jay und ich verbrachten so viel Zeit wie möglich dort – also jeden Dienstag nach den Punkshows im Starwood und auch immer an den Freitag- und Samstagabenden. Jay pilotierte einen Toyota-Pick-up-Truck und fuhr mich darin überallhin. Bevor er die High School abbrach, kutschierte er mich auch täglich zur Schule. Gemeinsam kreuzten wir durch Hollywood und machten unterwegs sowohl in den renommierten Locations wie dem Whisky auf dem Sunset Strip oder dem Starwood am Santa Monica Boulevard als auch in den Underground-Schuppen halt, wie etwa dem Hideaway. Entweder, um ein Punkrock-Konzert zu sehen, oder auch bloß, um auf dem Bürgersteig vor dem jeweiligen Gebäude abzuhängen. Wir wollten den Namen Bad Religion auf diese Weise ein wenig bekannter machen. Auch wünschte ich mir, dass wir doch in diese Lokalitäten eingeladen würden, um selbst einen Gig dort zu absolvieren. Die meisten Leute, mit denen Jay und ich verkehrten, hatten sich – so wie wir – noch keinen Namen machen können. Aber manche von ihnen wechselten langsam auf die Überholspur.

Einer der zugänglichsten Szene-Insider dieser Tage hörte auf denselben Vornamen wie ich: Greg Hetson von den Circle Jerks. Der Sänger seiner Band, die er gerade erst gegründet hatte, war niemand Geringerer als Keith Morris, den ich schon im Fleetwood mit Black Flag performen gesehen hatte. Auch Greg Hetson selbst hatte schon etwas vorzuweisen. So war er ein Gründungsmitglied von Redd Kross gewesen, die Rodney Bingenheimer im Radio rauf und runter spielte. Er war jedenfalls nie abgeneigt, eine fachkundige Unterhaltung über Musik, „Miezen" oder Events in Los Angeles und Umgebung zu führen. Wenn man wissen wollte, wo es zur Aftershow-Party oder irgendeiner anderen steilen Fete ging, musste man sich an Greg Hetson von den Circle Jerks wenden.

Die Circle Jerks ließen nichts anbrennen, wenn es darum ging, möglichst rasch berühmt zu werden. So nahmen sie bereits kurz nach ihrer Gründung 1980 ein Album namens *Group Sex* auf, das praktisch sofort zum Kultklassiker avancierte. Es enthielt absolut umwerfendes Schlagzeugspiel und denkwürdige Gitarrenriffs, die quasi im Handumdrehen zum Standardprogramm einer jeden Probe sämtlicher lokalen Punkbands wurden. Keiths Gesang war beunruhigend aggressiv, jedoch gleichzeitig auch melodiös. Ihre Songs wurden zu Polaroid-Aufnahmen der südkalifornischen Punkszene, zeigten sich bewusst modekritisch und beschrieben die Oberflächlichkeit unserer Gesellschaft. Zudem glorifizierten sie die heruntergekommene Seite Hollywoods.

Greg Hetson und ich verstanden uns schon deshalb auf Anhieb, weil wir beide auch abseits des Punkrocks auf ähnliche Dinge abfuhren. So ging er zum Beispiel gern auf Reisen. Als das erste Album der Circle Jerks veröffentlicht wurde, befand er sich gerade mit seiner Band auf Tour durch die USA, auf der sie fast jeder Stadt mit einer eigenen Punkszene eine Stippvisite abstatteten. Und auch wenn ein urbanes Zentrum keine solche kulturelle Bereicherung vorzuweisen hatte, war sie vor einem Kurzbesuch der Jerks nicht sicher. Greg war jedenfalls der erste Punkmusiker, den ich in Los Angeles traf, der wusste, wo sich Racine befand. Immerhin hatte er dort mit seiner Band schon einen Auftritt gespielt – nämlich in der Memorial Hall vor gerade einmal einer Handvoll zahlender Gäste! Er zeigte großes Verständnis und Toleranz gegenüber Menschen aus anderen Ecken der USA. (Er selbst war in Brooklyn zur Welt gekommen, bevor er nach Los Angeles umgezogen war.) Diese Offenheit machte ihn zu einer allseits beliebten Szenegröße. Für mich fungierte er außerdem als vertrauenswürdiger Berater, der die Punk-Kultur in Los Angeles in- und auswendig kannte. Greg verfolgte aber auch Sport und wusste, dass ich gern Basketball, Baseball und Football spielte und allen Teams aus Wisconsin die Daumen hielt. So hielt er mich etwa am Laufenden, wenn meine favorisierten Mannschaften gerade in der Stadt waren, um gegen die Teams aus Los Angeles zu spielen. Gemeinsam besuchten wir etwa die Baseball-Matches zwischen den Angels und den Brewers draußen in Anaheim und kurze Zeit später begann ich, ihn zu unseren Proben einzuladen, wo er mit uns jammte, wann immer es sich gerade anbot. Das Konzept der Jam-Session stand nicht wirklich im Einklang mit unserer Vorstellung, präzise und prägnante Songs zu schreiben, die rasch auf den Punkt kamen, doch für mich war Greg der Inbegriff eines Lokalhelden und ich freute mich riesig, als er mein Angebot annahm, mit uns eine Runde abzurocken.

Einer seiner ersten öffentlichen Auftritte mit uns fand im Rahmen unseres zweiten Gastspiels bei einer obskuren lokalen Fernsehsendung namens *New Wave Theater* auf einem offenen Kanal statt. 1981 wurden wir erstmals gebeten, im Studio in West Hollywood ein kurzes Live-Set zu spielen. Als wir dort auftauchten, wussten wir nicht, was uns erwarten würde. Es war aber echt schräg, ohne Publikum aufzutreten. Zwischen all den Videokameras, die über das ganze Studio verteilt waren, kümmerten sich wiederum andere Bands um ihre jeweilige Ausrüstung und bereiteten sich auf ihre eigenen zehnminütigen Konzertsegmente vor. Durch die Show führte auf lockere und existenzialistisch angehauchte Art und Weise der ehemalige Harvard-Student Peter Ivers, der sich als Zeremonienmeister im New-Wave-Outfit auch gern als Stegreif-Dichter profilierte. Seine Vorstellungen der einzelnen Bands waren mitunter etwas wunderlich, aber alles in allem fügten sie sich prima in den holprigen Verlauf der Show ein, in der laute und schnelle Krachkapellen wie die Circle Jerks und Fear sich mit Synth-Rock-Avantgardisten wie Mnemonic Devices abwechselten.

Damals war es gar nicht so außergewöhnlich, mit einer so eklektischen Auswahl der Clubszene von Los Angeles konfrontiert zu werden. Ivers stellte uns als *„high-speed tough guys from Purgatory Beach"* vor, also in etwa als Hochgeschwindigkeits-Schlägertypen vom Strand des Fegefeuers … Das war ein cleverer Ansatz, unseren Sound und unsere textliche Herangehensweise zusammenzufassen. Dennoch hielten wir ihn damals einfach nur für einen Spinner, was wiederum unseren eigenen Mangel an geistiger Reife widerspiegelte. Tatsächlich nahm die Show in der Geschichte des Fernsehens sogar eine besondere Pionierrolle ein. Die Art und Weise, wie die Videos mit Archivaufnahmen zusammengeschnitten wurden, machte jede einzelne Folge zu einem sehenswerten Spektakel. Als Punker-Kids zeigten wir uns angesichts dieser bemüht künstlerischen Elemente der Show wenig beeindruckt. Wir wollten schlicht und ergreifend die Punkbands spielen sehen und hören.

Wir begriffen damals nicht, dass diese Produktion einem späteren Trend, der vor allem durch MTV Berühmtheit erlangte und auch am Theater (als Performance-Art) für Furore sorgen sollte, um Jahre voraus war. Der kreative Kopf hinter der Show, David Jove, wurde dabei um jegliche Anerkennung betrogen. Mit Bad Religion und unserer einzigartigen Weltsicht, die wir in Songs wie „Oligarchy", „Bad Religion" und „Slaves" lautstark zum Ausdruck brachten, passten wir perfekt ins Konzept der Autoren und zu den willkürlichen Ansagen des Präsentators. Die Schöpfer der Show prophezeiten unserer Gesellschaft eine amokläuferische Zukunft. Die Ironie dabei war, dass Bad Religion diese Art von Sozialkritik jahrelang als Geschäftsmodell adoptieren sollten – nur waren wir damals noch zu jung und unreif, um verstehen zu können, dass Jove und Ivers bei diesem Unternehmen unsere Verbündeten waren.

Im Rahmen unseres zweiten Auftritts bei *New Wave Theater* erhielten wir jedenfalls Unterstützung durch Greg Hetson, der das Gitarrensolo zu unserem Song „Part III" beisteuerte. Im Anschluss entwickelte er sich zu einem de facto Mitglied der Band, der uns immer dann bei Gigs begleitete, wenn es sich gerade gut ausging. Auch im Studio steuerte er gelegentlich ein Solo bei. Ein paar Jahre später sollte er sich uns schließlich als Vollzeitmitglied anschließen.

Nach der Veröffentlichung unserer Debüt-EP gelang es uns, eine stattliche Anhängerschaft für uns zu begeistern. Punkrocker aus dem gesamten San Fernando Valley, die sich in Clustern zusammengerottet hatten, begannen fortan, uns verstärkt wahrzunehmen, und wurden durch diverse Klüngel von Szenehelden aus Hollywood ergänzt, mit denen wir befreundet waren, weil wir so oft in ihrem Kiez weilten. Ein Kumpel namens Peter ersetzte Jay Ziskrout am Schlagzeug, nachdem dieser sich aus persönlichen Gründen aus der Band zurückgezogen hatte[2]. In Peters Schlepptau kamen immer ein paar neue Freunde mit, die wiederum ihrerseits neue Freunde mitbrachten. Bevor wir uns versahen, wurde das Hell Hole zu einer Art Nachmittagstreff für Punkrocker aus des entlegensten Winkeln des Valleys. Es hätte mir sicher gefallen, wenn unsere kleine Szene sogar noch weitreichender gewesen, doch gab es zwei gute Gründe, warum wir die Anzahl unserer Gäste kleinhalten mussten: Zum einen gab es in der Garage weder ausreichend Platz noch Stühle und zum anderen war die Bude kein wirklich cooler Treffpunkt – das Hell Hole bot keinerlei Komfort und war einfach viel zu heiß und ungemütlich und funktionierte im

2 Jay Ziskrout glaubte, die Band würde ihn zu selten in ihre Entscheidungen mit einbeziehen. Also zog er die Konsequenzen und schmiss hin – ein Schritt, den er heute als jugendliche Torheit sieht.

Grunde eher als eine Art Hauptquartier für die Band, wo wir uns verabreden konnten, um Pläne zu schmieden, wo wir uns später treffen sollten. Etwa nach der Probe, oder bei einem Konzert, in einem Club oder auch in dem altbewährten Denny's neben Toms Apartment. So wussten sämtliche Punkrocker aus dem Valley aber immerhin, wo sie uns an jedem Nachmittag nach der Schule antreffen konnten.

Auch die Mundpropaganda verfehlte ihre Wirkung nicht und so erhielten wir eines Tages Besuch von den berühmtesten Fanzine-Machern jener Tage, nämlich Al und Michelle vom *Flipside* aus Fullerton in der Nähe von Disneyland draußen in Orange County. Es war eine echte Ehre, dass sie so weit ins Valley gefahren waren und dafür immerhin 90 Kilometer zurückgelegt hatten. Ich hatte Michelle bei einem Gig in Hollywood kennengelernt und ihr meine (beziehungsweise Moms) Telefonnummer zugesteckt. Sie sagte, sie würde für *Flipside* schreiben, und ich erzählte ihr, dass wir eine Band aus Canoga Park wären. „Wo ist denn das?“, erkundigte sie sich, woraufhin ich sie zu einer unserer Proben einlud.

Tatsächlich war ich sogar ein bisschen in Michelle verknallt, weil sie zur schreibenden Zunft zählte. Das bewies mir nämlich, dass abseits meines unmittelbaren Freundeskreises auch in anderen lokalen Punkszenen intellektuell motivierte Leute existierten, was mich wiederum in meiner Hoffnung bestärkte, dass ich nicht nur eine feste Freundin, sondern eine ganze Gemeinschaft von Gleichgesinnten finden könnte. Meine Punkrock-Freunde aus dem Valley waren zwar alle ziemlich cool drauf und fast durchwegs intelligente Zeitgenossen, aber sie fuhren zudem auch noch auf Drogen und Alkohol als Teil ihres Lifestyles ab. Diese Substanzen und die damit einhergehenden Aktivitäten verängstigten mich insgeheim. So weit es mich persönlich betraf, führten sie unausweichlich zu Ausbrüchen von Wut und häuslicher Gewalt. Ich schwor mir, so etwas nie wieder miterleben zu müssen.

Ich sehnte mich wirklich nach einem Freundeskreis, wie ich ihn in Wisconsin hatte, wo die Leute zwar den Punk-Lifestyle feierten, aber dabei die selbstzerstörerischen Aspekte aussparten. Michelle bestärkte mich in dieser Hoffnung und bestätigte mich überdies in meiner Annahme, dass es auch in Südkalifornien Punkrocker gab, die sich weniger fürs Partymachen als für die intellektuellen Seiten unserer Szene interessierten. So freute ich mich riesig, als ich Michelles

Anruf erhielt. Sie meinte, sie würde meine Einladung gern annehmen und uns besuchen, um über uns zu schreiben. Auch ihr Boss, Al, war dem Trip nicht abgeneigt. Sie hatten unsere EP gehört und wir hatten wohl einen guten Eindruck bei ihnen hinterlassen.

Im *Flipside* vorzukommen war damals eine große Sache für uns, weil wir bis dahin von der Presse ignoriert worden waren. Trotz unserer Erfolge im Radio, wo unsere Tapes bei Rodney on the ROQ liefen und es einer unserer Songs, nämlich „Politics", sogar in die dort einmal im Monat erscheinenden Charts schaffte, widmeten uns weder die Lokalpresse noch die Fanzines sonderlich viel Aufmerksamkeit. Wir gingen stets davon aus, dass das mit unserem geografischen Background zu tun hatte. Das Valley galt als nicht extrem, abgefuckt, degeneriert oder cool genug, um von Punkrock-Journalisten in ihrer Berichterstattung berücksichtigt zu werden. Einflussreiche Magazine wie *Slash* oder *No Mag* konzentrierten sich in erster Linie auf ein „reiferes" Publikum – Leser in ihren Zwanzigern und Dreißigern – und weniger auf Teenager. Diese Zeitschriften legten ihren Schwerpunkt eher auf die erste Welle des Punks mitsamt ihren eher künstlerischen Ausprägungen und stylischen Protagonisten. Wir hingegen waren in ihren Augen eine Rasselbande rotznäsiger Möchtegern-Punkmusiker und Kopisten. Wie könnte eine suburbane Inkarnation einer Szene, die im „Morast" von Hollywood herangereift und sich dort zur fixen Größe entwickelt hatte, auch nur einen Hauch von Originalität aufweisen? Aber unsere Musik sprach die wachsende Leserschaft von *Flipside* an, und wir repräsentierten perfekt jene demografische Gruppe, die sie gerne porträtieren und beliefern wollten, nämlich die nun vermehrt auftretenden Cluster von Vorstadt-Teenagern, die die Musik der 1970er ablehnten und einen neuen Look etablierten, der vielleicht eher funktional und nicht ganz so stark stilisiert war wie jener der ersten Punkrocker. Ihre Outfits stückelten sie sich zusammen, indem sie die alten Klamotten ihrer Dads mit Accessoires des Skateboard- und Surf-Lifestyles sowie einer zur neuen Dekade passenden, frischen Attitüde kombinierten.

Es ist höchst ironisch, dass ich mich zwar nach intellektueller Anerkennung sehnte, sich unser erstes veröffentlichtes Interview aber eher wie ein Comicstrip las. Michelle fragte etwa, ob einer von uns hier im Haus neben der Garage wohnte, woraufhin ich verwundert antwortete, dass wir uns im Haus meiner

Mom befänden. Ich fragte mich, ob sie wirklich glaubte, dass ich mir mit meinen gerade einmal 16 Lenzen schon leisten konnte, allein zu wohnen. Mir fiel auch schnell auf, dass Michelle sich nicht sonderlich für mich erwärmen konnte. Sie war ja auch etwas älter als ich. Vielleicht 19. Außerdem schien sie sich nicht wirklich für die Botschaft unserer Songs zu interessieren. Das Interview war mehr als eine Art Vorstellungsrunde konzipiert – und darüber, dass wir allesamt Kids waren, die noch bei ihren Eltern im San Fernando Valley wohnten, ließ sich nicht allzu viel schreiben. Dennoch war ich motiviert, ihr gutes Material zu liefern. Ich wusste, dass wir den Kontakt zu *Flipside* pflegen müssten, da diese Beziehung eine integrale Rolle bei der erfolgreichen Gestaltung unserer Zukunft als Band spielen würde.

Al und Michelle hatten von ihrem Wohnort aus eine lange Fahrt in Kauf genommen, um zu uns zu gelangen. Michelle verglich nun unsere Wohngegend mit ihrer eigenen. „Ihr wohnt ja so fernab vom Schuss! Wie vertreibt ihr euch hier draußen bloß die Zeit?“ erkundigte sie sich. Ich kratzte mich ungläubig am Kopf. Glaubte sie etwa, dass wir hier am Arsch der Welt lebten? Ihre Frage implizierte, dass die Kids in Michelles eigener suburbanen Wüste, nämlich Fullerton, ein aufregenderes Ambiente vorfänden als wir hier in Canoga Park. Jeder, der schon mal das Southland in Kalifornien besucht hat, weiß Bescheid, dass die hier befindlichen, sogenannten Gemeinden mit ihren jeweiligen lieblichen Namen nicht viel mehr sind als von Straßenverläufen umzäunte Rechtecke mit einstöckigen Häusern, Garagen und eventuell einer kleinen Grasfläche und einem Pool im Garten, die sich praktisch endlos und unaufhörlich aneinanderreihen, wobei die einzelnen Nachbarschaften fließend ineinander übergehen. Wenn man die Straßenseite wechselt, befindet man sich vielleicht schon im Nachbarort. Diese vorstädtische Landschaft erstreckt sich über viele hundert Quadratkilometer. Südkalifornien gilt nicht umsonst als Inbegriff urbaner Zersiedelung. Zu unterstellen, dass eine dieser Gemeinden besonders abseits und quasi „in der Pampa“ liegen würde, erschien mir absurd. Selbst als Teenager durchschaute ich diese Prämisse. So weit es mich betraf, waren bloß Hollywood und die umliegenden Viertel wirklich der Rede wert. Immerhin befanden sich dort sämtliche Auftrittsmöglichkeiten, Veranstaltungssäle und Clubs, in denen sich eine Band Rang und Namen erspielen konnte. Die Annahme, dass die vorstädtischen Cluster des Punkrocks wiederum eine eigene Szene darstellten, war lächerlich. Trotzdem wurde unsere Ecke hier draußen im San Fernando Valley als abgelegenes Hinterland verschmäht.

Ich wollte unsere Interviewer mit Musik beeindrucken, weshalb wir ihnen unser Set vorspielten. Anschließend führten wir sie durch ein paar örtliche Etablissements wie etwa die Disco Phases, wo einmal pro Woche New-Wave-Tanzabende stattfanden. Auch betonten wir immer wieder, wie gern wir doch mehr Shows in Hollywood spielen würden. Allerdings verschwiegen wir, dass wir gerade erst in einer Fernsehshow mit dem Namen *New Wave Theatre* aufgetreten waren. Obwohl dort auch noch andere Punkbands präsentiert wurden, womit wir belegen hätten können, dass wir uns in guter Gesellschaft befanden, wollten wir in keinem Druckerzeugnis mit etwas in Verbindung gebracht werden, das die Bezeichnung „New Wave" im Namen trug. Unsere Teenager-Gehirne machten sich da viel zu viele Gedanken – aber wir wollten eben als Vollblut-Punkband wahrgenommen werden.

Obwohl wir keinerlei Erfahrung mit PR hatten, beabsichtigten wir, uns auf eine Weise zu präsentieren, die die Punks akzeptabel fanden. Unsere frühen Interviews und unser erster Auftritt bei *New Wave Theatre* entlarvten uns jedoch als alberne Kindsköpfe. Doch schon 1982, als wir zum zweiten Mal bei *New Wave Theatre* gastierten, zeigte sich, dass wir inzwischen mehr Erfahrung in die Waagschale werfen konnten. Wir hatten nunmehr zwei Platten veröffentlicht – eine EP mit sechs Songs auf Sieben-Zoll-Vinyl namens Bad Religion sowie die darauffolgende LP *How Could Hell Be Any Worse?*. Hatten wir bei unserem ersten Besuch in der Sendung noch verängstigt und unreif gewirkt, zeigte uns diese Fortsetzung nun als abgebrühte, übermäßig selbstsichere und übellaunige Punks auf ihrer eigenen Mission. Wir verhielten uns, als würden wir den Machern der Show einen Gefallen tun, indem wir in ihrer bescheuerten Revue auftraten! Nach unseren beiden Songs – „We're Only Gonna Die" und „Part III" – unterhielten wir uns nicht einmal mehr mit Peter Ivers. Wir glaubten, für Größeres bestimmt zu sein als eine Aufzeichnung einer lokalen TV-Show. (*New Wave Theatre* wurde später vom Network USA ins Programm genommen und im Rahmen der Musikshow *Night Flight* neu verpackt.) Zum Glück fackelten wir damals keine Brücken hinter uns ab, da wir in Wahrheit viel von älteren und erfahreneren Mitstreitern – wie Jove und Ivers – lernen und profitieren konnten, wenn es darum ging, kreative Vorstellungen in ein fertiges Produkt zu verwandeln.

Nirgendwo zeigte sich das so offensichtlich als am Beispiel unserer Debüt-LP. Zwar kann man im Insert der Platte lesen, wir hätten das Album selbst produziert, doch tatsächlich stünden einem älteren Typen namens Jim Mankey die Lorbeeren für diese Leistung zu. Jims damalige Freundin Johnette arbeitete am Empfang eines weltberühmten Mastering-Studios namens Gold Star. Wir alle mochten Johnette auf Anhieb, als wir dort unser das Mastering für unsere erste EP vollenden ließen. Johnettes enthusiastische und freundliche Persönlichkeit vermittelte mir das Gefühl, dass unsere Band etwas Besonderes wäre. Sie führte uns durch diese musikalische Institution und stellte uns den Angestellten vor. „Das ist Stan, er wird euer Scheibe mastern", sagte sie etwa. Stan Ross galt in der Branche als absolute Legende, doch damals sagte mir sein Name rein gar nichts. Auch über den Prozess des Masterings wusste ich herzlich wenig. Johnette klärte uns auf: „Stan unterrichtete Phil Spector in der Kunst der Musikproduktion", schwärmte sie. Das erweckte umgehend Bretts Interesse, da Spector erst unlängst ein Album der Ramones produziert hatte, auf das wir alle abfuhren. Wir wussten uns also in guten Händen. Stan ähnelte in seiner Art einem Werklehrer, den all seine Schüler respektierten und mochten. So zeigte er uns jedes einzelne Ausrüstungsstück in seinem Studio. Am meisten faszinierte mich, wie mittels einer stabilen Nadel, die an den Ausgang des elektronischen Signals des Tonbandgeräts gekoppelt war, buchstäblich die elektromagnetischen Schwingungen der aufgenommenen Musik auf dem Mastertape aus den Vinyl-Matrizen „herausgeschnitzt" wurden. Es fühlte sich alles richtiggehend magisch an und ich empfand es als große Privileg, mich dort aufhalten zu dürfen.

Auf dem Weg hinaus erwähnte Johnette noch ihren Freund Jim. „Ihr solltet euch wirklich mal überlegen, mit ihm zusammenzuarbeiten", sagte sie. „Er ist ein echtes Genie im Studio und kann euch sicher weiterhelfen, wenn ihr bereit dazu seid, mehr Songs aufzunehmen." Wir blieben in engem Kontakt mit Johnette und als es an der Zeit war, unsere erste LP aufzunehmen, traten wir tatsächlich an Jim heran, der als Person ganz anders drauf war als seine Freundin. Er ist eher sanftmütig und etwas in sich gekehrt. Auf jeden Fall ist er nicht der Typ, der in einer kreativen Situation den Takt vorgibt. Er unterrichtete uns unaufgeregt und fürsorglich über die Logistik, die mit dem Entstehungsprozess eines Albums einherging, und verfügte über wertvolle Erfahrung in der Welt des Studiobusiness'. Jim hatte in den 1970ern als Gründungsmitglied der Sparks ein paar Alben mit ihnen aufgenommen und zudem auch schon ein Album mit Todd Rundgren vorzuweisen. Er unterwies uns weniger in der Art eines Professors, sondern vielmehr als besonnener Experte und Praktiker eines geheimnisvollen Handwerks. Er ließ uns stets seine jeweiligen Präferenzen hinsichtlich eines wichtigen Details wissen und wir nahmen seine Ratschläge dankend an. Jim empfahl uns zum Beispiel, ein Studio zu buchen, in dem er das Personal kannte. Da wir uns renommierte Adressen wie Gold Star nicht leisten konnten, riet er uns, eine zweitklassige Räumlichkeit mit erstklassiger Ausstattung in Betracht zu ziehen, nämlich Track Record Studios an der Melrose Avenue. Darüber hinaus hatte er einen großartigen Einfall, wie wir das Projekt budgetär schaukeln könnten. „Die Studiobetreiber lassen mich spätnachts mit euch arbeiten – von Mitternacht bis 6 Uhr morgens. Lasst uns eine Woche buchen, das sollte fürs Erste ausreichen", schlug er vor.

Wir hatten keinen blassen Schimmer, wie wir ein Mischpult mit 24 Kanälen, ein vielspuriges Tonbandgerät oder all die anderen Effektapparate und Kompressoren, die man für die Produktion eines Albums brauchte, bedienen sollten. Jim kümmerte sich um all diese Aspekte. Tatsächlich leistete er viel mehr als ein gewöhnlicher Studiotechniker und steuerte seine eigene visionäre Vorstellung bei, wie die Platte klingen sollte. Obwohl ich meine Songs auf dem Klavier und der Akustikgitarre geschrieben hatte, war es Jims Idee, diese Instrumente auch auf dem Album zu verwenden. Diese Entscheidung inspirierte einige der auffälligsten Eigenschaften und Augenblicke des Albums, etwa der vielschichtige Effekt, den die Akustikgitarre zu „We're Only Gonna Die" beisteuerte, oder das Punk-Piano, das ich zu „Fuck Armageddon … This Is Hell" spielen durfte. Johnette und Jim gründeten etwas später die populäre Alternativ-Rock-Band Concrete Blonde, aber es sollte auch nicht das letzte Mal bleiben, dass wir zusammenarbeiten würden.

Da wir nunmehr auf zwei offizielle Veröffentlichungen verweisen konnten, wäre es nicht abwegig gewesen, dass sich rund um das Hell Hole und Canoga Park bis 1982 eine kleine, aber feine Punkrockszene entwickelt hätte. Aber in Wirklichkeit handelte es sich nach wie vor um einen isolierten Außenposten. Das Nachtleben war weiterhin in Hollywood zuhause – oder irgendwo in einem Umkreis von 15 Kilometern. Das Orange County im Süden, das Inland

Empire im Nordosten und das San Fernando Valley im Nordwesten galten als diffuse Quellgebiete für Punkrocker und deren Bands, die sich allesamt auf abendliche Expeditionen zu jenem ungefähr zehn Kilometer breiten Hotspot des Nachtlebens begaben, der sich von West Hollywood nach Downtown-LA erstreckte. Es gab auch in anderen Regionen vernünftige lokale Clubs – in Costa Mesa gab es etwa das Cuckoos Nest, in Huntington Beach das Fleetwood und in San Pedro das Dancing Waters. Das waren alles legendäre Szeneschuppen mitsamt wilder Slamdance-Action. Aber wenn man wollte, dass die damals einflussreichsten Musikjournalisten in ihren Gazetten über einen schrieben, musste man schon im Starwood, dem Whisky a Go-Go, dem Palladium oder irgendeinem anderen Mehrzwecksaal in Rufweite zu ebendiesen Etablissements auftreten. Dies waren die Locations, die die Schreiberlinge in Diensten der *L.A. Times* oder der *L.A. Weekly* zu frequentieren pflegten. Des Lesens kundige Punkrocker von Nah und Fern wussten um die Qualität der Rezensionen, die in diesen Publikationen erschienen. Ob wir es uns nun eingestehen wollten oder auch nicht: Wir verfolgten mit großer Eifersucht, wann immer andere Band erwähnt oder besprochen wurden – und wünschten uns insgeheim, an ihrer Stelle zu sein!

Eine dieser Bands hieß Mad Society, stammte aus Hollywood und wurde von einem elfjährigen Irokesenträger namens Steven angeführt. Niemand in der Band war älter als 15. Sie schrieben Songs, die davon handelten, in Vietnam von Napalm getroffen worden zu sein, was man ihnen abkaufte, da sie Kinder von Einwanderern waren. Wir waren mit ihnen befreundet und hingen von Ende 1980 bis Anfang 1981 eine Zeitlang öfters mit ihnen im Apartment von Stevens Mom in der Nähe vom Oki-Dog ab. Sie hatten zwar weder sonderlich ausgetüftelte Songs noch eine ernstzunehmende Fanbase, aber zumindest eine Sache, die wir nicht hatten: einen Manager. Die Dame hieß Daphne und war schon ein bisschen älter. Vermutlich befand sie sich in ihren späten Zwanzigern und hatte sich schon seit ein paar Jahren in der Punkszene von Los Angeles herumgetrieben. Ihr verdankten es Mad Society, dass sie in allen angesagten Läden in und um Hollywood zum Zuge kamen. Sie organisierte ihrer Band Auftritte bei Gigs, über die die etablierten Musikjournalisten berichteten. Ihre Kontakte zu den lokalen Redaktionen und anderen Musikern halfen ihr, die Illusion zu kreieren, dass Mad Society Aufmerksamkeit verdienten und ernstgenommen werden mussten. Denn in Wirklichkeit hatten sie nicht viel vorzuweisen, als in jeglicher Hinsicht richtig extrem zu sein. Extrem jung, extrem bescheuert auf der Bühne und extrem aufgetakelt. Wer würde da nicht aufmerksam werden, wenn ein elfjähriger Junge mit Iro auf der Bühne lauthals Zeilen wie *„When I was a boy in Vietnam, we were hit by NapalmI Napalm! Napalm, we were hit by Napalm!"* krakeelte? Steven kam wohl um 1969 zur Welt. Er war noch immer ein Junge, als er diesen Song sang. Allerdings war es gut möglich, dass er seine eigene Erfahrung beschrieb, die er vielleicht als Kleinkind gemacht hatte, was die Sache spannend und bemerkenswert machte. Sein Look und sein Auftreten sorgte 1981 jedenfalls im Rahmen eines Artikels in der *L.A. Times* für Schlagzeilen.

Mitglied einer im Wachsen begriffenen Punkszene zu sein, fühlte sich durchaus natürlich an. Es bestimmte unseren Tagesrhythmus. Aber da musste es doch noch mehr geben. Für mich stellte dies den Ausgangspunkt eines großartigen Kreativexperiments dar. Meine Einflüsse waren durchwegs akademischer Natur. Dieser Ansatz lag mir einfach im Blut. Die einzigen Themen, die es lohnten, verfolgt zu werden, waren die ewigen Fragen. Aus ihnen entlehnte ich die Worte und Konzepte für meine Songs. Ich war extrem eifersüchtig auf Mad Society, da sie von der *L.A. Times* für ihren angeblich so unverzichtbarer Beitrag zur Punkszene mit einem eigenen Artikel geadelt wurden. Gleichzeitig brachten uns nicht einmal die Veranstalter bei uns im Valley Anerkennung entgegen. Stattdessen mussten wir uns darauf verlassen, von befreundeten Bands eingeladen zu werden, bei ihren Gigs zu spielen.

Der nächstgelegene Club hieß Valley West Concert Club und befand sich nur ein paar Kilometer entfernt an der Kreuzung Ventura Boulevard und Winnetka Avenue. Als das Management des Etablissements beschloss, es mit Punkshows zu versuchen, nahmen wir als quasi ortsansässige Gruppe an, dass wir uns auf einer Shortlist von Bands befänden, die dort demnächst auftreten sollten. Allerdings hatte sich der Booker des Clubs stattdessen mit den Adolescents und Agent Orange aus Orange County in Verbindung gesetzt. Erst durch die Bands selbst erfuhren wir, dass sie nun ein Konzert spielen würden. Nicht einmal der Club in unserer unmittelbaren Nachbarschaft kontaktierte uns, um uns zu fragen, ob wir bei ihnen auftreten wollten. Obwohl wir darob bestürzt waren und uns geringgeschätzt fühlten, willigten wir sofort ein, wenigstens als

Vorgruppe von Agent Orange zu spielen, nachdem die Jungs bei der Leitung des Clubs für uns als Opener plädiert hatten. Als wir den Anruf erhielten, waren wir überglücklich, eine Location in unserer näheren Umgebung zu wissen. Aber noch mehr freuten wir uns darüber, dass unsere Freunde, die Adolescents, die regelmäßig Gigs in Hollywood absolvierten und von der *L.A. Weekly* mit Kritikerlob überhäuft wurden, nun auch einmal bei uns im Valley gastieren würden.

Am Nachmittag vor ihrem Konzert kamen Tony und Steve sowie noch ein paar weitere Leute aus ihrer Clique bei uns im Hell Hole vorbei. Ich war ja so aufgeregt. Der Club, der nun neuerdings Punkrockbands eine Chance gab, befand sich nur fünf Minuten entfernt, weshalb ich unseren Gästen erklärte, dass sie bis zu ihrem Soundcheck bei uns abhängen könnten. Wir probten einstweilen und unterhielten den hohen Besuch mit ein paar unserer Songs. Doch richtig lustig wurde es erst, als wir uns ins Wohnzimmer begaben, wo ich den Jungs ein paar Klavierversionen ihrer eigenen Songs kredenzte. So ließen sich „Kids of the Black Hole", „No Way" und „Amoeba" herrlich fürs Piano arrangieren, was die Adolescents auch durchaus zu schätzen wussten. Diese Songs schienen über alles Notwendige zu verfügen: Poesie, Trotz, eingängige Melodien und sogar Harmoniegesang. Dazu kam noch ihre Virtuosität an ihren Instrumenten. Mit ihnen befreundet zu sein, war schon herzerwärmend genug, doch die Erfahrung dieser Zusammenkunft war richtiggehend inspirierend. Allerdings verleitete der freundschaftliche Umgang innerhalb der Punkszene oft zur Annahme, dass man nicht auch mitunter auf Hilfe von „außerhalb" angewiesen war.

Ehrlicherweise gibt es am Prinzip des DIY *(„Do it yourself")* nichts, das vom intellektuellen Standpunkt aus verwerflich wäre. Klar, wenn es einem gelingt, seine Ziele ganz autonom umzusetzen, dann sollte man dies auf jeden Fall tun. Aber unter den Bands, denen wir aktiv nacheiferten, gab es kaum welche, die tatsächlich ohne die Hilfe anderer Entitäten wie etwa Plattenfirmen, Konzertveranstaltern, Journalisten und Musikläden irgendetwas auf die Reihe gebracht hätten. Um dies zu durchschauen, musste man die Vorgänge rund um diese Acts keiner allzu genauen Prüfung unterziehen. Selbst einem Teenager fiel das auf. Keiner der Schriftsteller, die wir lasen, keiner der Filmregisseure, die wir bewunderten, und keiner der Sportler, die wir idolisierten, hätte seine Ziele ganz auf sich allein gestellt umsetzen können. Sie alle wurden von Fachleuten und Experten ausgebildet und trainiert, von Mentoren weiter an die Spitze herangeführt, von diversen Agenten gefördert und letzten Endes auf sehr formelle Art und Weise etabliert. Sonst hätten wir wohl erst gar nicht von ihnen erfahren. Wir besuchten Kinos, Konzertsäle, Buchläden und Baseballstadien, um uns an ihren fantastischen Leistungen zu erfreuen. Immerhin arbeiteten auch die Ramones, The Clash, die Sex Pistols, die Circle Jerks, die Dead Boys, X, Fear und Sham 69 alle mit professionellen Produzenten, Agenten, Konzertveranstaltern und Managern, die alle das musikalische „Establishment" vertraten und die Aktivitäten der genannten Bands lenkten, indem sie sich an eine durchstrukturierte wie formelle Methodologie hielten. In meinen Augen ähnelte Punkrock in dieser Hinsicht einer Universität, wo die Studierenden zunächst vom Lehrpersonal, Betreuern und Beratern unterrichtet und angeleitet werden, bevor sie im Aufbaustudium von ihren Doktorvätern unter deren Fittiche genommen werden, um später nachhaltige Beiträge zur wissenschaftlichen Gesellschaft leisten zu können. Diese Herangehensweise war eigentlich alles andere als DIY. Wenn man zum Grundstock nützlichen Wissens beisteuern will, jenem basalen Merkmal unserer Zivilisation, muss man dies mithilfe etablierter Einrichtungen bewerkstelligen und auf den Leistungen anderer aufbauen, selbst wenn man dabei die hochgeschätzten Glaubensvorstellungen der Vergangenheit auf den Kopf stellt.

1982 zählten die Circle Jerks zu unseren engsten Freunden. Nicht nur hatten sie veranlasst, dass unser erstes selbstaufgenommenes Tape bei Rodney on the ROQ zu allerersten Radio-Ehren kam, sondern uns darüber hinaus mehrere Konzerte ermöglicht, indem sie uns interessierten Konzertveranstaltern weiterempfahlen. Uns war bewusst, dass ebendiese Konzertveranstalter der Schlüssel dazu waren, noch mehr Gigs zu bekommen. Wenn man ihnen seine Zuverlässigkeit beweisen konnte und zusätzlich schon eine gewisse Anhängerschaft mitbrachte, riefen sie einen nämlich immer wieder an. Einer der einflussreichsten frühen Konzertveranstalter hieß Gary Tovar. Seine Firma Goldenvoice begann damals, vermehrt auf Bad Religion zu setzen, da wir sowohl verlässlich als auch motiviert waren. Wir zögerten nie lange, uns und unsere Ausrüstung auf Bretts Van, Jays Toyota-Pick-up und Peters Mazda zu verteilen, um zu jedem Gig aufzubrechen, zu dem wir bestellt wurden. Goldenvoices bevorzugte Konzertlocation war damals ein kleiner Raum namens Community Center, der an eine

Lagereinrichtung erinnerte und sich in Goleta in der Nähe von Santa Barbara befand. Andere wichtige Clubs heuerten uns ebenfalls gern als Vorgruppe an. So traten wir etwa bei der großen Eröffnung einer Location namens Godzillas auf, die sich zur Valley-Version des Cuckoos Nests oder Fleetwoods entwickeln sollte. Die Betreiber dieser Hütte spezialisierten sich auf Punkrock und versuchten, sich als eine Art „Kulturzentrum" des Genres zu etablieren. Dort gab es etwa auch Billardtische und eine Bar und wir spielten 1982 gleich am Premierenabend im Vorprogramm von Fear und China White. Noch im selben Jahr und nachdem wir unseren Stellenwert mithilfe unserer Fanbase untermauert hatten, durften wir im Godzillas vor The Damned aus England auftreten. Gary von Goldenvoice goutierte unser Engagement und unsere Verlässlichkeit und meldete sich gern bei uns, wann immer er einen Anheizer für eine Show benötigte. Wir waren alles andere als ein etablierter Act. Aber unsere Texte und unsere Ideale wurden dank des kollaborativen Geists der Punkrock-Community mitsamt all ihren Musikenthusiasten, Veranstaltern und anderen Bands nun offenbar vermehrt wahrgenommen. Leider entwickelte sich die Szene aber gleichzeitig in eine weit weniger erfreuliche Richtung.

15 HINEIN INS UNGEWISSE

Auf YouTube findet man ein Konzert von Bad Religion aus dem Jahr 1984, das im Olympic Auditorium stattfand. Anhand des Clips allein kann man nicht erkennen, dass wir damals auf dem Plakat für die Show nur an dritter Stelle angekündigt wurden. Jedenfalls singe und performe ich, als ob das ganze Publikum nur da wäre, um Bad Religion zu sehen. In mehrerlei Hinsicht befinde ich mich ganz in meiner eigenen Welt: Ich befasse mich nicht mit den Mechaniken des Musikgeschäfts, vertraue ganz auf die Qualität der Musik an sich und bin ausschließlich vom intellektuellen Streben nach einer kreativen Erfahrung angetrieben.

Ich gebe mich lebhaft, verspielt und fröhlich – ganz anders als das klassische Klischee, das Punksänger vor mir mit ihrer Bühnenpräsenz etabliert haben. So verzichte ich etwa auf bedrohliche Grimassen und nehme mich selbst nicht übertrieben ernst. Kein vermessen rechtschaffenes Gehabe. Meine Haare sind lang, ich trage ein Guinness-Käppi und ein T-Shirt mit der Aufschrift *„Fuck 'em Bucky"*. Offenbar machte ich mir keinerlei Gedanken hinsichtlich der tragischen Existenzen, die die zugedröhnten Vorstadt-Kids im Publikum führen mussten, und ließ mir auch meine eigenen Sorgen nicht im Geringsten anmerken. Vielmehr spulte ich mein Programm mit aufgekratzt-sarkastischer Geste und der Leichtfüßigkeit eines Eventmoderators ab. Mein Freund und Studienkollege John, der de facto als unser Roadie fungierte, sitzt neben Peters Schlagzeug auf der Bühne. Sein Gesicht verrät seine Angst vor all den Nichtsnutzen, Drogensüchtigen, Schurken und Strolchen im Publikum, die unablässig auf die Bühne klettern, um sich wildem Slamdance und gepflegtem Stagediving hinzugeben. Er stellte sich ihnen dabei nicht in den Weg. Da er selbst bis in die Haarspitzen zugedröhnt war und sich vermutlich flach wie ein Rochen fühlte, entfaltete sich das gesamte Szenario vor ihm wie eine unwirkliche Traumlandschaft. Im Publikum befand sich zumindest ein Killer samt Knarre, wie ich später herausfand, der einen unschuldigen Jungen aus unbekannten Gründen erschoss, nachdem wir die Bühne verlassen hatten. John hatte also allen Grund, beunruhigt zu sein. Ich hingegen kompensierte meine eigene Nervosität stets mithilfe von Comedy-Einlagen. So hatte ich schon bei *New Wave Theatre* reagiert, als mich Ivers nach der Bedeutung meiner Songs befragte. Ich hatte leider vorab keine Antworten vorbereitet. Mich irritierte und verängstigte sein forsches Nachfragen nach einer intellektuell wertvollen Replik, weshalb ich mich einfach auf mir vertrautes Terrain zurückzog. Was würde wohl Bill Murray auf diese Frage antworten? „Lass mich bloß in Ruhe, Mann! Ich schreibe hier bloß die Texte!", antwortete ich. Ivers ließ mich glücklicherweise vom Haken und entgegnete mir mit einem witzigeren Konter. „O ja, stimmt, du schreibst natürlich keine Gedanken auf!"

Bis 1984 hatte sich Punk in ein Monster verwandelt – und ich hielt dieses Monster bei Laune, ohne die hässliche Fratze der Realität akzeptieren zu wollen. Sämtliche meiner Freunde aus „der Szene", die damals immer noch einen auf Punk machten, waren entweder auf Drogen oder hemmungslose Säufer. Ich sah sie nur mehr unregelmäßig, etwa wenn wir Konzerte wie jenes im Olympic Auditorium spielten. Es war einfach, mich von dieser Gruppe vormaliger Freunde abzunabeln, weil sie all die Dinge, die mein tagtägliches Leben ausmachten, sterbenslangweilig fanden. In diesem Lebensabschnitt begann ich, mich weniger als Waffenbruder und mehr als Entertainer der Kohorten von Punkrockern zu fühlen, da wir einfach nicht mehr viel gemeinsam hatten. Ich verbrachte meine Tage am Campus der UCLA, wo ich Lehrveranstaltungen besuchte und neue Freunde kennenlernte, die so wie ich Feldgeologie und Biologie studierten. Die Fragmente der Punkrock-Kultur, die in mir fortbestanden, waren einzig und allein musikalischer Natur, die ich mir in kreativen oder meditativen Momenten in Erinnerung holen konnte, um neue Songs zu schreiben. Jedoch sollte mich das Bedürfnis, innerhalb dieses Genre zu performen, niemals verlassen.

Greg Hetson, dieser unbeirrbare Szeneheld, tourte in diesen Tagen unablässig mit den Circle Jerks. Sie entfernten sich allerdings von ihren Punk-Wurzeln und entwickelten sich zu einer etwas blutärmeren Formation, die Heavy Metal mit Rock mittleren Tempos verschmolz. Da sie sich so oft auf Achse befanden, vermieden sie eine aktivere Rolle beim Untergang der südkalifornischen Szene. Wenn sie einmal eine Pause einlegten, rief mich Greg an, um mich aufzufordern, ein paar Shows mit ihm zu spielen. Er verfügte diesbezüglich über die richtigen Kontakte in und ringsum Hollywood. Das Nachtleben konzentrierte sich mittlerweile weniger auf Punk als Musik und war vielmehr von Nostalgie geprägt, was wiederum zu einer verfälschten Wahrnehmung der ursprünglichen Punkszene führte. Geboten wurde nun eine Glorifizierung von Gewalt, Drogenmissbrauch und allgemeiner Verkommenheit. Ich erklärte mich bereit, vor diesem Publikum als Bad Religion aufzutreten, da ich an die Qualität unserer Musik glaubte, obwohl der Gruppe inzwischen zwei maßgebliche Kompetenzträger abhandengekommen waren. Brett und Jay zeigten jedenfalls kein Interesse mehr an gemeinsamen Auftritten. Wenn Greg Hetson nicht permanent auf der Suche nach Action gewesen wäre, die ihn in seiner Freizeit abseits der Circle Jerks bei Laune hielt, hätte es mich vermutlich nie mehr nach Hollywood verschlagen. Aber dem war nicht so. Ich sah immer noch Potenzial in Bad Religions Musik und war der Auffassung, dass sie gehört werden sollte – obwohl mir durchaus bewusst war, dass das Gros der Radaubrüder im Publikum nicht zu unseren Shows kam, um gute Musik zu hören. Diese nur dürftig beworbenen Konzerte stellten noch eine echte Alternative zur damals kommerziell erfolgreicheren und angesagteren Musik namens Hair Metal dar.

Trotz des im Sinkflug begriffenen öffentlichen Interesses war ich jedoch weiterhin überzeugt, dass Punk über reichlich Potenzial verfügte, da es nach wie vor das einzige Genre war, das Gesellschaftskritik für ein junges Publikum aufbereitete, was es auch für Intellektuelle und Möchtegern-Bohemiens wie mich selbst reizvoll machte. Doch leider war Slam Dancing inzwischen zu einem amorphen Wirrwarr für ehemalige High-School-Sportskanonen auf Alk oder Speed degeneriert. Sie kollidierten willkürlich miteinander und rissen sich gegenseitig zu Boden, um es auf die Bühne zu schaffen, von wo sie wenig elegant zurück in die Menschenmenge hechteten. Alles in allem eine ziemlich derangierte Männerveranstaltung. Frauen mieden diese Gigs. Angesichts dieser beschissenen Zustände musste ich mich bemühen, etwas für mich Wertvolles aus diesen Events herauszufiltern. Tatsächlich motivierte mich die schräge Widersprüchlichkeit zwischen dem intellektuellen Anspruch der Songs einerseits und der brutalen, sinnentleerten Idiotie auf der Tanzfläche andererseits. Das war – für sich genommen – bereits eine faszinierende Satire auf die allgemeine Verfassung der Menschheit.

Ich befand mich zu diesem Zeitpunkt in meinem zweiten Studienjahr, weshalb es mir als interessante Herausforderung erschien, Punkshows als philosophisches Experiment zu begreifen. Quasi als Dozent vor einer Ansammlung Primaten. Punkrock konnte damals nicht mit den gerade angesagteren kreativen Auswüchsen der Hair-Metal-Szene in Los Angeles konkurrieren. Gruppen wie Ratt, Mötley Crüe, W.A.S.P. und andere zeichneten sich durch Songs und Melodien aus, die eingängiger waren als alles, was Punk in L.A. zustande brachte. Zudem zelebrierten die Hair-Metal-Gruppen auch weiterhin das „verwegene“ Image als drogenkonsumierende, straßenschlaue und übertrieben sexualisierte Kreaturen der Nacht, wie das zuvor bei den Punkrockern der Fall gewesen war, die in den vergangenen Jahren die Clubs in Hollywood unsicher gemacht hatten. Dies prolongierte Hollywood als Epizentrum des Nachtlebens und bestätigte dessen Anzugskraft auf die Kids aus den umliegenden Suburbs.

Doch ohne die konfrontative Haltung, mit der die Polizei gegenüber Punkrock aufzutreten pflegte, gestalteten sich die Metal-Shows als ungefährlichere Option. Zahlreiche Punkrocker beiderlei Geschlechts waren der Gewaltexzesse, des Nihilismus' und der Drangsalierung durch die Cops dermaßen überdrüssig, dass sie sich die Haare langwachsen ließen, um sich der neuen Mode samt ihren Bands, die sich vor allem am Sunset Strip tummelten, ganz und gar hinzugeben. Die Kostümierungen und Accessoires, die von den Punks bevorzugt wurden, wie etwa Sicherheitsnadeln, Lederjacken, Bondage-Beinkleider, mit Bandanas und Ketten ausstaffierte Stiefel und vage britisch anmutende Textilien hatten nunmehr ausgedient und wurden durch ein im Großen und Ganzen eher amerikanisches Arsenal an Produkten ersetzt: So setzten die Metalheads auf Lederwesten, Stirnbänder, Haarspray zur Fixierung der pompösen Mähnen, Lipgloss, Schmuck, enge Hosen oder Ganzkörperanzüge aus Spandex oder

Lederimitat, fingerlose Handschuhe und extravagantes Schuhwerk. Es wirkte alles sehr witzig und kreativ – und ich konnte verstehen, warum Frauen sich von den Punkshows abwendeten, um sich dieser farbenfroheren und inklusiveren Musikszene anzuschließen. Unsere Shows mussten hingegen ohne weibliche Konzertbesucher in Szene gehen. Stattdessen versammelte sich vor unserer Bühne eine ausgedünnte Rotte Amphetamin-Jünger und exzessiver Säufer, die einander oder auch bloß sich selbst Schmerzen zufügen wollten. Inzwischen fanden auf der anderen Seite der Stadt oder am Ende derselben Straße Metal-Konzerte statt, bei denen sich die Warteschlangen um den ganzen Block erstreckten und die Fans sich an einer neuen Form des Nachtlebens erfreuten, während sie aktiv eine neue Version der Musikszene von Hollywood erschufen.

Was auch immer diese neue Szene tatsächlich sein mochte, es fehlte ihr an Gesellschaftskritik und ihre Anhänger erschienen mir flatterhaft. Ehemalige Punks, die bereit waren, sich wie Fähnchen im Wind zu drehen. Was für ein Punkrocker würde bitte seine Haare wachsen lassen und von nun an Bands verehren, die davon sangen, *„too fast for love“* zu sein, oder über *„looks that kill“* zu verfügen? Dies ließ den Schluss zu, dass der Punk-Ethos, wie immer man diesen definieren mochte, für viele Fans der Musik nie wirklich eine Rolle gespielt hatte. Sie wendeten sich ohne zu zögern ab und hörten von nun an eben eine andere Mucke, die viel abgefahrener und poppiger war, garniert mit viel feminin auftretenden Karikaturen.

In Bezug auf Hair-Metal stellte Punk immer noch eine echte Alternative dar und bot auch weiterhin die Möglichkeit, Musik auf eine etwas andere Art und Weise zu präsentieren. Ich war der Auffassung, dass die Tradition des Punk-Songwritings fortgesetzt werden konnte. Es war eine lohnende Aufgabe, Konzerte zu spielen, weiterhin Songs zu schreiben und im Verlaufe dessen die intellektuelle Tradition Bad Religions weiterzuführen, obwohl unser Sound auch viele Taugenichtse und Grobiane anzog. Als eine Art Selektionsfaktor, so glaubte ich, könnte unsere Musik aber auch ein paar scharfsinnige Hörer in ihren Bann ziehen. Da ahnte ich noch nicht, wie wenige es in den kommenden Jahren tatsächlich sein würden.

Als 1984 anbrach, konnte man getrost behaupten, dass Bad Religion vom Weg abgekommen waren. Im Vorjahr waren die einzelnen Bandmitglieder merklich auseinandergedriftet. Ich hatte an den Abenden fürs College gebüffelt, viel gelesen und Zeit mit meiner festen Freundin verbracht. Die traumatische Gewaltbereitschaft, die Punk zu umgeben schien, zuerst seitens der Polizei, die Konzerte auf rabiate Weise auflöste, dann von Seiten szeneinterner Unruhestifter, degradierte Clubbesuche zu einer Aktivität, der sich nur mehr ganz Verzweifelte nicht entziehen wollten. Drogensüchtige und sexbesessene Geschöpfe der Nacht konnten ihre Triebe nach wie vor in Spelunken wie dem Cathay de Grande befriedigen, aber ich musste mich auf Examen vorbereiten – und zum Glück interessierte ich mich nicht dafür, mich zuzudröhnen.

Mein Kontakt zur Szene war jedoch nur einen Anruf entfernt. Greg Hetson, mit dem ich von zu Zeit zu Zeit telefonierte, blieb der Szene auch weiterhin treu und wurde gleichzeitig immer populärer, obwohl sich die Relevanz ebendieser Punkszene rückläufig entwickelte. Die Circle Jerks tingelten hartnäckig durch sämtliche Bundesstaaten. Keine andere Band trug in der ersten Hälfte der 1980er so viel zur Popularität südkalifornischen Punkrocks bei. Sie zählten zur Elite des Punks und andere Bands strebten danach, ihr Geschäftsmodell zu kopieren. So ziemlich alle Konzertlocations, die über eine Kapazität von bis zu 1.000 Besuchern verfügten, rollten den Circle Jerks in jenen Tagen den roten Teppich aus. Greg ging jeweils mehrere Wochen auf Tour und kehrte stets mit prallgefüllten Taschen zurück. Ich war ja so neidisch auf ihn und fragte mich, ob Bad Religion jemals so erfolgreich sein könnten. Immerhin schienen wir als ewige Vorgruppe abgeschrieben zu sein. Kein Konzertveranstalter nahm uns ernst genug, um uns die Rolle als Headliner zuzutrauen. Die Circle Jerks betrieben ihre Touren hingegen wie ein ernsthaftes Business. Nicht umsonst trommelte bei ihnen ein gelernter Buchhalter. Ihr Konzertagent war zwar ein ausgeprägter Zyniker, aber auch ein echter Vollprofi. Sogar über einen Anwalt verfügte die Band, der sich im Namen der Band um diverse Verhandlungen kümmerte. Ich staunte, was die Circle Jerks nicht alles auf die Reihe brachten, während die Punkszene in Los Angeles sich auf düsteren Underground-Sound weniger bekannter Bands beschränkte, der aus drögen Kaschemmen dröhnte. Die Circle Jerks traten hingegen in Konzerthallen auf und hatten die abgefuckten Kneipen hinter sich gelassen. Ihr Publikum schien stetig zu wachsen, während unseres immer kleiner (und dümmer) wurde.

Für uns war das vergangene Jahr, nun ja, relativ turbulent verlaufen. Brett und ich hatten beschlossen, ein Album zu schreiben, mit dem kein aufrichtiger

Punk etwas zu tun haben wollte. Jay weigerte sich, darauf Bass zu spielen und verließ die Band während der ersten Proben für dieses Projekt. Wir rekrutierten daraufhin ein paar Freunde – echte Musiker, keine Punks –, um unsere neuen Songs zu spielen, die in Folge auf unserem zweiten Album erschienen, *Into the Unknown*. Tatsächlich repräsentierte diese Platte sämtliche musikalischen Einflüsse, die Brett und ich teilten, bevor wir Punkrocker wurden. In gewisser Hinsicht handelte es sich bei dieser Scheibe um eine Absage an eine kränkelnde Szene, die mittlerweile brutalen und misogynen Nihilisten eine Plattform bot und sich nicht länger durch eine tolerante und intellektuelle Haltung auszeichnete, wie wir sie früher favorisiert hatten.

Das Album begann mit einer optimistischen Nummer mit dem Titel „It's Only Over When You Give Up", die den Glauben zum Ausdruck brachte, dass ein Funke des Geistes der einstigen Szene nach wie vor in mir flackerte. Das Problem mit diesem Album ist auch sein größtes Vermächtnis: Es klang einfach so ganz und gar nicht nach Punkrock. Als die einzige Möglichkeit, Punk-Fans für sich zu begeistern, darin bestand, noch härter zu spielen und eine noch nihilistischere Attitüde zur Schau zu stellen, bogen wir in eine komplett andere Richtung ab. Unsere neuen Songs klangen musikalischer und ausgetüftelter, während sich die Texte mit unseren alten Lieblingsthemen befassten, nämlich Philosophie, der Umwelt und der möglichen Erfüllung des menschlichen Potenzials trotz aller Widrigkeiten.

Das Desinteresse an unserem neuen Release traf uns wie ein Vorschlaghammer. Niemand kaufte das neue Album und die Vertriebe schickten es uns kistenweise zurück. Mal ganz abgesehen davon war es uns geglückt, für zwei Konzerte an zwei aufeinanderfolgenden Abenden als Headliner im berühmten Nachtclub Mabuhay Gardens in San Francisco gebucht zu werden. Das war eine große Sache für uns. Nicht einmal nach der Veröffentlichung unseres letzten Albums, „How Could Hell Be Any Worse?", das beim Publikum großen Anklang fand und tausende Exemplare verkaufte, war uns ein solcher Gig als Haupt-Act angeboten worden. Doch jetzt, nachdem das nicht mehr ganz aktuelle Album ausreichend Interesse an uns generiert hatte, sicherten sich die Booker des Mabuhays unsere Dienste gleich für zwei Konzerte. Nur wussten sie dort nicht, dass wir inzwischen ein völlig andere Band waren. Statt mit einer Wand aus Gitarrenverstärkern und einer brandheißen Rhythmussektion stiegen wir nun mit einem Synthesizer und zwei schnieken Kumpels von der Musikschule, die ihre Feuertaufe in einem Punkschuppen vor Augen hatten, aus unserem Van. Brett und ich waren jedenfalls schockiert, als wir erfuhren, dass im Vorverkauf ganz zwei Tickets abgesetzt worden waren. Aber immerhin spielten wir das erste von zwei anberaumten Konzerten als Headliner vor vielleicht 50 Leuten, die allesamt gehofft hatten, dass wir das Material vom neuen Album tunlichst steckenlassen würden. Umso enttäuschter zeigten sie sich, als sie feststellen mussten, dass unsere neuen Mittstreiter viele unserer alten Nummern gar nicht kannten. Der zweite Abend verlief dann ein wenig besser, da wir den beiden Neuankömmlingen „We're Only Gonna Die“ und „Fuck Armageddon“ beigebracht hatten, die damals zu unseren beliebteren Songs zählten. Aber auch so fanden sich nicht mehr als 55 oder 60 Konzertbesucher vor der Bühne ein.

Von außen und im Nachhinein betrachtet würde ein großzügiger oder auch philosophischer Beobachter *Into the Unknown* vielleicht als jugendlich-amateurhaften Versuch einordnen, eine Vielzahl erfolgreicher Stile aus den 1970ern auf eigene Weise zu interpretieren. Noch großzügigere Rezensenten könnten sich der Sichtweise Greg Shaws anschließen, der meinte, als er sich weigerte, uns dabei behilflich zu sein, das Album zu vertreiben, dass „diese Platte einfach ein bisschen jenem Trend voraus ist, der momentan den Ton angibt“. Immerhin waren Begriffe wie „Post-Punk“ und Bands wie R.E.M., die diesen Sound perfektionieren sollten, damals noch kein Thema. Die typische Reaktion auf unser Machwerk orientierte sich hingegen an der Einschätzung des San Franciscoer Fanzines *Maximum Rocknroll*, wo es bezüglich *Into the Unknown* hieß: „Hinein ins Ungewisse – und hinaus aus dem Fenster!“ …

Die deprimierende Wahrheit ließ sich nicht leugnen. Niemand konnte sich für unsere neue Ausrichtung erwärmen. „Scheiß auf sie, wenn sie keinen Spaß verstehen“, brachte es Greg Hetson, der bei besagten Konzerten auch nicht am Start war, auf den Punkt. Ich begegnete der ablehnenden Haltung gegenüber unserem musikalischen Abenteuer, indem ich mich noch weiter von der Punkszene zurückzog und meine Bemühungen intensivierte, an der Universität zu bestehen. Ich interessierte mich mehr dafür, meinen Verstand mittels Bildung zu erweitern, als mich auf biochemische Eskapaden einzulassen und auf diese Weise weitentlegene Regionen der menschlichen Wahrnehmung auszukundschaften. Zwar nahm ich jede Gelegenheit wahr, mit Bad Religion Konzerte zu spielen, doch hieß es nun, wir hätten uns „verkauft", indem wir versucht hatten, ein kommerzielles Album samt Synthesizer und Gitarrensoli einzuspielen.

Es war zumindest kein schlechter Zeitpunkt, Los Angeles eine Zeitlang den Rücken zu kehren. Da kam es höchst gelegen, dass ich als Austauschstudent an der University of Wisconsin angenommen wurde. Tatsächlich bot das College eine willkommene Ablenkung von der Welt des Punks. Aus irgendeinem Grund hatten sich die meisten Punkrocker der früheren Szenen gegen das College gesträubt. Ich habe sie nie direkt danach gefragt, aber der Großteil meiner Freunde in Los Angeles zog es vor, Clubs anstelle von Uni-Kursen zu besuchen. Ein paar von ihnen nahmen das DIY-Prinzip viel zu ernst. Sie verstanden es als Verrat an der Sache, hinsichtlich ihrer Bildung auf eine so etablierte Einrichtung wie eine Hochschule zu vertrauen. So bekam ich Sprüche zu hören wie „die Straße ist meine Schule" oder auch „ich habe an der harten Schule des Lebens studiert". Wie dem auch sei, ich persönlich machte mir hinsichtlich meines Schulbesuchs kein hochtrabenden Illusionen. Es ging mir jedenfalls nicht darum, mich fälschlicherweise für besser als irgendjemand anderen zu halten. Im Anschluss an die High School stellte es einfach den nächsten logischen Schritt dar. Wahrscheinlich war mir sogar am wichtigsten, auf diese Weise einem normalen Job entkommen zu können. Solange ich studierte, war es leicht, Arbeit am Campus zu finden, mit der ich meine Kosten decken konnte, während ich mich eingehend mit dem Forschungsbereich der Evolution beschäftigte, der schon bald zu einer Art Lebensphilosophie für mich wurde.

Im Frühsommer des Jahres 1984 kehrte Jon, mein bester Kumpel aus der Junior High School, nach Los Angeles zurück, nachdem er sein erstes Studienjahr in Wisconsin zugebracht hatte. Von all meinen Freunden in L.A. war er der Einzige, der meinem Heimatstaat je einen Besuch abgestattet hatte. Nach einem sommerlichen Abstecher nach Racine, der ihm sehr zugesagt hatte, entschied er, als die Zeit dafür reif war, sich für einen Studienplatz an der University of Wisconsin zu bewerben. Er wurde angenommen und spielte auch für das Basketballteam der Schule, mit dem er die Uni-Meisterschaft gewinnen konnte. In diesem Jahr war ich sein Mitbewohner, doch beantragte ich einen Wechsel an die UCLA und befand mich zwischenzeitlich schon wieder in Los Angeles. Uns beiden stand ein höchst produktiver Sommer ins Haus. Während er sein sportliches Können trainierte, befasste ich mich eingehend mit Zoologie und der Evolutionstheorie. Punkrock stellte eine gelegentliche Zerstreuung dar, wann immer Bad Religion gebeten wurden, vor dieser oder jener Band in irgendwelchen Schuppen mit komischen Namen aufzutreten. Doch in erster Linie existierte Punk nur noch als eine Art mythischer Zufluchtsort in meinem Kopf, an den ich mich zurückzog, um Songs für eine Szene zu schreiben, die praktisch von der Bildfläche verschwunden war.

Nach Jons Rückkehr nach L.A. in diesem Sommer hingen wir beide wie früher auch miteinander ab. Sein Coach hatte ihm aufgetragen, sich mithilfe der sportlichen Infrastruktur der UCLA fitzuhalten, und ich begleitete ihn jeden Tag, wenn er zum Campus fuhr. Während er die Treppe des Stadions hochjoggte, vertrieb ich mir die Zeit im Gebäude des Studentenwerks oder klapperte die Vitrinen in den Bibliotheken ab.

Eines Tages, als wir uns gerade am höchstgelegenen Abschnitt des Ventura Freeways nahe der Kreuzung mit dem Mulholland Drive befanden, wo sich vor einem das gesamte San-Fernando-Flachland ausbreitet, wenn man am Sepulveda Pass den Hügel überquert, drehte Jon auf dem Rückweg von der UCLA das Autoradio des Wagens seiner Mutter volle Kanne auf. Die in diese Karren eingebauten Geräte funktionierten nicht sonderlich gut. Jon, der hinsichtlich seines Musikgeschmacks mit mir für gewöhnlich auf einer Wellenlänge lag, verkündete vollmundig, dass wir gerade seinen liebsten Sender hörten.

1984 begann KMET, sein Programm im großen Stil auf Rock der härteren Gangart auszurichten. „Ich liebe Heavy Metal“, ließ er mich nun wissen. Darin unterschied er sich nicht von vielen anderen Punkrockern, obwohl er sich nie dem zugehörigen Lebensstil verschrieben hatte. Leute, die auf Punkrock abfuhren, verloren mit der Zeit das Interesse, weil mittlerweile nur mehr sehr wenige Platten aufgenommen wurden. Die kleinen Musiklabels, die ohnehin schon eine Rarität darstellten, besaßen nicht die Macht, ihre Musik unters Volk zu bringen. Die großen Plattenfirmen verfügten hingegen über einen direkten Draht zu den Radiosendern und forcierten einen neuen

Sound. Obwohl Metal bereits seit längerer Zeit ein musikalischer Begriff war, generierte das Genre nunmehr hohe Verkaufszahlen und wurde als „Mucke für Headbanger" angepriesen.

KMET positionierte sich stolz als „Lifestyle"-Sender und die dort beschäftigten DJs vertraten die Ansicht, dass Rock als Lebensphilosophie funktionierte. Spätestens 1984 beschlossen ein paar von ihnen, dass Metal dieser Vorstellung ebenfalls entsprach. Die meisten der Bands, die sie spielten – Triumph, Scorpions, Dio und vor allem Quiet Riot –, boten eine Mischung aus älterem, klassischem und düsterem Metal-Sound samt schweren Gitarrenakkorden, einfachen Melodien und britischem Charisma sowie einem neueren, schrilleren Image mit blechernen, Gitarrensolo-basierten Balladen à la Van Halen, deren Sänger sich mit ihrer offen dargebotenen Emotionalität auch auf schnulziges Terrain vorwagten. Der Übergang zu diesem „neuen" Metal lässt sich einfach demonstrieren, indem man Black Sabbath aus den 1970ern mit Ozzy Osbournes Soloalben aus den frühen 1980ern vergleicht. Trotz der offenkundigen Veränderung hatte man es immer noch unleugbar mit Metal zu tun. Statt von Tony Iommi waren die Hard-Rock-Gitarristen jetzt aber von Eddie Van Halen und Randy Rhoads beeinflusst.

Dieser neue Sound erfreute sich 1984 großer Beliebtheit und feierte große kommerzielle Erfolge. Leute, die auf raue Musik abfuhren, kauften immer noch Platten. Tatsächlich wirkten härtere Klänge – egal, ob Rock oder Punk – in keiner Weise überholt oder vorgestrig. Ganz im Gegenteil: Verzerrte Gitarren waren das Markenzeichen des FM-Radios. Die Menschen strömten in die Konzerthallen, um harte und mitunter auch schnelle Musik zu hören.

Wenn die „Mucke für Headbanger" tatsächlich in Zusammenhang mit einem spezifischen „Lifestyle" stand, so war dieser eher seichter Natur. Einfach „mehr Metal" als irgendjemand anderer zu sein erschien schlichtweg zu lächerlich, um sein ganzes Dasein darauf aufzubauen. Allerdings freute ich mich darüber, dass Songs mit verzerrten Gitarren, ungestümen Drums und melodischem Gesang eine populäre Formel waren. Trotz all seiner kulturellen Absonderlichkeit glaubte ich immer noch, dass der wahre Durchbruch für Punkrock erst noch bevorstand.

Als ich nun mit Jon im Auto saß, liefen „Rainbow in the Dark" von Dio und „Bang Your Head" von Quiet Riot im Radio. Ich fand die Songs zwar lachhaft, aber es machte auch Spaß, sie im Radio zu hören, während wir mit heruntergelassenen Fenstern dem Sonnenuntergang entgegenfuhren. Jon war ausgepowert ob seines intensiven Trainings. Mich wiederum bewegten tiefgründige Gedanken, die sich aus meinem meditativen Rundgang durch die Bibliotheken ergeben hatten.

16 AKADEMISCHE AMBITIONEN UND PUNK

Vielleicht lag es daran, dass ich nie mit dem Schöpfungsmythos der Bibel konfrontiert worden war, doch je mehr ich über die Evolution las, vor allem in Bezug auf den Menschen, desto mehr fing die Welt um mich herum an, einen Sinn zu ergeben. Die Wissenschaft strotzt nur so vor technischen Aspekten, doch zum Glück offenbart sie auch einen brauchbaren Blick auf das „große Ganze". Kein Individuum kommt zur Welt, um eine Art Schicksal oder kosmischen Zweck zu erfüllen. Jeder Tag des Lebens ist Teil eines großen Anpassungsprozesses. Unsere Umwelt verändert sich unablässig – für die Menschen schließt das auch ihr soziales Umfeld mit ein. Aus diesem Grund darf auch niemand ein Urteil über einen fällen, weil man ja, so wie jeder andere auch, permanent versucht, das Beste aus einer Situation zu machen, auf die man selbst keinen Einfluss hat.

Mir dämmerte langsam, dass manche Menschen sich auf diese grobschlächtige Philosophie berufen konnten, um die Verantwortung für ihre Fehler von sich zu weisen. Das fühlte sich nicht richtig an. Diese Schlussfolgerung, der zufolge jemand losziehen konnte, um anderen Schaden zuzufügen, war unzufriedenstellend. Auch war es inakzeptabel, mein eigenes Glück und Wohlbefinden zu opfern, um andere von ihrem Leiden zu erlösen, was vielleicht der

Fall gewesen wäre, wenn ich mich auf eine Kodependenz mit meinen drogensüchtigen Freunden eingelassen hätte. Wir müssen uns alle mit einzigartigen Umständen und Lebenslagen befassen und ich fühlte mich verpflichtet, so viel Gutes wie nur möglich daraus zu machen. Wo dieses Pflichtgefühl herkam, war mir ein Rätsel, aber es hatte zweifellos etwas mit meinen Eltern und ihrem Umgang mit den Unbilden des Lebens zu tun.

Das Studium der Evolution eröffnete mir eine bodenlose Schatztruhe an Informationen und neuen Entdeckungen, die mein Bedürfnis, zu schreiben und meine Ideen mit der ganzen Welt zu teilen, stark beeinflusste. Die beste mir zur Verfügung stehende Methode, dies zu bewerkstelligen, war die Musik. Ich vertrat die Überzeugung, dass intellektuelles Studium und geistvoller Diskurs sich problemlos mit Musik und Songwriting in Einklang bringen ließen. Deshalb musste ich Bad Religion zumindest spirituell am Leben erhalten, während ich gleichzeitig an der Uni studierte. Einen gewöhnlichen Job auszuüben, der mich von neun bis 17 Uhr in Anspruch nahm, und gleichzeitig meine Ziele in die Tat umzusetzen, schien mir hingegen ein hoffnungsloses Unterfangen. Aus diesem Grund ließ ich auch keine Gelegenheit aus, auf die Bühne zu steigen und Songs zu singen, von denen ich glaubte, dass sie Leute dazu bewegen könnten, ihr wertvollstes Instrument der Anpassung einzusetzen, nämlichen ihren Verstand.

Der Menschheit helfen zu wollen war ein ebenso edles wie hochtrabendes Ziel. Tatsächlich konnte ich damals auch nicht wissen, ob mein Studium, meine Songs, meine Feldforschungen, all die Recherche und auch die Konzertreisen sich letzten Endes bezahlt machen würden. Dennoch war ich überzeugt davon, dass mein Songwriting, sollte ich damit eine einzigartige Perspektive auf die Welt vermitteln können, die Band noch einmal interessanter machen würde. Jeder kann einen eingängigen Song schreiben, der sich dann sogar einer gewissen Beliebtheit erfreut. Aber das ist nur der erste Schritt zu einem Vermächtnis – und nicht der Weisheit letzter Schluss. Um signifikante Spuren zu hinterlassen, muss ein Künstler eine gesamtheitlich durchdachte Tiefgründigkeit verkörpern, die seinen ganzen Lebensweg begleitet und zusammenfasst, um auf diese Weise die Fans abzuholen und eine gemeinschaftliche Erfahrung zu kreieren.

Für einen Studienanfänger waren das ganz schön komplexe Gedanken. Tatsächlich erreichte ich ein solches Niveau an Erkenntnis und Reflexion, indem ich viel über Charles Darwin las, den Vater der Theorie von der natürlichen

Auslese, dessen Leben auch von Zweifeln und Zögern geprägt war. So war er sich seinerzeit, nachdem er die Fakten des Lebens entdeckt und ihre profunden Auswirkungen auf die Gesellschaft und vor allem auch unser Verständnis von Religion verstanden hatte, alles andere als sicher, ob er damit auch tatsächlich an die Öffentlichkeit gehen sollte. Nach zwei Jahrzehnten des Abwiegens erschien schließlich sein berühmtes Buch *Der Ursprung der Arten durch natürliche Selektion*. Dieses Werk machte sich schon bald einen Namen als vollinhaltliche Zurückweisung der Schöpfungslehre und stellt sich bis heute als grundlegende wissenschaftliche Hürde jedem in den Weg, für den der eigene Glauben vor empirischer Tatsachenforschung rangiert. Darwins Feuereifer, mit dem er die Naturwissenschaft verfolgte, lehrte mich, dass Experimentierfreude, ein gutes Auge und die Bereitschaft, logische Schlussfolgerungen anzustellen, Eigenschaften waren, die einen ein ganzes Leben lang auszeichnen sollten, und die einem dabei behilflich sind, zu einer an der Evolutionstheorie orientierten Weltsicht zu gelangen. Mit ebendiesem kontinuierlichen Ansatz näherte ich mich auch meiner Aufgabe als Sänger und Songwriter: Das Schreiben meiner Songs könnte sich schließlich ebenfalls nach der empirischen Herangehensweise eines Wissenschaftlers ausrichten.

Mitunter erweisen sich gewisse Experimente und Beobachtungen als Sackgassen, aber dass man sie zumindest angestrengt hat, ist dennoch ein wertvoller Prozess. Fehler sind sehr lehrreich: Ein Wissenschaftler lernt durch sie, seine Arbeit zu verfeinern und beim nächsten Mal ein besseres Experiment zu initiieren. Die Resultate, die sie erzielen, sind formbare, temporäre Platzhalter, die nur so lange Gültigkeit besitzen, bis einem detailreichere Daten, bessere Beobachtungen oder neue Entdeckungen vorliegen. So behielt ich stets die Langfristigkeit eines Unterfangens im Auge. Auch das Songwriting gestaltet sich als Prozess. Es stellt eine kreative Herausforderung dar, interessante Konzepte zu finden. Da die Evolutionslehre mit Religion unvereinbar ist, erschien sie mir als schier unversiegbarer Quell an Implikationen, die gut zur antiautoritären Haltung der Punksongs von Bad Religion passen könnten. Ich machte mir keine allzu großen Sorgen hinsichtlich der erfolgreichen Umsetzung einer Aufnahme oder Song-Idee. Jede war für sich genommen, so hoffte ich, ein eigenes Experiment im Rahmen des langwierigen Prozesses, musikalische Raffinesse zu erlangen. Dies war die Motivation, die mich durch meine gesamte akademische Odyssee begleitete.

Ich verbrachte den Großteil des Sommers und den gesamten Herbst des Jahres 1983 in meiner Geburtsstadt Madison, um Zoologie und Geologie an der University of Wisconsin zu studieren. Es fühlte sich einfach großartig an, Zeit mit meinen alten Kindheitsfreunden aus Racine zu verbringen, von denen sich die meisten ebenfalls für ein Studium entschieden hatten. Wir verbrachten jeden einzelnen Tag zusammen, da wir alle auf dem Campus wohnten und in den dortigen Kantinen zu speisen pflegten. Ich jobbte als Eiskremverkäufer in der berühmten Babcock Hall, wo ich das Speiseeis, das direkt am Campus im Rahmen des landwirtschaftlichen Studienzweigs aus heimischer Milch produziert wurde, in Waffelbecher füllte. Für mich war das ein absoluter Traumjob. Dad hatte uns als Kinder ein paar Mal ebendort hin mitgenommen und ich hatte mir immer gewünscht, genau diese Aufgabe übernehmen zu dürfen, da ich glaubte, mich nur von Eiskrem und Wasser ernähren zu können. Wir Angestellten durften abgelaufenes Joghurt und Cottage-Cheese von der Arbeit mit nach Hause nehmen. Für einen ansonsten mittellosen und hungrigen Studenten schmeckten diese Milchprodukte immer noch frisch genug und ich teilte sie auch gern mit meinen Studienkollegen.

Die Zeit mit meinen alten Freunden erfüllte mich mit großer Zufriedenheit. Wir erhielten sogar die Möglichkeit, an unsere glorreichen Mannschaftssportmatches von früher anzuknüpfen, als wir 1983 mit unserem Team die prestigeträchtige Trophäe für die Flag-Football-Meisterschaft der University of Wisconsin-Madison erringen konnten. Doch in meinem kreativen Leben klaffte nun eine Lücke. So vermisste ich es etwa, mit meiner Band auf der Bühne zu stehen. Auch sehnte ich mich nach jener Anerkennung, die einem als Musiker entgegengebracht wird, obwohl dieser Status in letzter Zeit ohnehin stark gelitten hatte, nachdem Bad Religion in Punkrock-Zirkeln nicht mehr überall gut angesehen waren. Tatsächlich empfand ich eine seltsame Genugtuung, als meine Freunde in Wisconsin mir ihre Wertschätzung für die Songs auf *Into the Unknown* mitteilten, obwohl ihre Meinung in den einflussreich-elitären Punker-Kreisen in L.A. keinerlei Gewicht hatte. Ich wünschte mir immer noch, meine musikalische Karriere fortzusetzen. Nur würde ich im Mittleren Westen in dieser Hinsicht auch nicht aufblühen können. Also zögerte ich nicht lange und verlegte meinen Lebensmittelpunkt ab Januar 1984 wieder an die Westküste, wo ich mein Studium an der UCLA fortsetzen wollte.

Damals suchte das Olympic Auditorium in der Innenstadt von Los Angeles aktiv nach Punkbands, die in der Lage waren, ein größeres Publikum anzuziehen. Die immer noch junge Firma Goldenvoice Productions sah das Olympic als Location, in der vor allem renommierte Gruppen auftreten sollten. Etwa jene aus England, die es gewohnt waren, als Headliner ihre eigenen Welttourneen zu absolvieren. Zu den beliebtesten Shows zählten 1984 die Auftritte der UK Subs und von Public Image Ltd. Aber auch die Konzerte der einzigen lokalen Bands, die jeweils für volles Haus sorgen konnten – nämlich Circle Jerks und Black Flag –, waren hervorragend besucht. Die Circle Jerks durften sich über eine Vielzahl von Angeboten seitens der Firma Goldenvoice freuen, die sie auch den genannten Acts als Co-Headliner zur Seite stellte. Überhaupt waren sie damals wohl die einzige Punkband aus L.A., die weiterhin landesweit neue Fans hinzugewinnen konnte und auf diese Weise auch das Interesse von Konzertagenturen auf sich zog. Auch Black Flag tourten immer noch fleißig, aber die Konzertveranstalter in Los Angeles buchten sie nur ungern, da sie brutale Polizeieinsätze scheuten, die ihre Gigs oft provozierten. Die Circle Jerks waren hingegen eine Band, vor der sich kein Promoter zu fürchten brauchte. Ihr Stil war ein wenig gesitteter und sie wurden mit jedem weiteren Album ein bisschen softer und Mainstream-tauglicher. Sich ein eher an konventionellem Rock interessiertes Publikum zu erschließen führte zu Einladungen aus Teilen des Landes, in denen zuvor noch nie eine Punkband aus L.A. gastiert hatte.

Während ich an der UCLA studierte, erhielt ich gelegentlich Anrufe von Greg Hetson, der mich darauf aufmerksam machte, dass wir zum Beispiel nächsten Mittwoch im Cathay de Grande auftreten könnten. „Sattle die Pferde und ruf die Band zusammen!“, hieß es dann. Wir rekrutierten eine improvisierte Besetzung, die dem einzigen Zwecke diente, hin und wieder einen Punk-Gig für Leute zu spielen, die seinerzeit die originale Inkarnation Bad Religions versäumt hatten. Peter spielte inzwischen bei einer anderen Band, weshalb nun John Albert bei uns Schlagzeug spielte. Ein Freund von mir aus der South Bay namens Tim Gallegos unterstützte uns am Bass, während Greg Hetson in die Saiten seiner Gitarre haute. Unsere Gigs fanden höchst sporadisch statt – in der Regel an Wochenenden in Notbehelf-Locations oder wann immer Goldenvoice eine „bekannte“ Band brauchte, um vor einem Act aus England aufzutreten. Greg Hetson war zudem stets in der Lage, uns einen Auftritt im Cathay de

Grande am Hollywood Boulevard klarzumachen. An jedem Mittwochabend konnte man dort nämlich sechs Bands für gerade einmal einen Dollar bestaunen. Natürlich sah es hinsichtlich der Gage eher mau aus! Die Band am Leben zu erhalten, war reinster Idealismus. Diese Songs zu singen und dabei das Gefühl zu haben, sie würden etwas bedeuten, war meine einzige Motivation.

Die meisten Konzertbesucher, die uns damals sahen, zeigten sich uns gegenüber skeptisch oder überhaupt zynisch. Die Punks wünschten sich von ihren Lieblingssängern derbere Lyrics, schnellere Tempi, mehr Wut und Verkommenheit, um sich geschmacklich von den Anhängern der glamouröseren und geschliffeneren Metal-Acts, die dieser Tage die Clubs dominierten, abheben zu können. Die Punkszene war im Gegensatz dazu überschaubarer, gewaltbereiter, weniger durchmischt und generell weniger tolerant. Es kursierte stets der Verdacht, dass jemandes Lieblingsband sich ans Establishment „verkaufen" könnte, angetrieben von einem geheimen Verlangen, die eigene Popularität etwas zu pushen. Bad Religion bewegten sich hingegen in einem Graubereich. Unsere Songs waren unterschiedlich schnell, manche waren heavy und schleppend wie etwa „Drastic Actions", andere wie „In The Night" wiederum eher im mittleren Tempo gehalten – und natürlich verfügten wir auch über temporeiches Material in der Art von „Damned to Be Free" oder „Fuck Armageddon … This Is Hell". Unser gesamtes Repertoire war allerdings sehr melodisch. Egal, ob ein Song langsam oder schnell war, ich bevorzugte Melodien gegenüber blinder Wut und Verzweiflung. Außerdem war ich kein Leadsänger vom Zuschnitt eines Wanderpredigers. In mir steckte einfach kein Scharfmacher. Meine Aufgabe sah ich vielmehr darin, mit großer Leidenschaft zu singen und die richtigen Töne zu treffen.

Ich ertappte mich auf der Bühne sogar beim Tagträumen, wenn ich über die Ansammlung zorniger, betrunkener oder anderweitig zugedröhnter Typen hinwegblickte, die jede Gelegenheit wahrnahmen, auf die Bühne zu klettern, um unsere Performance zu stören, etwa indem sie mir mein Mikro stibitzten, bevor sie kopfüber zurück ins spärliche Publikum sprangen. Einst konnte sich ein Punkrocker darauf verlassen, von einem regelrechten Menschenmeer, das sich quer über den gesamten Punk-Club ausbreitete, aufgefangen zu werden, doch nun knallten Stagediver regelmäßig mit dem Gesicht voraus auf den steinharten Dancefloor, weil schlichtweg niemand da war, der ihren Flug unterbrach.

Zwischen den Songs herrschte in den düsteren Clubs nun eine beunruhigende Stille. Man konnte aber hören, wie ein paar Typen, die sich ihrer T-Shirts entledigt hatten, in ihrer benebelten Verzweiflung keuchten und die Rückkehr des schnellen Schlagzeugbeats herbeisehnten, um sie wieder etwas weiter in Richtung ihres unausweichlichen Kollapses zu treiben. „Schnauze halten und spielen!", hieß es regelmäßig, wenn ich auf der Bühne etwas erzählen wollte, oder auch nur die nächste Nummer ansagte. Wenn es jemandem gelang, mir während eines langsamen Songs das Mikro zu entreißen, schallte sogleich die Parole „Schneller!" durch den Raum. Da wir das Publikum durchwegs bei Laune halten wollten, spielten wir relativ kurze Sets und verzichteten dabei auf Tracks von *Into The Unknown*. Allein wenn wir den Titel der Scheibe auf der Bühne in den Mund genommen hätten, wäre uns eine dicke Lippe gewiss gewesen.

Obwohl ich mich damals „hauptberuflich" auf mein Studium an der UCLA konzentrierte, glaubte ich insgeheim fest daran, dass Bad Religion ein lohnenswertes Unterfangen war. Mein Stundenplan war gut gefüllt mit Kursen, ich büffelte intensiv und befand mich in einer neuen Beziehung zu einem Mädchen aus San Diego namens Greta, die ich später sogar heiraten sollte. Da ich eigentlich vermeiden wollte, dass sie mich vor einer Horde Strauchdiebe und Drogensüchtiger in irgendeiner dubiosen Lagerhalle singen sah, betonte ich ihr gegenüber, dass Bad Religion vor nur wenigen Jahren noch eine angesagte Band gewesen waren und sogar Gigs im Whisky A Go-Go gespielt hatten. Sie konnte sich zwar nie wirklich für das Nachtleben in Hollywood begeistern, doch hatte sie auch einige Konzerte im Whisky besucht.

Leider war eines ihrer ersten Bad-Religion-Konzerte, bei dem sie mich singen sah, nicht gerade ein Highlight in unserer Karriere als Band. Im Herbst 1984 fuhr ich mit Greta vor einem namenlosen Tanzsaal in einer schmucklosen Vorstadt namens Sun Valley vor. Die Bude sah aus, als wäre das Polizeikommando bereits mehrmals hindurchgestürmt. Im Eingangsbereich war eine Fensterscheibe zu Bruch gegangen. Die Metalltüre des Seiteneingangs, durch den die Bands ihre Ausrüstung ins Gebäude trugen, war eingetreten worden. Als wir nun dort eintrudelten, stellte ich unserem Drummer, der bereits dicht war, meine nunmehrige bessere Hälfte vor. John besaß die Fähigkeit, auch high noch ein aufmerksamer und witziger Zeitgenosse zu sein. Tatsächlich wusste ich damals noch gar nicht, dass er Drogen nahm. Erst Jahre später weihte er mich ein, als das Thema einmal zur Sprache kam. Das Publikum war überschaubar, in erster Linie männlich und fast durchwegs betrunken oder auf Drogen. Alle blickten finster drein, kaum jemand lächelte. „Ich glaube, wir sind heute Vorband für einen Bandenkrieg", scherzte John.

Hinter der Bühne gab es – wie üblich – kein Catering und auch keinen Bereich, in dem die Band abhängen hätte können, um sich mit anderen Musikern oder sonstigen Gästen auszutauschen. Die kalte Herbstluft an diesem Abend passte gut zu den mürrischen, in Lederkluft gekleideten Stammgästen, die einander anstarrten, um auf diese Weise herauszufinden, wer nun gegen wen kämpfen würde, sobald es zu einer offenen Auseinandersetzung käme, während John und ich uns bemühten, unsere Unzufriedenheit und Abneigung gegenüber diesem Abklatsch der Punkszene zu verbergen. Vor uns traten noch ein paar relativ belanglose Bands auf, die Phrasen wie „Punks, ihr müsst zusammenhalten!" und andere Durchhalteparolen ins Mikro krakeelten. Dabei war klar, dass das Publikum sich ausschließlich dafür interessierte, sich gegenseitig so richtig übel den Sender zu verbeulen, sobald das Schlagzeug zu einer weiteren überflüssigen Zurschaustellung rhythmischer Mittelmäßigkeit ansetzte. Die Bühne war gerade hoch genug, um das Publikum minimal vom Publikum abzugrenzen, doch diverse Slamdancer hatten sich schon während der Vorgruppen an die jeweiligen Sänger herangepirscht, um sich deren Mikros zu schnappen und unsinnige Slogans hineinzubrüllen, während die Schlagzeuger weiterhin stumpf drauflos trommelten. Die Parolen, die vermutlich im Gang-Kontext irgendetwas Spezifisches bedeuteten, lösten jedenfalls noch mehr Gewalt aus. Während die Bands annahmen, dass das Publikum auf diese Weise bloß ihre Begeisterung für ihre sinnbefreite Mucke zum Ausdruck brachte, entluden sich in Wirklichkeit aufgestaute Aggressionen in gemeingefährlicher Bandenbrutalität, die in zahlreichen Schädelfrakturen und blutverschmierten Visagen mündete.

Als wir gegen 21 Uhr auf die Bühne gingen, glaubte ich, dass das Ärgste bereits vorüber wäre. Damit lag ich leider falsch. Allerdings wurde nicht so oft versucht, mir das Mikro zu entreißen, wie das bei den vorangegangenen Bands der Fall gewesen war. Das lag wohl daran, dass Greg Hetson aufgrund seines Status als eine Art Stammesältester besonderer Respekt entgegengebracht wurde. In dieser Location hatten sich vermutlich um die 250 Menschen versammelt, was zu wenig war, um den Tanzboden lückenlos zu füllen. Aber die Abstände zwischen den Konzertbesuchern waren genau richtig, um Faustschläge auszuteilen und wild um sich zu treten. Während wir spielten, wurde ständig irgendjemand ausgeknockt. Ich selbst verbrachte viel Zeit neben Johns Schlagzeug, um auf diese Weise den Handgreiflichkeiten direkt vor der Bühne zu entgehen. Oft blickte ich hinüber zu Greg Hetson, der wie sonst auch höchst jovial seine Gitarre bearbeitete, als ob die Gewalt ihn nicht weiter stören würde. Das war keine schlechte Strategie. Mein zorniges Gesicht unter meiner sorgenvoll gerunzelten Stirn verriet meine Gedanken: „Das ist ja wieder einmal ein richtig schönes Chaos, in das du uns da hineinmanövriert hast!"

Meine neue Freundin konnte ihren Ekel kaum verbergen. Mitunter sagte sie: „Lass uns einfach von hier verschwinden." Obwohl ich da prinzipiell ganz ihrer Meinung war, hätte ich mich nie inmitten einer Show verabschiedet, da ich glaubte, dass vielleicht doch auch ein paar Leute im Publikum wegen unserer Musik gekommen waren. Ebendiese Konzertbesucher wollte ich nun nicht im Stich lassen, was vermutlich ein bisschen naiv war. Auf jeden Fall war es mir peinlich, dass Punk zu einem dermaßen nihilistischen und hässlichen Ding verkommen war.

Als wir unsere Ausrüstung einluden, um uns so schnell wie möglich aus dem Staub machen zu können und diese fast vergessene Show in dieser namenlosen Location hinter uns zu lassen, verließen John und ich die Bude durch die Hintertür und spazierten in Richtung des Parkplatzes. John fiel auf, dass der Boden glitschig war und der schmutzige Straßenbelag im schwachen Licht der umliegenden Laternen schimmerte. Da so viele blessierte Konzertbesucher an diesem Abend blutend aus dem Gebäude eskortiert worden waren, ließ es sich nun kaum vermeiden, in diverse Pfützen ihres roten Körpersaftes zu steigen. Es sollte ziemlich viel Zeit vergehen, bis ich mich wieder traute, Greta zu einem Konzert mitzubringen. Was einst ein Quell großer Freude gewesen war – das abendliche Ausgehen, um bei Konzerten zu slamdancen – war nun zu einem bizarren Albtraumszenario mutiert, das einen in düstere Kaschemmen führte, in denen finstere Gesellen darauf lauerten, anderen Menschen körperlichen Schaden zuzufügen. Es war inzwischen einfach zu stressig, noch ein Punk zu sein.

17
DISSENS ALS FERTIGWARE

Punks kommerzielle Verwertung war längst überfällig. Selbst wenn von der Szene nur mehr ein paar befremdliche Spießgesellen übriggeblieben waren. Doch genau diese miserablen Gestalten rückten nun in den Fokus der Vermarktungsmaschinerie, die sich nicht dafür interessierte, eine einfühlsamere oder empathischere Geschichte über die erwähnenswerteren Aspekte unseres Genres zu erzählen. Es gibt Menschen, die ihr ganzes Leben darauf warten, dass jemand aus ihrem engeren Umfeld endlich ins Gras beißt, damit sie sagen können: „Narren waren ihm unerträglich!“ Berechnende Phrasendrescher, die im richtigen Augenblick ein paar Sprüche klopfen, um ihre eigene Reputation zu pushen, ohne denjenigen, die schon vor ihnen da waren, die nötige Anerkennung zu zollen. Solche talentbefreiten Einfaltspinsel ballern mit Vorliebe Scheiße an die Wand, um zu sehen, wer sich für das interessiert, was dort klebenbleibt. So etwa auch während der Frühphase der Dokumentarfilme über die südkalifornische Punkszene.

Gewisse Konzertveranstalter und Leute „hinter den Kulissen“ begannen, über Punk auszupacken – und die Medien hörten begierig zu. Geschichtenerzähler drängten ins Rampenlicht und versuchten, aus der Punkszene Kapital zu schlagen. Im Frühling des Jahres 1984 lud mich mein Freund Phil im Anschluss an meine Uni-Kurse in sein Aufnahmestudio ein, das Spinhead Recorders hieß. Sein Kumpel Dave, ein aufstrebender Filmemacher, der ebenfalls oft dort abhing, hatte ein Video dabei, das wir uns anschauen sollten. „BYO [Records] bringt diesen neuen Film heraus, der von der Szene, wie sie vor ein paar Jahren war, handeln soll. Ich habe ein Exemplar ergattert!", sagte er. Gemeinsam verfolgten wir den Vorspann. Der Titel des Streifens lautete *Another State Of Mind.*

„Cool", sagte ich. „Ich kenne diese Typen. Vielleicht zeigen sie auch einmal etwas Positives – und nicht immer nur Gewalt, Rücksichtslosigkeit und Drogen."

Der Film porträtiert eine landesweite Tournee der Bands Social Distortion und Youth Brigade im Jahr 1982. Trotz guter Absichten und Ansätze – Youth Brigade betätigten sich hier etwa als Erzähler, nur unterbrochen von Segmenten mit Punks aus anderen nordamerikanischen Punkszenen –, scheiterte die Doku letzten Endes doch daran, Punks eine Hoffnung auf eine geeinte intellektuelle Vision zu vermitteln. Tatsächlich offenbarte der Film im weiteren Verlauf ein zunehmend entmutigendes Bild. Zu Beginn sieht man ein großes Punk-Publikum beim Slam-Dancing, begleitet von der Narration des Youth-Brigade-Sängers, der verkündet, dass „dieser Film von Musik von den Kids für die Kids" handelt, was schon einmal Bullshit war, da die Kids, die man da zu sehen bekam, nicht zur Musik von Youth Brigade tanzten. Ich war bei Shows von Youth Brigade und sie zogen einfach nicht so viele Leute an. Erster Strike! „Das ist nicht einmal eine Show von Youth Brigade, also warum spricht er zu dieser Filmszene, als ob er etwas damit zu tun gehabt hätte, so viele Kids zu einem Konzert zu bringen?", protestierte ich. Bereits innerhalb der ersten zwei Minuten enthüllt er, dass durch die Täuschung mit den Konzertbildern eine Art Mission gerechtfertigt werden soll. Der Sänger/Erzähler preist seine „Organisation", die Better Youth Organization (alias BYO), in höchsten Tönen. „Jesus Christus!", rief ich. „Ist das ein Propagandafilm?"

Das Nächste, was meine Aufmerksamkeit erregte, war ein Interview mit einem meiner Helden, nämlich Keith von den Circle Jerks. Ich hatte allerhöchsten Respekt vor ihm. Er inspirierte mich. Er war aber kein „Kid" und machte auch keine Musik für Kids. Vielmehr schrieb und sang er einige der einflussreichsten Punksongs, die jemals aus Los Angeles kamen. Allerdings kam nicht wirklich rüber, ob die Filmemacher überhaupt wussten, wer er war. Nicht nur vergaßen sie, gesondert zu betonen, wie wichtig er für die Punkszene in L.A.

war, nein, sie nannten nicht einmal seinen vollen Namen und wiesen während seiner Interview-Segmente und dem Abspann auch nicht darauf hin, dass er der Sänger der Circle Jerks war. Der Film tönte unablässig, dass Bands sich auf das DIY-Prinzip verlassen und es sich selbst richten mussten, wenn sie gehört werden wollten. Doch die Filmemacher selbst verfolgten die gegenteilige Strategie. So baten sie andere darum, ihnen bei der Entstehung ihres Machwerks unter die Arme zu greifen. Allerdings verzichteten sie darauf, ihre Helfer im Abspann oder an anderer Stelle zu nennen. Sollte diese Herangehensweise wirklich irgendjemanden davon überzeugen, dass hier eine „Better Youth" am Werk wäre? Wie sollten auf diese Weise, die guten Aspekte unserer Szene zum Vorschein kommen? „Die Sache entwickelt sich immer mehr zu einem echten Desaster", machte ich meinem Unmut Luft.

Außerdem klang der Name Better Youth Organization irgendwie nach Eugenik und ähnlichem Bockmist. Ich lernte damals an der Uni gerade über die Gefahren genetischer Experimente und derlei Eingriffe in die Gesellschaft. In diesem Kontext wirkte diese Eigenbezeichnung für jeden, der über einen gewissen Intellekt und geschichtliches Basiswissen verfügte, besonders geschmacklos. Zweiter Strike.

Doch der dritte und finale Strike des Films, jene Sequenz, durch den er sich in meinen Augen endgültig disqualifizierte, erfolgte, als ein überaus gut besuchtes Konzert mit den Circle Jerks und Bad Religion auf der Bühne gezeigt wurde, die Szene aber mit Musik von Youth Brigade untermalt wurde. Das war die mit Abstand dramatischste Passage des ganzen Films – zur Musik einer Band, deren Konzerte nie dermaßen viele Punks anzogen! Dies machte das gesamte Projekt, so weit es mich betraf, zu einem reinen Propaganda-Schwindel. „Das ist ein Video-Plagiat!", rief ich. Phil fragte, ob es so etwas überhaupt gäbe. Ich konnte das zwar nicht eindeutig bejahen, doch klang es zumindest gut. Sowohl Dave als auch Phil freuten sich jedenfalls über meine lebhafte Filmkritik.

Ich konnte mich gut an das gezeigte Konzert erinnern. So viele Leute waren gekommen – über 1.000 Punks, oder zumindest schien es so. In der Pause zwischen zwei Songs wandte ich mich an die Menschenmenge: „Jeder aus dem Publikum soll zu uns auf die Bühne kommen. Wenn wir den nächsten Song beginnen, werden wir den weltgrößten Stagedive probieren!" Tatsächlich ist diese Szene in *Another State Of Mind* nach etwas mehr als 44 Minuten Spielzeit ebenfalls zu sehen. In diesem Augenblick stiegen wir zu „We're Only Gonna Die" ein und es herrschte das blanke Chaos. Ich wusste nicht, dass jemand mitgefilmt hatte, aber ich war froh darüber, da es einer der atemberaubendsten Momente vollster Zufriedenheit in meiner noch jungen Bühnenkarriere darstellte. Besagter Song lief bei Rodney on the ROQ und die gesamte Punk-Community, oder so schien es zumindest, reagierte positiv auf diesen Augenblick.

Als der Film dann 1984 veröffentlicht wurde, fühlte es sich leider überhaupt nicht gut an. Nicht nur wurden wir im Abspann ignoriert, doch die Punkszene an sich war inzwischen zu einem Bruchteil ihrer vormaligen Größe zusammengeschrumpft. Waren einst 1.000 Konzertbesucher zu Punkshows gepilgert, kamen jetzt im Durchschnitt nur mehr 100 Leute. Das Vermächtnis der Szene lag in den letzten Atemzügen und das einzige Motiv dieser Geschichtenerzähler schien darin zu bestehen, sich selbst zu überhöhen.

Ich sehe das heute noch genauso wie damals: Wenn man besonders betonen will, wie toll die eigene Community oder Organisation doch ist, dann sollte man jenen, die die Szene mitaufgebaut haben, die man nun für sich reklamiert, auch die notwendige Anerkennung zollen.

Diese Erfahrung war jedoch kein Einzelfall. Ungefähr zu dieser Zeit etablierte sich der Trend, dass selbsternannte Punk-Experten ihre Vorstellung von Punk-spezifischer Moral kundtaten. Als ob es eine Art ungeschriebenes Regelbuch gäbe und nun die zugehörigen Propheten auf der Bildfläche erschienen, um alle Punks wissen zu lassen, wo der Hammer hing. Ähnlich der Aufmerksamkeit, die sie Fernsehpredigern und altmodischen Glaubensvorstellungen schenken, waren die Medien nun mehr als bereit, diesen jugendlichen Punk-Philosophen Sendezeit einzuräumen. Tatsächlich wirkte es, als ob ein Versuch gestartet würde, eine neue Religion zu gründen. Schablonenhafte Argumente. Gewagte Verallgemeinerungen. Lückenhafte Daten. „Wenn man sich nicht gegen die Gesellschaft auflehnt, wird die Gesellschaft die Oberhand behalten", hieß es da, oder auch: „Man muss sein eigenes Ding durchziehen, weil einem niemand jemals unterstützen wird." Dieser Ansatz sollte sich nach und nach zu einem landesweiten Freizeitvergnügen entwickeln. Wem auch immer gerade eine Kamera vor die Nase gehalten wurde, konnte so ziemlich alles behaupten, denn es ließ sich ein Publikum finden, das sämtliche Aussagen ungeprüft und ohne mit der Wimper zu zucken schlucken würde.

Ein paar von uns weigerten sich, den Scharlatanen zuzuhören, und wussten, wie man sie als solche entlarven konnte. Andere wiederum fielen auf die Propaganda herein. Die Propagandisten selbst übersahen dabei, dass sie, indem sie Regeln hinsichtlich Punk aufstellten, in ihre eigene Falle tappten und gegen das oberste Gebot verstießen. Ihre Vorschriften unterminierten ganz offenkundig ihre Aussagen, was sie immerhin ihre zumindest halbwegs vernunftbegabte Zuhörerschaft kostete. Etliche Punks, so schien es, zögerten keine Sekunde lang, ihre persönlichen Prinzipien darzulegen, und erwarteten sich, dass ihnen andere blindlings folgen würden. Leider weigerte sich das Lumpenproletariat, sich eigenständiges Denken beizubringen. Es gab nur allzu viele Punkbands, die sich nach einer solchen Anhängerschaft sehnten. Oder eigentlich irgendeiner Art Anhängerschaft. Klar, auch ich hätte mich über Fans gefreut, aber ich zog es vor, diese als gesellschaftlichen Mikrokosmos – wie das etwa an der Uni der Fall war – wahrzunehmen. Ein paar Erleuchtete eben. Wir wollten von einem intelligenten Publikum ausgehen und es zum Nachdenken anregen.

Ich hatte keinerlei Interesse an den unqualifizierten Glaubensvorstellungen meiner Kollegen. Wenn ich ehrlich sein darf: Es war mir auch ganz egal, ob sie mich für einen Punk hielten oder nicht. Ich war der Ansicht, dass meine Musik ausreichte, um interessante und vielleicht sogar kühne Perspektiven zu vermitteln. Umso besser, wenn die Punks damit etwas anfangen konnten. Jahrelang wollte ich Fanzines keine Interviews mehr geben, in denen ich irgendwelche halbgaren philosophischen Ideen geteilt hätte. An diesem Punkt in meinem Leben reichte es mir, Wissen anzusammeln, anstatt die Welt daran teilhaben zu lassen.

Bad Religion befanden sich gerade mitten in einer dreijährigen Durststrecke ohne Album. Weder Brett noch ich schrieben auch nur einen einzigen Punksong. Es bereitete mir Freude, an der Universität zu erlernen, wie man sich eine fundierte Meinung bildete. Ich fokussierte meine geistige Kapazität, feilte an meinem Skeptizismus und versuchte, meine Aussagen mit Fakten zu untermauern. Ich las viele Bücher großer unabhängiger Denker und Intellektueller wie Charles Darwin und Ernst Haeckel, Alfred Romer und Stephen Jay Gould, Ernst Mayr und Edward O. Wilson, Carl Sagan, Brownowski und Leaky, Chomsky und Hardin, Hesse und Nabokov, Kesey und DeLillo. Autoren, die allesamt mit Weitblick ausgestattet waren. Könner auf ihren jeweiligen

Fachgebieten. Ich bewunderte sie für ihre künstlerischen und wissenschaftlichen Leistungen, die mich anspornten, ihnen nachzueifern.

Punk, so lautete das Stereotyp, besaß keinerlei intellektuelle Qualitäten. Als ob Punk für sämtliche Sorgen der Gesellschaft zumindest mitverantwortlich wäre, betonte das Fernsehen nur dessen besonders unansehnliche Aspekte. Bei *The Phil Donahue Show*, einer beliebten Talkshow im Nachmittagsprogramm, traten zum Beispiel jugendliche Punks auf, die von zuhause ausgerissen waren. In *CHiPs*, Amerikas populärstem Polizei-Drama, trafen die Serienstars auf kriminelle Punker. Sogar das Film-Feature *The Decline Of Western Civilization* der Regisseurin Penelope Spheeris fokussierte sich mehr auf Gewalt, Nihilismus und jugendliches Aufbegehren als darauf, dem Titel der Doku einen einleuchtenden Sinn zu verleihen. Als ich den Film sah, hätte ich mir mehr Songs und mehr Live-Perfomances meiner Lieblingsbands gewünscht, dafür aber weniger Interviews mit irgendwelchen Szene-Insidern. Viele von ihnen waren Bekannte von mir, die nun aber durch die Art, wie sie hier präsentiert wurden, in den Rang von Philosophen gehievt wurden. Dem Film mangelte es von Anfang bis Ende an intellektuellem Fokus. Am meisten enttäuschte mich, dass die Bands nicht als künstlerische Community samt fantastischer Musik, sondern als Freakshow porträtiert wurden.

Spheeris näherte sich der Thematik Punk noch ein zweites Mal mit ihrem Film *Suburbia*, scheiterte doch erneut daran, die Subkultur nuanciert darzustellen und dadurch vielleicht Interesse an ihr zu erwecken. Stattdessen schlug sie Kapital daraus, fadenscheinige negative Stereotype zu fördern. Der Streifen basierte auf einem losen Drehbuch. Anstelle ausgebildeter Mimen wurden echte Kids aus der Punkszene angeheuert, um die Geschichte obdachloser Teenager aus dem Southland für die Kinoleinwand zu erzählen. Drogen, Alkohol, familiäre Zwistigkeiten, Ausreißer … Ich hätte am liebsten geschrien: „Ja! Wir haben verstanden! Aber was hat Punk mit alldem zu tun!?“ All diese Dinge waren auch ohne Punk so fest im amerikanischen Alltag verankert, dass ich mich des Eindruckes kaum erwehren konnte, die Regisseurin würde ihre Besetzung bloß für ihre Zwecke ausnutzen. Es machte mich sehr traurig, mitansehen zu müssen, wie sie „sich selbst spielten“ und dabei in klischeehafte Rollenbilder gepresst wurden.

Aber das Schlimmste am Film war mein Wiedersehen mit André Boutillier, jenem einbeinigen Jungen aus meiner Kindheit in Racine. All sein kindlicher

Überschwang war inzwischen verblasst. So trat er nun als von Drogen gezeichneter Ausreißer auf und wurde unter dem hanebüchenen Vorwand des Storytellings vor den Vorhang geführt und zur Schau gestellt. Er spielte sich selbst. Tatsächlich war er inzwischen zu einem gern aufgegriffenen und wenig schmeichelhaften Stereotyp degeneriert. Obwohl ich bereits vor einer halben Ewigkeit den Kontakt zu ihm verloren hatte, fühlte ich mich ihm immer noch freundschaftlich verbunden. Er hatte sich auf jeden Fall eine bessere Behandlung verdient. Wir hatten uns seinerzeit als kleine Jungs auf die Anweisung unserer Mütter – der gestrengen Administratorinnen – mit André angefreundet, um auf diese Weise Werte wie Menschlichkeit und Einfühlsamkeit, zu denen wir erzogen wurden, auch in der Praxis zu demonstrieren. Was ich nun auf der Leinwand zu sehen bekam, war aber ein Bruch mit ebenjenen Werten, ja, eine Glorifizierung der Vulgarität.

Ich fand es seit jeher verwirrend, dass Black Flag von Spheeris als eine Art zutiefst philosophischer Kult inszeniert wurden. In Wahrheit musste man als Punk eine Entscheidung für sich selbst treffen, wenn man beschloss, eines ihrer Konzerte zu besuchen. Während die Cops vor den jeweiligen Locations auf Schädel einknüppelten, entfaltete sich drinnen parallel dazu eine nicht minder bizarre, aber umso widersprüchlichere Szenerie, deren Absurdität einem erst dann bewusst wurde, wenn man sich gedanklich etwas intensiver damit auseinandersetzte. So standen Black-Flag-Konzerte stets unter der Kontrolle eines einköpfigen Wachdienstes in Gestalt eines Typs namens Mugger. Er kauerte auf der Bühne vor der Band, starrte mit irrem Blick ins Publikum und wartete darauf, dass irgendein Punk sich erdreistete, zu Black Flag auf die Bühne zu kraxeln, um sie sogleich mittels eines triumphalen Sprungs zurück in die Menschenmenge wieder zu verlassen. „Nicht so lange ich hier Dienst schiebe", schien die Devise des vielleicht berüchtigtsten Bodyguards der Punkszene von Los Angeles zu lauten. Von Mugger bei einer Show von Black Flag in die Fresse geschlagen zu werden, weil man sich als Stagediver in Szene setzen wollte, schien aus irgendeinem Grund für viele Punks akzeptabel zu sein. Kurzum, wer den Prügeln des LAPD vor den Toren einer Location entgangen war, riskierte im Anschluss, mit Muggers Faust Bekanntschaft zu machen. In *The Decline* wurde das Thema aber nicht behandelt.

In keinem dieser Filme oder Fernsehbeiträge kam zur Sprache, dass Punk sehr wohl über musikalische und textliche Vorzüge verfügte. Nie wurde berichtet, was Punk so attraktiv machte und warum er nur wenige Jahre zuvor in der Lage gewesen war, Konzerthallen zu füllen, während jetzt nicht einmal mehr kleine Clubs ausverkauft werden konnten. Es wurde schlichtweg übersehen, was die südkalifornische Szene so einzigartig machte, nämlich die Vielzahl an Bands, die sich im Southland gegründet hatten, sowie die Songs, die sie auszeichneten. Nun aber steckte die Musik in einer Sackgasse, denn die Bands hatten aufgehört, gute Songs zu schreiben. Dies war der Beginn einer Phase, in der die Predigten über properes Verhalten und Auftreten innerhalb der Punkszene die Musik ebendieser Szene aus dem Rampenlicht verdrängten. Punk fiel in eine Art Winterschlaf.

18 EINE GEISTIGE ÜBERLEITUNG

Alle nachdenklichen Menschen im College-Alter benötigen Nahrung fürs Gehirn in Form neuer intellektueller Herausforderungen, wenn sie ihren Geist für ihren weiteren Lebensweg schulen wollen. Unsere alten Songs verfügten in meinen Augen schon 1984 nicht mehr über dieselbe Schlagkraft wie noch ein paar Jahre zuvor. Die Punkszene des Jahre 1985 brachte keine neuen Bands hervor, die dem Kanon des Punkrocks noch hochkarätiges Material hinzuzufügen imstande gewesen wären. Ich war zwar entschlossen, ebendies auf die Reihe zu bringen, doch brauchte ich dringend neue gedankliche Ansätze, um meine sich rasch erweiternde Sicht der Dinge zu ergänzen. Tatsächlich strebte ich danach, Songs zu schreiben, die auf meinen Erfahrungen in Bezug auf die stets gleichbleibende Monotonie des suburbanen Lebens aufbauten.

Südkalifornien, womöglich der größte durchgängige Suburb der Welt, befand sich damals am Wachstumszenit. Jedes Jahr strömten über 100.000 Zuwanderer jeglichen sozialen Hintergrunds ins Southland. Doch trotz dieser Dynamik stagnierte die intellektuelle Entwicklung der Punkszene. Kein Wunder also, dass „Richard sich selbst aufgehängt hatte“, wie die Band D.I. damals sang. Der Nihilismus griff gierig um sich und wurde quasi zum Synonym des Punks südkalifornischer Prägung. Allerdings gab auf der Speisekarte nun nichts mehr, mit dem zukünftige Generationen von Punkrockern verköstigt werden konnten.

Die anti-intellektuelle Haltung konservativer Denkweisen, die im Southland und vor allem im Orange County so prävalent waren, förderten Schubladisierung, Grabenkämpfe, und Verschwörungsdenken. Es wurde gekämpft und nicht verhandelt. Hier rangierte Konkurrenz vor Symbiose. Kurzum, in diesem geistesfeindlichen Milieu gedieh die Herdenmentalität ganz hervorragend. Die Stereotypisierung des Punkrocks als nihilistische, hoffnungslose Gemeinschaft drogensüchtiger, fauler Nichtsnutze, die stets darauf aus waren, Gesetze zu brechen und Akte des Vandalismus zu begehen, war in vollem Gange. Die meisten Punkshows dieser Zeit wurden tatsächlich von Fans besucht, die diesem Stereotyp auch nur allzu gern entsprachen.

Mir war es nun ein Anliegen, diesen Klischees aktiv entgegenzutreten. Das Songwriting eignete sich hierfür als eine Art kathartische Ausdrucksform, zu der ich stets instinktiv zurückkehrte. Die Welt der Naturwissenschaft, ihre Gesetze und Prinzipien sowie die unerschöpfliche Kreativität natürlicher Abläufe erforderte akribisches Studium, Beobachtung und Reflexion. Daraus ergab sich eine schier endlose Liste interessanter Themen für meine Songs. So wurde ich langsam immer entschlossener, die Band als solche weiterhin fortführen zu wollen – ganz egal, ob Jay und Brett mit von der Partie wären, oder Punkrock im Allgemeinen etwas vom Weg abgekommen zu sein schien.

Zwischenzeitlich bewegte ich mich selbst auch abseits stark frequentierter Routen. An der UCLA unterrichteten zahlreiche Feldgeologen und -biologen, die uns Studenten so oft wie möglich hinaus in die unberührte Natur entsandten. Wir wurden mit Fahrzeugen aus dem Fuhrpark der Uni – zumeist Suburbans oder 15-Personen-Vans – vom Campus in die freie Wildbahn gekarrt. Mein Studium brachte also die Chance mit sich, so oft im Freien zu campieren, wie ich wollte. Geologie und Biologie zu studieren, hieß, die Lehrbeispiele direkt vor Ort zu untersuchen. Einwöchige Expeditionen in die Gebirgszüge des Inyo National Forests und der Sierra Nevada mit Professor Clem Nelson, einer echten Legende auf dem Gebiet kalifornischer Geologie, Vogelbeobachtungstrips zum Mount San Jacinto und nach Malibu mit den beiden ornithologischen Koryphäen Tom Howell und Martin Cody oder auch Wochenendausflüge an die Strände San Diegos, ins Coachella Valley oder in die Transverse Ranges mit den Professoren Ray Ingersoll und Ted Reed gehörten zum Pflichtprogramm auf meinem Weg zum ausgebildeten Naturalisten.

Einer unserer ein ganzes Semester dauernden feldbiologischen Kurse fand ausschließlich abseits des Campus' statt. Wir übernachteten in Zelten und sammelten Daten hinsichtlich Artenverbreitung und Umweltverhältnissen. Wir identifizierten Vögel, Schlangen, Säugetiere, Pflanzen und Insekten. Feldgeologie umfasste wiederum eine Reihe von Lehrveranstaltungen, die Jahre des Curriculums in Anspruch nahmen. Jeder Studienabschnitt konzentrierte sich auf eine andere Region, wo wir so viel Zeit, wie wir benötigten, damit verbrachten, Karten zu zeichnen, handliche Proben zu sammeln und Myriaden von Mineralien und Gesteinen im strukturell so komplexen Hinterland Südkaliforniens zu bestimmen.

Einer unserer Dozenten in Feldbiologie hieß Laurie Vitt. Dieser echte Haudegen von einem Professor mitsamt langen Haaren und Schnauzer war damals so um die 40 und spielte zudem noch Gitarre. Ein wilder Hund eben und alles andere als ein properer, aus dem Ei gepellter Typ von der Uni. Irgendwie erinnerte er mich ein bisschen an Tommy Shaw von Styx. Laurie verbrachte einen Großteil seiner Zeit in der Wildnis des Amazonasbeckens und dem amerikanischen Südwesten, wo er die Verhaltensweisen von Reptilien und Amphibien bestimmte und studierte. Zu all seinen Exkursionen brachte er seine Klampfe mit, die er hinten in seinem Ford-Econoline-Van aus den 1970ern transportierte. Als durchaus begabter Gitarrist und Sänger setzte er auf die mythische Tradition von gemeinsamen Sangesrunden am Lagerfeuer und erfreute sich dabei sowohl meines gesanglichen Talents als auch generellen musikalischen Interesses. Laurie fand Gefallen an mir und nahm mich fortan unter seine Fittiche, wann immer wir zusammen Feldstudien betrieben. Er zeigte mir, wie man auf humane Weise Eidechsen fing und giftige Schlangen vom Boden aufhob. Zu seinen Lieblingsgegenden zählte das Coachella Valley, nicht nur, weil es dort große unberührte Gebiete mit großen Eidechsen-Populationen gab, sondern auch, da man in den Bergen des südwestlichen Talabschnitts auf eine besonders interessante Schlangenart traf, nämlich die Rosenboa (Lichanura orcutti).

Laurie verpasste mir den Spitznamen „Flake-o". Im Herzen war er ein Rock'n'Roller, der so wie ich auch akademische Aspekte in sein Leben zu integrieren verstand. Er konnte sich aber im Gegensatz zu mir weder für Punk noch

Neil Youngs Gitarrenspiel erwärmen. Auch lehnte er es ab, irgendjemanden nachzueifern, indem man ihn imitierte. Für ihn standen Talent und Neugier stets im Fokus. Wenn er hinterm Lenkrad seines Wagens saß, teilte er gern seine Lebensweisheiten mit seinem privilegierten Beifahrer, der zum Glück oft genug ich sein durfte. Er erklärte mir etwa, dass wildlebende Eidechsen sich als perfekte Vorlage für jegliche Art von Tierstudien eigneten. Sie zeigten sogar Merkmale, von denen sich menschliche Eigenschaften ableiten und wir uns im Verlauf der Evolution bis heute nicht gelöst haben. „Siehst du diese Eidechse da drüben auf dem Fels? Im Prinzip macht er gerade Liegestütze, um all die anderen Eidechsen in Sichtweite wissen zu lassen, dass er hier der große Macker ist. In diesem Territorium hat er Zugang zu allen Weibchen. Wenn Musiker auf der Bühne stehen, ziehen sie die Aufmerksamkeit des gesamten Publikums auf sich. Allein durch ihre Position auf der Bühne – so wie die Eidechse auf dem Fels – nehmen sie innerhalb ihrer Gesellschaft eine Ausnahmestellung ein. Den Menschen ist es bis heute nicht gelungen, sich von diesem basalen Eidechsenphänomen zu entkoppeln. Es ist völlig egal, dass wir parallel ein Bewusstsein und die Fähigkeit rationalen Denkens entwickelt haben: Im Grunde genommen verhalten wir uns immer noch wie Eidechsen. Über das Privileg zu verfügen, das beste Territorium für sich zu beanspruchen – für Musiker ist das eben ihre Bühne –, ist gleichbedeutend mit dem höchsten evolutionärem Erfolg im Leben."

Abgesehen von den Wahrheiten und auch Irrsinn, die seine Ausführungen offenbarten, beeindruckte mich seine Fähigkeit, naturwissenschaftliche Fakten in eine sinnstiftende und zufriedenstellende Lebensphilosophie umzumünzen. Dieser Ansatz vermittelte mir ein geistiges Rahmenkonzept. Bad Religion entwickelten sich schrittweise zu einer äußerst tröstlichen intellektuellen Plattform, die es mir gestattete, meine Beobachtungen hinsichtlich unserer Welt mit einem größeren Publikum zu teilen. Es war nur sehr beklagenswert, dass ebendieses Publikum offenbar im Schrumpfen begriffen war und, während das Jahrzehnt voranschritt, aus immer mehr drogensüchtigen Nihilisten zu bestehen schien.

Ich freundete mich auch mit zwei Studienkollegen namens Jay und Mark an, die ich im Rahmen der feldbiologischen Kurse kennengelernt hatte. Während eines Ausflugs nach Mexiko verbrachte unsere Kursgruppe einen ganzen Monat nahe Chamela im Bundesstaat Jalisco, wo sich Fuchs und Hase gute

Nacht sagten. Unser Feldlager befand sich in einem unberührten Tropenwald. Sämtliche Studis sollten sich auf ihren Wanderungen entlang der Trampelpfade ein Forschungsprojekt suchen, wobei sich fast alle Exkursionsteilnehmer für tagaktive Tiere und Pflanzen entschieden. Vögel und Wolfsmilchgewächse galten als einfache Projekte. Mark wandte sich den Vögeln zu, Jay wählte die Wolfsmilchgewächse. Ihre Tagesabläufe gestalteten sich unkompliziert. Am Morgen widmeten sie sich der Beobachtung und sammelten Proben, bevor sie am Nachmittag dann ihre Funde in einem Labor notierten. Ich befasste mich hingegen mit einer nachtaktiven Ameisenart – ein hinsichtlich ihres Sozialverhaltens überaus faszinierendes Tier, das mir jede Menge interessanter Verhaltensweisen offenbarte. Während meine Studienkollegen gemütlich Bierchen kippten und zu Abend schmausten, beobachtete ich nun ausgerüstet mit Stirnlampe und Notizheft die Blattschneiderameise. Dafür hatte ich aber an den Nachmittagen genug Freizeit, um Jay und Mark im Labor Gesellschaft zu leisten.

Wir fanden praktisch auf Anhieb einen Draht zueinander, da wir drei so ziemlich alle anderen Kursteilnehmer im Lager sehr zynischen Blickes zu beurteilen schienen. Unsere humorvolle und ironische Sichtweise auf die Gesellschaft im Ganzen und das Studienleben im Besonderen schweißte uns regelrecht zusammen. Nach einem langen Tag, den er damit verbracht hatte, Pflanzen zu sammeln und zu vermessen, spielte Jay im Labor oft seine liebsten Mixtapes. Viele der Songs auf seinen Kassetten stammten von Neil Young. Natürlich kannte ich einen Großteil der Nummern bereits, da der Bruder meines Kumpels Jon sie uns seinerzeit, als wir die Junior-High besuchten, auf der Gitarre vorspielte und sie mit einem weinerlichen Falsettgesang unterlegte. Die Qualität dieser Songs beeindruckte mich zwar schon seit jeher, doch jeder, der versuchte, sie auf einer Akustikgitarre zu interpretieren, klang unfreiwillig komisch. Jay, Mark und ich versuchten oft, sie a-cappella zu singen, doch scheiterten wir daran, dabei unser Lachen zu unterdrücken. Auch grüßten wir uns gern mit Falsettstimme: „Hello cowgirl in the sand!“ Dieser Song sollte übrigens wenige Jahre später Brett und mir als Inspiration und Vorlage für den Titelsong eines neuen Bad-Religion-Albums dienen.

Nach meiner Rückkehr nach L.A. rief mich der gute Phil an, um sich zu erkundigen, ob ich Bock hätte, in seinem neuerdings renovierten Studio in North Hollywood Musik aufzunehmen. Tatsächlich hatte ich ein paar Nummern, die von Neil Young beeinflusst waren, die ich nun bei ihm einspielte. Phil begleitete mich dabei am Bass. Auch Greg Hetson kam vorbei, um ein wenig Gitarre beizutragen. In diesen Tagen vermieden wir den Kontakt zur Punkszene, der vor nicht allzu langer Zeit unsere ganze Aufmerksamkeit gegolten hatte. Phil widmete sich dem Ausbau seiner Spinhead Studios. Ich wiederum verbrachte viele Wochen und Monate mit meinen Feldstudien. Wir beide gingen gern Campen. So begleitete er mich auch zu ein paar meiner Geologie-Trips ins Coachella Valley. Wir fuhren damals beide Motorrad. Im College war dies sogar mein primäres Fortbewegungsmittel. Seine Honda 750 war nicht nur neuer, sondern dank ihrer komfortablen Startelektronik ein viel angenehmeres Bike als mein eigenes heißes Eisen, eine Yamaha 450, die man mittels Kickstarter anwerfen musste.

Einer meiner Songs aus dieser Phase meines Lebens, „Runnin' Fast", bringt meine damalige Lebenseinstellung ganz gut auf den Punkt. Permanent versuchte ich, meine alten Bekannten, die immer noch in der Punkszene festzuhängen schienen, auf Distanz zu halten. So kam es mir zumindest vor. Die meisten von ihnen verschrieben sich nicht dem Studium, sondern bewegten sich entlang einer Abwärtsspirale gekennzeichnet von Drogen, Alkohol und generellem Nihilismus, der mich in aufgrund seiner gefühlten Omnipräsenz irgendwie zu verfolgen schien. Wenn mich nun das Verlangen überkommen hätte, mich mit meinen alten Freunden zu treffen, dann hätte ich mich in ebendiesen Abgrund begeben müssen. Also lautete mein Motto „Runnin' Fast": Nur schnell weg hier!

Phil studierte ebenfalls an der UCLA, nämlich Mathe und Philosophie, weshalb wir intellektuell und musikalisch auf einer Wellenlänge lagen. Er versicherte mir jedenfalls, dass sich nicht alle Punks in ein bodenloses, von negativem Denken geprägtes Loch stürzten. Phils Freund Dave Markey verwendete „Runnin' Fast" schließlich für seinen Film *Desperate Teenage Lovedolls*. Obwohl ich mir das Endprodukt nicht zu Gemüte führte, freute ich mich dennoch darüber, dass in manchen Ecken der Punkszene offenbar doch noch eine kreative Glut zu glimmen schien.

Mein Enthusiasmus für die Feldforschung basierte einerseits darauf, dass ich die Stadt gern hinter mir ließ und gern campte, aber eben auch auf meiner allgemeinen Neugier in Bezug auf verschiedene Spezies und Phänomene. Ich erarbeitete mir bei meinen Dozenten und Mitstudenten einen guten Ruf als verlässlicher Forschungskollege mit geschultem Blick. Dies eröffnete mir wiederum eine breite Auswahl an Forschungsexkursionen.

Gelegentlich trat ich mit Bad Religion zwar immer noch in Clubs auf, aber im Grunde genommen war ich am glücklichsten, wenn ich weit abseits der Stadt weilte, um auf diese Weise der Banalität jener eintönigen und seichten „Szenegrößen", die unsere Subkultur 1985 bevölkerten, entgehen zu können.

Wenn ich nicht gerade büffelte, verbrachte ich meine Zeit zuhause damit, an neuen Songs zu schreiben. Im Gespräch mit meinem alten Kumpel und Mitstreiter Brett hatte ich in Erfahrung gebracht, dass er Bock hätte, neues Material von Bad Religion aufzunehmen. Er meinte, es würde ihm nichts ausmachen, wenn er darauf nicht selbst spielte, aber da er gerade ein neues Aufnahmestudio einrichtete, könnte er ja als Produzent und Tontechniker etwas beitragen. Ich freute mich immer, wenn er sich einbrachte. Zudem wollte ich ihn dabei unterstützen, einen Weg als Produzent einzuschlagen. Deshalb nahm ich sein Angebot an, woraufhin wir eine EP mit sechs Songs namens *Back To The Known* mit ihm aufnahmen.

Einer meiner neuen Songs begann mit den Zeilen: *„When everybody dies around you from someone else's gun, it makes you stop and think about the time to come."* Ich adaptierte den Ton des Songs ein wenig, um ihn als Reflexion hinsichtlich der gesamten Menschheit zu positionieren, doch eigentlich ging es darin um meine Enttäuschung die ich in Bezug auf andere Punkrocker empfand. Der Song trug fortan den Titel „New Leaf" und der Refrain lautete: *„You better turn over a new leaf, because the old one's turning on you."* Es war in der Tat Zeit, ein neues Blatt aufzuschlagen, und wahrscheinlich funktionierten diese Lyrics damals sogar als eine Art persönliches Mantra. Immerhin handelte es sich dabei auch um eine Rechtfertigung meines Studiums und meines konstanten Strebens nach einem Leben, das sich durch weniger Nihilismus, Drogenmissbrauch und Gewalt von der stereotypen Punkszene unterschied. Die EP enthielt mit „Along the Way" einen Song, der sich mit der Reise des Lebens befasste. Es ist vielleicht der „religiöseste" Song, den ich jemals geschrieben habe. Die finale Textzeile beschreibt die jugendliche Hoffnung, dass ich irgendwann und irgendwo, bevor ich wieder zu Staub zerfalle, noch einmal auf meinen alten Freund Tommy aus der Nachbarschaft in Racine treffen könnte, der ganz unerwartet verstorben war, als ich gerade zu Feldforschungsarbeiten in Arizona weilte. Eines Morgens erwachte Tommy, der an diesem Tag an der University of Wisconsin ein Examen hätte ablegen sollen. Er schaltete den Wecker noch aus und dann blieb sein Herz stehen. Mein lieber Freund sollte nie wieder aus seinem Bett steigen. *„My Tommy you are free“*, sang ich, *„and you will not follow me, but we'll see each other once more on the path along the way.“*

Songtexte sind eine große Hilfe dabei, all die Absurdität, Ironie und Beschwernisse des Lebens zu verarbeiten. Gleichzeitig können sie meine Fähigkeit zu performen beeinträchtigen, wenn ich sie nicht über die Lippen bekomme, ohne dabei mit den Tränen zu kämpfen. „Along the Way“ sollte nicht das letzte Mal bleiben, dass ich eine persönliche Tragödie mithilfe meines Songwritings zu überwinden versuchte.

Auch nach der Veröffentlichung der EP *Back To The Known* blieben Fans unserer Band eine echt Rarität. Die Gigs, bei denen wir auftraten, fanden in der Regel während der Arbeitswoche statt und wurden fast ausschließlich von Betrunkenen oder sonst irgendwie benebelten Typen frequentiert. Abgesehen von hartgesottenen Säufern und eingefleischten Stammgästen der Clubs ließ sich kaum wer bei unseren Konzerten blicken.

Punk sprach mich zu dieser Zeit nicht sonderlich an. Ich bin mir sicher, dass es noch jede Menge Kids gab, die den altmodischen Vorstellungen anhingen, wie ein Punk zu sein hätte. Ich entsprach keiner davon. Zudem bezweifelte ich, dass Punkrock noch das Fundament irgendeiner vitalen musikbasierten Szene darstellte. Die Punks in und um Hollywood interessierten sich eher für das Nachtleben, die Ausschweifungen und ihr eigenes Konzept des Punk-Lifestyles als für die Songs und all die kreativen Aspekte des Punkrocks. In gewisser Weise bestand die Band nur aufgrund meiner Freude am Singen und Schreiben neuen Materials weiter. Bad Religion versuchten, den Punk aufzuspüren und wieder für uns zu begeistern – und nicht etwa andersherum.

Die einzigen Konzertangebote, die wir damals erhielten, musste Greg Hetson aktiv in zwielichtigen Kaschemmen und verrufenen Spelunken für uns klarmachen.

Eine der letzten Shows jener Phase, in der wir dem Punk „hinterherjagten“, war ein schräger Spontan-Gig, den irgendein Hippie im kalifornischen Skiort Lake Tahoe, hoch oben in der Sierra Nevada, organisierte. Greg Hetson war mit dem berühmten Skateboarder Tony Alva befreundet, der eine eigene Band namens The Skoundrelz am Start hatte. Tony fragte Greg, ob nicht die Circle Jerks mit ihnen einen Gig in Tahoe spielen wollten, da der Veranstalter gern das öde Nachtleben vor Ort ein wenig mit südkalifornischem Flair aufpeppen wollte. Sowohl Greg Hetson als auch Tony Alva waren damals angesagte Namen, und auch wenn die Punkszene in Hollywood viel an Esprit eingebüßt hatte, genoss sie in Gegenden, wo man Punkrock noch nie hautnah erlebt hatte, immer noch eine gewisse Strahlkraft. Nie im Leben hätten sich die Circle Jerks aber auf gut Glück auf ein solches Unterfangen eingelassen. Immerhin traten sie damals im ganzen Land und sämtlichen Metropolen als Headliner in Erscheinung. Allerdings brachte Greg stattdessen Bad Religion ins Spiel.

Obwohl der Veranstalter den Namen unserer Band bereits gehört hatte, wusste er eigentlich rein gar nichts über uns. Dennoch ließ er sich auf den Deal ein, da er nun einmal beabsichtigte, mithilfe von Punkrock aus L.A. beziehungsweise der dortigen Skateboard-Subkultur seine Vision eines lebendigen Nachtlebens im Herzen des Skiresorts Lake Tahoe zu etablieren, wobei sich dieses auf seinen eigenen Nachtclub fokussieren sollte. Greg Hetson zufolge würden wir für den samstagabendlichen Auftritt im Februar eine Gage von 500 Dollar kassieren.

Ich stand einem Wochenendausflug hinauf ins Owens Valley, wo ich ein paar Monate zuvor noch Feldforschung betrieben hatte, durchaus positiv gegenüber, und hieß überdies jede Gelegenheit willkommen, den Highway 395 entlangzufahren, um nebst der fantastischen geologischen Strukturen auch das Biom der Mojave-Wüste aus nächster Nähe zu bestaunen. Ich chauffierte die Jungs in einem gemieteten Van und steuerte alle meine bevorzugten Rastplätze an, von denen sich manche an malerischen Schotterpisten befanden. Von dort aus konnte ich die Felsen bewundern und die Panoramen genießen. Es war ein majestätischer Wintertag und ein zarte Schneeschicht machte sich auf den Kreosotbüschen breit, die sich über die Schuttkegel erstreckten. Die White Mountains im Osten und die Sierra Nevada im Westen wurden zu deren Mitte durch eine messerscharfe, horizontal verlaufende Schneefallgrenze geteilt. Die Bergspitzen schimmerten ob dieses wundervoll glänzenden Markenzeichens der kalten Jahreszeit zauberhaft im Sonnenlicht. Je näher wir unserem Ziel kamen, desto weiter sank der Verlauf dieser Linie. Als wir schließlich in Lee Vining eintrafen, war die Landschaft komplett mit Schnee bedeckt.

Lake Tahoe lag ungefähr sieben oder acht Stunden Fahrzeit von West Los Angeles entfernt und wir trafen rechtzeitig um 19 Uhr zu einem späten Soundcheck vor der Location ein, bei der es sich um ein mit Holz getäfeltes Gebäude aus der Mitte des 20. Jahrhunderts samt großem Kamin im Foyer handelte. Die Bude wirkte wie eine typische Skihütte, wo man sich nach einem langen Tag auf der Piste aufwärmen konnte – aber ganz und gar nicht geeignet für ein Punkrock-Konzert. Der Veranstalter begrüßte uns mit großem Trara. „Jungs, was für eine Freude, euch zu sehen! Die Türen öffnen erst in ein paar Stunden, also könnt ihr euch beim Aufbauen gern Zeit lassen. Anschließend könnt ihr Backstage abhängen. Während ich Pizzas bestelle, könnt ihr euch an der Bar ein paar Bierchen gönnen," informierte er uns. Doch die schlechte Nachricht ließ nicht lange auf sich warten. „Der Kartenvorverkauf lief ein wenig schleppend, aber ich hoffe auf viel Laufpublikum an der Abendkasse." Wir hatten dieses Lied bereits so oft gehört, weshalb wir gleich wussten, dass es sich hier nur um einen Reinfall handeln konnte. Auf keinen Fall interessierte sich irgendjemand aus der näheren Umgebung für Punkrock oder wusste, wer die Skoundrelz oder Bad Religion waren. Vielleicht war ja ein paar Skateboard-Enthusiasten der Name Tony Alva ein Begriff. Womöglich kannten ein paar der Wochenend-Ski-Ausflügler auch die Circle Jerks, was ebenfalls ein paar Leute anlocken könnte: Immerhin erwähnte der Flyer für die Show in großen Lettern, dass *„Greg Hetson from the Circle Jerks"* bei uns mitspielte.

Aber wie vermutet verirrte sich nur eine Handvoll Leute zur Show. Punkrock besaß in abgelegenen Ecken wie Lake Tahoe einfach nicht die nötige Zugkraft, um ein großes Publikum anzuziehen und um dieses herum ein lebendiges Nachtleben aufzubauen. Wir waren bloß Versuchskaninchen im Experiment des Veranstalters. Er glaubte, er könnte mithilfe von Bands aus L.A. und San Francisco an den Wochenenden ein volles Haus garantieren. Tatsächlich war seine Idee ihrer Zeit zehn Jahre voraus. In den Skiorten tummelten sich zu wenig junge Menschen, die auf diese Art von Musik abfuhren. Der Hype rund ums Snowboarden und Trendsportevents wie die X Games war damals noch Zukunftsmusik. Die einzigen Leute, die zu unserem Gig in Lake Tahoe aufkreuzten, waren die gleichen Gestalten wie bei unseren Shows in Hollywood: Spießgesellen, Betrunkene und Amphetaminjunkies, die sich zwar für schnelle, aggressive Musik begeisterten, sich aber nicht wirklich für unsere Songs interessierten. Fast so, als ob sie auf der Suche nach der passenden Hintergrundmusik für ihre Depressionen waren.

Hier in Tahoe, inmitten der spektakulären Winterlandschaft mit ihren verschneiten Wäldern und vom Mondlicht erhellten Granitgipfeln, wirkten diese trostlosen Geschöpfe der Nacht sogar noch deplatzierter als auf den von Palmen gesäumten Straßen Hollywoods. Hier lauerten sie nur in geringerer Anzahl, auf der Suche nach einer Location und geeigneter Beschallung, um Chaos zu verursachen und sich dabei ein wenig selbst zu zerstören.

Auf der Bühne lieferte ich eine bestenfalls halbherzige Darbietung. Das war dem Publikum aber scheißegal, solange John schnelle Beats auf seinem Schlagzeug fabrizierte und Greg Hetson seine verzerrte Gitarre bei maximaler Lautstärke spielte. Die improvisierte Bühne im Mehrzwecksaal des Hauses, wo tagsüber Essen serviert wurde, war ihrer Aufgabe nicht wirklich gewachsen. Der Sound, der aus den viel zu nahe aneinander positionierten Monitorboxen drang, war viel zu laut, weshalb ich andauernd mit Rückkoppelungen zu kämpfen hatte. Der „Tontechniker" löste dieses Problem, indem er die Lautstärke so weit nach unten pegelte, dass der Gesang in der fast leeren Halle zwischen Schlagzeug und Gitarre vollkommen absoff. Ich ließ meine Gedanken schweifen. „Na ja, zumindest war das heute auf der Fahrt ein wunderschönes Naturschauspiel!", dachte ich mir.

Als wir unsere Ausrüstung wieder abbauten, lag es an mir, unsere Gage vom Veranstalter zu kassieren. Ich wies meine Bandkollegen an, ihr Equipment so schnell wie möglich in den Van zu verfrachten, da wir uns womöglich umgehend aus dem Staub machen müssten. Der Veranstalter hatte bereits ein paar Drinks zu viel intus, als er mir nun von den schwachen Einnahmen des Abends berichtete. „Wir haben viel weniger als erhofft verdient", jammerte er. Ich rollte mit den Augen. Dann legte er 600 Dollar auf den Tisch. Das war alles, was er an der Abendkasse eingenommen hatte. „Kann ich euch jetzt 200 Dollar bezahlen und euch den Rest geben, wenn ihr mit einer anderen Band aus L.A. wiederkommt, etwa den Circle Jerks?" Da fiel mir ein, dass er sicherlich Geld an der Bar verdient hatte, mir diese Information jedoch vorenthielt. Also fragte ich ihn ganz direkt: „Was bedeutet der Begriff ‚Garantie' für dich?" Uns waren 500 Dollar garantiert worden und nun wollte er uns mit nicht einmal der Hälfte des Betrags abspeisen. Selbst dieser Betrag reichte gerade einmal so aus, um unsere Ausgaben für die Anreise zu decken. Immerhin mussten wir den Van, das Benzin und unser Motelzimmer selbst berappen.

Wieder einmal bekam ich es mit der gespielten Aufrichtigkeit eines Volltrunkenen zu tun. Nicht als selbstgerechtes Selbstmitleid und vor Egozentrik nur so strotzende Logik. „Ich kann aber meine Mission, hier oben eine Musikszene zu etablieren nicht fortsetzen, wenn ich weiterhin Geld verliere", winselte er. Da stellte ich ihm eine weitere Frage, mit der ich einen Nerv zu treffen schien: „Warum sollte ich irgendeinem von meinen Freunden empfehlen, hier bei dir aufzutreten, wenn deine Garantien nichts wert sind?", bluffte ich. Tatsächlich war Greg Hetson ja mein einziger Freund, der in einer berühmten Band spielte, deren Name abseits von Hollywood Leute anzog. Da fing der Veranstalter zu weinen an. „Du kannst mich doch nicht so über den Tisch ziehen", klagte er. „Ich brauche die Kontakte, Mann!"

Ich nutzte die Gelegenheit, mir 500 Dollar aus seinem Stapel Scheine zu krallen und wie der geölte Blitz sein Büro zu verlassen, gerade als Tony und seine Jungs bei der Tür hereinspazierten, um ihre vereinbarte Gage abzuholen. Egal, wie viel der Typ ihnen schuldete: Er hatte nur mehr 100 Mäuse auf seinem Tisch liegen – und die Skoundrelz würden ihn sicherlich nicht mit rhetorischen Fragen aus der Reserve zu locken versuchen. Ihre Lösungsansätze waren sicherlich weniger hochgeistig als meine.

Meine Jungs warteten schon auf mich. Sie saßen im Van und die Heizung lief. Die Temperatur lag bei fünf Grad unter null. Ich sprang in den Van. „Lasst uns so schnell wie möglich von hier verschwinden. Ich habe unsere Gage. Keine Ahnung, wie er jetzt die Skoundrelz bezahlen will", rief ich. Greg Hetson meinte, dass sie sich wohl an den Einnahmen der Bar bedienen würden. Als wir gerade vom Parkplatz ausfuhren, sahen wir im Rückspiegel, wie der Veranstalter aus seiner Location flüchtete, verfolgt von ein paar Mitgliedern der Skoundrelz. Wir bremsten ein wenig, um einen besseren Blick auf das Geschehen zu erhalten. Wir fragten uns, welches Schicksal den glücklosen Veranstalter nun erwartete. Er stand nun da, umzingelt von den Skoundrelz, und hielt seine Handflächen zum Schutz vor sich uns. „Jungs, ihr könnt mich doch nicht so über den Tisch ziehen", flehte er. „Ich versuche, hier oben eine Szene zu etablieren!" Seine Worte verhallten. Die Skoundrelz packten ihn wie einen Sack Kartoffeln und reckten seine Beine himmelwärts, als ob sie Geld aus seinen Hosentaschen schütteln wollten. Als Nächstes stopften sie ihn Kopf voraus in eine Schneewehe. Heiter und frohen Mutes schwenkten wir auf den dunklen Korridor des nächtlichen Highways ein, während wir im Rückspiegel sahen, wie seine zappeligen Beine Schatten auf den Schnee warfen.

Das Debakel in Tahoe ließ auf keinen Fall rosige Rückschlüsse auf das Wachstumspotenzial und die Akzeptanz von Punkrock als Musikgenre zu. Heute denke ich daran zurück und wünschte mir, dass ich damals ein wenig edelmütiger reagiert hätte. Aber es gab weder eine Szene noch eine Gemeinschaft – nur ein loses Netzwerk opportunistischer Clubbetreiber, die aber auch nur versuchten, über die Runden zu kommen.

Die Band durchlief damals mehrere Besetzungswechsel. So beschloss Jay, dass er wieder bei uns einsteigen wollte. Er rief Tim an, der inzwischen Bassist bei uns war, und sagte, dass er nun wieder übernehmen wollte. Tim gab sein Okay und sagte, dass er nur seinen Platz warmgehalten hatte. Dann heuerten wir Lucky an, Greg Hetsons alten Schlagzeuger bei den Circle Jerks, damit er John hinter der Schießbude ablöste. Lucky hatte nach seinem Ausstieg bei den Circle Jerks Rechtswissenschaften studiert und hatte sogar schon sein Anwaltsexamen abgelegt. In dieser Besetzung begaben wir uns nun mitten im Winter auf eine Tournee an der Ostküste. Lucky war es gewohnt, in einer großen Band als Headliner aufzutreten, aber diese Konzertreise verlief ganz anders, als er es von den Circle Jerks gewöhnt war. In jenen Tagen mussten wir uns mit ranzigen Clubs abfinden, mit abartig schlechtem Live-Sound und grauenhafter Bühnenbeleuchtung. Unsere Konzerte waren schlecht besucht und wurden von den lokalen Musikjournalisten ignoriert. So bahnten wir uns unseren Weg durch Metropolen wie Richmond in Virginia, Norwalk in Connecticut und Bethesda in Maryland. Sogar Boston, Massachusetts, statteten wir einen Besuch ab. Oft spielten wir vor winzigem Publikum, das manchmal nur aus einem Dutzend Leute bestand. In Boston verpassten wir unseren Auftritt sogar, da wir, als wir um 18 Uhr eintrafen, in Erfahrung brachten, dass der Gig als Nachmittagsmatinee geplant gewesen wäre. Die Shows waren so schlecht organisiert, dass manche Clubs gar nicht mit unserem Erscheinen rechneten. Irgendjemand hatte mit irgendjemand anderem telefoniert und ihn wissen lassen, dass Greg Hetson von den Circle Jerks mit seiner anderen Combo, Bad Religion, auftauchen wollte. Solche mündlich eingefädelten Deals waren nichts Außergewöhnliches. Keinerlei Werbung kündigte diese improvisierten Gigs an und kein Willkommenskomitee (oder auch nur Belegschaft) erwartete unsere Ankunft. In einer der Locations, Rocket's in Richmond, einer Spelunke samt winziger Bühne, versah Jay Bentley höchstpersönlich Telefondienst. Wenn jemand anrief, um sich zu erkundigen, ob es heute Abend ein Konzert gäbe, griff er zum Hörer und schrie enthusiastisch in die Muschel: „R-r-r-rocket's hier! Wie kann ich dir helfen?" Auf die Frage nach der Band nannte er stets einen völlig absurden Namen, worüber wir schallend lachten. Aber abgesehen von solchen Augenblicken hatten wir auf diesem Trip nicht sonderlich viel Spaß. Für Lucky war das Ende der Fahnenstange erreicht. Er hatte sich auf unser Niveau herabgelassen, nachdem er bereits im ganzen Land viel erfolgreichere und befriedigendere Gigs mit den Circle Jerks gespielt hatte.

Während in Philadelphia zur gleichen Zeit R.E.M. im Spectrum einer der prestigeträchtigsten Konzertarenen der USA, als Headliner auf der Bühne standen, nahmen wir Telefonate in einer Bar in Richmond entgegen, wo kaum jemand wusste, wer wir überhaupt waren. Ich interessierte mich für R.E.M., weil sie für ein Genre namens „College-Rock" standen, das sich zumindest für meine Ohren damals nicht allzu sehr von dem unterschied, was wir mit *Into the Unknown* versucht hatten – und damit so richtig auf die Schnauze gefallen waren. Ihr Erfolg verwirrte mich, weil ich ja das College besuchte und selbst auch eine Band hatte. Allerdings war ich nie der Ansicht, dass das Leben auf dem Campus durch eine einzige Musikrichtung repräsentiert werden könnte. Die dortige Vielfalt ist schlichtweg zu groß, um sich auf ein kohärentes Genre zu beschränken. Aber zumindest vermittelte mir das Phänomen den motivierenden Eindruck, dass intelligente Musik bald schon wieder höher im Kurs stehen würde. Diese Feststellung lieferte vermutlich den Funken, der notwendig war, meiner abgekühlten Beziehung zu meinem alten Songwriting-Partner Brett neues Leben einhauchen zu wollen.

Doch unsere Liveshows stellten ein ganz anderes Problem dar. Was nutzten gute Songs, wenn man sie nicht in anständigen Konzerthallen spielen konnte? Die Betreiber der versifften Buden, die damals als typische Punkschuppen firmierten, kümmerten sich einen feuchten Kehricht darum, in welchem Rahmen wir unser Material präsentierten. Greg Hetson sagte immer: „Gebt mir einfach eine Bühne und ich werde sie zum Beben bringen!" Das war seine

Herangehensweise, wann immer wir in einem Club auf einer improvisierten Bühne und ohne PA-Anlage auftreten sollten. Ich sah die Sache ganz anders als er. Schließlich waren wir keine Jazzband, bei der man alle Instrumente hören konnte, ganz egal, ob ein Club über eine passable Lautsprecheranlage verfügte oder nicht. Wenn man unsere Songtexte nicht hören konnte, würden auch die zugrundeliegenden Ideen verhallen. Dann wären die Songs so gut wie tot für mich. Als wir etwa einmal in St. Louis spielten, endete die Bar direkt an der Bühne. Ich hätte während unseres Konzerts nur ein paar Schritte gehen müssen, um mir am Tresen ein Bier zu ordern. Allerdings gab es dafür keine Lautsprecheranlage. Als ich mich erkundigte, wie man mich denn hören sollte, antwortete der Besitzer der Bude ganz lapidar: „Alle Bands, die hier spielen, verwenden zu diesem Zweck einfach die Bassbox und die Bühnenmonitore. Letzte Woche erst waren Gang Green hier und haben sich nicht beschwert. Seid ihr Jungs vielleicht etwas Besonderes?" Ich empfand mich sicher nicht als etwas Besonderes. Wenn „etwas Besonderes" zu sein, jedoch hieß, sich gegen niedrige Qualitätsstandards zu stellen, ja, dann war ich das vielleicht schon. Das Publikum bei Punkshows sollte ihre Acts ebenso gut hören und sehen können wie das die Anhänger anderer Genres durften. Doch oft hieß es einfach: „Aber es ist doch NUR Punk!" Dafür brauchte man keine vernünftige Ausrüstung. Viel zu viele Veranstalter und Locations verfolgten diesen Denkansatz. Im Kampf, ihre Haltung vielleicht zu ändern, fühlte ich mich überfordert.

Mir und auch wohl dem Rest der Band war damals nicht bewusst, dass der einzige Ausweg aus diesem Fiasko mitsamt all den heruntergekommenen Kaschemmen und dem unfreiwilligen Telefondienst darin bestünde, uns einen Agenten zu suchen, der unsere hohen Standards formulieren und gegenüber fähigen Konzertveranstaltern auch kommunizieren konnte, damit wir fortan in Locations spielen würden, denen Produktion und Präsentation selbst auch ein Anliegen war. Keine Agenten zu haben war der Hautunterschied zwischen uns und erfolgreichen Kollegen wie den Circle Jerks oder Black Flag. Wir mussten uns auf Mundpropaganda verlassen, die uns in diesen Tagen, als die Punkszene am Schwächeln war, eben auch nicht sonderlich weiterbrachte. Ohne unsere Freunde bei Goldenvoice und anderen regionalen Konzertveranstaltern hätten wir wohl nie irgendwelche Angebote bekommen. Doch trotz dieser wertvollen Kontakte zu Leuten in einflussreichen Positionen blieben diese Angebote im überschaubaren Rahmen und trudelten irgendwie willkürlich bei uns ein. Greg Hetson freundete sich, wenn er mit den Circle Jerks unterwegs war, in anderen amerikanischen Regionen mit Konzertveranstaltern an. Er ließ sie wissen, dass er beizeiten gern auch mit seiner anderen Band bei ihnen gastieren würde. Doch auf diese Weise wurden wir in den meisten Fällen einfach an etwas weniger professionelle Locations und Veranstalter weitervermittelt. Nur selten traten wir tatsächlich in denselben etablierten Häusern wie die Circle Jerks auf. Wenn dem so war, wie etwa im City Gardens in New Jersey oder dem Living Room auf Rhode Island, wurden wir wieder als *„Bad Religion featuring Greg Hetson"* angekündigt. Die Leute blieben zuhause, weil sie lieber die Circle Jerks und nicht das Nebenprojekt ihres Gitarristen sehen wollten.

Also machten wir vorerst ohne eigenen Agenten weiter – und warteten ungeduldig darauf, dass endlich das Telefon klingelte. Auch in den nächsten paar Jahren meldete sich Goldenvoice immer dann bei Bad Religion, wenn eine schlagkräftige Vorband samt beträchtlichem Anhang gesucht wurde, die in der Lage war, ein paar zusätzliche Konzertkarten unters Volk zu bringen, und irgendwie kompatibel mit den damaligen Thrash-, Metal- oder Goth-Headlinern war. So spielten wir immerhin relativ konstant alle paar Monate mal, etwa in Locations wie dem Fender's Ballroom in Long Beach und anderen von Goldenvoice gebuchten Clubs und Sälen im Southland. Im Verlauf der nächsten zwei Jahre begann sich das Publikum langsam zu verändern.

Im Herbst 1987 erhielten Bad Religion ein paar zufällige Anrufe von Konzertveranstaltern, die sich erkundigten, ob wir für sie als Vorgruppe zur Verfügung stünden. So stand etwa im guten alten Fender's Ballroom ein Gig mit Shattered Faith auf dem Programm. Als wir dort gastierten, wurde mir klar, dass wir mehr Leute anzogen, als ich bis dahin angenommen hatte. Ein sehr erbaulicher Moment. Trotz der Gangmitglieder aus dem Umfeld der Suicidal Tendencies, die den Fender's Ballroom gern frequentierten und gern Stunk machten, hielt sich die Gewalt in überschaubarem Rahmen und kam überhaupt zum Erliegen, als wir die Bühne betraten, da so viele dieser Radaubrüder Fans von Bad Religion waren. Ebenso positiv vermerkte ich, dass nun trotz der Anwesenheit diverser Bandenmitglieder mehr Frauen zu diesen Shows kamen. Auch das sah ich als Anzeichen einer Verjüngung und Erweiterung der Szene.

Ich dachte jedoch nicht darüber nach, wie weit unser Appeal tatsächlich reichen könnte und war auch nicht interessiert daran, es auszuloten. Es war mir herzlich egal, mit welchen Bands wir auftraten, solange uns auf der Bühne großartige Ausrüstung zur Verfügung stand. Das vielleicht beste Beispiel für ein derartiges Szenario war ein Angebot von Goldenvoice, das wir im November 1987 erhielten. Wir sollten mit Dramarama auftreten, einer frühen Alternative-Rock-Band, die bei KROQ rauf und runter gespielt wurde und daher auch in den Charts von Los Angeles emporstieg. Da Goldenvoice einen Anheizer brauchte, der über eine gewissen Zugkraft verfügte, wurden wir gerade einmal eine Woche, bevor die Show in Szene gehen sollte, ins Programm gehievt. Ich kann mich aber nicht daran erinnern, irgendwo Werbung dafür gesehen zu haben. Doch zu aller Überraschung sprach sich dennoch rasch herum, dass wir spielen würden, und unsere Fans strömten in Scharen zum Konzert. Doch auch viele von Dramaramas tausenden Anhängern fanden Gefallen an unseren eingängigen Songs. Diese Show hinterließ einen sehr positiven Eindruck bei den Veranstaltern und rief ihnen etwas in Erinnerung, das der Goldenvoice-Gründer Gary Tovar zu ihnen gesagt hatte: „Unterschätzt niemals Bad Religion." Diese Show stellte eindrücklich unter Beweis, dass wir nicht nur in der Lage waren, eigene Fans zu motivieren, in Clubs wie den Fender's Ballroom zu kommen, sondern auch imstande waren, uns auf größeren Bühnen in etablierten Konzerthallen zu profilieren.

Eines Tages, kurz nach meiner Rückkehr von einer Expedition nach Bolivien, besuchte mich Brett in meinem neuen Apartment in Brentwood, wo Greta und ich zusammen wohnten. Er war neuerdings clean und trocken und hatte sich der Band auch bei einem Gig in San Francisco angeschlossen. Auch hatte er in der Zwischenzeit einige Studiosessions betreut und dabei sein Know-how als Soundtüftler perfektioniert. Er verfügte somit über sämtliche Voraussetzungen, mit uns in seinem Studio, das den Namen Westbeach Recorders trug, eine neue Platte in Angriff zu nehmen. An diesem Nachmittag in Brentwood diskutierten wir auch die Möglichkeit, als wiedervereinte Band aufzunehmen. Uns war nur allzu bewusst, dass der Radiosender, der unsere Songs gespielt hatte, nämlich KROQ, mittlerweile keinen Punkrock mehr spielte. Bei Rodney on the ROQ lief jetzt stattdessen jede Menge Retro-Garage-Rock. Bands wie Redd Kross, die immer noch dorthin eingeladen wurden, hatten sich nun auf einen Sound verlegt, der wie schmuddeliger Surf-Rock klang. Als ob das die Leute hinter dem Ofen hervorgeholt hätte. Damals war vielmehr pop-lastige Club- und Dance-Music von Acts wie Depeche Mode, Erasure oder INXS, aber auch früher Alternative-Rock von Gruppen wie R.E.M., den Smiths, U2 oder eben Dramarama angesagt. Was uns motivierte, hatte nicht im Geringsten damit zu tun, im Radio gespielt zu werden.

Aber wir spürten, dass wir etwas erschaffen könnten, das unsere bisherigen Aufnahmen bei Weitem übertreffen würde, was ein erreichbares Ziel darstellte. Wir alberten ein bisschen auf meiner Akustikgitarre herum, aber irgendwann begann ich, ein paar Songs von Neil Young zu spielen. Als ich „Cowgirl in the Sand" spielte, unterbrach mich Brett: „Das ist ein verdammt starker Akkordwechsel!" Daraufhin nahmen wir uns ebendiesen zur Brust, um mithilfe dieses einfachen Übergangs – von A-Moll zu F-Sus – einen Song zu basteln, der den Grundstein für ein ganzes Album legen sollte, auf dem wir unsere damalige Weltanschauung und Einstellung zum Ausdruck bringen würden. Tatsächlich handelte es sich dabei sogar um den Titeltrack dieses Albums, das wir auf den Namen *Suffer* tauften. So begann die produktivste Songwriting-Phase in der Geschichte von Bad Religion.

19
AUF DEM WEG ZU SUFFER

West L.A. mag auf Außenstehende vielleicht glamourös wirken, aber dort zu wohnen gestaltet sich eher eintönig. Es ist überbevölkert und nicht unbedingt anregend. Doch das markante Jasmin-Aroma, das einem in sämtlichen Foyers der Apartmentkomplexe an der Westside entgegenströmt, wird man nie wieder vergessen – obwohl diese Blume eigentlich in Asien heimisch ist. Tatsächlich strotzt West L.A. nur so vor Reminiszenzen an Fernost. Das beeinflusst auch die Denkweise vieler Menschen, die selbst nur wenige Kilometer vom Pazifikstrand entfernt leben. 1987 wohnte ich nur viereinhalb Kilometer landeinwärts vom Ozean, den ich via San Vincente Boulevard relativ rasch mit dem Fahrrad erreichen konnte. Ich fuhr dort immer nur den Strand entlang und hielt nie an, um zu meditieren oder um die Meeresbrise zu genießen.

Meine Freundin und zukünftige Frau Greta und unsere besten Freunde von der UCLA, Jerry und Inga, hatten bereits ihr ganzes Leben in dieser relativen Nähe zum Strand verbracht. Obwohl sie in gewöhnlichen amerikanisch-christlichen Haushalten erzogen worden waren, schien das Leben an der Pazifikküste sie nachhaltig geprägt zu haben. So wie viele andere Südkalifornier vermengten auch sie gern christliche Werte mit beliebten Vorstellungen jahrtausendealter asiatischer Religionen. Das Paradies existierte sowohl auf Erden als auch im Jenseits. Es eröffnete sich einem etwa in Form von Strandspaziergängen. Reinkarnation war ebenso ein populäres Konzept, weshalb man der Meeresfauna mit großem Respekt begegnete. Schließlich könnte man ja eines Tages selbst im Meer wiedergeboren werden. Imbissbuden, an denen Reformkost wie diverse Sprossen und Proteinshakes verkauft wurden, hatten Konjunktur. Asiatische Kräuter standen ebenso hoch im Kurs. Meditation erhielt hier den Vorzug gegenüber konventionellen westlichen Gebeten und Zeremonien. Im Allgemeinen versuchte man, ein angenehmes Leben im Diesseits zu verbringen und den Nachteilen der Überbevölkerung des städtischen Raums, für die L.A. getrost als Aushängeschild fungieren konnte, nicht allzu viel Aufmerksamkeit zu widmen. All dies ergab in Summe eine toxische Philosophie – eine „Bad Religion“ –, die wiederum die perfekte Inspiration für neue Songs lieferte!

1987, als ich bereits mit Greta zusammenwohnte, startete ich mein Aufbaustudium. Zu dieser Zeit war sie es, die bei uns das Geld nach Hause brachte. Für jemanden, der das Strandleben in all seinen Facetten zelebrierte, hatte sie aber zumindest den allerbesten Job ergattern können. So arbeitete sie als Kellnerin in einem überteuerten Steak-Restaurant namens Chart House, das sich im Herzen Westwoods und nahe des Campus befand. Insgesamt verfügte diese Kette über sechs oder acht Ableger, die alle nur einen Katzensprung vom Meer entfernt lagen. Ihre Filiale befand sich zwar noch am weitesten landeinwärts – etwas mehr als sieben Kilometer –, doch trotz dieser Distanz galt das Restaurant als Hotspot für alle möglichen Vertreter der Strandkultur: Surfer, Volleyballspieler, Fischer, Rettungsschwimmer, Immobilienmakler, Yachtbesitzer und andere Vertreter des elitären Clubs der Reichen und Schönen besuchten das Chart House in Westwood, um sich allabendlich ihr Surf-and-Turf zu gönnen. Da der Grill des Hauses schon am frühen Abend angeworfen wurde, blieb im Anschluss noch ausreichend Zeit, sich im holzgetäfelten Cocktailbereich des Restaurants von sexy Kellnerinnen in mit Hawaii-Motiven bedruckten Kleidchen eine tropische Erfrischung kredenzen zu lassen. Tatsächlich galt die Bar hier als Hauptattraktion und sie blieb bis in die frühen Morgenstunden geöffnet. Kleine Lautsprecherboxen berieselten das Etablissement unterdessen mit Soft-Rock und New-Wave-Balladen. Hier traf der Soundtrack zu *Breakfast Club* auf „Margaritaville“ von Jimmy Buffet. Die Cocktail-Kellnerinnen verdienten hier am meisten, da sie während ihrer achtstündigen Schichten unablässig überteuerte Drinks servierten. Die Kellnerinnen, die die Essensbestellungen aufnahmen und Mahlzeiten zu den Esstischen trugen, erhielten zwar höhere Trinkgelder, doch erlahmte die Nachfrage, die zwischen 17 und 21 Uhr am größten war, dann auch schon wieder. In beiden Szenarien verdiente eine Kellnerin innerhalb einer Schicht locker mehrere hundert Dollar.

Meine Frau legte mir nahe, ich solle mich ebenfalls nach einem „vernünftigen" Job umzusehen. Ich war zwar happy als Teilzeit-Studiotechniker, doch spülte diese Betätigung weniger als 400 Mäuse monatlich in unsere Kasse. Greta verdiente das an einem einzigen Wochenende. So organisierte sie mir einen Job im Chart House, wo ich nun für das Salatbuffet zuständig war. Es machte zwar Spaß, in den Pausen mit den Kellnerinnen herumzualbern, doch war diese Art Arbeit nicht wirklich mein Ding. Ich war einfach kein Strandmensch oder Surfer. Vielmehr untersuchte ich die geologische Beschaffenheit von Stränden und Küstenlinien sowie all die Tiere, die im Meer herumschwammen. Aber es war sicher kein Ort, den ich zu meinem Lifestyle auserkoren hatte. Ich schlüpfte zwar pflichtbewusst ins Hawaiihemd, dekorierte die Salatbar und sah zu, dass immer von allem genug vorhanden war, doch in erster Linie nutzte ich die Gelegenheit, um mit Leuten zu plaudern. So erkundigte ich mich bei den Gästen etwa nach ihrem Befinden. Tatsächlich traf ich dort auch auf einige Prominente wie zum Beispiel David Crosby. „Wie geht es Ihnen heute Abend, Mr. Crosby?", grüßte ich ihn. Er war gerade erst aus dem Knast entlassen worden. „Ich bin der glücklichste Typ diesseits von Texas!", antwortete er.

Der Filialleiter spornte mich an, mich etwas mehr ins Zeug zu legen. „Greg, sieh zu, dass das Kupfer an der Salatbar immer schön glänzt, auch wenn jemand mal Ranch-Dressing verschüttet", sagte er dann. Oder auch: „Wenn du nur ein bisschen mehr Initiative an den Tag legen würdest, könnten wir dich zum Abräumer befördern. Dann würdest du auch von den Trinkgeldern der Kellnerinnen profitieren." Da hatten sie sich aber schwer in mir getäuscht. Immerhin beabsichtigte ich, nur ein Minimum an Eigeninitiative an den Tag zu legen – und auch nur, weil ich meine Beziehung nicht gefährden wollte. Für Greta war meine Beschäftigung eine Bedingung für unser weiteres Zusammenlebens. So weit, so gut.

Andererseits gefiel es mir ungemein, Leute kennenzulernen, die anders als ich selbst waren. All die Kellnerinnen, die zum Großteil mit Greta befreundet waren, waren freundliche, interessante Menschen. Viele hofften darauf, Karrieren als Models oder Schauspielerinnen zu machen. Selbst wenn sie für meinen Geschmack oft ein bisschen zu hippiemäßig drauf waren, genoss ich es, mich hinsichtlich unserer Weltanschauungen mit ihnen auszutauschen. Allerdings hatten sie nicht die geringste Ahnung davon, was sich ein paar Kilometer weiter landeinwärts in den vergangenen Jahren so abgespielt hatte. Von der Punkszene Hollywoods hatten sie jedenfalls keinen blassen Schimmer. Solche Strandmenschen verirrten sich nur höchst selten zu Punkshows. Das kümmerte mich an diesem Punkt in meinem Leben jedoch nicht sonderlich. Soweit es mich betraf, gab es im Hollywood des Jahres 1987 ohnehin nur sehr wenig, was einen intellektuell stimulieren hätte können.

Jerry, mein Freund von der UCLA, arbeitete ebenfalls im Chart House. Seine Freundin Inga bekleidete dort sogar einen Managerposten. Jerry studierte mit Vorliebe menschliches Verhalten. Als eine Art Hobby-Anthropologe kannte er den kalifornischen Strand-Lifestyle besser als so manch anderer – und stand diesem gleichermaßen kritisch wie euphorisch gegenüber. Jerry frohlockte förmlich ob seiner Beobachtung, dass die meisten Leute, die diesem Lebensstil frönten, äußerst oberflächliche Zeitgenossen zu sein schienen. Der Großteil der Strandjünger verschloss sich vor jeglicher Art großer Erkenntnis oder gar Erleuchtung, da sie ihr ganzes bisheriges Leben ausschließlich in unmittelbarer Nähe zum Strand zugbracht hatten. Küstengemeinden wie Del Mar und La Jolla repräsentierten das Paradies auf Erden. Jeder Mensch auf der Welt hätte dort gern gelebt. Jenen, die das tatsächlich taten, war ihre idyllische Wohnsituation nur allzu bewusst, weshalb sie glaubten, dass es für sie nichts mehr zu erreichen gäbe. Ihre Existenz bestand in ihren Augen darin, einfach ihre Zeit herumzubringen. Noch ein spektakulärer Sonnenuntergang, noch eine perfekte Welle. Zur Abrundung noch ein steifer Drink vor dem Schlafengehen. Diese Denkweise stumpfte ihren Intellekt ab. Zumindest unterstellte Jerry ihnen das. „Warum sollte man woanders hingehen, wenn sonst überall jeder am liebsten hierherziehen würde?“, lautete die Devise. Diese absurde Mentalität färbte jedoch nie auf Jerry ab, der neuen Abenteuern prinzipiell offen gegenüberstand.

Ich bewunderte Jerry, diesen heimlichen Philosophenkönig der südkalifornischen Strandkultur. Mit ihm konnte ich nicht nur Spaß haben, nein, so wie ich war auch er auf der Suche nach Sinn in einer zügellosen und heruntergekommenen Gesellschaft. Zwar war er einige Jahre älter als ich, hatte sich nun aber in der Hoffnung, ein paar Antworten zu finden, an der UCLA inskribiert. Er studierte (und praktizierte) Kunst – Illustration, Malerei und Zeichnen – und verbrachte viel Zeit damit, die Widersprüchlichkeit der Welt in seinen Werken zu verewigen. Jerry galt sein ganzes Leben lang schon ein Early-Adopter in Bezug auf allerlei abenteuerliche Aktivitäten, denen man in Kalifornien nachgehen konnte. So faszinierte er sich für innovative Surfbretter, Skateboards und schlussendlich sogar Segways. Beide begeisterten wir uns fürs Mountainbiken. Wenn man in West L.A. lebte, konnte man praktisch überallhin mit dem Rad fahren. Ich wohnte nur ungefähr drei Kilometer vom Campus entfernt, weshalb ich jeden Tag mit meinen Unterlagen auf dem Gepäcksträger zur Uni radelte. An den Wochenenden jagten Jerry und ich gern die Trails hinunter oder cruisten einfach den Strand entlang. Wenn sich uns unsere Freundinnen anschlossen, herrschte stets Spaß und Gelächter. Egal, ob wir als Quartett in derselben Schicht im Chart House arbeiteten, uns zu Picknicks am Strand verabredeten, am Freizeithafen Marina del Rey Volleyball spielten, oder uns in den Bergen der Sierra Nevada auf eine Wanderung begaben: Unser Leben wurde kontinuierlich bürgerlicher, durchgeplant und solide. Dieser Lebensstil war sicher alles andere als typisch Punk. Doch das brennende Bedürfnis, unablässig die Absurditäten des Lebens zu kommentieren, war mir immer noch erhalten geblieben.

Als Jerry und Inga schließlich heirateten, wählten sie sich als Schauplatz für ihre Zeremonie einen Ort, der sich vor allem bei alternativen Spiritualisten großer Beliebtheit erfreute, nämlich eine Tempelanlage der Self-Realization Fellowship. Der schmucke Haupttempel dieser Organisation lag unweit von San Diego in Encinitas, hoch oben auf einer Klippe, von der man einen Strand überblicken konnte, den die ortsansässigen Surfer Swami's Beach nannten. In Malibu gab es aber auch eine Filiale, die vor allem den nach Publicity gierenden Promis von L.A. als spirituelle Anlaufstelle diente, um sie näher zu Gott zu bringen. Ebendiesen Ableger wählten Jerry und Inga für ihre Hochzeitszeremonie. Das Setting erfüllte sämtliche New-Age-Klischees. Zwischen den glitzernden Teichen auf dem Gelände wuchsen jede Menge Lotusblüten. Das Jasmin-Aroma war allgegenwärtig, während man in der Ferne das Rauschen des Meeres hören konnte. Eine rundum erholsame Erfahrung für alle Sinne.

Ihre Ehegelübde entsprachen jedoch trotz des orientalischen Ambientes eher der westlichen Tradition.

Mir war bereits aufgefallen, dass die Vorstellung, sich selbst eine ganz individuelle Verbindung zu Gott fernab der Doktrinen und Dogmen konventioneller Religion zu erschaffen, auf viele spirituell angehauchte Südkalifornier einen enormen Reiz ausübte. Die meisten meiner Freunde in Wisconsin waren durch und durch säkulär eingestellt. Spiritualität spielte in ihrem Leben keine Rolle. Doch Jerry, Inga und Greta – ja, bis zu einem gewissen Grad sogar Brett –, allesamt aufgeweckte, smarte Kalifornier, gefiel die Idee, ihren weltlichen Lifestyle mit diversen Aspekten aus Buddhismus und Hinduismus wie etwa Transzendentaler Meditation zu garnieren. Sowohl im Buddhismus als auch im Hinduismus genoss Meditation einen hohen Stellenwert und diese asiatischen Philosophien sickerten in die kalifornische Kultur ein.

Meine ebenfalls atheistischen Freunde in Wisconsin interessierten sich hingegen nicht im Geringsten für solche alternativen Ansätze zum Thema Spiritualität. Aber immerhin ergaben sich daraus von Zeit zu Zeit intensive philosophische Diskussionen mit Jerry, vor allem im Vorfeld seiner Hochzeit im Tempel der Self-Realization Fellowship. Die Organisation propagiert „immerwährenden Frieden und ewiges Glück" – Ziele, die sich mittels Meditation erreichen ließen. Zudem führt der Weg zu Gott über den Prozess der Selbsterkenntnis. Diese Art von New-Age-Gedankengut war im Rust Belt praktisch inexistent, doch in Kalifornien allgegenwärtig. Es waren die Hippies, die die Saat dieser Denkschule ausbrachten und ihr in weiterer Folge ermöglichten, bunte Blüten zu treiben.

Wenn jemand sich wirklich auf die Suche nach Gott begeben will, so ist das seine Privatsache. Allerdings hielt ich dieses Streben immer für ein echtes Luxusproblem – der Wunsch eines Menschen, der auf der Sonnenseite des Lebens beheimatet war. Etwa, wenn man in unmittelbarer Nähe zur kalifornischen Küste aufgewachsen war. Kinder aus dem Rust Belt, deren Eltern in Fabriken malochten, verfügten wohl kaum über die Ressourcen, in Ruhe zu meditieren oder im Lotussitz den Sonnenuntergang zu bestaunen. Ihnen wurde beigebracht, Gott in den Pamphleten der Sonntagsschule und gebundenen Bibelkommentaren zu finden. Ein paar glücklichen Kids wie mir blieb die Sonntagsschule hingegen erspart. Wir durften zu dem Schluss gelangen, dass

Gott in Wirklichkeit gar nicht existierte. Daher glaubte ich auch nie, dass ein leichtlebiges Dasein am Strand einen näher zu Gott brachte als zum Beispiel ein beschwerliches Leben in der gefrorenen Tundra.

Ironischerweise wählte Jerry, der nie abseits des eineinhalb Kilometer breiten Streifens entlang des kalifornischen Küstenverlaufs gelebt hatte, für seine Kunst in erster Linie landgebundene und irdische Motive. Dies entsprach seiner Philosophie. Nie porträtierte er irgendwelche Krafttiere aus den Tiefen des Ozeans. Auch Poseidon-Darstellungen suchte man bei ihm vergeblich. Seine Kunst kam ganz ohne Seeungeheuer oder polynesische Mythologie aus. Doch wie so viele Südkalifornier schreckte auch ihn der Gedanke ab, sich dauerhaft ins Landesinnere zu verirren und an einem Ort ohne Meereszugang zu leben. Abstecher dorthin blieben kurze, inspirierende Stippvisiten, die einen zum Beispiel in einen Nationalpark oder eine von Palmen gesäumte Wüstenoase führten, aber nie damit endeten, dass man dort sesshaft wurde. Aus diesem Grund war es für ihn wohl auch ganz selbstverständlich, sich das Leben der Heranwachsenden im tiefen Landesinneren, fern abseits der Strände Südkaliforniens, als besonders qual- und leidvoll vorzustellen. Hinsichtlich des Themas Leiden war seine Perspektive vom Buddhismus beeinflusst – und er sprach zu mir in der Rolle eines Propheten.

An einem sonnigen Nachmittag, als wir auf der Veranda vor seinem und Ingas Apartment in Santa Monica abhingen, sagte Jerry: „Das Leben ist tatsächlich bloß eine Abfolge von Augenblicken. Man kann sich zwar nur an ein paar davon erinnern, aber man konstruiert daraus eine vollständige Kindheitserfahrung. Selbst wenn man nur einige wenige höchst traumatische Momente durchleben musste, vergisst man darob all die guten Dinge." Was er da sagte, ergab jede Menge Sinn. Mir fiel dazu eine hübsche Parallele ein, die sich an meinen eigenen Interessen orientierte. „Da liegst du wohl richtig", sagte ich. „Es gibt auch Songs, an die wir uns unser ganzes Leben lang erinnern werden. Nicht nur an die Texte, sondern auch an die Melodien, die sie begleiten. In meinem Gehirn sind gewisse Texte und Melodien einfach für immer abgespeichert – trotz all der neuen Songs, Bilder, Erfahrungen und Emotionen, die im Laufe der Zeit ständig hinzukommen. Vielleicht vergesse ich den Großteil all dieser neuen Dinge, doch die Erinnerung an einen gewissen Song bleibt für immer intakt!"

Jerry wusste, dass Buddhisten dem Leiden als Konzept einen besonders hohen Stellenwert beimaßen. „Leiden ist das Resultat von psychischem Stress und realem Schmerz, der durch unser alltägliches Leben verursacht wird", sagte er. „Jeder Mensch leidet jeden Tag." Ich fand, dass diese Vorstellung sich mit einer auf Evolution basierten Weltanschauung in Einklang bringen ließ, somit konnte ich mich damit anfreunden. Wir waren zwar keine Genies, die gemeinsam eine Glaubenslehre ausheckten, um mit ihrer Hilfe eine Schar von Jüngern anzulocken, doch unsere Ideen sollten weiter gedeihen und passten auch gut zu den tiefschürfenden Gedanken, die ich über die Jahre hinweg mit meinen Bandkollegen diskutiert hatte.

Ich ließ Jerry wissen, dass Brett und ich erst unlängst einen Song mit dem Titel „Suffer" geschrieben hatten. Obwohl der Song sich nicht konkret auf die buddhistische Lehre bezog, fand Jerry dennoch Gefallen an den religiösen Anspielungen, die das Konzept offenbarte. Wir wollten die ganze nächste Woche in Bretts Aufnahmestudio verbringen, um unsere Platte einzuspielen. Ich sagte zu Jerry, dass das Konzept des Leidens wohl ein gutes Albumcover abgeben würde. „Vielleicht kannst du ja ein Cover für uns zeichnen", schlug ich ihm vor. Im Verlauf des weiteren Abends fielen ihm gleich ein paar Ideen für die künstlerische Gestaltung ein.

Im Frühling 1988, während der Aufnahmesessions zu unserem Album *Suffer*, besprach die Band die Inhalte und Konzepte der Songs. Angetrieben von unserem üblichen Frohsinn fingen wir aber bald wieder an, gemeinsam herumzualbern. „Stellt euch mal vor", sagte ich. „Was ist ein größeres Sinnbild für menschliches Leiden als ein Zahnarztbesuch? Wir sollten einen Künstler beauftragen, einen Behandlungsstuhl für das Cover zu zeichnen!" Diesem dentalen Realismus folgte eine heitere Abfolge närrischer Absurditäten, die schließlich damit endeten, dass Brett ein paar lyrische Bonmots zu Greg Hetsons lachhaftem Songtitel „When Man First Hit Man" hinzufügte.

When man first hit man, he hit him with a rock
He hit him 'cuz another man was trying to touch his cock
When man first hit man, he hit him with a stick
He hit him 'cuz another man was trying to touch his dick
When man first hit man, he hit him with a stone
He hit him 'cuz another man was trying to touch his bone.

Und so ging das immer weiter, die ganzen Aufnahmesessions hindurch. Wir machten uns einen Sport daraus, uns ständig neue Songs samt Lyrics einfallen zu lassen, die es niemals auf irgendeines unser Alben schaffen würden. Leider verabsäumten wir währenddessen, ein brauchbares Konzept für das Cover zu erarbeiten. Abgesehen vom Design unserer ersten EP, das auf Bretts Logo-Konzept basierte, und unserem ersten Album, dessen Cover-Optik ich mir einfallen hatte lassen, sollte jedes Cover unserer folgenden Veröffentlichungen immer von Künstlern außerhalb der Band entworfen werden, die sich jeweils an Ideen orientierten, die Brett und ich ihnen vorschlugen. Jerrys „Suffer-Boy" würde sich jedenfalls zu einer echten Ikone entwickeln.

Nachdem wir den Aufnahmeprozess abgeschlossen hatten, konnte ich es kaum erwarten, Jerry und Brett einander vorzustellen, weil sie beide meine Freunde waren und – auch wenn sie aus unterschiedlichen Milieus entstammten – sich beide intensiv mit Philosophie befassten. Die Konzepte, auf denen unsere Lyrics basierten, reflektierten Bretts und meine Ansichten hinsichtlich eines wahren Sammelsuriums an philosophischen Themen wie Evolutionsbiologie, marxistischer Ideologie, Kapitalismus und religiösem Fanatismus. Ich war sehr gespannt darauf, was für Illustrationen sich Jerry mit seinen buddhistischen Tendenzen und seinem kritischen Blick auf die Gesellschaft einfallen lassen würde. Da ich ihm ein paar Rohfassungen unserer Aufnahmen vorgespielt hatte, begann er, einfach draufloszuarbeiten und Skizzen anzufertigen, ohne offiziell den Auftrag von uns erhalten zu haben.

Der Song „Suffer" war einer der ersten, von denen sich Jerry inspirieren ließ. Er fuhr zwar eigentlich nicht auf Punkrock ab, doch gefielen ihm unsere Texte und er schätzte die Integrität des Sounds. So wie wir selbst war er der Auffassung, dass wir ein ernstzunehmendes Album eingespielt hatten, welches – sollte es sein Publikum finden – viele Leute positiv überraschen würde. Am meisten sprach ihn jedoch an, wie das Konzept von „Suffer" mit seiner buddhistischen Denkweise übereinstimmte. Er skizzierte nun einen höchstens zwölfjährigen Jungen, der breitbeinig Stellung bezog und seine Fäuste auf Hüfthöhe ballte, als ob er sich einer steifen Brise entgegenstemmte. Ich war mir nicht ganz sicher, inwiefern Jerry dieses Konzept noch ausbauen würde, doch die Skizze von dem Jungen machte einen krediblen Eindruck. Er erinnerte mich an einen südkalifornischen Skateboarder, der vom Parkplatz eines Supermarkts vertrieben worden war. Ein paar Tage später zeigte mir Jerry seinen nächsten Entwurf. Er hatte nun eine Kulisse ergänzt, die den zahllosen anonymen Nachbarschaften in den flachen Beckenregionen Südkaliforniens ähnelte – so wie einst meine eigene in Canoga Park. Nun begann ich zu verstehen, worauf Jerry hinauswollte. Der Junge im Vordergrund war sauer auf sein Viertel.

Doch den Trumpf spielte Jerry erst ein paar Tage später aus, als er seine buddhistischen Einflüsse und sein Interesse an Philosophie endgültig mit seiner Perspektive auf den südkalifornischen Lifestyle verschmolz. So steckte er den Jungen auf dem Bild nun auch noch in Brand. Als ob Jerry auf diese Weise das Leiden jenes berühmten buddhistischen Mönchs, der sich 1963 aus Protest gegen die von Katholiken angezettelten Repressalien gegen südvietnamesische Buddhisten verbrennen ließ, in Relation zum aktuellen Trend des Skateboardens und dem von Punkrock ausgehenden Protest gegen die Gleichförmigkeit des Lebens in den Suburbs stellen wollte. Diese ziemlich absurde, aber auch faszinierende Gegenüberstellung verlieh Jerrys Illustration eine tiefere philosophische Bedeutung, die auf höchst konzise Weise die Tatsache auf den Punkt brachte, dass Bad Religion viel mehr waren als bloß ein Archetyp einer rückständigen und längst überholten Punkrockszene. Vielmehr beabsichtigten wir, auch weiterhin eine Agenda der Aufklärung als Alternative zu traditionellem religiösen Gedankengut zu verfolgen. Es war ganz einfach das perfekte Albumcover für die wiedererstarkte Band Bad Religion. Die allegorische Flamme des Leidens avancierte zu einer der bedeutsamsten Abbildungen in der gesamten Geschichte unseres Genres. Als Brett die fertige Zeichnung zu Gesicht bekam, beauftragte er Jerry, ein darauf basierendes Gemälde anzufertigen, das wir schließlich für unser Albumcover verwendeten. Der „Suffer-Boy" wurde schließlich zu einem äußerst beliebten Tattoo-Motiv und zierte zudem Skateboards und zahlreiche Zeitschriften- und Fanzine-Titelseiten.

Das Album sollte im September 1988 erscheinen.

In der ersten Jahreshälfte spielten wir jeden Monat in und rund um Südkalifornien. Dazu kamen noch ein paar Shows in Arizona und in San Francisco. Unsere Auftritte in vertrauten Locations wie dem Fender's Ballroom in Long Beach zeigten, dass unser Publikum in Kalifornien fortlaufend größer wurde. Im Rahmen dieser Gigs spielten wir auch schon das neue Material von *Suffer*, obwohl noch niemand das Album besitzen konnte. Sowohl Thrash-Metal-Kids als auch Beach-Punks besuchten unsere Shows, aber auch weibliche Musikfans ließen sich blicken, was definitiv dazu beitrug, die aggressive Stimmung und Brutalität, die Punkshows in den vergangenen Jahren infiltriert hatte, abzuschwächen. Hier handelte es sich zwar immer noch Punkrock-Shows mit reichlich Slam-Dancing, aber das Publikum schien dennoch in erster Linie wegen der Musik gekommen zu sein – und nicht, um sich gegenseitig Blessuren zuzufügen. Langsamere Songs wie „Drastic Actions" von unserer ersten EP und „What Can You Do?" waren aufgrund ihrer Tempi und eingängigen Melodien absolut tanzbare Nummern. So erspielten wir uns den Ruf einer Band, die sowohl melodisch als auch heavy war und mit jeder Menge Background-Gesang (unseren sogenannten „oozin' ahs"!) zu überzeugen wusste.

Im Juli dieses Jahres pausierte die Band, da ich mich auf mein Studium konzentrieren musste. Ich reiste nach Colorado, wo ich mich in den Sangre de Cristo Mountains der Untersuchung von Gesteinsschichten und dem Sammeln von Fossilien widmete, hoch oberhalb der Baumgrenze, um so meinen Master-Titel in Geologie zu erlangen. Die Gegend, die ich in Absprache mit meinen paläontologischen Mentoren, Peter Vaughn und Everett C. Olson, ausgesucht hatte, lag einigermaßen abgeschieden. Also begab ich mich zusammen mit meinem Betreuer, Ted Reed, auf einen einmonatigen Camping-Trip zu Forschungszwecken. Hierbei handelte es sich um ein Terrain, auf dem es zwar ein paar der ältesten Wirbeltierfossilien überhaupt zu finden gab, über das aber bisher noch nicht publiziert worden war. Ted und ich untersuchten nun ihre einstmaligen Lebensbedingungen. Ich orientierte mich bei der Ausrichtung meines Projekts nicht nur an den Wünschen meiner akademischen Betreuer, sondern auch an meinem eigenen Drang, etablierte Theorien zu hinterfragen. So wollte ich eine eher unpopuläre, aber dennoch kaum zu vernachlässigende Hypothese hinsichtlich des Ursprungs der Wirbeltiere näher beleuchten. Die gängige Lehrmeinung lautete, dass sich Wirbeltiere zuerst in den Ozeanen entwickelt hätten. Ted und ich gelangten zum Schluss, dass die Sedimentgesteine der Sangre de Cristo Mountains jedoch auf Deltaablagerungen und Strandlagerstätten hinwiesen, die wiederum kleine Zuläufe samt vom Festland stammenden Bruchstücken und Sandkörnern aufwiesen. Genau dort, nämlich in den Festlandsedimenten, stießen wir auch auf Wirbeltierfossilien, wohingegen wir in den marinen Ablagerungen nicht fündig wurden. So folgerte ich, dass die frühesten Wirbeltiere im Süßwasser entstanden waren. Meine veröffentlichte Arbeit zu diesem Thema wurde weitgehend ignoriert. Doch die Beweise dafür liegen immer noch auf dem Tisch.

Als Punkrocker hatte ich bereits gelernt, dass ich mich nicht durch mangelnde Begeisterung hinsichtlich meines Schaffens entmutigen lassen durfte. In der paläontologischen Forschungsgemeinschaft herrscht bis heute die quasi-mythologische Überzeugung, dass sich die Wirbeltiere im Ozean entwickelt haben müssen, da auch alle anderen tierischen Lebensformen dort entstanden sind. Dieses Narrativ beeinflusst sämtliche Neuentdeckungen und dient als Ausgangspunkt bei der Untersuchung jedes aquatischen Wirbeltierfossilfunds. Diese Prämisse in Frage zu stellen war nicht besonders populär oder ratsam, da sie im wissenschaftlichen Fachbereich der Paläontologie meistens zu Ausgrenzung führte. Doch trotz eines Präzedenzfalls – es war immerhin einer der renommiertesten Paläontologen des 20. Jahrhunderts gewesen, Alfred S. Romer, ein Harvard-Mann, der sich aufgrund der Physiologie der Nieren für einen Ursprung der Wirbeltiere im Süßwasser starkgemacht hatte – wurde meine Arbeit nach ihrer Veröffentlichung in erster Linie negativ bewertet.

Das kümmerte mich aber nicht weiter. Tatsächlich kann ausbleibende Anerkennung auch überaus motivierend wirken, wenn man selbst vom Wert der eigenen Arbeit überzeugt ist. Ich wusste ja, dass meine Forschung stichhaltig war – und da alle meine Betreuer meine Arbeit abgesegnet hatten, blieb mein Vertrauen in meine These bestehen und hält auch bis heute an. Die mangelnde Anerkennung seitens meiner wissenschaftlichen Kollegen erinnerte mich auch ein wenig an die Gleichgültigkeit, mit der sich Bad Religion damals vielerorts konfrontiert sahen. Nicht viele Leute glaubten an uns, aber als Punkrock langsam begann, sich zu erholen, erkannten viele in *Suffer* einen bedeutsamen Beitrag zum Genre.

20 WIEDER AUF ACHSE

Greta und ich traten im August 1988 in den „heiligen“ Stand der Ehe. Die Zeremonie fand in einer Kirche in Del Mar statt, die gerade einmal einen Steinwurf von der Meeresbrandung entfernt lag. Wir wohnten damals in einem Apartment in Brentwood nahe des UCLA-Campus und unternahmen praktisch alles gemeinsam. Unsere Wochenenden bestanden aus einer Aneinanderreihung unspektakulärer Aktivitäten. Wir gingen zusammen ins Kino, trafen uns mit unseren Freunden Jerry und Inga, arbeiteten im Chart House, oder fuhren auf meiner Yamaha hinunter zum Strand. Was junge Paare eben so unternahmen. Bad Religion traten zwar gelegentlich am Wochenende auf, aber da mein Studium sehr fordernd war, kam die Band in diesem Jahr nicht sonderlich weit herum. Doch das sollte sich nun bald ändern.

Von der Hochzeitskapelle aus konnte man den Ozean überblicken. Alle meine Bandkollegen waren vor Ort. Auch ein paar Freunde aus Wisconsin waren angereist. Es war das erste Aufeinandertreffen meiner Freunde aus Kindheitstagen aus dem Osten und meiner Freunde aus L.A., die voneinander nur aus meinen Erzählungen wussten. Der ganze bunte Haufen verabschiedete Greta und mich am Bahnhof in Del Mar, wo wir zu unserer Hochzeitsreise aufbrachen. Wir fuhren mit dem Zug nach Montana, wo wir im Glacier-Nationalpark in einer Lodge abstiegen. Auf einer unserer Wanderungen ließ ich sie wissen, dass Bad Religion schon bald nach unserer Rückkehr auf Tournee durch die USA gehen wollten. „Wir sind echt begeistert davon, wie *Suffer* klingt, und haben 25 Shows gebucht!“, sagte ich. Keine Ahnung, was ich mir dabei dachte, mit dieser Information erst während unserer Hochzeitreise herauszurücken. Zweifellos war ich betört von der Magie des Augenblicks und unserem Aufenthalt in der herrlichen Natur inmitten der unvergleichlichen Bergkulisse. Vielleicht verspürte ich aber auch einen Anflug von Höhenkrankheit. Nun ja, Greta verpasste meinem Enthusiasmus umgehend einen Dämpfer. Sie bemühte sich, ihrem Missvergnügen über meine Mitteilung Luft zu verschaffen, ohne dabei die Contenance zu verlieren. Meine Unfähigkeit, mich während unserer Hochzeitsreise ausschließlich auf uns beide zu konzentrieren, muss sehr frustrierend gewesen sein. Selbst hier in der Wildnis musste ich über die aufkeimende Begeisterung rund um Bad Religion nachdenken. So gerieten wir in Streit und wanderten übelgelaunt zurück zur Lodge. Ich ging fast direkt im Anschluss an unsere Hochzeitsreise auf Tour. Nur ein paar Wochen nach unserer Hochzeit. Schon da hätte klar sein müssen, dass unsere Ehe zum Scheitern verurteilt war, obwohl wir ein paar schöne Zeiten erleben durften, bevor es schließlich so weit war.

Suffer erschien schließlich im September. Wir hatten in der jüngeren Vergangenheit mehrere erfolgreiche kleinere Shows in Hollywood gespielt, darunter auch ein Konzert als Headliner im Stardust Ballroom am Sunset Boulevard, zwei Tage vor meiner Hochzeit. Bei all diesen Auftritten waren die Locations stets mehr als nur gut gefüllt. 1988 wurden unsere Gigs in Südkalifornien kontinuierlich größer. Auch das Publikum wurde immer diverser. Das vermehrte Einströmen von Thrash-Metal-Fans hatte definitiv einen positiven Effekt. Ihre Szene sah in Punkrock zwar einen wichtigen musikalischen Einfluss, doch lehnten ihre Vertreter die Gewalt und den Nihilismus, die damit oft einhergingen, zum Großteil ab. Sie interessierten sich weniger für den Lifestyle, dafür umso mehr für die Musik. Die Klamotten und Haare waren nicht ganz so ausgeflippt, was den Rückschluss zuließ, dass die Thrash-Metal-Kids Äußerlichkeiten wie Lederklamotten, Nietenarmbändern, Bandanas und anderen Streetfighter-Utensilien weniger Aufmerksamkeit schenkten als die Punks das taten. Für sie war es die Musik, die im Fokus ihres Lifestyles stand. Ob das nun Punk war oder nicht, war mir eigentlich nicht so wichtig.

Die allgemeine Reaktion auf unser neues Album fiel durchwegs positiv aus. *Suffer* verlieh uns den nötigen Auftrieb, um endlich wieder an uns glauben zu können. Auch waren wir überzeugt, dass die Begeisterung auch auf andere Metropolen überschwappen würde. In L.A. war es kein Geheimnis, dass wir uns im Verlauf der vergangenen paar Jahre eine neue Anhängerschaft erspielt hatten. Wir hatten zahlreiche kleinere Shows im Cathay de Grande und anderen Clubs im ganzen Southland gespielt und uns dabei als verlässliche Vorgruppe erwiesen. Natürlich war es zusätzlich hilfreich, auch noch Fans aus der alten Szene zu haben. Dazu kamen jetzt eben noch die Thrash-Metal-Fans, die uns für sich entdeckt hatten. Außerdem hatten wir nun ein musikalisches Meisterwerk – davon waren wir damals überzeugt – am Start.

Für mich war vielleicht sogar am allerwichtigsten, dass Brett so fest an dieses Album glaubte und bereit war, sich voll und ganz für dessen Erfolg einzusetzen. Sobald ich von meiner Hochzeitreise zurückgekehrt war, rief er mich an und jubilierte: „Junge, wir werden durch die USA touren, um Punkrock zu spielen!“ Leider hatten wir damals noch keinen Konzertagenten. Fast alle Shows wurden mithilfe eines losen Netzwerks von Bekannten und Freunden Greg Hetsons aus dem Boden gestampft, der sein Bestes gab, telefonisch alles unter Kontrolle zu behalten. Einige Clubbetreiber wandten sich aber auch an Brett, da er in seinem Aufnahmestudio ein Büro eingerichtet hatte, das als Hauptquartier der Band und seiner Plattenfirma diente. Brett schickte ihnen auf Nachfrage ohne zu zögern Werbematerialien rund um unser Album und ein Foto der Band. Es gab jedoch keine koordinierte landesweite Werbekampagne und keine schriftlichen Übereinkünfte mit den einzelnen Konzertveranstaltern. Wir begaben uns einfach auf Tour, um in einer Reihe von Clubs zu gastieren, die einen Termin für uns zur Verfügung stellten. Es verstand sich von selbst, dass wir allabendlich um unsere Gage feilschen mussten. Nach manchen Konzerten sahen wir keinen Cent.

Der Hype, den wir rund um unsere Shows in Südkalifornien miterleben durften, übertrug sich leider nicht auf den Rest des Landes. Unser Tourauftakt führte uns nach Houston, damals die viertgrößte Stadt der USA. Leider verirrten sich nicht einmal 50 Leute zu unserer Show. In Chicago, immerhin Amerikas zweitgrößte Metropole, spielten wir in der berühmten Bar Cubby Bear gegenüber dem Baseballstadion Wrigley Field. 25 Leute kamen, um uns zu sehen. Am Abend zuvor in St. Louis waren es sogar noch weniger gewesen. Da konnten auch die Zusatzinfos auf den Flyern – etwa *„featuring Greg Hetson of the Circle Jerks“* – nicht viel daran ändern. Unser Erfolg in unserer Heimat Los Angeles war den Leuten egal.

Um alles noch schlimmer zu machen war unsere neue Platte noch nicht ausgeliefert worden. Unser Vertrieb scherte sich nur sehr wenig darum, welche Städte wir als Nächstes besuchten. Oftmals trudelte *Suffer* erst Wochen nach unseren Gastspielen in den lokalen Plattenläden ein. Auch hatten wir auf dieser Tour selbst keine Tonträger dabei, die wir verkaufen hätten können. Bretts Zusammenarbeit mit landesweiten Vertriebsfirmen stand damals noch ganz am Anfang. Obwohl Epitaph Records auf dem Papier zwar bereits einige Jahre existierte, steckten seine Versuche, Bands unter Vertrag zu nehmen, zu pushen und mehr als bloß Platten von Bad Religion zu verkaufen, noch in den Kinderschuhen. Uns wurde versichert, dass wir, spätestens wenn wir in New York City einträfen, darauf zählen könnten, *Suffer* in den Plattenläden zu finden.

Am 18. September 1988 spielten wir schließlich im Big Apple. Auf dem Weg dorthin traten wir in Rochester im Bundesstaat New York noch in einer Disko auf und durchquerten die tiefen Wälder der Region rund um die Finger Lakes. Ich staunte ob der endlosen Hügel und der grünen Täler, durchzogen von verschlungenen Straßen und gespickt mit Dörfern, die noch in der Kolonialzeit gegründet worden waren. „Diese Gegend hat wirklich alles, was das Herz begehrt", dachte ich mir. „Wildnis, Wälder, Wasserfälle – und all das in der Nähe mehrerer urbaner Großräume." Da konnte ich selbstverständlich noch nicht wissen, dass es mich nur wenige Jahre später selbst in diese Ecke verschlagen würde, als ich ein Engagement an der Cornell University antrat.

Unser Auftritt im CBGB in New York war ein echter Motivationsschub. Es handelte sich hierbei immerhin um einen legendären Club, der sowohl den Fans als auch Musikern eine Menge bedeutete – ein Ort, der quasi zeitlos war und im Laufe vieler Jahre etliche stilistische Entwicklungen im Bereich der Underground-Musik miterlebt hatte. Von außen wirkte der Laden wie eine echt heruntergekommene Bruchbude. Drinnen wurde man in dieser Annahme bestätigt. Das traf vor allem auf die kleine Garderobe zu, in der sich die Bands aufhielten, bevor sie auf die winzige Bühne hinausdurften. Die Wände und selbst die Decke waren schwarz und mit alten Flyern, frischem Graffiti und auch Essensresten vom Vorabend übersät. Trotz des schmuddeligen Dekors durchdrang den Schuppen eine ganz besondere Aura. Immerhin hatten im CBGB die Ramones ihre ersten Auftritte absolviert. Auch Blondie, die Dead Boys, Talking Heads, Devo und Johnny Thunders waren hier oft auf der

Bühne gestanden. Dies machte es zu einem höchst angenehmen, ja behaglichen Zwischenstopp. Es war eine willkommene Abwechslung auf einer Odyssee, die ansonsten von zermürbenden Verhandlungen bezüglich unserer Gagen mit den jeweiligen Veranstaltern und Clubbesitzern geprägt war. Wir spielten zusammen mit ein paar lokalen New Yorker Hardcore-Bands. Es handelte sich um eine typische sonntägliche Matinee und die Hütte platzte aus allen Nähten. Es war auf jeden Fall ein vertrauter Anblick, ein Publikum zu sehen, das sich wie zuhause in L.A. aus Punks, Thrash-Metal-Fans und auch einer gesunden Abordnung Frauen zusammensetzte. Ich war hocherfreut, einen improvisierten Merchandise-Tisch zu sehen, an dem Bad-Religion-Shirts mit dem Aufdruck „Suffer Tour" verkauft wurden. Mit den Einnahmen, so hoffte ich, würden wir uns an diesem Abend vielleicht zwei anstelle von bloß einem einzigen Motel-Zimmer leisten können.

Alles in allem stellte sich die Tour als finanzielles Fiasko heraus. Meine nunmehrige Frau war auf jeden Fall alles andere als begeistert, dass ich unterwegs eine Kreditkartenrechnung von fast 2.000 Dollar angehäuft hatte. Zum Glück verdiente ich als Lehrassistent – ich unterrichtete komparative Anatomie für angehende Medizinstudenten – ein passables Gehalt, das mir erlaubte, die Rechnungen bezahlen zu können. Auch war es sehr erfreulich, dass wir weiterhin reichlich Angebote erhielten, auf Tour zu gehen und regionale Shows zu spielen. Auch 1989 und 1990 hielt das Interesse an unserer Band an. Gleichzeitig machte ich auch in Bezug auf meine Karriere als Akademiker einen großen Schritt vorwärts.

Sorgsam koordinierte ich meinen Brotberuf als Universitätsangestellter und unsere stets umfangreicheren Touren. Letztere waren kurz und beschränkten sich in der Regel auf die umliegenden Regionen. Sie warfen zwar ein vernünftiges Zusatzeinkommen ab, doch wollte ich nicht mein verlässliches Gehalt als Dozent aufgeben. Deshalb mussten wir auch weiterhin unsere Tourneen mit Rücksicht auf meine universitären Verpflichtungen planen. Durch Europa tourten wur zum ersten Mal während der Sommerferien 1989. Statt einer Kreditkartenrechnung brachte ich dieses Mal 3.000 Dollar in Fremdwährung mit nach Hause. Langsam begann ich zu glauben, dass die Konzerte eine ebenso verlässliche Einnahmequelle darstellen konnten wie mein Salär von der Uni. Trotzdem bewarb ich mich als Doktorand an der Cornell University, die am anderen Ende des Kontinents in Ithaca im Bundesstaat New Yorks lag.

Am 23. Juli 1990 endete Bad Religions zweite Europatournee mit einem Konzert in Berlin. Mit ein paar tausend Dollar auf meinem Bankkonto kehrte ich nach L.A. zurück, wo ich mein Motorrad verkaufte, mein persönliches Hab und Gut in Umzugskartons packte, diese in meinen Dodge Ramcharger lud und schon eine Woche nach meiner Heimkehr von der Tour mit Greta quer durchs Land in eine ungewisse Zukunft aufbrach.

Via Interstate 10 ließen wir das Southland hinter uns und steuerten auf einen neuen Lebensabschnitt zu. Diese Straße führt direkt durchs Coachella Valley, jenes geologische Wunderland, wo ich als junger Student so viele Wochenenden verbracht hatte, um Feldforschung an den Ausläufern der San-Andreas-Verwerfung zu betreiben. Auf den Monat genau 14 Jahre zuvor war ich nach Kalifornien gezogen. Nun verließ ich das gelobte Land wieder, einen sanften Anstieg empor, entlang eines Superhighways, der uns pfeilgerade über den Chiriaco Summit hinweg und über die Grenze nach Arizona brachte, einem Horizont entgegen, der auf all jene jungen Männer wartet, die sich trotzig gegen die traditionelle Reiserichtung wenden und vom Westen aus gen Osten fuhren. An diesem Tag, so wirkte es im Rückspiegel, winkte uns das Coachella Valley in Gestalt seiner Dattel- und Zitronenbäume sowie der einsamen kalifornischen Palmen, die sich im Wind hin und her wiegten, zum Abschied hinterher. Bad Religion waren inzwischen zu einer international bekannten Band geworden, was mir ebenfalls langsam bewusst wurde. Ich hätte auch in Kalifornien bleiben und meinen Doktor an der UCLA machen sowie mir dort einen Ruf als singender Wissenschaftler machen können. Doch nun, als wir den Colorado River überquerten, überwältigte mich ein Gefühl der Erleichterung. Die Vorstellung, an einen mir unbekannten Ort zu ziehen, wo niemand wusste, wer ich war, fühlte sich viel besser an. An der Cornell University würde ich mich nun im Rahmen meines zoologisch ausgerichteten Doktoratsstudiums der Paläontologie widmen. Das Institut für Geologie an der UCLA, das ebenfalls einiges an Prestige vorzuweisen hatte, war ohnehin eher auf die Ölindustrie ausgerichtet, und weniger auf mein tatsächliches Interesse, nämlich die historische Entwicklung des Lebens. Das Southland an sich, dessen Geologie ich inzwischen in- und auswendig kannte, diente als Sinnbild für eine Identität, die ich nun abstreifen wollte. Für mich war dieser Ort nun Schnee von gestern.

TEIL 3

21 EIN GROSSER SCHRITT

So begann für mich 1990 ein neues Leben im Bundesstaat New York. Sollte ich immer noch ein Punk sein, so hätte man das dem Lebensstil, dem ich ab nun frönen würde, nicht angemerkt. Ich siedelte mich in einem ländlichen Nest namens Ithaca an, der laut der progressiven Zeitschrift Utne Reader aufgeklärtesten Kleinstadt Amerikas. Ringsum lagen Felder und Wälder, felsige Schluchten und idyllische Seen. Wanderwege erschließen hier hunderte Quadratkilometer grüner Wildnis, die sich in ein Dutzend bundesstaatlicher Parks und einen Nationalforst unterteilt. Ein echtes Paradies für jeden Naturfreund und Outdoor-Enthusiasten. Die Abgeschiedenheit des Campus' – die nächste Schnellstraße lag ungefähr 35 Kilometer entfernt – und die Schönheit der Natur bildeten einen größtmöglichen Kontrast zur Ästhetik des Punks.

In mancherlei Hinsicht war dies hier das exakte Gegenteil jenes Lebens, das ich in Los Angeles hinter mir gelassen hatte. Ich ließ mich im Hinterland des bevölkerungsreichsten Bundesstaats der Ostküste nieder, in dessen unzähligen winzigen Dörfern sich seit dem 19. Jahrhundert nur wenig verändert hatte. Wie konnte sich jemand nur vom Glamour der Westküstenmetropole L.A. abwenden, um hier zu leben? Es war die Cornell University, die mich zum Überläufer werden ließ. Nachdem ich ins dortige PhD-Programm aufgenommen worden war, zögerte ich nicht lange, der Heimat meiner geliebten Punkszene den Rücken zu kehren. Ich versicherte meinen Bandkollegen, dass weder unsere

Studioarbeit noch unsere Tourneen davon betroffen sein würden. Wann immer sie mich brauchten, würde ich einfach in ein Flugzeug steigen und anreisen. In diesem Jahr, 1990, tourten wir vor allem in Europa, an der Ostküste und im Mittleren Westen. Soweit es mich betraf, spielte mein Wohnsitz dabei keine große Rolle. Tatsächlich war es für mich viel praktischer, den großen Teich von New York aus zu überqueren, um in Europa Konzerte zu spielen. Während sich das Hauptquartier der Band bei Epitaph in L.A. befand, konnte ich meiner akademischen Berufung an jedem beliebigen Ort nachgehen. Tatsächlich betrieb ich meine Feldforschung in Colorado und Wyoming. Brett und die anderen Jungs konnten sich ja weiterhin ihrem Tagesgeschäft im Southland widmen.

Die Veröffentlichung unseres nächsten Albums, Against The Grain, stand unmittelbar bevor. Anders als noch 1982, als wir alle an einem Strang zogen und das fertige Produkt selbst verpackten, beschrifteten und auslieferten, beteiligte ich mich nicht länger aktiv an derartigen Arbeitsabläufen. Somit musste ich fortan auch nicht wirklich vor Ort weilen. Mein Einfluss wäre dennoch überall spürbar, wo unsere Alben gespielt und gehört würden. So kam ich zum Schluss, dass meine körperliche Anwesenheit im Großen und Ganzen keine so große Bedeutung hatte. All das fühlte sich wie eine Verjüngungskur an.

Fernab des Trubels und bunten Treibens des „anderen" New Yorks, jener in fünf große Stadtbezirke unterteilten Metropole, wo Bad Religion bereits im CBGB gastiert hatten, stellte der Umzug nach Ithaca fast schon eine Art Flucht vor jeglicher Musikszene dar. Es war vielmehr eine Anlaufstelle für ernsthafte junge Menschen, die entweder die Cornell University oder das etwas kleinere Ithaca College besuchten, das einen hervorragenden Ruf als Schule für angehende Autoren besaß, da dort bis 1975 immerhin ein gewisser Rod Serling, Mastermind der Fernsehserie Twilight Zone, als Professor unterrichtet hatte. Auch Cornell konnte ein paar Berühmtheiten vorweisen. So empfand ich es als sehr beruhigend, dass auch der Astronom Carl Sagan regelmäßig von hier aus quer durchs ganze Land gereist war, um nach Los Angeles zu gelangen, wo die Dreharbeiten zu seiner famosen TV-Dokureihe Unser Kosmos stattgefunden hatten. Tatsächlich pendelte er immer noch zwischen Kalifornien und Ithaca hin und her, da sich Sagan nicht nur um seine Lehrveranstaltungen kümmern musste, sondern auch an Produktionsbesprechungen für sein aktuelles Filmprojekt, Contact, in Hollywood teilnahm. In diesem Umfeld galt ich als Nobody –

einfach nur ein weiterer Doktorand, der vergleichende Anatomie unterrichtete und diverse Kurse in Zoologie betreute. Meine Kollegen an der Universität dürften sich wenig für meine profanen Ambitionen als Sänger und Songwriter interessiert haben, doch so wie Sagan war auch ich weiterhin motiviert, mich für meine kreativen Projekte abseits der Hochschule auf Reisen zu begeben. Niemand aus der ortsansässigen Bevölkerung zeigte sich diesbezüglich interessiert, was mir nur allzu gut in den Kram passte.

Uns eröffneten sich stetig neue Möglichkeiten. Ich hatte gerade erst meine Forschungsarbeit und Lehrtätigkeit aufgenommen, als schon das Telefon klingelte. „Wir können im Iguanas und irgendeinem Konzertsaal in North Hollywood als Headliner auftreten. Dann noch ein paar Shows im Norden. Wann bist du verfügbar?“, fragte Andy, ein Freund Greg Hetsons und erfolgreicher Konzertagent der Circle Jerks. Wenn er mich anrief, klang der herablassende Ton seiner Stimme, als wollte er sagen: „Klar, du versuchst gerade, als Wissenschaftler oder irgendetwas in der Art durchzustarten, aber wir haben hier echt ein paar brauchbare Angebote auf dem Tisch liegen.“ Zum Glück waren meine Bandkollegen in dieser Hinsicht ganz anders drauf. Zumindest äußerlich schienen sie sich nie an meinen akademischen Bestrebungen zu stören und brachten ihre Unterstützung auf humorvolle Weise zum Ausdruck. Wenn wir etwa in Hallen auftraten, in denen es ein Rednerpult gab, stellten sie ebendieses auf der Bühne auf, als ob sich ihr Sänger auf einen großen Vortrag vorbereiten würde. Ich ließ mich nicht lumpen und spielte einfach mit. Gelegentlich riefen sie mich auch mitten am Nachmittag an und fragten: „Hey, Greg, was ist der Unterschied zwischen einem Insekt und einem Spinnentier?“ Grundlegende Fragen zur zoologischen Nomenklatur eben. „Ihr Deppen“, antwortete ich dann, „das sind beides Gliederfüßer! Ihr vergleicht hier einen Unterstamm mit einer Familie!“ Da blieb garantiert kein Auge trocken und wir blieben uns auch sicher nichts schuldig.

Doch von Andy durfte man derlei Humor nicht erwarten. Er verlangte vollen Einsatz für seine Bemühungen, die Bad Religions Einkommen – so ehrlich muss man sein – enorm aufgebessert hätten. Doch da meine anderweitigen Interessen stets dazwischenkamen, würden wir ihm zufolge stets mit angezogener Handbremse unterwegs sein. Der einzige Grund, warum er sich überhaupt darauf eingelassen hatte, Bad Religion Gigs zu verschaffen, bestand darin, dass er Greg Hetson bei Laune halten wollte, der nach wie vor auch mit den Circle Jerks auf Achse war. Der Haken daran war, dass Andy nun nicht nur deshalb verstimmt war, da ich mich nicht durchwegs auf Tour begeben wollte, sondern auch weil Greg Hetson keine Gigs mit den Circle Jerks spielen konnte, wann immer er mit Bad Religion auf der Bühne stand.

Ich konnte nunmehr ausschließlich zwischen den einzelnen Semestern auf Tour gehen. Direkt nach Weihnachten in diesem Jahr eilte ich nach L.A., um am 27. Dezember mit der Band zu proben. Schon am nächsten Tag ging es weiter in die nordmexikanische Grenzstadt Tijuana, wo wir im illustren Iguanas auftraten. Diese Location, gesetzlos und kalt, wurde jeden Abend durch die Körperwärme zahlloser Musikfans und Feierwütiger von beiden Seiten der Grenze auf Betriebstemperatur erhitzt. Das Iguanas war ein aufregender Nightlife-Hotspot und beschränkte sich auch nicht auf ein einziges musikalisches Genre. Zwar handelte es sich hierbei nicht um eine Outdoor-Location, aber dennoch fühlte man sich bis zu einem gewissen Grad den Elementen ausgesetzt, da stets eine Brise von draußen durch das Gebäude zog. Die PA-Anlage entsprach allerhöchsten Ansprüchen. Der Betonboden der Tanzfläche war umgeben von niedrigen Balkonen, auf denen sich stets jede Menge Leute tummelten, die von dort aus versuchten, auf die Bühne zu springen, oder sich in die slamdancende Menschenmenge unter sich fallen zu lassen. Unsere Shows dort waren immer ein Mordsspaß. Da wir eine Reihe neuer Songs zum ersten Mal live vorstellen wollten, waren wir alle voller Vorfreude auf diesen Gigs. Die Show ging letzten Endes vollkommen reibungslos über die Bühne.

Unsere nächste Show fand im El Portal Theatre in North Hollywood statt. Gleichzeitig war es auch unser erstes US-Konzert mit unserem sehnlich erwarteten neuen Album im Gepäck. Das 1.000 Besucher fassende Etablissement war schon vorab vollkommen ausverkauft. Ich hatte den Soundcheck ausgelassen und die erste Band des Abends, Pennywise, ebenfalls geschwänzt. Als ich nun relativ spät vor Ort eintraf, erblickte ich sogleich eine Reihe von Feuerwehreinsatzwägen und Polizeiautos sowie eine massive Menschenansammlung vor der Location. Eilten die Leute etwa aus dem Gebäude raus? Als ich eben links abbiegen wollte, um zum Künstlereingang zu gelangen, sah ich, wie ein paar Konzertbesucher die Glasfront eines Nachbargebäudes einschlugen. „Manche Dinge ändern sich wohl nie“, dachte ich mir. Auf dem hinteren Parkplatz, von wo aus die Ausrüstung der Bands in die Halle gekarrt wurde, informierte mich einer unserer Roadies, dass Pennywise zwar gespielt hätten, der Laden jedoch noch vor dem Auftritt von NOFX vom Feuerschutzbeauftragten dichtgemacht worden war. „Nun, dann werden meine Dienste hier wohl nicht gebraucht“, antwortete ich lapidar und fuhr sofort zurück nach Del Mar, wo meine Frau im Haus meiner Schwiegermutter auf mich wartete. Ich war rechtzeitig zu den Spätnachrichten um 23 Uhr wieder zuhause. Inzwischen war das Konzert zu meiner großen Überraschung in den Rang eines schweren Tumults ge-upgradet worden! Offenbar war die Lage nach meinem Aufbruch so richtig eskaliert: Autos wurden umgekippt und Eigentum beschädigt – und alles nur, weil die Leute auf Bad Religion verzichten mussten. Noch verblüffender war, dass sogar CNN sich für die Story interessierte und nun davon berichtete, dass bei einem Konzert der „Heavy-Metal-Band Bad Religion“ ein Volksaufstand ausgebrochen war. Wow! Nun standen wir plötzlich im Fokus echter Sensationsmache. Diese Art von Berichterstattung, so fand ich, war echt schlecht für die gesamte Menschheit. Mit dem Anbruch des Zeitalters des 24-stündigen Nachrichtenkreislaufs rückte die Erfüllung der Prophezeiung Andy Warhols, der zufolge jeder Mensch dereinst 15 Minuten Berühmtheit genießen würde, einen großen Schritt näher. Allerdings verwirrte es die öffentliche Wahrnehmung hinsichtlich der Frage, was nun tatsächlich wichtig oder nicht wichtig war. Dieses Ereignis – ein wütender Mob in North Hollywood – war auf nationaler Ebene nicht wirklich der Rede wert, ganz egal, was einen CNN mit seinen Berichten zur Primetime des Folgetags glauben machen wollte. Tatsächlich machte diese leidige Angelegenheit mehr Sinn als Lokalstory über einen Konzertveranstalter, der zu viele Konzertkarten für einen bestuhlten Saal ohne Möglichkeit zum Slam dancen verkauft hatte, sowie den Betreiber der Location, der keine Vorstellung davon hatte, zu welchen Aktionen ein Punkrock-Publikum mitunter imstande war.

Die Firma Goldenvoice, die das Konzert veranstaltet hatte, verkündete, dass sämtliche Konzertkarten ihre Gültigkeit behielten. Zudem wurde ein Ersatztermin im Whisky a Go-Go anberaumt. Das Problem war nur, dass diesbezüglich niemand Rücksprache mit Bad Religion hielt, um sich erkundigen, ob wir am vorgesehenen Termin überhaupt verfügbar waren. So musste ich an diesem Tag nämlich meinen beruflichen Verpflichtungen an der Cornell University nachkommen. Dies erlaubte Brett, seinen brancheninternen Einfluss unter Beweis zu stellen und gleichzeitig Bad Religions Status aufzubessern. Es wäre doch gelacht gewesen, wenn wir nicht zu etwas Besserem taugten als bloß zu kurzfristigen Lieblingen der schnöden Rund-um-die-Uhr-Nachrichten! Da bereits 1.000 Tickets verkauft worden waren, sollte der Veranstalter mit der Band zusammenarbeiten, obwohl allfällige Kartenerstattungen von Goldenvoice und nicht Bad Religion gestemmt werden mussten. Aber was sprach schon gegen eine Kooperation? Da die Show schon vorab ausverkauft gewesen war und wir zusätzlich mit einem brandneuen Album aufwarten konnten, glaubte Brett, dass wir mehr als nur 1.000 Tickets absetzen könnten. Immerhin würde es sich nicht nur um eine Ersatzshow handeln, sondern gleichzeitig um eine Release-Party für unser Album Against the Grain. Brett stellte klar, dass wir nur dann auftreten wollten, wenn Goldenvoice das Hollywood Palladium als Location gewinnen könnte. Nirgendwo sonst in L.A. würden wir spielen. Wir hatten Goldenvoice einst als „lokale“ Anheizer im Vorprogramm von Dramarama ausgeholfen, ein paar zusätzliche Konzertkarten zu verkaufen. Was wir uns nun wirklich wünschten, war, dass Goldenvoice an Bad Religion als potenten Headliner in unserer eigenen Heimatstadt glaubte. Dies war unsere Chance, uns den Konzertveranstaltern und auch uns selbst gegenüber unter Beweis zu stellen. Goldenvoice stimmte widerwillig zu. Die Show sollte nun am 1. Februar stattfinden. Wir stellten einen Werbeclip fürs Radio zusammen, der ab dem Silvesterabend eine Woche lang auf KROQ ausgestrahlt wurde, um die frohe Kunde zu verbreiten. Das Palladium war in weniger als zwei Tagen bis zum letzten Platz ausverkauft. Zusätzlich zu den 1.000 Konzertkarten, die für die Show im El Portal Theater in North Hollywood verkauft worden waren, setzten wir noch weitere 2.500 Tickets ab. Im Anschluss an zwei erfolgreiche Shows in Seattle und Victoria im kanadischen British Columbia flog ich Ende Januar 1991 zurück nach Ithaca, um dort mein zweites Semester an der Cornell University in Angriff zu nehmen.

Wahrscheinlich roch ich noch nach dem Formaldehyd, das für meinen Kurs in vergleichender Anatomie zum Einsatz kam, als ich eine Woche später schon wieder gen Los Angeles aufbrach. Die Zeit war gekommen, unser bis dahin größtes Konzert zu spielen – als Headliner im Hollywood Palladium.

22
AB NACH EUROPA

Unseren Tourneen haftete stets ein halbprofessioneller Touch an. Klar, seit 1982 erhielten wir pro Show gelegentlich 250 Dollar und auch einmal 500 oder gar 1.000 Dollar für größere Gigs, weshalb wir streng genommen selbstverständlich eine professionelle Band waren. Andererseits waren wir nie wirklich gut organisiert, weshalb es sich nicht wie eine „professionelle Organisation" anfühlte. Wir beschäftigten vielmehr eine lose Ansammlung von Kumpels und Bekannten, die wir aufgrund persönlicher Fürsprache für unsere Konzerte und sogar Überseetourneen engagierten.

Unsere ersten Touren in Europa glichen strategischen Vabanquespielen. Ohne jegliches Management im Rücken oder von Konzertveranstaltern unterzeichneten Verträgen kauften wir unsere eigenen Flugticktes. Nach unserer Ankunft beluden wir unsere Vans, die von lokalen Roadies gesteuert wurden, die doppelt abcashten, da wir sie als Fahrer und für ihre Fahrzeuge bezahlten. Mitunter trafen wir diese Typen zum allerersten Mal am Flughafen, wo sie uns auflasen. Das gesamte Unterfangen musste per Telefon geregelt werden. Unser Vertrauen baute einzig und allein darauf auf, dass die Person am anderen Ende der Leitung bereits anderen Punkbands in ihrer jeweiligen Region beim Touren unter die Arme gegriffen hatte. Wir hatten nicht die geringste Ahnung, wie viel wir unterm Strich verdienen würden, aber wir hielten uns trotzdem stets an die Planung selbsternannter Konzertagenten. Das waren junge Typen in unserem Alter, die ihren Ehrgeiz unter Beweis stellten, indem sie sich uns auf unseren Reisen anschlossen und nach unseren Konzerte die Gagenverhandlungen übernahmen.

Ab 1990 kümmerte sich unser amerikanischer Konzertagent Andy um unsere diesbezüglichen Belange. Somit verlief nun alles in geregelteren Bahnen. Keine Telefonate mehr zwischen einzelnen Bandmitgliedern und diversen Freundesfreunden oder Konzertveranstaltern. Sämtliche Anrufe nahm ab sofort unser Repräsentant Andy entgegen, der in einem echten Büro saß und eine Vielzahl von Bands betreute. Im Vergleich zu Metal-Konzerten waren Punkshows immer noch eine relativ kleine Nummer. Andy, der zudem noch etliche Metal-Acts unter seinen Fittichen hatte, genoss relativ bescheidenen Einfluss innerhalb der Branche. Doch wie so viele Agenten jener Tage ließ er einen gerne spüren, dass es ein Privileg war, wenn er ans Telefon ging oder Konzerte für deine Band klarmachte. (Tatsächlich hielt er damals sogar geheim, dass Bad Religion zu seinen Klienten zählten!) Seine generelle Einstellung gegenüber uns lässt sich folgendermaßen zusammenfassen: „Seht mal, Jungs, ich mache das alles hier nur als Gefälligkeit gegenüber Gingles!“ Ach ja, „Gingles“ war sein Spitzname für Greg Hetson.

Der Großteil der Shows, die Andy für uns buchte, unterschied sich nicht von jenen, die wir uns selbst auch organisieren hätten können. Spätestens ab 1990 zogen wir überall in Südkalifornien, Arizona und Las Vegas verlässlich ein zahlenmäßig durchaus solides Publikum an. Die meisten der dortigen Konzertveranstalter kannten uns ja persönlich und konnten jedes Bandmitglied telefonisch erreichen. In jeder dieser drei Regionen besaßen wir genug Zugkraft, um Konzertsäle zu füllen. Uns einen Konzertagenten zu leisten, kostete uns zehn Prozent unserer Gagen, die er als Provision einsackte – nur für seine Rolle als formeller Repräsentant. Doch dies wurde insofern wieder wettgemacht, da Andy über zahlreiche Kontakte zu Konzertveranstaltern in anderen Regionen verfügte, die nun das Risiko eingingen, Bad Religion in legitimen, etablierten Locations fernab unserer Heimat auftreten zu lassen – in Gegenden, in die wir bis dahin noch nie vorgedrungen waren. Manche dieser Auftrittsmöglichkeiten wurden jedoch trotz aller „Legitimität“ von zwielichtigen Veranstaltern vermittelt, die sich nur auf geringe Garantie-Gagen einlassen wollten. Allabendlich musste man, nachdem die Abendkassen geschlossen hatten und die Einnahmen gezählt worden waren, wieder aufs Neue mit einem solchen Typen feilschen.

Bad Religion hatten den Großteil des ersten Jahrzehnts unseres Bestehens ohne Konzertagent funktioniert und selbst jetzt, nachdem wir Andy angeheuert hatten, mussten immer noch Bandmitglieder und unser Soundtechniker nach den Shows unsere Gagen einkassieren. Der Kontakt mit den Konzertveranstaltern fühlte sich fast ebenso entmenschlichend an wie der Umgang mit widerwilligen Agenten. Sie vermittelten einem das Gefühl, dass sie einem einen Gefallen getan hätten, indem sie einen in ihrer Location spielen ließen. Oftmals buchte uns Andy eine Show an einem Ort, etwa im Nordosten der USA, wo eine seiner anderen Bands, zum Beispiel Testament, einen Monat zuvor gastiert hatten. Der Veranstalter ließ uns dann nicht lange im Unklaren. „Seht mal, Jungs, ich organisiere die Show nur als Gefallen für Andy Somers [der den Gig wiederum nur aus Gefälligkeit gegenüber Gingles arrangiert hatte!], weil wir letzten Monat so großen Erfolg mit Testament hatten." Diese Nummer wiederholte sich immer wieder, wenn es darum ging, der Band die Gage auszuhändigen. In der Regel folgte auf diese Präambel sogleich der nächste Streich. „Jungs, könnt ihr mir nicht etwas entgegenkommen?", jammerten die armen Promoter. „Wir haben leider nicht so viele Konzertkarten verkauft, wie wir dachten. Ich zahle euch jetzt die Hälfte der vereinbarten Kohle – aber das NÄCHSTE Mal, wenn Andy anruft, werde ich mein Angebot erheblich aufbessern." Hach, die gute alte Zeit! Wir mussten uns mit dem begnügen, was uns angeboten wurde, weil wir am nächsten Tag bereits in einer anderen Stadt spielen mussten.

Ich beschwerte mich bei Andy telefonisch darüber, wie uns diese skrupellosen Konzertveranstalter behandelten. „Andy, sie bezahlen uns nur die Hälfte dessen, was vorab vereinbart wurde!", klagte ich. Doch jedes einzelne Mal ergriff er die Partei der Promoter. „Greg, jeder meiner Deals garantiert der Location einen Profit von 15 Prozent. Warum sollten meine Konzertveranstalter sich auf ein Verlustgeschäft einlassen?" MEINE KONZERTVERANSTALTER? Da war mir sofort klar, auf wessen Seite Andy wirklich stand. In aller Fairness muss ich aber ergänzen, dass er mit den regionalen Promotern auch im Auftrag etlicher anderer Acts verhandelte, die zum Großteil höchst profitabel waren, wohingegen sich Bad Religion in diesen Märkten noch nicht so stark etabliert hatten. Wenn ich damals ein wenig weltgewandter gewesen, hätte ich besser verstanden, worauf Andy hinauswollte. Doch stattdessen nahm ich die Sache persönlich. Er schickte uns in die Höhle des Löwens – zu Konzertveranstaltern, die mit Andys anderen Acts in der Regel ein volles Haus verbuchen konnten. Bad Religion konnten in dieser Hinsicht abseits unserer heimatlicher Gefilde eine Enttäuschung sein und Andys Konzertveranstalter hatten kein Interesse daran, uns dabei behilflich zu sein, in ihrer Region eine Fanbase aufzubauen. Trotz all dieser Diskrepanzen – und mit variierendem finanziellen Erfolg – half Andy Bad Religion mit seiner Vermittlung an Thrash-Metal-Promoter und dazugehörige Locations in den USA, neue Regionen und neues Publikum zu erschließen.

1989 tourten wir zum ersten Mal auch in Europa. Dort waren wir absolut auf uns selbst gestellt. Unsere einzige Connection in die Alte Welt war ein Punk aus New England namens Doug, der uns über Kontakte zu gleichgesinnten Europäern im Vorjahr im Anthrax, einem Thrash-Metal-Club in Connecticut, gesehen hatte. Er war ein echter Terrier von einem Mann und ein Kindskopf dazu. In Begleitung eines Kumpels im Trenchcoat, der Hustensaft direkt aus der Pulle trank, stellte er sich uns vor: „Hey, ich bin Doug und das hier ist Johnny. Wir veranstalten Konzerte. Habt ihr Jungs eine Platte am Start?“, fragte er. „Ich werde mein Freunde in Europa anrufen, die dort Touren organisieren. Ihr hört von mir!“ Doch befanden wir uns schon auf dem Rückweg nach Kalifornien – ein Gig nach dem anderen – und schon bald war Doug nichts weiter als eine verschwommene Erinnerung.

Neben ausgedruckten Reiserouten wirken selbst irrwitzige Hirngespinste verlässlicher. Nach einem halben Jahr der Funkstille hörten wir schließlich von Doug. Er hatte uns ein Fax geschickt, auf dem 19 europäische Städte samt Auftrittsmöglichkeiten, garantierten Gagen und konkreten Terminen im August 1989 aufgelistet waren. Auf dieses Fax folgte ein Anruf. „Seid ihr Jungs startklar für euren Sommerurlaub in Europa?“, fragte Doug.

Ich wollte immer schon mal nach Europa reisen, weshalb die Vorstellung, einen bezahlten Trip an romantische Orte wie Pisa, Berlin, Amsterdam und Wien zu unternehmen, sehr reizvoll auf mich wirkte. Allerdings hatten wir keinerlei professionelle Tour-Administration, keinen Tourmanager, keinen Buchhalter und auch kein Reisebüro. Wir sahen einander ratlos an. Wer auch immer in Bezug auf irgendein Thema am meisten wusste, wurde in der Regel mit dessen Abwicklung betraut. Zwar verfügte Brett über die meiste Geschäftserfahrung, doch hatte er kein Interesse daran, sich auf Tour um unsere Buchhaltung zu kümmern. Er instruierte mich, wie man auf Tour die Einkünfte gegen die Ausgaben aufrechnete. Ich besaß sowohl Organisationstalent als auch reichlich Notizhefte. Außerdem war ich erfahren darin, meine Feldforschungen an abgelegenen Orten schriftlich zu dokumentieren. Somit avancierte ich zum Tour-Buchhalter. Für jede Stadt schlug ich eine eigene Seite auf. Im Anschluss an die Konzerte notierte ich mir unsere Einnahmen – T-Shirt-Verkäufe, unsere prozentuelle Beteiligung an den Ticketverkäufen, gelegentliche andere Boni – und führte auch unsere Reisekosten für Essen, Benzin, Hotels et cetera detailliert auf. Greg Hetson war der erfahrenste Teilnehmer der Tour, weshalb er die Reisekasse in einer Sporttasche bei sich trug, in der wir unser Bargeld sammelten und aus der wir allfällige Rechnungen beglichen. Damals musste man in jedem Land mit unterschiedlichen Währungen bezahlen. Mitunter traten wir innerhalb von vier Tagen in ebenso vielen Ländern auf. Sein Geldreservoir verwandelte sich daraufhin in ein großes, kaleidoskopisches Wirrwarr aus losen Geldscheinen.

Abgesehen von unseren Konzerten verfolgte Brett in Europa noch eine weitere seiner Interessen. Während unserer Tour wurde dort auch Suffer veröffentlicht, weshalb ihm daran gelegen war, dass das Album so viele Vertriebe wie möglich zu Gehör bekamen, um sie in weiterer Folge zu motivieren, das stetig anwachsende Repertoire von Epitaph Records in Europa zu vertreiben. Auch ich kochte gelegentlich mein eigenes Süppchen. Obwohl die Musik einen integralen Bestandteil meines Lebens ausmachte, musste ich mich auch um meine akademischen Aufgaben kümmern. So freute ich mich bereits im Vorfeld unserer Tournee, ein paar der besten naturhistorischen Museen der Welt besuchen zu können. Zudem hatte ich mir vorgenommen, mit ein paar renommierten europäischen Paläontologen eine briefliche Korrespondenz zu etablieren. So verschlug es uns ausschließlich auf Grundlage eines gefaxten Tourplans nach Europa, wo wir unsere erste Tour abseits der USA in Angriff nehmen wollten.

Für unser Vorhaben gab es kaum Präzedenzfälle unter unseren Standesgenossen. Sowohl Black Flag als auch die Dead Kennedys waren bereits in Deutschland auf Tour gegangen. Doch waren diese Trips eher kurz und regional beschränkt. Außerdem sahen sie uns nicht als Ihresgleichen an, weshalb wir nichts von ihnen in Erfahrung bringen konnten. Auch NOFX hatten Europa schon vor uns besucht. Allerdings unterschieden sich die Organisatoren ihrer

Tour von unseren, weshalb sie uns auch nicht wirklich weiterhelfen konnten. Abgesehen von ein paar vagen Ratschlägen Greg Hetsons, der Europa mit der High School bereist hatte, wussten wir absolut nichts darüber, wie man als Band durch Europa tourte. Natürlich waren schon unzählige Mainstream-Acts in Europa unterwegs gewesen, um Konzerte zu spielen. Doch der Großteil davon stand bei Major-Labels unter Vertrag oder konnte auf die Dienste multinationaler Konzertagenturen setzen. Wir mussten hingegen improvisieren und uns die logistischen Aspekte unseres Projekts im Verlaufe ebendessen selbst beibringen.

Unterm Strich hatten wir nicht mehr vorzuweisen als einen einzelnen Bogen Faxpapier. Obwohl wir 19 Konzerte in 19 Städten absolvieren sollten, war darauf lediglich ein einziges Hotel vermerkt. Hatte sich irgendwer darüber Gedanken gemacht, wo wir schlafen würden? Die Vorfreude auf unseren Ausflug auf der anderen Seite des Großen Teichs war trotz solcher Ungewissheiten riesengroß. Allerdings wussten wir nicht, wie das europäische Punkrock-Publikum tickte. Tatsächlich hatten wir ja noch nicht einen einzigen Punk aus Europa getroffen. Wir hatten schlichtweg keine Ahnung, wie diese Leute so drauf waren und gegen was sie rebellierten. Wie würden wir uns mit ihnen verstehen? Derlei schwerwiegende Rätsel bereiteten mir Kopfzerbrechen. Ich nahm mir vor, überall einen guten Eindruck zu hinterlassen.

Unsere Reiseroute sah vor, dass wir am Amsterdamer Flughafen Schiphol landen würden. Von dort aus begaben wir uns in eine Pension nahe des jugendlichen Viertels Leidseplein, wo uns unser amerikanischer Konzertagent und Tourmanager Doug treffen wollte. Als wir aus dem Airport-Shuttle stiegen, wurden wir sogleich vom Pensionsbetreiber in Empfang genommen. „Hallo, Bed Rrrreligion!“, grüßte er uns in fast perfektem Englisch. „Wow, wir sind hier wohl berühmt“, dachte ich. Natürlich hatte die herzliche Begrüßung nichts mit unserem Bekanntheitsgrad zu tun, sondern war nur ein Ausdruck allgemeiner Höflichkeit. Während wir in amerikanischen Motels stets mit Misstrauen oder Verachtung empfangen wurden, verlief unsere erste Begegnung mit einem Fremden in Europa überaus herzlich und positiv. „Nehmt hier im Innenhof Platz, während ich eure Zimmer vorbereite. Nehmt euch ein Wasser als Willkommensdrink.“ Auf diese Weise machte ich Bekanntschaft mit Spa, einer belgischen Mineralwasser-Marke, die damals abseits der Beneluxländer kaum irgendwo erhältlich war.

Etwas später absolvierten wir einen Soundcheck im berühmten Club Melkweg. Es war ein echter Kulturschock, sich in einer Location aufzuhalten, deren Mitarbeiter wirkten, als ob sie sich aufrichtig über unsere Anwesenheit freuten. Im Backstage-Bereich erwartete uns eine große Auswahl an Getränken. Außerdem gab es dort Duschen. Noch wichtiger aber war, dass die Soundanlage im Konzertsaal absolut hammermäßig war. Auch die Monitore auf der Bühne entsprachen höchsten Ansprüchen. Die Qualität des Musikerlebnisses genoss hier offenbar hohe Priorität, was für mich die größte Motivation war. Es spornte mich an, eine besonders gute Show zu bieten, da ich der Auffassung war, dass diese Location unserer Musik entgegenkam. Dies entsprach dem absoluten Gegenteil dessen, was wir in so vielen Konzertkneipen in den USA mitgemacht hatten. Dort genoss das Tanzvergnügen des Publikums tertiäre und die Soundqualität sekundäre Bedeutung. Bei den Inhabern solcher Kaschemmen ging es in erster Linie darum, ob der Getränkevorrat für den Abend ausreichte.

Soundchecks waren inzwischen ein wesentlicher Bestandteil unseres Tagesablaufs. Für mich ging es vor allem darum, ob ein Veranstaltungsort über eine gute Bühne samt vernünftiger Soundanlage verfügte, mit deren Hilfe man meine Stimme ebenso laut wie das Schlagzeug und die Gitarren hören konnte. Manchmal begrüßte uns der Bühnenmanager eines Clubs mit einer Frage: „Ihr Jungs seid also echt ohne eigene PA-Anlage unterwegs?“ Da wir keinen Manager und auch sonst niemanden hatten, der sich vor den Konzerten telefonisch hinsichtlich technischer Spezifika schlaumachte, mussten wir uns zumeist einfach damit zufriedengeben, was wir vor Ort vorfanden. Nur selten gab es in gewissen renommierten Locations einen hauseigenen Tontechniker, der bereit war, sich unser anzunehmen. Man kann wohl getrost behaupten, dass wir während Bad Religions frühen Touren, als wir vollkommen unabhängig, mit minimaler Organisation und keinerlei Management unterwegs waren, in den meisten Locations auf skeptische, mies gelaunte Mitarbeiter trafen. Mich beschlich häufig das Gefühl, sie sahen in mir einen lästigen Unruhestifter, der ihr Abendprogramm irgendwie durcheinanderbrachte, oder eine Gefahr für ihre Autorität, da ich es gewagt hatte, mich zu erkundigen, ob wir während unserer Show ihre Beleuchtung benutzen durften. Sie wiesen uns dann oft darauf hin, dass wir eine Gebühr zu entrichten hätten, wenn wir wollten, dass jemand für uns die Beleuchtungsanlage bediente. Da wir dafür nicht aufkommen konnten, spielten wir dann fast im Dunkeln, mit nur ein paar wenigen Scheinwerfern über unseren Köpfen. Oft gab es in solchen Örtlichkeiten einen zentralen Spot, um Sänger und Gitarrensoli hervorzuheben. Allerdings musste man dafür ebenfalls eine Spotlight-Taxe blechen.

Diese Art Pfennigfuchser-Mentalität ist definitiv eine amerikanischen Unsitte. Als wollten sie einem auf diese Weise mitteilen: „Du bist ein Niemand, wenn du dir diese Dinge nicht leisten kannst." Oder etwas analytischer ausgedrückt: Um als bedeutungsvoll wahrgenommen zu werden, muss man bezahlen. Dieser Denkansatz manifestierte sich in einem weiteren degenerierten Trend, von dem ich erstmals in den späten 1980ern hörte, obwohl Bad Religion selbst nie davon betroffen waren. Ich meine damit das Prinzip des sogenannten „pay-to-play". Zahlreiche Acts wurden von ihren Major-Labels mit reichlich Geldmitteln unterstützt und bezahlten Konzertveranstalter und Location-Betreiber, um ihre Bühnen und Produktionsmittel nutzen zu dürfen. Für sie waren das bloß Kinkerlitzchen und nicht der Rede wert. Dabei verdienten sich die Locations ohnehin schon mit dem Alkoholverkauf eine goldene Nase und selbst Bands mittleren Bekanntheitsgrades verkauften genug Tickets, um die Kosten des Abends leicht zu decken. Pay-to-play bevorzugte den Veranstaltungsort gegenüber der Band. Ich empfand das als Respektlosigkeit gegenüber den Künstlern. Zudem wurden auf diese Weise auch die Konzertbesucher über den Tisch gezogen. Ein zahlendes Publikum sollte jederzeit und überall die bestmögliche Qualität geboten werden.

Wenn man Bands über ihre Erfahrungen hinsichtlich ihrer Tourneen durch Europa befragt, bekommt man häufig Berichte über all die Unbilden aufgetischt, die sie erleiden mussten: Sprachbarrieren, neue und irgendwie schräge gesellschaftliche Normen und Erwartungen, den Mangel an unkomplizierter und kostengünstiger Verköstigung, undurchschaubare Währungssysteme, unbehagliche Billighotels und so weiter … Dazu noch die üblichen unbequemen Faktoren, die das Leben auf einer mehrwöchigen Tour generell erschweren, etwa Erschöpfung, missverständliche Toiletten, keine Frischwäsche. Das hört sich dann gleich nach einem ziemlich einsamen und irgendwie traurigen Unternehmen an. Doch auf unserem ersten Trip nach Europa passierte etwas Unvorhergesehenes: Wir entdeckten, dass selbst in der Unterhaltungsbranche humane Herangehensweisen existierten.

Überall in Europa erlebten wir, dass Musikern ein angemessen hoher Stellenwert zuerkannt wurde. Nämlich ganz OBEN! In Europa musste eine Location über eine gute Soundanlage verfügen, um ernstgenommen zu werden. Das Publikum bezahlte schließlich, um eine Band zu hören, weshalb es als undenkbar galt, einen Club ohne akzeptable Soundqualität zu betreiben. Soundchecks entwickelten sich zu einem großen Vergnügen, da sie einen Vorgeschmack darauf boten, was eine Location alles zu bieten hatte: gute Soundanlage, zuvorkommende Ausstattung im Backstage-Bereich (saubere Dusche oder großer Aufenthaltsbereich für gemeinsame Mahlzeiten) und ein englischsprachiger Dolmetscher, der als Bühnenmanager, Laufbursche oder technischer Berater fungieren konnte. All dies war Usus in Europa, obwohl die Buden, in denen wir dort spielten, auch nicht größer waren als jene in Amerika. Anders ausgedrückt: Die Band war in Europa nicht größer als zuhause in den USA, doch die Veranstaltungsorte vermittelten uns trotzdem dieses Gefühl. Tatsächlich spiegelte dies die allgemeine europäische Denkweise wider, der zufolge Musiker in der Hierarchie immer bessergestellt waren als die Auftrittslokale, in denen sie gastierten. Daran hatte ich nicht das Geringste auszusetzen. In Europa war es ganz egal, ob man nun in einem obskuren Club oder einer legendären Konzerthalle auftrat: Man wurde immer wie alle anderen Musiker behandelt. Wenn man sich verpflichtet hatte, einen Auftritt zu absolvieren, konnte man darauf zählen, dass guter Sound, gute Beleuchtung, Catering hinter der Bühne und akzeptable Waschanlagen bereitgestellt wurden. In diesem Ambiente blühten wir förmlich auf, da wir unsere Intentionen jenen der jeweiligen Location anpassten. Schließlich wollten wir alle dasselbe. Bei Bad Religion muss man den Gesang hören können und hier hatte ich das Gefühl, dass dies auch berücksichtigt wurde und man mir und der Band dabei behilflich war, unser Ziel in die Tat umzusetzen.

Allerdings gab es sehr wohl auch ein paar Schattenseiten. Obwohl wir uns sehr über die exquisite Behandlung freuten, mussten wir ein paar Missverständnisse ausräumen. So galt der Konsens, dass einfach jede Punkband einem veganen Lebenswandel folgte. Zwar bin ich mir nicht ganz sicher, aber ich nehme an, dass Veganismus als eine Art Rebellion gegen den europäischen Speiseplan jener Tage verstanden wurde. Vegetarische Ernährung war ein Steckenpferd vieler aus der Hippie-Bewegung stammenden Outsider, die sich immer noch in der Popkultur herumtrieben. Eigentlich handelte es sich weniger um eine spezifische Form der Kochkunst als um ein Emblem aktiven Protests. Unsere Backstage-Kost bestand daher in den verschiedenen Ländern, die wir bereisten, oft aus Reis und einer Art Tomatenbrei – oder auch „Reis mit Scheiß", wie wir dazu zu sagen pflegten. Es war kein einfacher Akt, den Caterern mitzuteilen, dass wir gar keine Veganer waren, ohne dafür zutiefst enttäuschte Blicke zu ernten.

Etliche dieser Gigs fanden trotz des kühlen europäischen Klimas bei einer regelrechten Bruthitze statt. Obwohl die Locations und ihr Personal stets darauf erpicht waren, für höchstmögliche technische Qualität zu garantieren und auch anderen Details der Künstlerbetreuung einen hohen Stellenwert beimaßen, waren diese Shows auch von einem anderen Merkmal damaliger Europatourneen geprägt: einer generell ablehnenden Haltung gegenüber Klimaanlagen. Der Sound war immer gut, die Beleuchtung tadellos, das Bier floss in Strömen, das Publikum sang lauthals mit – aber aufgrund der höllischen Temperaturen und dem Schweiß der Konzertbesucher tropfte auch stets das Kondenswasser von der Bühnendecke. Mein Mikrofon war daraufhin ebenfalls bald nass, was dazu führte, dass mein Gesang klang, als würde ich in ein Kissen schreien. Dieses Szenario wiederholte sich Abend für Abend, die gesamte Woche lang, in der wir in Deutschland unterwegs waren. Die erste deutsche Phrase, die ich so lernte, war: „Öffnet die Fenster!" Ich schrie diesen Satz so lange, bis sich das Publikum mir als Sprechchor anschloss.

Das deutsche Konzertpublikum mitsamt seinem ungezügelten Enthusiasmus und seiner Kenntnis unseres Materials half uns dabei, unser volles Potenzial abzurufen. Zweifellos würde Europa in Zukunft eine zentrale Rolle für uns spielen und nicht bloß als Nebenschauplatz unserer Touren fungieren.

Der humanistische Aspekt unserer Lyrics stieß aufgrund der aufklärerischen Veranlagung der Europäer im Allgemeinen – aber vor allem der Punks im Speziellen – durchwegs auf positives Echo. Tatsächlich gelten viele Ausprägungen der Aufklärung wie Atheismus, Empfängnisverhütung, wissenschaftlicher Naturalismus und Gleichheitsprinzip dort nicht als rebellische Konzepte. Liberales Gedankengut hat sich für einen Großteil der Westeuropäer seit dem Zweiten Weltkrieg zur Norm entwickelt. Der Sturz der faschistischen Regime und zuvor noch der Monarchien und auf Erbfolge basierenden Imperien – verbunden mit größten Mühen und hohem Blutzoll, die viele Generationen investieren mussten – resultierten letzten Endes in einer offeneren Gesellschaft, in der höfliche Toleranz gegenüber anderen Meinungen zur Alltäglichkeit wurde und weiterem Blutvergießen in jedem Fall vorzuziehen wäre. Diesen Denkansatz ergänzte die Entstehung höchst formeller Regierungen mitsamt parlamentarischer Debatten, in denen politische Konflikte ausgefochten und neue Gesetze erarbeitet wurden. Die Gesetzgebung sah unter anderem eine rigorose und fordernde Schulbildung für alle schulpflichtigen Kinder vor.

Dies war das strenge gesellschaftliche Klima, in dem die meisten westeuropäischen Punks der 1980er erzogen worden waren. Sie verstanden von selbst, dass der erste Schritt zu jeder Art sozialer Veränderung darin bestand, die richtigen Fragen zu stellen. Punk wurde hier als musikalische Form des Freidenkertums zelebriert – als ein Rahmenkonzept, in dem verstockte Modenormen hinterfragt und individuelle philosophische Ansätze kultiviert werden konnten. Es galt die unausgesprochene Übereinkunft, dass Punk zu sein hieß, mit offenen Augen durchs Leben zu gehen und danach zu streben, eine bessere Gesellschaft für alle zu schaffen, und nicht nur für ein paar Privilegierte. Bad Religion waren prädestiniert für ein derartiges gesellschaftliches Ambiente.

Es war gang und gäbe, dass wir während unserer frühen Europatourneen Konzerte in umgewidmeten Gebäudekomplexen aus vergangenen Epochen absolvierten. Mitunter handelte es sich um ehemalige Bürohäuser, die während des Zweiten Weltkriegs von alliierter Bombardierung verschont geblieben waren. In Europa gibt es reichlich Städte, die praktisch dem Erdboden gleichgemacht und anschließend wiederaufgebaut worden waren. Eines der offensichtlichsten Merkmale dieser Metropolen, welches jedem Menschen mit minimalen Interesse an Städtearchitektur sofort auffiel, war die Vielzahl an unscheinbaren, aber auch höchst funktionalen Gebäuden im Stadtkern. Der Krieg legte so viel der ursprünglichen Innenstädte in Schutt und Asche, dass man nur selten auf intakte Originalarchitektur trifft. Ein Beispiel hierfür ist das Stadtzentrum von Brüssel. Die gesamte Innenstadt strotzt nur so vor dreistöckigen Gebäuden mit nichtsagenden Fassaden, die sich über mehrere Blocks erstrecken und während der Phase des Wiederaufbaus nach dem Krieg errichtet wurden. Einkaufsmeilen und Regierungsgebäude gehen hier fließend ineinander über. Der Marshall-Plan ermöglichte den Wiederaufbau dieser Innenstädte, und die meisten von ihnen wurden rasch aus dem Boden gestampft, was zwar effizient war, aber kaum einzigartige Stadtbilder zur Folge hatte. Anhand der Architektur allein lässt sich heute kaum sagen, ob man sich nun in Düsseldorf oder einem völlig anderen kulturellen Milieu wie etwa Mailand aufhält. All diese Städte verbindet aufgrund ihrer Nachkriegsbauten eine architektonische Kontinuität und Gleichförmigkeit, die sie alle gleich erscheinen lässt.

Natürlich gibt es auch ein paar erwähnenswerte Ausnahmen. Ein besonderes Markenzeichen der europäischen Kultur ist die Existenz von spezifischen Altstädten, in denen sich auch viele Auftrittslokale befanden, in denen wir gastierten. In Brüssel unternahm man große Anstrengungen, um aus den Überresten des ausgebombten Grand Place die Originalgebäude zu rekonstruieren, um auf diese Weise den städtischen Stolz zum Ausdruck zu bringen und den ursprünglichen Charakter der Metropole zu betonen, an dem sich auch die Touristen erfreuen sollten. Zu den allertypischsten Wahrzeichen der jeweiligen Städte zählten ihre Kathedralen, die ebenfalls nicht vor Fliegerbomben verschont geblieben waren. Die katholische Kirche half mit eigenen Geldmitteln den einzelnen Stadtverwaltungen, die zusätzlich Gelder aus dem Marshall-Plan bezogen, woraufhin die von Geschäften gesäumten Plazas sowie die umliegenden Viertel schon bald wieder ihr originales gotisches Flair verströmten. Dies trifft etwa auf Städte wie Wien, München und Köln zu, die wir alle schon während unserer ersten Tour durch Europa besuchten. Es ist natürlich eine seltsame Ironie, dass ausgerechnet ich mich zu diesen religiösen Prachtgebäuden sofort hingezogen fühlte.

Auch Hamburg hatte seinen Stadtkern wieder aufgebaut. Unsere erste Show fand dort in einer aus öffentlicher Hand geförderten Auftrittsmöglichkeit namens Kulturfabrik statt. Ebendort realisierte ich einen zentralen Glaubensansatz des modernen Europas: Was es der Architektur vielleicht an belanglosen Details mangelte, wurde mehr als wettgemacht durch die Investitionsbereitschaft in menschliche Belange. Es ist schon eine wunderschöne Sache, wenn eine Regierung nicht konstant damit beschäftigt ist, sich als Weltpolizei zu inszenieren und diese Ambition im Namen der Demokratie auch finanzieren zu müssen. Nach dem Zweiten Weltkrieg mussten die meisten Empfänger der Gelder aus dem Marshall-Plan einwilligen, keine Militärmacht aufzubauen, die anderen Zwecken als der Selbstverteidigung diente. Da sie keine Milliarden in einen militärisch-industriellen Komplex buttern mussten, konnten die westeuropäischen Staaten ihre Steuern anderweitig einsetzen. Mancherorts wurden auf diese Weise Stadtzentren geplant und wiedererrichtet. Auch floss das Geld wieder zurück ans Volk selbst, indem Mittel bereitgestellt wurden, um die Gesellschaft an sich zu bereichern und in manchen Fällen sogar junge Menschen und ihre Interessen zu sponsern. Ich war auf unserer ersten Europareise als Band jedenfalls schwer beeindruckt ob der Beteiligung der Zivilverwaltung in Punkrock-Locations. In den USA hatten wir von keiner Stadt je derlei Unterstützung erfahren. So war zum Beispiel die Kulturfabrik aus einer gemeinsamen Initiative der Stadtregierung sowie ein paar ehrgeiziger lokaler Punks, Künstler und angehender Eventveranstalter hervorgegangen. Fast alle Städte in Westeuropa verfügten über die finanziellen Ressourcen, kreative Projekte zu unterstützen. Dazu zählten auch musikalische Events. Jugendzentren in ganz Europa wurden Gelder zur Verfügung gestellt. In Hamburg hatten die gutorganisierten Punks, die die erste Bad-Religion-Show in ihrer Stadt ausrichteten, sich um Subventionen beworben, damit sie Events in ihrer Kulturfabrik ausrichten konnten.

Unser Gig dort war ihr größtes Konzert in diesem Jahr. Vor der Bühnen fanden ungefähr 800 Punks Platz, die sich wie Ölsardinen in einer Dose aneinanderpressten. Auf den Balkonen, die links und rechts angebracht waren, tummelten sich weitere 300 Konzertbesucher, die über die brusthohe Reling hinweg den Leuten unter ihnen beim Slamdance zusehen konnten. Es herrschte dort eine unfassbare Hitze – aber der Sound war gut. Zudem gab es ein zweites Mikrofon, gegen das ich mein durchnässtes Mikro nach der Hälfte des Konzerts eintauschen konnte.

Im Anschluss an die Show wurden uns Schlüssel zu einer Pension ausgehändigt, in der drei Zimmer für uns reserviert worden waren. All das bezahlte die Stadt. Die Veranstalter versicherten uns, dass der Rezeptionist uns auch noch zu später Stunde einlassen würde und wir beim Auschecken keine Rechnungen begleichen müssten. Angesichts dieser zuvorkommenden Behandlung reagierten wir mit einer gewissen Skepsis. In den USA gab es so etwas einfach nicht. Nach unseren Gigs dort musste man sich selbstständig nach einem Platz zum Pennen, Essen und Duschen umschauen, bevor man sich auf den Weg in die nächste Stadt machte. Doch hier in Europa begegnete uns die Organisatoren mit Respekt und Freundlichkeit. Sämtliche Rechnungen wurden bezahlt. Die Veranstalter bemühten sich und versuchten, uns skeptischen Spielleuten stets zu Diensten zu sein. Außerdem erhielten wir eine stattliche Beteiligung an den Ticketverkäufen. Was war denn hier bloß los? Waren wir etwa gestorben und im Kommunistenhimmel gelandet? Kommerzielle Ausbeutung und Halsabschneiderei – zwei Markenzeichen der amerikanischen Unterhaltungsbranche – suchte man hier zum Glück vergeblich.

Die Logistik einer Tour – besonders hinsichtlich des Transports zwischen Städten – lief dafür jedoch alles andere als glatt. Eine der Bands, die uns auf unserem ersten Trip begleiteten, stellte uns einen alten VW-Bus zur Verfügung. Das Gefährt verfügte zwar über drei Sitzreihen, besaß dafür aber keine Heizung. Zudem tropfte es bei Regen – also fast jeden zweiten Tag – durch undichte Stellen an den Fenstern ins Auto. Wir saßen übrigens zu neunt in diesem Vehikel: fünf Bandmitglieder, zwei Roadies, der Tourmanager und der Fahrer. Hinter der dritten Sitzreihe verstauten wir unsere Ausrüstung. Immer, wenn es nun regnete, lagerte sich das Wasser am Boden des Busses ab. Ebendieser Boden war aber wiederum sehr wohl wasserdicht, weshalb sich fünf Zentimeter tiefe Pfützen um unsere Schuhe und Ausrüstung bildeten.

So reisten wir permanent beengt, durchnässt und erfroren viele Stunden am Tag durch die Lande. Ohne Heizung konnten wir uns weder trocknen noch wärmen. Um das Wasser aus den Pfützen loszuwerden, ließen wir uns eine spezielle Technik einfallen. Unser Fahrer musste zuerst eine unbefahrene Straße ausfindig machen. Dort beschleunigte er mit offenen Türen und schrie im entscheidenden Moment: „Festhalten!“ Dann bremste er und lenkte ein wenig zur Seite, damit wir ein bisschen ins Schleudern kamen. Dadurch schwappte das gesammelte Wasser nach vorn und brach wie eine Meereswelle, bevor es durch die Türen seinen Weg aus dem Bus fand. Das machte genau zwei Tage lang Spaß. Doch die regnerische Witterung, die kühlen Tagestemperaturen und die unbehaglichen Reisebedingungen sollten uns während der gesamten dreiwöchigen Tour treubleiben.

Nach unserem Gig in Hamburg machten wir am nächsten Abend Halt in Bremen. Dort spielten wir ebenfalls in einem umgewidmeten Gebäude und wurden so wie am Vorabend mithilfe städtischer Subventionen bezahlt. Die populäre Location trug den Namen Schlachthof. Wie schon in seiner früheren

Funktion wurde die Einrichtung immer noch mit Kommunalsteuern finanziert. Die große Halle, in der die Konzerte stattfanden, war eine Art Unterbringungsbereich für die Nutztiere, wo sie zusammengepfercht wurden und auf ihre Schlachtung und Weiterverarbeitung warteten. Die Band performte auf einer Bühne, auf der einst die Tiere den Kaufinteressenten präsentiert wurden. Im Backstage-Bereich waren früher die Tierkadaver zerlegt worden! Alles wirkte wie eine sehr schwarzhumorige deutsche Komödie, aber hey, macht euch bloß keine Sorgen wegen der Details, denn immerhin wurde alles mit öffentlichen Mitteln bezahlt! Auch dank der zahlreichen Techniker, die sich um das Soundsystem kümmerten und die schnieke Beleuchtungsanlage bedienten, lieferten wir im Bremer Schlachthof eine weitere großartige Show vor ausverkauftem Haus ab.

Wir erfuhren auch, dass die besetzten Buden aus der Vorkriegszeit als Squats bezeichnet wurden und manche der auf der Straße lebenden Punks – oder andere obdachlose Ausreißer – sich diese Gebäude als dauerhafte Unterkunft ausgesucht hatten. Der romantische Aspekt, in diesen Squats aufzutreten und zu übernachten, wurde während dieser frühen Touren ein paar echten Härtetests unterzogen. Auch verlassene Lagerhallen wurden zu Auftrittsmöglichkeiten umfunktioniert, was in der Regel illegal war. Allerdings handelte es sich bei solchen Hütten nicht ausschließlich um echte Squats. Die Lokalbehörden wussten Bescheid über die Vorgänge in solchen Bauten und hatten sie vermutlich sogar inspiziert. Damit ortsansässige Konzertveranstalter sie in Beschlag nehmen konnten, mussten sie baupolizeilichen Vorschriften entsprechen. Solche Locations als Squats zu bezeichnen war also mitunter nichts als eine kühne Punkrock-Übertreibung.

Andererseits gab es aber auch in fast jeder Stadt, die wir in Westeuropa besuchten, ausreichend verlassene Gebäude, die locker alle Kriterien eines lupenreinen Squats zu erfüllen imstande waren. Bei ihnen handelte es sich manchmal um alte Bürokomplexe aus der Zwischenkriegszeit, die immer noch über intakte Handwerksarbeiten wie etwa massive Hartholztüren verfügten. Fensterrahmen sowie Form- und Bodenleisten waren auch immer noch schnurgerade. Das Mauerwerk an der Außenseite war nicht minder eindrucksvoll. Vielleicht wirkten sie ein wenig verlottert, okay, aber trotzdem ragten diese Mauern unbeirrbar gen Himmel und stützten die aufwändig gestalteten Dachpartien, die oftmals reparaturbedürftig waren. Trotz der Löcher und fehlenden Dachziegel sowie ein paar zerbrochener Fenster waren diese Häuser nicht weniger brauchbar, als sie es in ihrer Blütezeit waren. Ähnlich den Tornados, welche Schneisen der Verwüstung durch die Städte des Mittleren Westens zu ziehen pflegen, dabei aber manche Häuser verschonen, verfehlten auch die alliierten Bomben manche dieser Komplexe. Sie blieben über Jahrzehnte hinweg ohne regelmäßige Wartung bestehen und gerieten de facto in Vergessenheit. Nachdem sie auf diese Weise vor sich hinvegetiert hatten, erlag irgendein Boheme oder Punk ihrem Charme und nutzte ihr limitiertes Angebot für seine oder ihre Zwecke. Gratis und illegal. Echte Squats eben.

Oft genug luden uns die Punks, die unsere Konzerte veranstalteten, im Anschluss an die Gigs zu Partys in solche Lokalitäten ein. Allabendlich beschwor uns ein freundlicher, aber auch beharrlicher Szeneheld: „Wir machen noch Party und relaxen. Vielleicht wollt ihr dort ja auch pennen. Man kann da nämlich auch schlafen!" Vielleicht war es in Bielefeld, Kassel, Essen, Hannover oder einer anderen deutschen Stadt dieser Größenordnung, die wir während dieser ersten Touren abklapperten. Als Punkband aus L.A. auf der Durchreise, ohne Fremdsprachenkenntnisse und bar jeglicher geografischen Wissens, blieb uns nichts anderes übrig, als unseren Gastgebern hinterher zu trotten. Nach unseren Konzerten waren wir zumeist hundemüde und hatten einen Bärenhunger. Da ließ ich mich auf alles ein, was mir die Aussicht auf Verköstigung und eine Mütze Schlaf bot. Umgeben von Nachtschwärmern enterten wir daraufhin diese verwunschenen Behausungen. Das eine oder andere Mitglied unseres Tour-Trosses erwachte auch zu neuem Leben, um sich den Freuden lokalen Gebräus, diversen Rauchwaren oder auch anderen Genüssen hinzugeben, die sie im schummrigen Licht dieser Kammern erwarteten. Die Gestalten, die sich in diesen Gemäuern eingenistet hatten, stammten aus unterschiedlichen sozialen Schichten. Manche waren alte Hippies, die sich mit ihren langen Bärten in abgetragenen Lederhosen mitsamt Hosenträgern und Arbeitshemden aus Gabardine gewandeten. Mit ihren Hüten, Rucksäcken und Spazierstöcken durchwanderten sie das ganze Land und zogen dabei von Stadt zu Stadt, wo sie verlassene Gebäude ausfindig machten, um sie teilweise zu renovieren und mit Mobiliar vom Sperrmüll, batteriebetriebenen Laternen und Campingherden auszustatten. Sie waren waschechte Handwerker, dekoriert mit den offiziellen Zertifikaten ihrer Zünfte, die ihre Fertigkeiten gegebenenfalls gern unter Beweis stellten. Aber meistens handelte es sich in diesem Milieu einfach um Leute, die sich einer unkonventionellen Lebensart verschrieben hatten – und Punk-Konzerte boten ihnen ein perfektes Ambiente, diesen auszuleben. Wir nannten sie „Gandalfs" und wir trafen sie in limitierter Stückzahl überall in der europäischen Punkszene an.

Aber auch andere Exzentriker kreuzten unseren Weg. Thorsten Bach und Matthias Kollek etwa waren zwei reisefreudige Filmstudenten, die sich auf das Abenteuer unserer Punkrock-Tour einließen, weil sie der Ansicht waren, dass nächtliche Trinkgelage und kostenlose Unterbringung überzeugende Argumente hierfür lieferten. So hielten sie unsere erste Tournee durch Europa im Jahr 1989 mit ihren tragbaren Videokameras fest und veröffentlichten das Resultat als Konzert- und Dokumentarfilm Along the Way, der dank seiner künstlerischen Integrität dem hohen Qualitätsstandard, den man von europäischen Filmstudenten erwartet, gerecht wurde. Obwohl ihnen kein nennenswertes Budget zur Verfügung stand, hinterlässt ihr Werk einen überaus authentischen wie mitreißenden Eindruck. Sie baten uns, Bad Religion auf Tour begleiten zu dürfen, und wir teilten sämtliche Privilegien, die uns zuteilwurden, mit ihnen. So folgten sie uns in ihrem eigenen PKW, den Tank randvoll gefüllt mit jeder Menge kreativer Energie.

Eines Abends zog sich die Party in einem Squat einer Kleinstadt, eventuell Leonberg, bis in die frühen Morgenstunden hin. Die Bude befand sich gegenüber der Konzertlocation. Es handelte sich dabei um ein verlassenes zweistöckiges Apartmenthaus mit reihenweise Einzelzimmern auf jeder Etage. Das große Foyer war in ein schummriges Licht gehüllt, das vermutlich von einer batteriebetriebenen Notbeleuchtung stammte. Unser Gastgeber – ein Freund von Thorsten und Kollek – zeigte in Richtung des Treppenaufgangs. „Jungs, da oben findet ihr die Bandräume", tönte er. Für ihn war es eine spannende Angelegenheit, eine international auftretende Band zu beherbergen. Wir hingegen fühlten uns wie eine Abordnung amerikanischer Sonderbotschafter – ganz egal, wie spartanisch unsere Unterbringungen waren oder wie dicke wir die Reis-mit-Scheiß-Kost hatten. Jedenfalls fühlten wir uns verpflichtet, diese Form von Gastfreundschaft auch anzunehmen. Allerdings war ich langsam der Faxen unseres Tontechnikers Rudy überdrüssig. So zerschmetterte er eine volle

Bierflasche auf dem Parkplatz und schrie: „Beeeecks???!!! Verdammt, diesen Scheiß kann ich auch zuhause in L.A. trinken!!!“ Aber im Großen und Ganzen verhielten wir uns gesittet und höflich.

Während die Party nun in voller Lautstärke weiterging – die Leute brüllten, Musik plärrte aus den Boxen eines Kassettenrekorders und Bierflaschen krachten gegen die Wände der Lobby –, verlor ich das Interesse an weiterer sozialer Interaktion. Zudem war ich nicht trinkfest, weshalb ich mich auch nicht für lauwarmes lokales Bier begeistern konnte. Ich sehnte mich nach einem Schluck Wasser, doch leider gab es in solchen besetzten Häusern kein fließendes Wasser. Die Band bahnte sich nun ihren Weg durch das feierwütige Partyvolk und stieg die Treppen hoch, um sich in ein ruhiges Zimmer zurückzuziehen. Dort angekommen, zückte ich meine kleine Taschenlampe und leuchtete in die Dunkelheit hinein. Das Zimmer war mit ein paar löchrigen Kunstledercouchen und einem Fernsehstuhl samt Polsterhocker ausgestattet. Auf einem Regal lag Bettwäsche. Nachdem wir alles einem kurzen Geruchstest unterzogen hatten, fiel uns noch der große Teppich auf, der auf dem Boden lag. „Das ist wohl unser Schlafzimmer“, schlussfolgerte ich. Wir bezogen Quartier und hauten uns sogleich aufs Ohr. Nachdem ich meine Taschenlampe ausgeknipst hatte, war das Zimmer wieder stockfinster. Jay und Brett erkannte ich an ihrem jeweiligen Schnarchen. Im Dunkeln plauderte ich noch ein wenig mit Peter und Greg Hetson, bevor auch sie wegknackten.

Ich hingegen konnte nicht einschlafen. Wir spielten eine ausverkaufte Show nach der anderen, so wie noch nie zuvor in der achtjährigen Geschichte unserer Band. Gleichzeitig nächtigten wir in einem illegalen Squat, fernab unserer Heimat, und glaubten, unsere Mission eines erleuchteten Punkrocks im Sinne der Prinzipien der Aufklärung voranzutreiben, obwohl wir hier auf eine bei Weitem aufgeklärtere Punkszene als unsere eigene trafen, die uns mit offenen Armen willkommen hieß. Diese amüsante Ironie hätte mich fast in einen sanften Schlummer hinübergeleitet, doch aus irgendeinem Grund griff ich noch einmal zu meiner Taschenlampe.

Als ich sie anknipste, blickte ich erschrocken in Kolleks kreidebleiches preußisches Antlitz mit seinen rosigen Wangen, glasigen Augen und schwarzen, fettigen Haaren. Wie ein pummeliger Sid Vicious saß er gerade einmal einen halben Meter von mir entfernt. Zwar leuchtete ich ihm direkt ins Gesicht, doch seltsamerweise musste er nicht blinzeln. In seiner Hand hielt er eine große Bierflasche, die er nun anhob, als ob er mir – nicht ohne Stolz – den Grund für seinen derangierten Zustand zeigen wollte. Ohne ein Wort zu verlieren, starrte er mich an. Es erinnerte mich an die gruselige Mutprobe, der sich wagemutige Teenager unterzogen, wenn sie im Dunkeln vor einem Spiegel die „Bloody Mary“ anriefen, in der makabren Hoffnung, dass sich ihnen einen geisterhafte Erscheinung offenbaren würde. Ich versuchte jedenfalls, cool zu bleiben und sagte: „Hey, Junge, was geht ab?“ Zwar weckte das die anderen auf, aber Kollek blieb stumm. Er nahm einfach noch einen Schluck aus seiner Pulle, erhob sich und torkelte auf den Flur hinaus.

Ein paar Stunden später wurden wir von lautem Geschrei vor dem Zimmer aus unserem süßen Schlaf gerissen. Die Punks ließen ihrer Wut – zumindest verbal – freien Lauf, während ihnen ein paar ältere Polizeibeamte mit ruhiger Stimme die Leviten lasen. Plötzlich klopfte es an unserer Tür. Ein Uniformierter trat ein uns sagte: „Guten Morgen, alle zusammen.“ Nicht nur die Formulierung an sich verwirrte uns. Obendrein klang der Polizist nämlich wie John Cleese von Monty Python, was daran lag, dass viele deutsche Schulen in ihrem Englischunterricht eine betont britische Aussprache forcierten. Zunächst wusste ich daher nicht einmal, in welchem Land ich mich gerade befand. „Polizei“, schob Mister Cleese hinterher. „Ihre Pässe, bitte.“ Wir waren immer noch schlaftrunken und suchten nach unseren Reisedokumenten. Aber wir kamen ohnehin nicht wirklich zu Wort. Vielmehr übernahm der deutsche Polizist das Reden: „Sie arbeiten mit diesem Typen, der behauptet, ihr Konzertveranstalter zu sein?“ Wir nickten. „Wussten Sie denn, dass dieser Mann ein illegaler Hausbesetzer ist?“ Ich verneinte. „Das mit Ihrem Konzert, kein Problem, das ist schon okay, aber hier dürfen Sie nicht länger bleiben!“ Und das war's dann auch schon. Wir hatten zwar in einem fremden Land gegen das Gesetz verstoßen, doch kamen wir mit einer Verwarnung davon.

Anstatt ein paar Gummiwürste auf unsere Häupter niedersausen zu lassen, um das unausgeglichene Kräfteverhältnis auf den Punkt zu bringen, wie es etwa die Cops in L.A. getan hätten, kamen diese Bullen bloß ihrer Pflicht als Staatsdiener nach und durchkämmten potenzielle Squats nach trostlosen Junkies und steckbrieflich gesuchten Kriminellen. Wieder einmal begegnete man uns hier auf eine menschlichere Weise als in unserer Heimat.

Der Morgen war angebrochen und wir beluden unseren Bus. Das spätsommerliche Regenwetter verlieh der Stimmung eine herbstliche Note. Wir machten uns auf den Weg in die nächste Stadt, wo uns bereits weitere schillernde Persönlichkeiten erwarteten. Immerhin traten wir an jedem Abend dieser Tour an einem anderen Ort auf.

Eines der faszinierendsten besetzten Häuser betraten wir in Berlin. Dort trafen wir auch auf einen amerikanischen Exilanten mit Doppelstaatsbürgerschaft namens David, der sich durch seine gut proportionierte Kickboxer-Figur auszeichnete und sich im Handumdrehen mit uns anfreundete. David hielt seinen Kopf stets aufrecht, trug seine Haare raspelkurz und verfügte über den Blick eines Abenteurers. Wie so viele Punks in Deutschland trug auch er eine Lederjacke, doch sein äußeres Erscheinungsbild verriet nicht nur sein Modebewusstsein, sondern zudem auch ein Gespür fürs Geschäft.

Obwohl er ein paar Jahre älter als ich war, verstanden David und ich uns auf Anhieb. Er war in San Francisco aufgewachsen, bevor er in den späten 1970ern nach Berlin gezogen war. In weiterer Folge pendelte er unablässig zwischen der kalifornischen Bay Area und Deutschland hin und her. Deutsch sprach er ebenso fließend wie Englisch. Inzwischen war er mit der Berlinerin Petra verheiratet und wohnte mit ihr zusammen in diesem Haus in Kreuzberg, also jener Ecke der Stadt, die an die DDR angrenzte, nur einen Steinwurf vom berüchtigten Grenzübergang Checkpoint Charlie entfernt.

David und Petra interessierten sich auch für meinen universitären Hintergrund. Ich bombardierte sie wiederum mit neugierigen Fragen über Berlin, seine Museen, die hiesige Architektur sowie die Überschiede zwischen dem Leben in der DDR und den Vierteln im Westen. Sowohl David als auch Petra verfügten über enzyklopädisches Wissen und versorgten mich als Erstbesucher mit allen nötigen Antworten. So erfuhr ich, wo es das beste Essen gab, wo sich die coolsten Bars befanden und wie man in den Osten gelangte, ohne sich dabei vor den Grenzsoldaten an der Mauer fürchten zu müssen. Tatsächlich freuten sich ebendiese nicht weniger als die Kids im Westen, als die Mauer nur wenig später fiel. Gerüchte, dass dies bald so weit sein könnte, lagen schon während unseres Besuchs im Sommer 1989 in der Luft.

David und Petras Wohnbereich befand sich im dritten Stock des besetzten Hauses, das aus der Zwischenkriegszeit stammte. Tatsächlich erinnerte es mich an ein Loft im New Yorker Viertel SoHo. Das Apartment verfügte über hohe Decken und die Räume waren mit hölzernen Leisten und anderen handgearbeiteten Details versehen. Obwohl das Treppenhaus schon bessere Zeiten gesehen hatte und die Flure düster und höhlenartig wirkten, war ihre Wohnung überaus geräumig und einladend. Darüber hinaus überzeugte sie mit hübschem Mobiliar, genereller Gemütlichkeit, einer neuen Küche und sämtlichen technischen Vorzügen eines modernen Haushalts. „David, ich dachte, du lebst in einem Squat", sagte ich verblüfft. Er antwortete, dass er, würde er die Bude ein wenig aufpeppen und lange genug hier leben, irgendwann von der Stadt als deren Besitzer anerkannt würde. Ich war beeindruckt von seiner und Petras Entschlossenheit, eine ausrangierte, aber nichtsdestotrotz immer noch nutzbare Ressource zu erschließen. Dies zeugte von Weitblick und ich bewunderte diesen Ansatz. Es war kaum zu übersehen, dass sie geschäftstüchtige Menschen waren, die sich durch eine besonders nachhaltige Denkweise auszeichneten. Dies wurde mir sogar noch klarer, als David gegen Ende unseres Aufenthalts mit der Band erwähnte, dass wir uns doch seine Agentur, Destiny Tourbooking, als Partner in Erwägung ziehen sollten, um fürs nächste Jahr eine noch längere Tour durch Europa zu planen.

David wurde daraufhin für die nächsten zwei Jahre zu unserem europäischen Konzertagenten und Tourmanager. Unsere Tourneen durch Europa entwickelten sich fortan zu einer festen Größe im Kalender. Auch passte so eine sommerliche Konzertreise perfekt zwischen Sommer- und Wintersemester. Sechs bis acht Wochen auf Achse ließen sich immer einrichten. Zudem erhielten wir in Europa inzwischen bessere Angebote als in den USA. Also jetteten wir alljährlich über den großen Teich. Das war so vorhersehbar wie die Migration der Zugvögel.

Auch bei der ersten von David organisierten Tour reisten wir wieder – wie schon 1989 – in einem Van durch die Lande. Unser Fahrer hieß Kuxer – ein etwas störrischer, wenn auch durchaus sachkundiger Zeitgenosse. Seine englische Lieblingsphrase lautete: „I don't give a FUCK!" Seine sarkastischen Reden fanden jedoch Anklang bei uns und er erwies sich als tüchtiges und fähiges Mitglied unseres Teams. Das Vehikel, mit dem er uns durch die Gegend kutschierte, war ein gelblicher Lieferwagen ohne Fenster, der mit Diesel lief. Durch zwei Kastentüren an der Rückseite gelangte man in den 1,80 Meter hohen Laderaum. Allerdings besaß der Wagen nur eine einzige Sitzreihe. Also fanden neben dem Fahrer nur zwei weitere Teilnehmer unserer Tour vorne Platz. Drei Bandmitglieder und unsere zweiköpfige Crew mussten sich mit dem Laderaum begnügen. Es bereitete mir Freude, mich so oft wie möglich als Navigator zu profilieren. Zu diesem Zweck deckte ich mich an den Raststätten entlang der Autobahn mit reichlich Straßenkarten ein. Jay versuchte stets, eine möglichst langgezogene Liegefläche neben den Lautsprecherboxen für sich klarzumachen, damit er seinen schlaksigen Körper ausstrecken konnte. Brett und unser neuer Drummer Bobby kreierten auf clevere Weise Sitzgelegenheiten aus Reisekoffern und Gitarrenverstärkern, damit sie selbst und andere sich während unserer langen Fahrten gemütlich darauf ausbreiten konnten. So unsicher das Ganze auch war, machten wir uns darüber dennoch keine Gedanken. Wie auch immer wir unsere Ausrüstung und unsere Körper von A nach B manövrierten, war uns eigentlich egal.

Allerdings hinterließ der Mangel an Komfort auch seine Spuren bei uns. So beschlossen wir, regelmäßig zu rotieren, damit jeder öfter einmal in den Genuss kam, in der Fahrerkabine zu sitzen. Doch wie es Jay vorgezeigt hatte, war es immer noch am behaglichsten, sich wie ein Ausrüstungsgegenstand auf dem Boden des Laderaums hinzulegen. Hierbei handelte es sich um ein Arbeitsfahrzeug, mit dem eigentlich Möbelstücke oder schwere Kisten von einem ans andere Ende der Stadt gekarrt wurden – nicht etwa Menschen via Autobahn durchs ganze Land!

Unsere ganze Sorge galt unserer Ausrüstung. Natürlich gab es keine Sitzgurte, aber auch keine Vorrichtungen, mit denen wir unser schweres Equipment sichern hätten können. Wann immer Kuxer aus irgendeinem Grund ins Schlingern geriet, versuchten diejenigen von uns, die sich gerade auf der Ladefläche aufhielten, mit ihren Armen zu verhindern, dass die riesigen Boxen umfielen und sie unter sich begruben. Eines Tages steckten wir auf der Autobahn im Stau und kamen nur im Schneckentempo voran. Das ging eine ganze Stunde lang so dahin. Jedes Mal, wenn es kurz wieder weiterging und Kuxer aufs Gas stieg, nur um sogleich wieder abrupt zu bremsen, mussten die Passagiere im Laderaum besonders auf der Hut sein und unsere Ausrüstung sichern. Das war nervig, unkomfortabel und richtiggehend lächerlich! Ganz plötzlich vernahmen wir einen lauten Knall vom hinteren Ende des Vans. Ich saß in der Fahrerkabine und mein Kopf wurde ein ruckartig nach vorne geworfen. „Ach, Scheiße!", rief Kuxer. „Jemand hat uns gerammt!" Da hörte ich auch schon Brett. „Aua, mein Handgelenk, so ein Mist!", klagte er lauthals. Jay, der ebenfalls hinten im Wagen saß, stimmte mit ein: „Was zum Geier geht da vor sich?" Kuxer fuhr auf den Pannenstreifen und sprang hinaus auf den Asphalt, um sich ein genaues Bild von der Lage zu machen. Ein LKW war auf uns aufgefahren. Obwohl dieser im stockenden Verkehr nicht sonderlich schnell unterwegs gewesen war, war die Kollision dennoch einigermaßen heftig ausgefallen.

Jay war aufgebracht, aber er war mit seinen ausgestreckten Beinen am Boden gelegen und der Aufprall hatte ihn nur ein wenig nach vorne rutschen lassen. Bobby und Greg Hetson hatten aufrecht gesessen und die Lautsprecherboxen waren auf sie gekippt. Der Van selbst wies eine sichtbare Delle auf, war aber immer noch fahrtüchtig. Die Jungs hatten Schrammen und Beulen, waren aber ohne ernsthafte Blessuren davongekommen. Bretts rechtes Handgelenk war zwar geschwollen, doch zum Glück war es nur seine Schlaghand. Er wickelte einen Verband drum und biss für den Rest der Tour die Zähne zusammen. Nach dieser Erfahrung hatten wir allerdings die Schnauze voll vom Touren in kleinen Vans.

David Pollack war gut vernetzt. „Hey, ich habe einen Freund namens Martin, der als Busfahrer arbeitet. Vielleicht kann er uns ja einen Reisebus organisieren!", schlug er vor. In jenen Tagen musste man solche prinzipiell sehr klugen Ideen mit großer Vorsicht treffen. In den USA galt der viel kleinere Van als allgemein akzeptiertes Fortbewegungsmittel für Punkbands. Aus irgendeinem Grund blieben sämtliche größeren (und sichereren) Gefährte kommerziellen Bands, Prominenten oder auch Aufschneidern, die sich übertrieben in Szene setzen wollten, vorbehalten. Punks wurde stillschweigend nahegelegt, auf derlei Statussymbole zu verzichten. Um jeden Preis. Aber wir hatten in den vergangenen zwei Jahren etliche schlechte Erfahrungen mit Vans gemacht und waren ein paar Mal nur knapp von potenziell gröberem Ungemach verschont geblieben. Wir waren daher bereit für eine Veränderung. Wo sonst als in Europa hätte es sich angeboten, diesen praktischen Schritt erstmals zu vollziehen? Egal, die europäischen Punks schienen uns nie aufgrund unserer aus praktischen Motiven getroffenen Entscheidungen zu verurteilen – selbst wenn diese ein wenig pompös wirken mochten.

Bei unserer Ankunft am Flughafen von Berlin, von wo aus wir 1991 unsere Tour starten wollten, erwarteten uns Martin und David mit einem 60-sitzigen Tourbus. Wir waren vollauf begeistert, als wir dieses Ungetüm betraten und verstellbare Sitzlehnen, eine Toilette und jede Menge Platz für unsere neunköpfige Abordnung vorfanden. Hier konnte man sich ja richtig breitmachen! Außerdem war unser Gepäck und sämtliche andere Frachtgegenstände sicher in einem Kompartment unter den Sitzreihen verstaut. Allerdings handelte es sich hierbei auch nicht um ein Luxus-Vehikel, sondern um einen gewöhnlichen Reisebus für Schitouristen, den Martin in den Sommermonaten eben für seine Nebentätigkeit nutzte. Nun waren wir es, die es auf diese willkommene Ressource zurückgriffen und Martin damit ermöglichten, sein Einkommen ein wenig aufzubessern. Fortan in richtigen Bussen zu reisen war mit Sicherheit eine sinnvolle Entscheidung, von der alle Beteiligten profitierten. Wir sollten nie wieder in einem Van touren.

Unsere Reisegesellschaft wuchs stetig an. Wir hatten so viel überschüssigen Platz in unserem Bus, dass wir es uns leisten konnten, zwei britische Superfans namens Mark und Dylan mitzunehmen, die wir in Deutschland aufgegabelt hatten, nachdem sie uns mitgeteilt hatten, dass sie planten, die ganze Tour zu begleiten. „Steigt ein“, boten wir ihnen an. „Wir fahren euch und statten euch obendrein noch mit Backstage-Pässen aus!“ Auch mein alter Kumpel Wryebo, der gerade die Filmschule der University of Wisconsin abgeschlossen hatte, schloss sich uns an und filmte jede einzelne Show mit seiner Videokamera. Diverse Freunde, Groupies und andere Musiker tingelten im Sommer 1991 mit uns im Bus durch Europa. Sogar mein Bruder Grant war eine Zeitlang mit von der Partie. Allabendlich absolvierten wir ausverkaufte Auftritte und obwohl wir keinen eigenen Manager hatten, behielten wir unseren Laden fest im Griff.

Doch unser Schiff steuerte auf turbulente Gewässer zu. Wir traten inzwischen in vielen Locations auf, in denen sonst größere Acts gastierten. Die Angebote rissen auch nicht mehr ab. Wenn wir das gewollt hätten, hätten wir an jedem Abend des Jahres in Städten in Europa und den USA auftreten können. Ich machte mir nun vermehrt Gedanken über die Balance zwischen meiner musikalischen und meiner akademischen Karriere. Irgendwie müsste es sich doch bewerkstelligen lassen, beides unter einen Hut zu bringen. Dieser Prozess würde aber nicht von heute auf morgen stattfinden. Zudem sollte er sich ziemlich beschwerlich gestalten. Tatsächlich erwartete mich eine echte Lebensaufgabe.

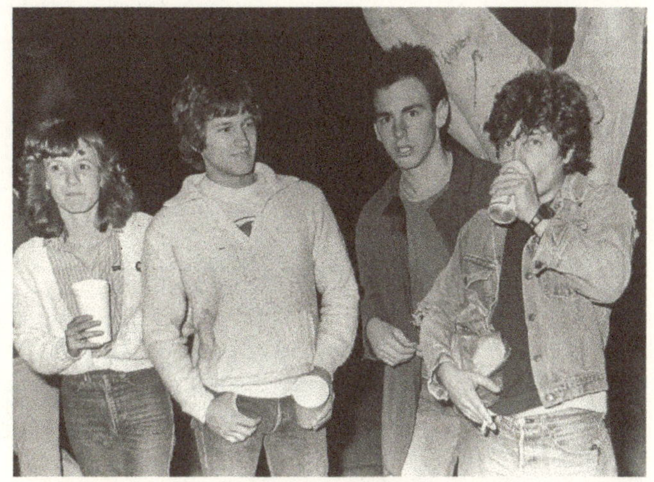

Punks in L.A. Beim Abhängen mit Keith Morris, dem Sänger der Circle Jerks (mit Bierdose im Anschlag), bei einer College-Verbindungsparty, wo die Circle Jerks und Bad Religion im November 1980 das Unterhaltungsprogramm besorgten.

Fotograf: Gary Leonard

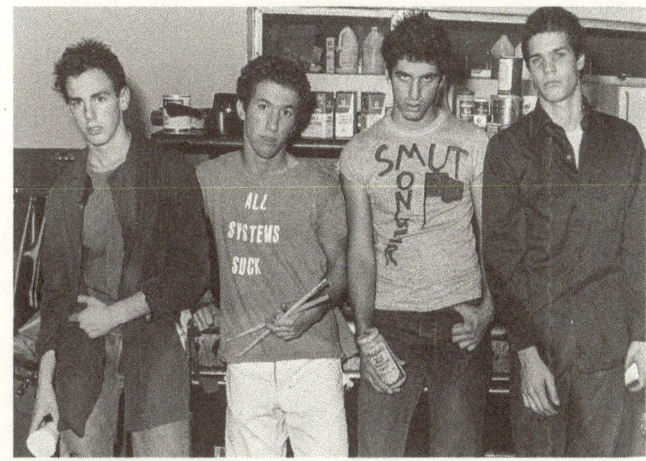

Eine spontane Fotosession mit der Band (bei derselben Sause wie auf dem vorigen Foto). Von links nach rechts: ich, Jay Ziskrout, Brett Gurewitz und Jay Bentley in der Küche des Verbindungshauses.

Fotograf: Gary Leonard

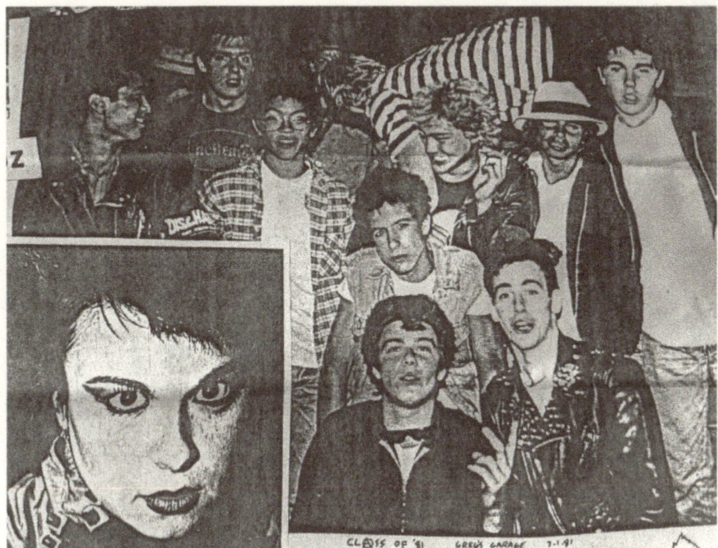

Ich (rechts unten) und Jay (stolpernd, mit dem Rücken zur Kamera, im gestreiften T-Shirt) mit ein paar Freunden im Hell Hole, wo wir im Rahmen einer Bandprobe für ein Poster im Fanzine Fer Youz posierten.

Fotografen: Brian und Nikki Tucker

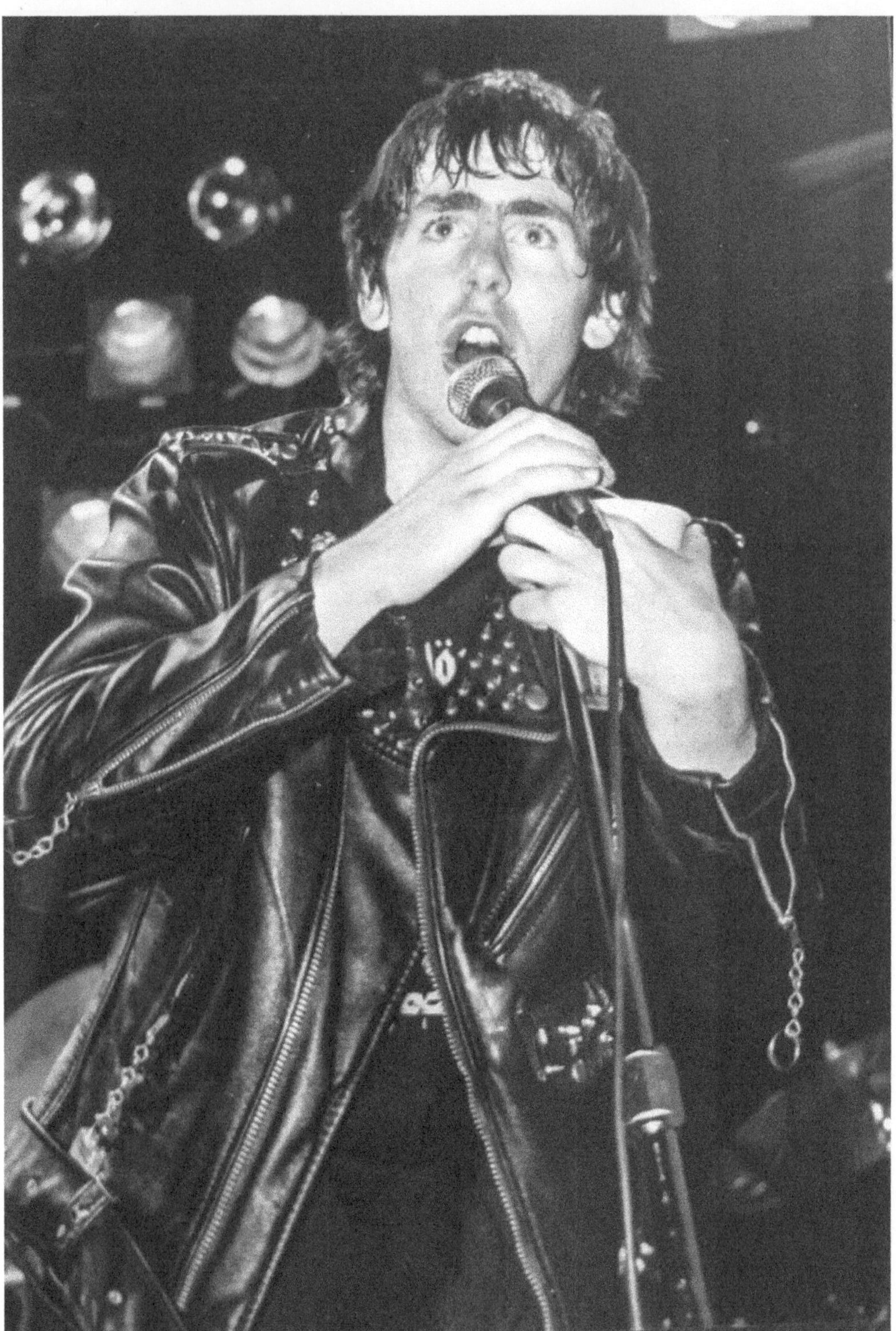

Auf der Bühne im Whisky a Go Go im Jahr 1982. Während meiner Lehrjahre als Frontmann diente mir meine Lederjacke als eine Art Schutzschild. Zudem trug ich immer eine Armbanduhr, wie man auf dem Foto auf der nächsten Seite sieht. Über meinem rechten Handgelenk kann man einen kleinen Ausschnitt eines Messing-Pins von der National Honor Society erkennen, eine akademische Auszeichnung, die ich meinem Vater geklaut hatte, da ich einen solchen Rang damals noch nicht selbst erreicht hatte.

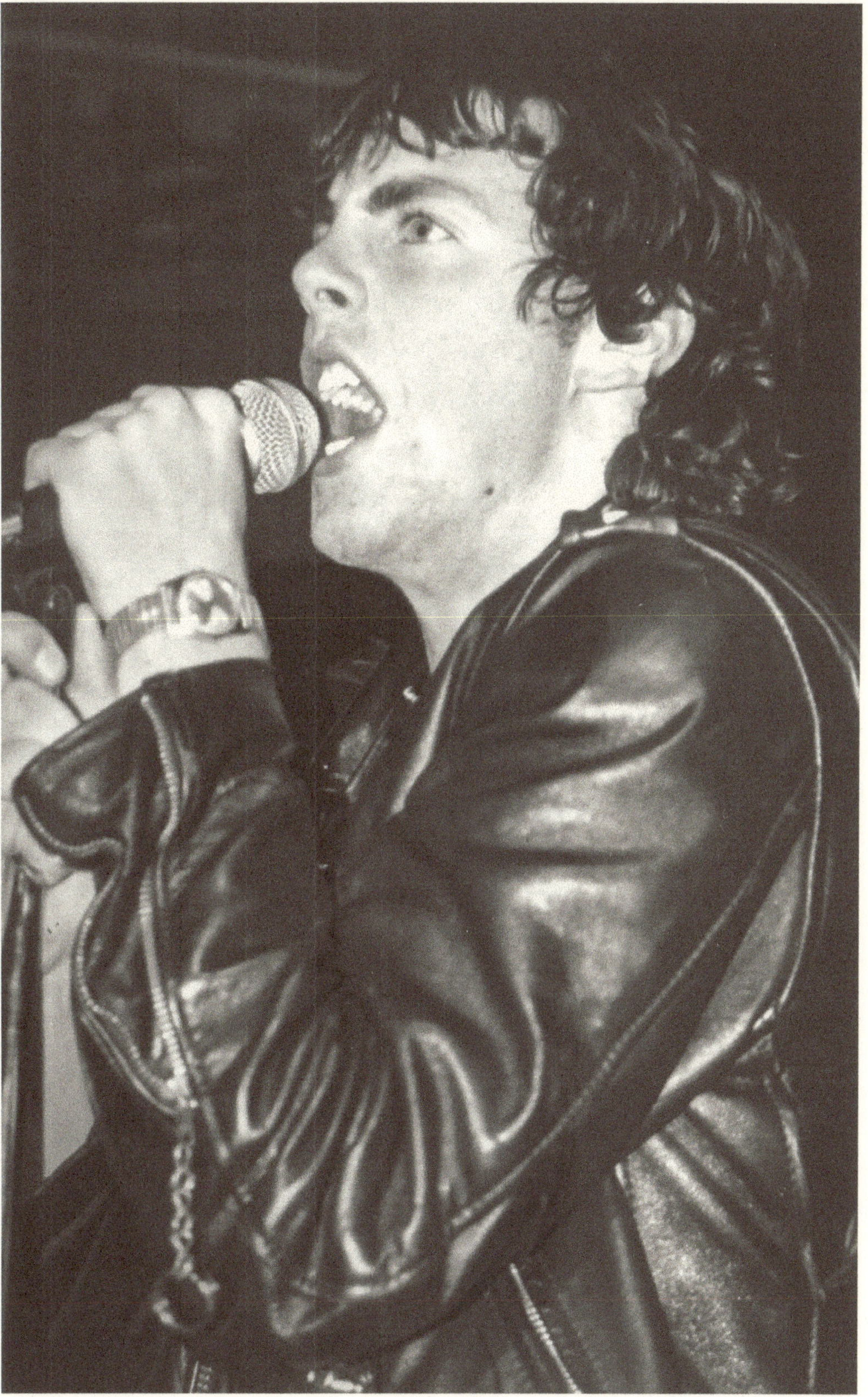

Eskapismus in Reinkultur: ein wenig Abstand von der „Szene". Feldforschung, Erkundungsreisen und intensive Recherche mit meinen Studienkollegen beeinflussten meine Weltanschauung und bereicherten mein Songwriting. Im Anschluss an unser desaströses Album *Into the Unknown* begab ich mich 1984 in die entlegene Forschungsstation Estación de Biología in Chamela, Mexiko: ich (mit dem Rücken zur Kamera) beim Volleyball mit meinen Bio-Kumpels Mark (im Sprung) und Jay (dahinter).

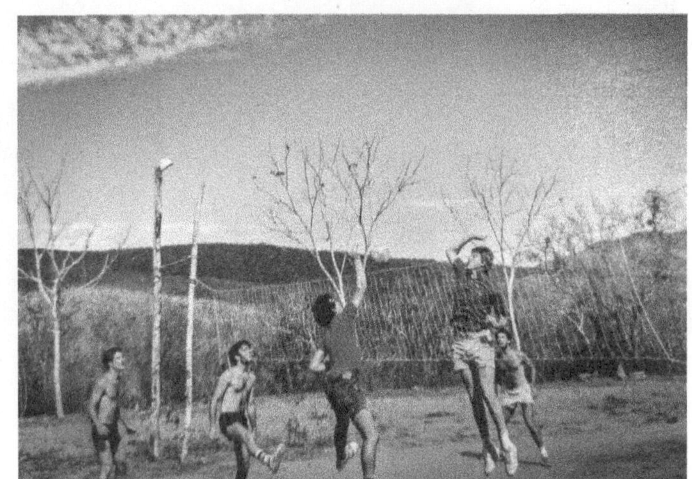

Als fidele Wandersleut' in der östlichen Sierra Nevada im Jahr 1986. In Begleitung von Künstler Jerry Mahoney und meiner Freundin Greta.

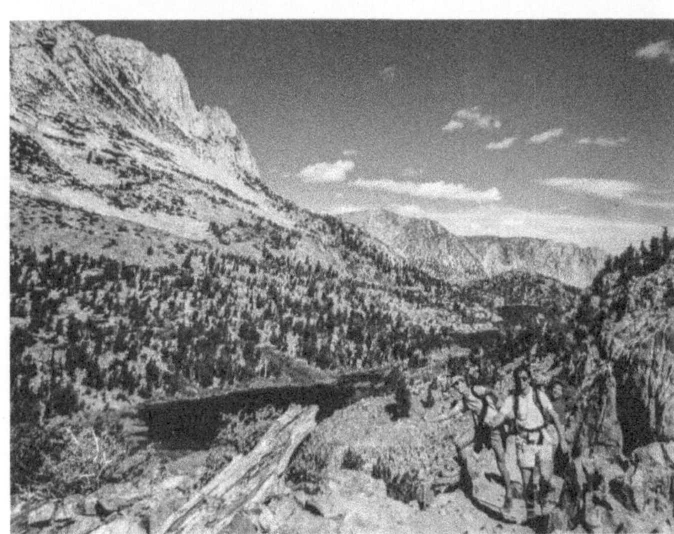

Auf einer Wanderung im Glacier National Park einen Monat vor Beginn der Tour anlässlich der Veröffentlichung von *Suffer* im Jahr 1988.

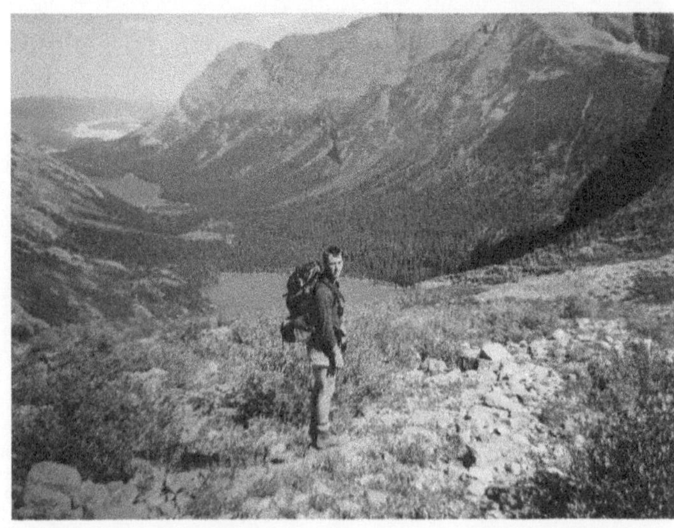

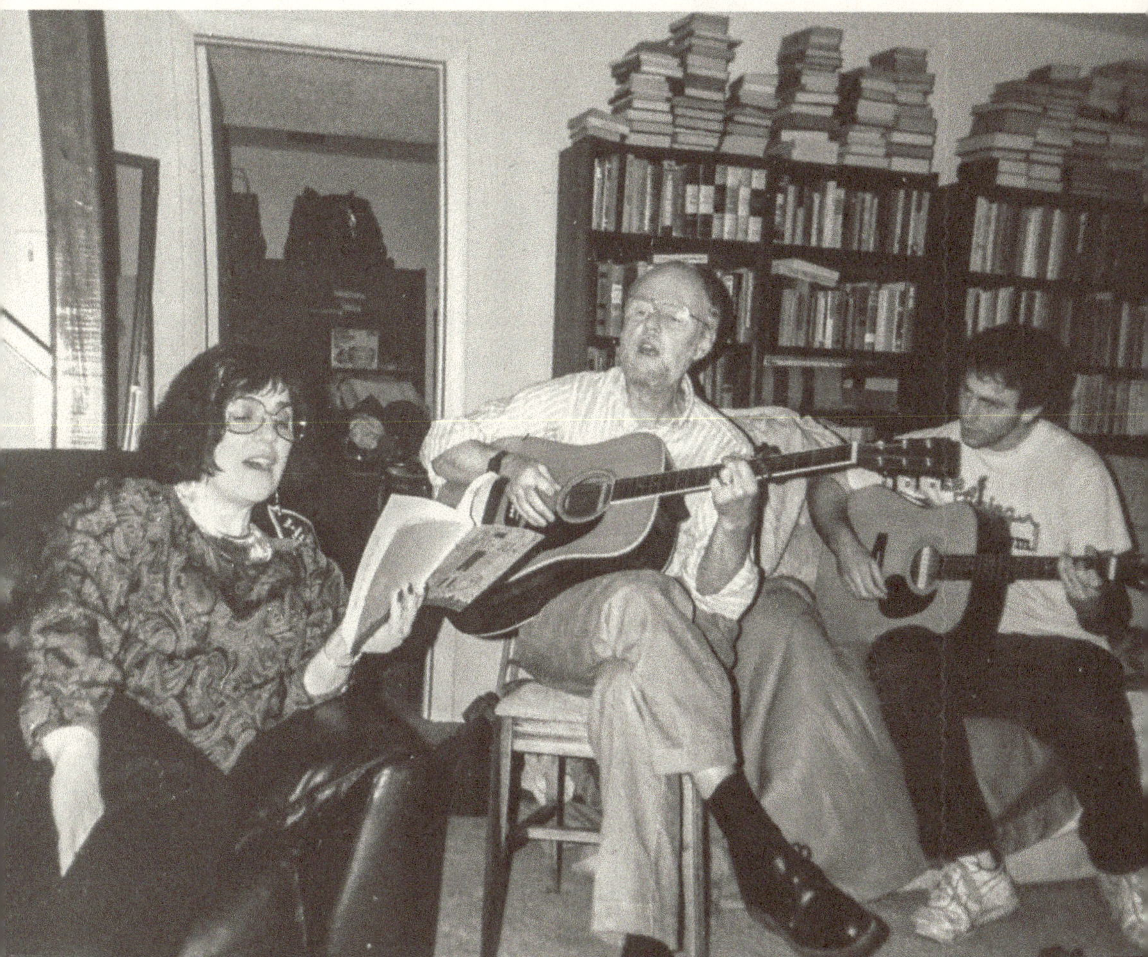

Ein familiärer Liederabend. Wann immer meine Mom auf ihren Bruder traf, sangen wir traditionelle Lieder, die ich auf der Gitarre zu begleiten lernte. Hier sieht man uns im Stadthaus meiner Mom in Virginia im Rahmen eines Thanksgiving-Festes im Jahr 1991. Von links: Mom, Onkel Stanley und ich.

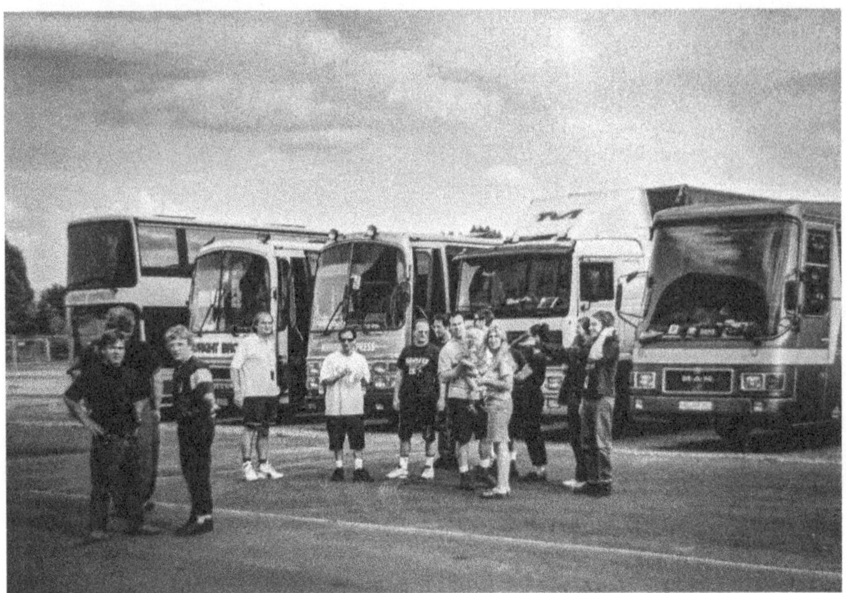

Tourbusse, die Band und unsere Familien in Europa. Unsere Touren dort umfassten stets eine bunte Mischung aus Punks, Familienmitgliedern, Roadies, Trucks und Bussen. Auf diesem Foto von 1993 sieht man eine typische Ansammlung straßenerprobter Charaktere: Howard Menzies (Tourmanager, vierter von links), Greg Hetson (daneben), die Familie Graffin mit Baby Graham (in leichter Bekleidung), Brett und Gina (hinter uns) sowie Bobby Schayer, der ihren Sohn Max hält.

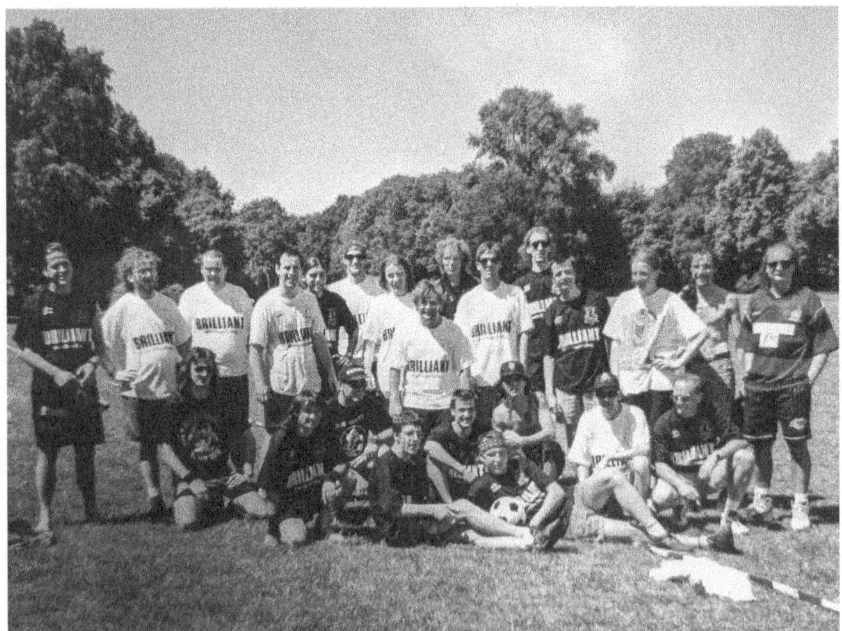

Fußball mit Band und Crew in Hamburg. Das Team rund um die Band (in weißen Trikots) bestand aus mir (Fünfter von links), Jay (hintere Reihe mit Sonnenbrille und Baseball-Cap), Brett (mittig, stehend, mit Sonnenbrille), Greg Hetson (knieend, mit Sonnenbrille) und unserem „Trainer" Howard Menzies (ganz rechts, gestreiftes Shirt, Sonnenbrille). Unser Gegner war eine verbissene Mannschaft, bestehend aus unseren deutschen Roadies und anderen Musikern (in dunkler Spielbekleidung) inklusive unseres Freundes und zukünftigen Agenten Jens Geiger (links, stehend).

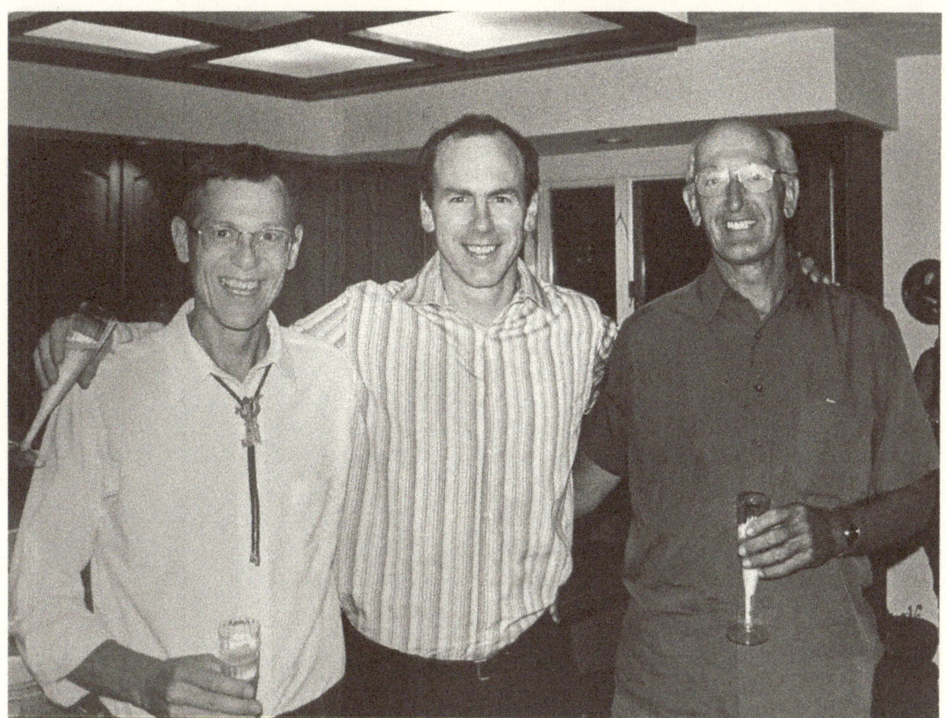

Ich, mein Dad und mein Doktorvater Will Provine (links) im Rahmen der Feier anlässlich der Erlangung meines Doktortitels, Ithaca, 2002.

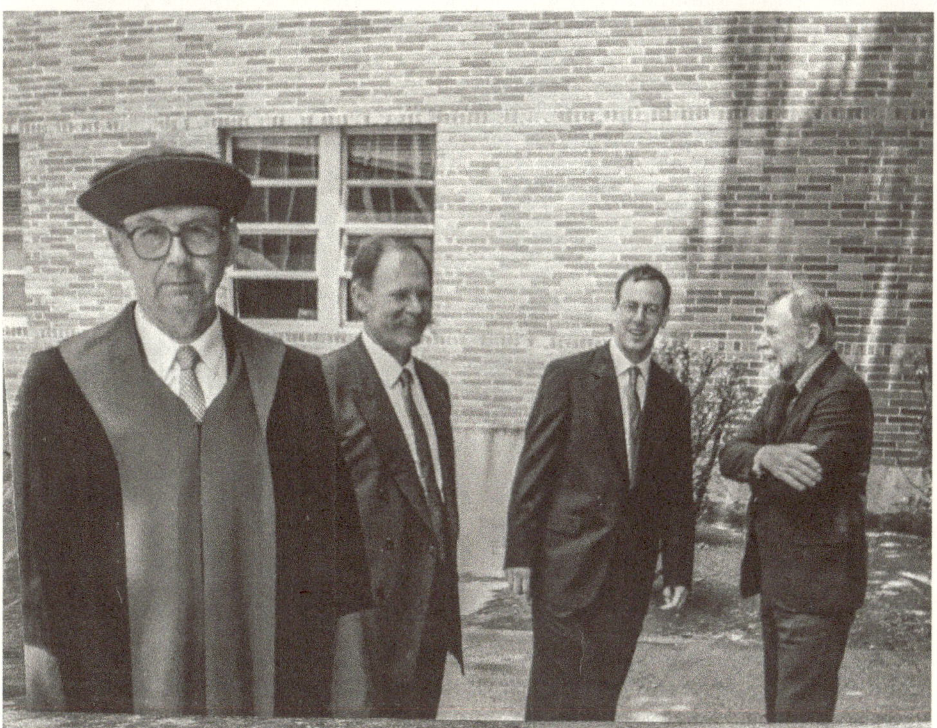

Unter Professoren #2. Meine Abschlussfeier, nachdem ich im März 1990 meinen Master of Science an der UCLA gemacht hatte, samt meinen Betreuern: Paläontologe Peter Vaughn (ganz rechts), Sedimentologe Ted Reed (mit Schnäuzer) und Petrologe Gerhard Oertel (ganz links).

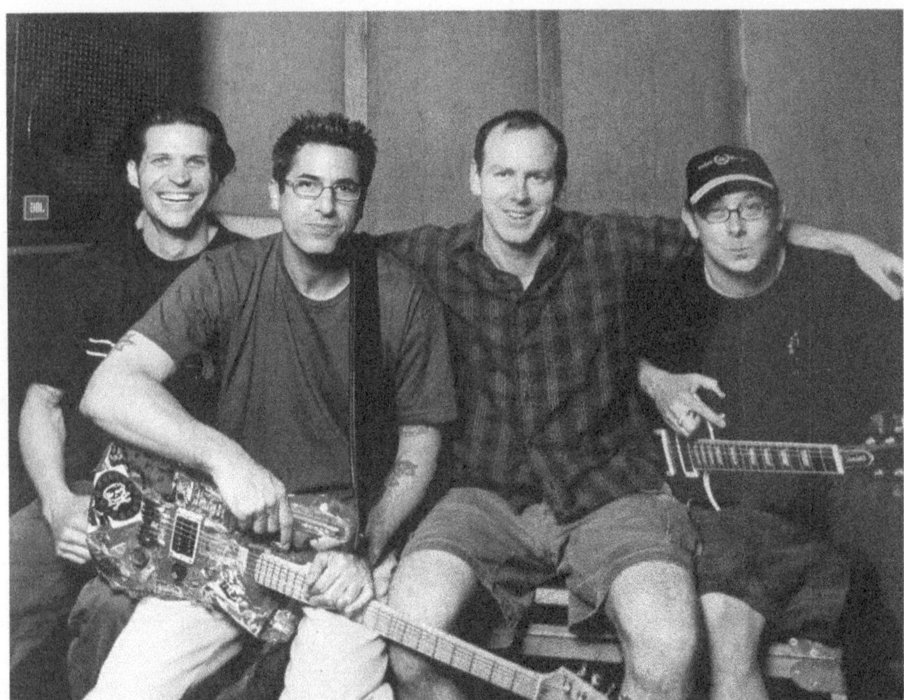

Mit den Jungs beim Proben im Vorfeld unseres Albums *The Process Of Belief* (2001). Brett und ich waren ein Songwriting-Team, was der Band neuen Schwung zu verleihen schien. Hier sieht man uns in einem Proberaum in Hollywood, noch bevor wir einen neuen Drummer gefunden hatten, wie wir an neuen Songs feilen. Von links: Jay, Brett, ich und Brian. *Fotografin: Lisa Johnson*

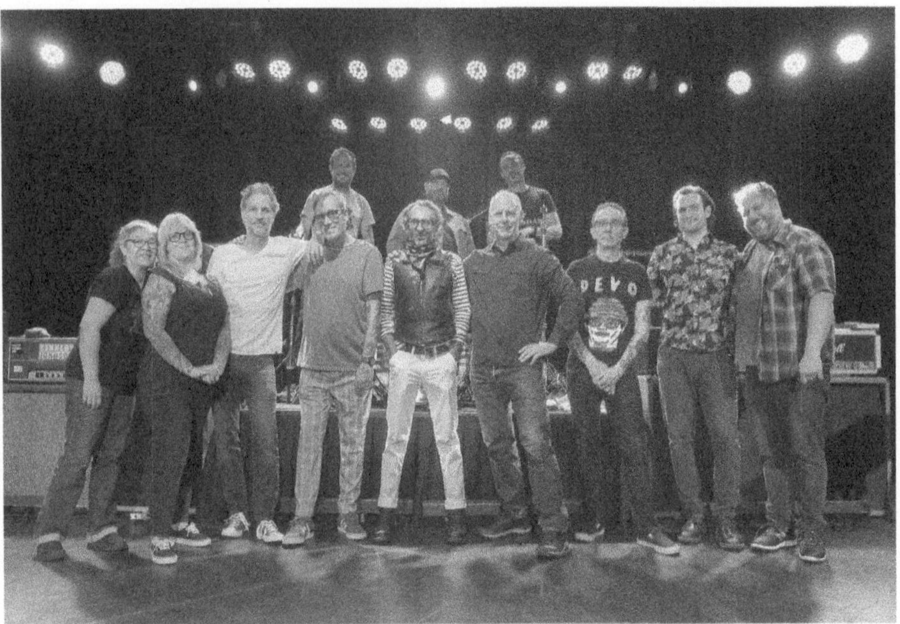

Die Band und die Crew. Ein Gruppenfoto im Rahmen unseres Livestream-Konzerts im Roxy Theater in Hollywood, Kalifornien, April 2021. Von links nach rechts, vorne: Tess Herrera, Christina White, Jay Bentley, Dave Gibney, Mike Dimkich, ich, Brian Baker, Gavin Caswell, Rick Marino. Hintere Reihe: Ron Kimball, Greg Stocks und Jamie Miller. *Fotografin: Caroline Jaecks*

23 GEMEINSCHAFTS-UNTERNEHMEN STATT DIY

Nach unserer Tour im Sommer 1991 und unserer Rückkehr in die USA ging mir alles Mögliche durch den Kopf. Sofort nach meiner Ankunft kümmerte ich mich wieder um meine akademische Recherche und meine Lehrveranstaltungen. Abends schrieb ich Songs und genoss das Leben eines verheirateten Doktoranden. Im Januar 1992 brachte Greta unseren kleinen Sohn Graham zur Welt. Die Tage verbrachte ich auf dem Campus, die Abende in unserer häuslicher Ruhe. Meine Einkünfte von den Touren reichten inzwischen aus, um unseren bescheidenen Lebensstil zu finanzieren. Zwar konnten wir uns keinen ausgefallenen Firlefanz leisten, aber wir hatten genug Geld auf der Bank, um Gretas Beschluss zu rechtfertigen, ihren Job als Lehrerin an den Nagel zu hängen, um sich fortan Vollzeit um unser Kind zu kümmern. Das passte mir gut, da ich aufgrund unserer bevorstehenden Touren nur sporadisch zuhause sein würde, um meiner Vaterrolle gerecht zu werden. Meine Unterrichts- und Forschungsarbeit nahm während des Schuljahres einen großen Teil meiner täglichen Produktivität in Anspruch. Ich wünschte mir für unsere Familie ein „normales“ Leben – wenn man eine

Kindheit, wie ich sie selbst erlebt hatte, nämlich in einem derart akademisch geprägten Umfeld, als normal empfand.

Doch viele Menschen abseits der Universität – etwa Musikjournalisten und andere Insider aus der Unterhaltungsbranche – sahen in mir vermehrt eine Art schrägen Vogel: einerseits ein versponnener Sänger und Songwriter der Punkband Bad Religion, die man für ihre Melodien und Harmonien schätzte, aber andererseits auch ein Akademiker auf der Jagd nach seinem Doktorabschluss. Die Musik lag mir einfach im Blut, sodass ich mir dafür keine allzu große Mühe geben musste und mich auf meine Universitätslaufbahn konzentrieren konnte. Meine akademische Arbeit stellte mich schlichtweg vor eine anspruchsvollere Herausforderung und verlangte mir größere Konzentration ab.

Um mich zuhause auf musikalische Weise ein wenig von meinem Studium abzulenken, kaufte ich mir damals meinen ersten Konzertflügel. Ein ortsansässiger Gesangslehrer namens Ed betrieb ein Klaviergeschäft, in dem er auch alte Instrumente restaurierte. Während seiner jährlichen Ausflüge nach Europa fand er Klaviere aus den Tagen Mozarts und noch andere beschädigte Objekte, die er mitbrachte, um ihnen in seiner Werkstatt neues Leben einzuhauchen. Auch in seinem Laden fand man unzählige Originalinstrumente aus vergangenen Epochen. Ed verkaufte mir einen aufgemöbelten amerikanischen Salonflügel, der ungefähr gleich alt war wie ich. Zwar noch keine Antiquität, aber dennoch ein sehr solides Stück. Es handelte sich um ein Instrument des Klavierherstellers Knabe, das aus Walnussholz gefertigt war. Ich schrieb etwa „Struck a Nerve“ darauf, als ich die Geburt meines ersten Sohnes feierte. Stundenlang konnte ich mich darin verlieren, diverse Akkordfolgen und Melodien zu klimpern.

Wenn ich auf dem Campus weilte, verbrachte ich etliche Stunden im Unterrichtslabor damit, Proben zu untersuchen und zu sezieren. Allerdings gelang es mir nicht zu ignorieren, was ich während unserer letzten Tour in Europa erlebt hatte: Unser Publikum wurde immer größer und das Ende des Wachstums der Band war bis auf Weiteres nicht abzusehen.

Für mich selbst kam ich zum Schluss, dass wir, sollten wir die Fortschritte der Band beschleunigen wollen, Hilfe benötigten. Obwohl wir das Konzept des DIY-Prinzips zu schätzen wussten, könnten wir uns doch auch an Profis wenden, um uns dabei helfen zu lassen, unsere Ziele zu verfolgen – ohne dabei unsere Ideale zu verraten. Wir würden selbstverständlich weiterhin die Zügel in der

Hand behalten. Brett sah das auch so. Er und Jay befanden sich in Los Angeles sozusagen im Epizentrum, während ich auf der anderen Seite des Kontinents an der Cornell University tätig war, weshalb sie unser Potenzial sogar noch viel deutlicher vor Augen geführt bekamen. Bretts Label Epitaph wurde fortlaufend populärer. Er als Firmenchef und Jay, der sich um den Versand kümmerte, sahen aus nächster Nähe, wie viele unserer Platten das Lagerhaus verließen. So bereiteten sie sich darauf vor, 100.000 Exemplare unseres neuen Albums, Generator, zu verschicken. Selbst viele Rockbands, die bei großen Plattenfirmen unter Vertrag standen, konnten von solchen Zahlen nur träumen. Als wir nun mit den Planungen für unsere nächste Europatournee begannen, beschlossen wir, die Dienste einer renommierten Konzertagentur in Anspruch zu nehmen und uns nicht länger auf den DIY-Ansatz unseres Freundes David zu verlassen. Wir hatten ziemlich viel ganz auf uns gestellt auf die Reihe gebracht – und obwohl David ein guter Konzertagent und Tourmanager war, war seine Firma einfach zu klein. Zudem war es uns wichtig, endlich Großbritannien zu knacken. Allerdings verfügte David gerade dort nur über wenige Kontakte.

Sämtliche Fachleute, die wir nun konsultierten, schlugen uns vor, dass wir uns nach einer britischen Agentur umsehen sollten. „Aber in Großbritannien sind wir gar nicht besonders populär. In Deutschland sind wir viel bekannter!", entgegneten wir. Daraufhin wurde uns versichert, dass die meisten wichtigen Entertainer und Bands aus den USA auf britische Firmen vertrauten, ihre Touren auf dem europäischen Kontinent zu buchen. Andy, der sich immer noch gelegentlich um unsere Agenden in den USA kümmerte, führte ein paar Telefonate für uns, woraufhin sich der Kontakt zu Prestige International ergab, einer Agentur, die zuvor schon Konzerte für The Police und andere angesagte internationale Acts gebucht hatte. Sie teilten uns einen Agenten namens Rob zu, der am Telefon höchst kompetent wirkte und uns versprach, dass er uns nicht nur coole Gigs in Großbritannien verschaffen könnte, sondern auch zusehen wollte, dass wir auch auf dem Festland weitere Fortschritte machten.

Ebenso wichtig wie die Vereinbarungen hinsichtlich unserer Engagements war der Umstand, dass uns die Agentur einen eigenen Tourmanager zur Seite stellte. Bald schon erhielt ich einen Anruf von einem Mann mit einem markanten Nordlondoner Akzent. „Hallo, spreche ich mich Greg?", fragte er. „Hier spricht Howard Menzies, euer neuer Tourmanager. Es freut mich sehr, telefonisch deine

Bekanntschaft zu machen!“ Wow, dachte ich mir, sehr förmlich und professionell. Howard begegnete mir mit Respekt, was mich total schockierte. Ich war es einfach nicht gewohnt, mich mit einer gewissen Formalität über Punk-Touren zu unterhalten. Howard war der erste Mensch, der in der Musikbranche tätig war, dem es einen Anliegen zu sein schien, seine Verpflichtungen uns gegenüber professionell zu erledigen. Alles andere als selbstherrlich legte er offenkundig großen Wert auf Kooperation und ein gemeinsames Bemühen, um auf diese Weise eine erfolgreiche Tour zu ermöglichen. Die Zeiten waren vorüber, in denen uns einseitige Faxe mit einer simplen Auflistung von Städten und Kalenderdaten ins Haus flatterten. Howard folgte hingegen den gängigen Gepflogenheiten professioneller Konzertagenturen und stellte Mappen zusammen, die jedes wichtige Detail einer Tour zusammenfassten. Jeder Stadt, die wir besuchten, widmete er eine eigene Seite, die Informationen bezüglich Hotel, Location und Fassungsvermögen ebendieser enthielten. Auch über Reisedistanzen und Abfahrtszeiten führte er akribisch Buch. Die einleitenden Seiten lasen sich wie eine Inhaltsangabe und in einer Art Zusammenfassung waren sämtliche Städte und Konzertdaten sowie das Personal der Künstleragentur samt Telefonnummern aufgelistet. Auch die Repräsentanten der jeweiligen Konzertveranstalter, die uns in den einzelnen Städten willkommen heißen sollten, hatte er sich notiert. Aber vor allem erstellte Howard auch noch eine Art Regelwerk, ja, einen Verhaltenskodex, an den sich jeder Teilnehmer unserer Tour halten sollte. Diese Satzung las sich folgendermaßen:

„Wie man sich ein paar Messerstiche einfängt!“
oder auch
„Ein bisschen Rücksichtnahme und gesunder Menschenverstand machen jedermanns Leben zum Hochgenuss“

1. Jeder muss seine Hotel-Extras selbst berappen. Wer sich wiederholt darüber hinwegsetzt, kann sich auf ein paar Messerstiche einstellen!

2. Unsere Crew umfasst neun Leute. Dazu noch fünf Bandmitglieder. Wenn sich einer verspätet, ist das rücksichtslos gegenüber allen anderen. Wer sich verspätet, darf mit fünf Minuten Schonfrist rechnen. Jede weitere Minute kostet 50 Pence.

3. Bitte seht zu, dass ihr alle rechtzeitig vor dem Start der Show vor Ort seid, damit das Konzert pünktlich beginnen kann. Falls nicht, werde ich auf euch einstechen.

4. Bitte tragt eure laminierten Tour-Pässe stets bei euch. Gebt ihn niemals jemandem anderen. Wenn ich euch ohne erwische, werde ich auf euch einstechen.

5. Hiermit möchte ich die Band und Crew daran erinnern, dass fortwährendes Gejammere und Wehklagen unangebracht und schlecht für die Moral sind. Falls ein administrativ-bürokratisches Problem vorliegt, wird sich der Tourmanager darum kümmern. Wenn hinter dem Problem eine konkrete Person steckt, darf sie mit ein paar Messerstichen rechnen.

6. Wenn irgendetwas schiefläuft, vergesst bitte nicht, dass es sicher nicht meine Schuld ist!

Zusätzlich zu seinem Organisationstalent und seinem Know-how in Bezug auf die Handhabung von Touren verfügte Howard auch noch über eine große Portion britischen Humors. Keines der Bandmitglieder nahm seine „Richtlinien“ allzu ernst. Aber auf diese humorvolle Weise wurde allen klargemacht, dass eine erfolgreiche Tour von vielen Komponenten abhängt. Ich fand es jedenfalls gut, ein paar Minimalansprüche zu formulieren und sie unseren handlichen Tour-Mappen beizufügen.

Schon Wochen vor dem Tourauftakt in London unterhielten wir uns regelmäßig am Telefon. Howard lernte die Band besser kennen, indem er viel Zeit darauf verwendete, Fragen zu stellen. An diesem Punkt begannen die beruflichen Überschneidungen in meinem Leben in den Vordergrund zu treten. Ein Mann mit britischem Akzent rief mich zuhause an, um meine Aufmerksamkeit auf Details zu lenken, die sich auf später im Jahr stattfindende Ereignisse an weit entfernten Orten auswirken würden. Verträge wurden aufgesetzt, die nur so vor Erwartungen, Forderungen und zu beachtenden Klauseln strotzten. Ich fühlte mich davon ein wenig überwältigt, da ich mich selbst immer noch in erster Linie als Studenten und Akademiker sah. Vielleicht auch ein wenig als

Künstler, aber nicht von dem Schlag, der sich den ganzen Tag um Geschäftliches kümmerte. Allerdings war alles auch sehr aufregend.

Ich war überzeugt, dass wir uns mit Profis umgeben mussten, die selbst nicht unbedingt Punks zu sein brauchten. Punks befanden sich mit uns zumeist auf einer Augenhöhe und richteten sich nach dem Prinzip des praktischen Lernens – so wie wir selbst ja auch lernten, durch die Untiefen der Musikindustrie zu navigieren. Wenn wir aber unseren Status verbessern und nicht als „nur eine Punkband" abgestempelt werden wollten, mussten wir beweisen, dass wir es wert waren, im Bereich der Populärmusik und der Musikindustrie ernstgenommen zu werden. Ganz egal, ob ich mit meinem Gefühl richtig lag, meine Einstellung orientierte sich jedenfalls eng an jener Erfahrung, die ich an der Uni gemacht hatte. An der Hochschule kann ein Student auf die Hilfe diverser erfahrener Berater und Betreuer zählen. Das fängt schon im allerersten Semester an. Sämtliche Studenten bekommen gemäß der primären Ausrichtung ihres Studiums einen Berater zugeteilt. In der Regel treffen sie sich bis zu ihrem Abschluss immer wieder mit dieser Person. Die Beziehung endet erst mit dem Erreichen des jeweils angestrebten akademischen Grades: Bachelor, Master, PhD, Professor, Nobelpreisträger – ich glaube, es ist klar, was ich meine. Auf ihrem Weg dorthin sollten sich die Studierenden mit fähigen Gleichgesinnten umgeben, um ihre intellektuelle Entwicklung zu fördern. Ich kenne gar keinen anderen Weg, Fortschritte zu erzielen. Natürlich waren meine Sichtweisen auch von meiner eigenen akademischen Laufbahn und der Struktur meiner Familie (Graffin University!) geprägt. Aber an diesem Punkt machte ich mir eben meine Gedanken darüber, ob wir nicht doch ein paar Mentoren und Vollprofis bräuchten, um die Band auf die nächste Ebene zu hieven.

Somit sollte verständlich sein, warum ich so erpicht darauf war, uns von außenstehenden Profis in den nächsten Hafen lotsen zu lassen. Wir, die Bandmitglieder, waren uns zwar einig, dass wir als musikalische Entität ernstgenommen wollten, vergaßen jedoch darauf, miteinander zu besprechen, wie wir das bewerkstelligen wollten. Unsere Meetings verliefen in lockerem Rahmen und dienten normalerweise dazu, eine bestimmte Frage hinsichtlich einer Tour zu diskutieren. Etwa, wen wir als Vorband mitnehmen wollten, oder welches Motiv wir für unseren aktuellen Bühnenbanner verwenden sollten. Brett und ich fühlten uns immer noch unserem intellektuellen Songwriting-Ansatz verpflichtet.

Obwohl ich wusste, dass Brett sich viele Gedanken darüber machte, wie sich Platten vermarkten und verkaufen ließen, sah ich ihn immer noch als meinen Songwriting-Partner und intellektuell Gleichgestellten. Ich wusste zu schätzen, dass es in unserer Beziehung primär um dieses Thema ging. Für mich fühlte es sich langsam so an, als ob sich die Band inzwischen wie eine Art eigenständiges Lebewesen entwickelte. Ich war ein Teil von dessen Denkapparat, des Gehirns, aber der Organismus verfolgte nun einmal seine ganz eigene Ontogenese. Er wuchs so schnell und wurde so groß, wie es seine Umwelt zuließ. Mein Job war es, fortlaufend Ideen beizusteuern, die im Idealfall so interessant wie möglich waren. Ich glaubte, dass ein professionelles Team rund um die Band dazu beitragen könnte, ebenjene Ideen noch besser zur Entfaltung zu bringen. Tatsächlich sah ich die Leute, die über mehr Erfahrung als unsere Freunde aus der Szene verfügten, als vertrauenswürdige Berater.

Leider erweist sich aber auch nicht jeder Insider aus der Unterhaltungsbranche als echter Idealkandidat. Manchmal funktioniert es und man erhält brauchbare Ratschläge. Aber niemand in der Musikindustrie kann einem genau sagen, wie deine Band oder dein nächster Song mit dem sich stets im Wandel begriffenen Mehrheitsgeschmack der Öffentlichkeit korrelieren werden. Bloß weil ein Agent in der Vergangenheit mit einer anderen Gruppe Erfolge feiern konnte, heißt das nicht unbedingt, dass er mit deiner Band ebenso erfolgreich sein wird.

Als Howard bei uns einstieg, traf er auch auf Rob, unseren frischgebackenen Agenten für Großbritannien. Rob, ein großgewachsener Engländer, dessen Akzent an Richard Branson erinnerte und der gern sportliche Kleidung trug, hatte beachtliche Erfolge mit ein paar von Prestige Internationals größten Acts verzeichnen können. Er galt überdies als Entdecker von Duran Duran und hatte ihnen ihre Gigs im Londoner Marquee Club verschafft. Als wir hörten, dass Rob mit uns arbeiten würde, dachten wir uns daher: „Wow, er hat Duran Duran gefördert, der Typ weiß Bescheid, wie man eine Band noch populärer macht!“

Aber letzten Endes unterschied sich die Musikindustrie doch von meinen Erfahrungen an der Universität. Herangehensweisen, die sich für Duran Duran eignen, lassen sich nicht einfach auf jede andere Band anwenden. Robs Expertise erstreckte sich – zumindest damals – nur auf ebenjenes Genre, in dem Duran Duran reüssierten. Mit Bad Religion war das nun, als ob man einem

Physikstudenten einen Professor der Kulturanthropologie als Betreuer zur Seite stellte. Klar, der Student mag ja ein echter Tausendsassa sein, aber ihm fehlt es dennoch am nötigen Rüstzeug, um sich im kulturanthropologischen Bereich zu bewähren, weshalb er zunächst einiges nachholen müsste, um in einem anderen Studienbereich konkurrenzfähig zu sein.

Robs erster Versuch, Bad Religion vor größerem Publikum auftreten zu lassen, erwies sich jedenfalls als Reinfall. Er verschaffte uns einen Gig bei einem Metal-Festival in Dänemark, aber keine der anderen Bands waren irgendwie mit uns kompatibel. Damals waren Festivals viel mehr von genrespezifischer Xenophobie geprägt, als das heute der Fall ist. Auf Metal-Festivals waren ausschließlich Metal-Acts erwünscht. Bad Religion waren hier nicht willkommen. Unsere beachtliche dänische Fanbase blieb dem Festival ebenfalls fern und so entging uns eine großartige Chance, *Generator*, unser neues Album, unseren dänischen Fans vorzustellen.

Unsere Geschäftsbeziehung mit Rob – einer großen Nummer in der Musikindustrie, der aber unser Publikum nicht verstand – war nur von kurzer Dauer. Howard blieb uns jedoch erhalten. Er räumte klugerweise ein, dass er kein Experte im Bereich der europäischen Punk-Kultur war. Da er stets bereit war, smarten Mitgliedern der Szene, die Interesse an Bad Religion zeigten, Gehör zu schenken, traf Howard auf einen Typen aus Deutschland namens Jens. Der junge Mann verfolgte Bad Religions Fortschritte, während er an einer der wichtigsten deutschen Hochschulen für Buchhaltung einen Abschluss in Wirtschaft anstrebte. Sein Wunsch, über das Tour-Geschäft in der Rock-Branche zu lernen, machte Jens einzigartig. Howard war mit einer deutschen Frau aus einer echten Rock-Dynastie verheiratet. Sie war nämlich die Schwester der Gebrüder Rudolf und Michael Schenker von Scorpions und UFO. Daher verstand er auch die deutsche Kultur ein wenig besser, was dazu beitrug, dass Howard und Jens ein großartiges Duo abgaben. Jens erklärte Howard die deutsche Punkszene und Howard unterwies Jens in den Feinheiten des Tourmanagements.

Jens war ein exzellenter Buchhalter und hatte ein brillantes Auge für budgetäre Details. Er bot uns an, ohne eigenes Salär mit auf Tour zu kommen, nur um Erfahrungen sammeln zu können. Howard schätzte seinen Enthusiasmus und begeisterte sich für die Idee, sich nicht mit den Details einer Kalkulationstabelle herumschlagen zu müssen. Tatsächlich hatte Howard ja nicht einmal einen Computer dabei. So einigten wir uns darauf, dass Jens die gesamte Tour begleiten würde. Howard und Jens waren ein großartiges Team und wir wurden im Handumdrehen Freunde. Jens konnte im Namen Howards mit deutschen Veranstaltern verhandeln und in Restaurants in seiner Muttersprache bestellen.

So wie Jens sich nun um die Finanzen und die Tour-Buchhaltung kümmerte, Howard sein Augenmerk auf das allgemeine Tourmanagement und die bevorstehenden Konzerte richtete, Brett in seinem Studio Musik aufnahm und Deals mit Vertrieben einfädelte, und ich mich im Aufbaustudium meinen akademischen Aufgaben widmete, hätte man fast meinen können, wir würden uns auf einer Art evangelikalen Mission befinden, um eine neue Religion anzupreisen. Obwohl wir alle Zahnräder in einer stets wachsenden Punk-Maschine waren, beschäftigten wir uns abseits der Konzerte mit Dingen, die als nicht unbedingt kompatibel mit Punk galten. Handelte es sich hierbei gar um eine Art Identitätskrise? Verrieten wir etwa unsere philosophische Grundausrichtung? Ergaben wir uns den gesellschaftlichen Erwartungen, anstatt gegen sie zu rebellieren? Nein. Wir folgten lediglich unseren individuellen Berufungen und orientierten uns an unserem jeweiligen Gewissen. Das waren dieselben Dinge, die uns überhaupt erst zu Punks machten. Persönlich hatte ich zudem das Gefühl, dass ich permanent die in mich gesteckten Erwartungen ad absurdum führte und dies durch den Geist von Bad Religion konsequent zum Ausdruck gebracht wurde.

24
DER GROSSE AUSVERKAUF

Ausverkauf. Der Verrat an „der Sache". 1993 war ich bereits seit bald 15 Jahren mit Punk involviert. Obwohl ich selbst ein aktiver Teilnehmer dieser Bewegung war, konnte ich noch immer nicht genau definieren, welche einzigartigen Merkmale das Genre ausmachten. Bad Religion, die sich immer noch weiterentwickelten, zeichneten sich durch ein kohärentes musikalisches und ideologisches Motiv aus. Obwohl wir uns nie dem Kommerz verschrieben, sahen wir uns plötzlich mit einem Ausmaß an Kritik konfrontiert, das wir bis dahin nicht gekannt hatten.

„Ausverkauf" lautete das Wort, das Punkrock-Fans, Musikjournalisten und Musikerkollegen nun gern gebrauchten. Es galt als der ultimative Vorwurf und legte einen Widerspruch zwischen dem Geist der Fanbase und den geheimen Absichten der Bandmitglieder nahe. Einerseits fand ich es ja gut, dass das Publikum sich so stark investierte – ein hoffnungsvoller Hinweis darauf, dass Punkrock seinen Hörern dabei half, ihre Gehirne zu aktivieren und die Gesellschaft zu hinterfragen. Andererseits wurde der Vorwurf des Ausverkaufs so unvermittelt und willkürlich vom Stapel gelassen, dass mir bald klarwurde, dass sich Punkrockfans gegenüber jenen, die sie aufgrund eines beliebigen Motivs selbst auf ein Podest gehievt hatten, ebenso hyperkritisch verhielten, wie das jeder andere stumpfe Normalverbraucher vermutlich auch getan hätte. Diese Ausprägung menschlichen Verhaltens begegnete mir immer und immer wieder. Die lautesten Kritiker projizieren dabei ihre eigenen Selbstzweifel auf andere und entblößen durch ihr Benehmen ihre eigenen Verfehlungen. Wenn man jene, die mit dem Finger auf andere zeigen, besser verstehen will, muss man sich bloß vorstellen, dass sie eigentlich unbewusst auf sich selbst zeigen.

Die Welt erschien inzwischen sehr stark kommerzialisiert. Das Phänomen Einkaufszentrum befand sich gerade auf dem Höchststand seiner Beliebtheit. Bis auf die allerstandhaftesten Zeitgenossen kaufte jeder Mensch Waren, die in irgendeinem Ausbeuterbetrieb in irgendeinem entlegenen Winkel der Welt von Menschen hergestellt worden waren, die rein gar nichts mit jenen verband, die ihre Produkte konsumierten. Lifestyle-Accessoires und Fanartikel von Bands konnte man in denselben Malls erstehen, die Designer-Klamotten und Luxus-Schmuck verkauften sowie Frisörsalons und Möbelgeschäfte beherbergten. Obwohl die meisten Musikfans zwar selbst in Einkaufszentren shoppten, wünschten sie sich, dass ihre Lieblingsbands fernab dieses krassen Kommerzes existierten. Zuhause schauten sie dennoch MTV und idealisierten ihre Lieblingsmusiker.

Die Integrität von Bands stand permanent auf dem Prüfstand. Die Reputation einer Band konnte ganz schnell aufgrund von Gerüchten und Hörensagen – etwa via Fanzine oder Mundpropaganda – in Mitleidenschaft gezogen werden. Oft hörte man Beschwerden wie „diese oder jene Band hat in einem Kommerz-Club gespielt, sie wollen wohl insgeheim berühmt werden und teurere Konzertkarten verkaufen und reich werden“. Letzten Endes hieß das, dass die Band sich „verkauft“ hatte. Jedes Mal, wenn ein Idol oder eine ganze Band aus einer klar definierten Rolle ausbrachen, erfüllten sie in den Augen ihrer Anhänger nicht länger ihre alten Ansprüche.

Viele Fans zur Mitte der 1990er waren zu jung, um die vorigen Inkarnationen der Szene miterlebt zu haben. Sie orientierten sich an einem romantischen, aber inakkuraten Narrativ, das in Bezug auf den Punk der späten 1970er und frühen 1980er propagiert wurde: Kampf gegen die Regierung, Proteste gegen Polizeigewalt, geeinte Bataillone von sozial engagierten DIY-Jüngern mit Köpfchen – und alles im Namen eines schwammig definierten Ideals, ohne einen Gedanken an den eigenen Lebensunterhalt oder ein Dach über dem Kopf zu verschwenden.

Doch Punk rückte zunehmend in den Mainstream und die Unterhaltungsindustrie vor. Unser Mitwirken in diesem Prozess resultierte aus unseren persönlichen Beziehungen zu anderen Bands und Individuen. Green Day spielten etwa auf ihrer ersten landesweiten Tour als unsere Vorgruppe. Ihr aktuelles Album wurden hundertausendfach ausgeliefert und sollte die Gruppe zu Superstars machen. Als eine der kommerziell erfolgreichsten Bands des Jahrzehnts entwickelten sie sich im ganzen Land zu Fixgrößen im Mainstream-Rundfunk. Gore Verbinski von der Band Little Kings, die bei Epitaph Records veröffentlichte, führte bei unseren ersten Musikvideos Regie, die auch bei MTV liefen. So etwa auch bei „American Jesus", das im Oktober 1993 in der MTV-Show *120 Minutes* erstausgestrahlt wurde. Wir führten nie Diskussionen in Bezug auf Gores kommerzielle Ambitionen. Seine Vorstellungen passten gut zu unseren eigenen Ideen und wir kooperierten auf einer künstlerischen Ebene. Wer hätte damals wissen können, dass er eines Tages zu den kommerziell erfolgreichsten Hollywood-Regisseuren aller Zeiten zählen würde? Eddie Vedder, der 1993 mit mir auf dem Album *Recipe For Hate* sang, rückte in die Oberliga der Rockmusik auf und feierte enorme Erfolge mit seiner Band Pearl Jam. The Offspring, ebenfalls Kollegen von uns bei Epitaph, avancierten zu einer der kommerziell erfolgreichsten Bands aller Zeiten, die auf einem Indie-Label veröffentlichte. Wir wurden Zeugen, wie ringsum uns Musiker, die mit Punk aufgewachsen waren, Erfolgstorys schrieben und schlagartig in den Mainstream vorstießen.

Selbst Bands, die als strikte Verfechter des DIY-Prinzips galten, wie etwa Fugazi, verkehrten nun öffentlich mit massentauglichen Stars wie Michael Stipe von R.E.M. Fugazi bewahrten ihren geheimnisvollen Nimbus, indem sie darauf verzichteten, Musikvideos zu drehen – abgesehen von einer selbstveröffentlichten „Doku", in der sie darlegten, worum es ihnen eigentlich ging. Doch solche Maßnahmen konnten nichts dagegen ausrichten, dass Punk in den USA immer stärker als kommerziell vermarktbare Musik wahrgenommen wurde. Es verkauften sich mittlerweile mehr Tonträger als je zuvor. Auch der Verkauf von Konzerttickets erreichte einen neuen Höchststand. Das Musikfernsehen brach Zuschauerrekorde. So ziemlich jedes populäre Musikgenre erfreute sich in den 1990ern über wachsende Popularität – und Punkrock profitierte ebenfalls von dieser Entwicklung.

Es fühlte sich komisch an, mit dieser gesteigerten Aufmerksamkeit umzugehen. Meine Interviews von damals offenbaren einen durchschnittlich attraktiven Doktoranden, der sich plötzlich vor der Fernsehkamera mit Fragen hinsichtlich des Zustandes der Szene konfrontiert sah, oder der den kommerziellen Erfolg, den Punk nun feierte, kommentieren sollte. Ich hätte gern gesagt: „Wenn ich nicht gerade auf der Bühne stehe, bin ich mit Schreiben, Studieren und meinen Kindern beschäftigt. Ich habe keinen blassen Schimmer, was sich in den Clubs abspielt." Aber stattdessen versuchte ich, mich auf diese Spielchen einzulassen. MTV und andere Fernsehsender ermöglichten Fans mehr Interviews mit ihren Lieblingsmusikern als jemals zuvor. Diese zogen eine Show ab und verbargen ihre wahre Persönlichkeit. Sie wirkten übertrieben selbstsicher und überkompensierten ihre Ängste, dass irgendeine ihrer Aussagen gegen sie verwendet werden und die öffentliche Meinung gegen sie aufbringen könnte. Irgendwie hatte ich mich selbst klammheimlich verwandelt – von einem Musikfan, der vor der Bühne slam-dancte, zum Mittelpunkt des Interesses. Ach, wie ich mir wünschte, bloß unsere Musik performen zu dürfen und keine Fragen ahnungsloser Interviewer beantworten zu müssen. Allerdings stießen wir nun in eine neue Welt vor, in der hunderttausende von Dollars und Millionen von Fans auf dem Spiel standen.

Eine ganze Generation von Musikfans hatte Bands wie Minor Threat, Rites of Spring, Black Flag, die Dead Kennedys, die Circle Jerks, Fear und die Misfits in den 1980ern verpasst. Keine dieser Gruppen nahm 1993 noch Punkplatten auf. Bad Religion waren jedoch immer noch da und nahmen ein Album nach dem anderen auf. Die erblühende Szene neuer Fans ging davon aus, dass jeder, der der Punkszene von 1980 angehört hatte, seine unverblümten Ansichten von damals inzwischen zu einer voll ausformulierten Gesellschaftsphilosophie weiterentwickelt hatte. Die Erwartungen waren hoch.

Doch meine Sichtweisen entsprachen keinem konventionellen Hardcore-Punk-Konsens. Ich verschrieb mich keinerlei spezifischem Narrativ, um meine Glaubwürdigkeit als Punk zu unterstreichen. Ian MacKaye setzte hingegen auf einen Ticketpreis von fünf Dollar. Johnny Rotten schwadronierte gegen Zensur, während seine Band PIL gefällige Popmusik ablieferte, bei der es nichts zu zensieren gab. Henry Rollins und Glenn Danzig gaben sich mit ihren nach ihnen selbst benannten Combos unverhohlen aggressiv und inszenierten sich als Raubeine, mit denen nicht gut Kirschenessen war. Das MTV-Publikum saugte all diese offenbar berichtenswerten Dinge mit Begeisterung auf. Es war, als ob Punkrock endlich von den Massenmedien als Genre anerkannt wurde, das ein wichtige Botschaft vermittelte, doch diejenigen Personen, die als Sprachrohre auserkoren wurden, repräsentierten bloß die oberflächlichsten Aspekte der früheren Punkszene. Wie hieß es schon im Buch Kohelet: Nichts Neues unter der Sonne! Die gesteigerte öffentliche Aufmerksamkeit galt in erster Linie uninteressanten Nebensächlichkeiten wie Ticketpreisen oder den Kosten, die in Bühnenproduktionen investiert wurden, oder es ging wieder einmal um das ausgelutschte Stereotyp Aggression und Gewalt. All die Reichhaltigkeit, die Punk als Erfahrung bereithielt und welche auf den Songs der frühen 1980er aufbaute, erschien dieser neuen MTV-Generation irrelevant zu sein.

Die Ansichten, die diese jungen Leute vertraten, wiesen nur geringen intellektuellen Wert auf. Selbsternannte „Künstler" verkündeten, dass sie lieber ihre Band auflösten, bevor diese zu populär würde. Simsalabim, keine Operation Ivy mehr! Aber warum nur? Wären sie etwa zu gut geworden? Oder zu beliebt? War dies eine neue Form radikalen musikalischen Protests? „Wir haben uns aufgelöst, weil uns klar war, dass wir zu populär sein würden", hieß es da. Niemand, der auch nur über eine einzige funktionierende Gehirnhälfte verfügt, sollte sich auf dieses Niveau begeben. Man kann doch gar nicht wissen, wie populär man geworden wäre, wenn man es nicht darauf ankommen lässt! Die Fans schienen diese Herangehensweise jedoch zu akzeptieren und die Musikjournaille goutierte solche Manöver als legitime Strategie, die eigene Glaubwürdigkeit als Punk aufrechtzuerhalten. „Wenn man nicht populär sein will", argumentierte ich im Interview mit einer Musikzeitschrift, „warum stellt man sich dann überhaupt auf eine Bühne? Es ist doch echt super-einfach, unpopulär zu sein!" Auf mich wirkte es wie ein geistloser, aus den Fingern gesogener Rechtfertigungsversuch eines Musikgenres, das offenbar mitten in einer Midlife-Crisis steckte. Musikjournalisten und Fans sollten stattdessen etwas vom wiedererstarkten Sinn des Punks erfahren!

Ich hatte wenig zu solchen Diskussionen beizusteuern. Mein Leben drehte sich um die Fortsetzung meines Studiums, meine Familie und Bad Religion. Damit hatte ich bereits alle Hände voll zu tun. Letzten Endes bemühte ich mich unbewusst, den Prinzipien der Graffin University gerecht zu werden. In keinem der genannten Bereiche spielte ein stereotyper Punk-Lifestyle eine Rolle. Doch wenn man Punk als ein Leben am Rande des Mainstreams definieren will, dann traf diese Definition, als Punk nun in den Mainstream vorstieß, sehr wohl immer noch auf mich zu. Mein atypischer Lebensstil gefiel mir sehr gut, da er meiner Vorstellung entsprach, dass es bei Punk nie darum ging, irgendwo dazuzugehören, sondern vielmehr darum, dass man niemanden nach Äußerlichkeiten beurteilen sollte. „Atypisches" stand bei mir stets hoch im Kurs! Ich war mir dabei ziemlich sicher, dass diese Maxime zu kryptisch war, um mich gut vermarkten zu können. Für Musikjournalisten war dieser Ansatz zu schwer nachzuvollziehen, um ihn ins Zentrum eines wohlgesonnenen Artikels zu rücken. Auch viele Fans von Punkrock, auf der Suche nach einem Messias, überforderte dieses Konzept. Ich war überzeugt, dass Bretts und mein Songwriting und Bad Religions Musik ohnehin für sich selbst sprachen, weshalb es mir auch egal war, ob mich neuerdings angesagte Musikzeitschriften als Sprachrohr des Punks auserkoren oder nicht.

24A. Der Rückzug

In jenen Tagen verfestigte sich mein Wunsch, mich der stets weiter wachsenden Öffentlichkeitspräsenz von Punk zu entziehen. Ich sehnte mich nach der Abgeschiedenheit der Natur, der Einsamkeit von Wanderwegen, dem Studium abgeschiedener Felsen und Ökosystemen sowie dem ungestörten Schreiben von Notizen und Fotografieren. Ich wünschte mir, meine Sinne allein den Stimuli einer natürlichen Umgebung auszusetzen. Ich wollte mich nun immer öfter fernab des Trubels und der Friktionen einer Großstadt aufhalten. Dieses Bedürfnis entsprach, so habe ich gelesen, einer Art religiösen Erfahrung, bei der das Tagträumen in einen tranceartiger Zustand übergehen kann, der ans Obsessive grenzt. Basierend auf den Erfahrungen, die ich bei früheren Expeditionen gesammelt hatte, überkam mich ein Verlangen, mich neuerlich in die Wildnis zu verabschieden, um an mir bereits bekannten Orten weiterführende Forschungen zu betreiben. Manchmal fantasierte ich mir ganze Expeditionsverläufe zusammen, konsultierte meine stets größer werdende Landkartensammlung und plante wochenlange Forschungsreisen in den amerikanischen Westen, nach Alaska oder ins Amazonasbecken. Während die Band kontinuierlich populärer wurde, wünschte ich mir immer intensiver, dem Druck, Bad Religions Frontmann zu sein, entfliehen zu können. Musikjournalisten und Fans versuchten gleichermaßen, sich einen Reim auf uns zu machen. Warum hat es für Bad Religion so lange gedauert, so populär zu werden? Was ist die moderne, aktuelle Bedeutung von Punk? Deckt sich dein unabhängiger Lebensstil mit dem Konzept eines überprivilegierten Aufbaustudiums? Durch all diese unbeantwortbaren Fragen fühlte ich mich permanent in die Defensive gedrängt, da ich weder den Journalisten noch den Fans zufriedenstellende Antworten liefern konnte.

Kurz nach meinem Umzug nach Ithaca war ich zu Gast in der Radiosendung *Fresh Air*, die bei NPR lief und von Terry Gross moderiert wurde. Alle meine Freunde und Mentoren von der Uni verfolgten ihre Show, wohingegen keiner meiner Punk-Freunde etwas damit anfangen konnte. Die Gastgeberin konzentrierte sich ausschließlich darauf, dass ich ein Punkrocker im Aufbaustudium war, der sich mit dem Ursprung der Wirbeltiere befasste. Für Biologen war dies vielleicht von Interesse, doch die meisten Hörer dürften sich gelangweilt haben. Sämtliche Storys mit Punk-Bezug, die in den 1990ern in den einflussreichsten Printmedien erschienen und von Fernsehsendungen, in denen Interviews mit früheren Punks liefen, transportierten immer noch dieselben Klischees wie Mitte und Ende der 1980er. Wenn man sich als bauernschlau, raubeinig und sozial benachteiligt inszenierte und den boshaften Drogensüchtigen heraushängen ließ, der in der eigenen Karre wohnte, konnte man als würdiges Aushängeschild für Punk fungieren. Selbstverständlich traf nichts davon auf mich zu. Die Vorstellung, das man musikalisch etwas auf dem Kasten haben sollte und über Talent als Songwriter verfügte, spielte in der Berichterstattung keine Rolle. Es fühlte sich so an, also ob keiner der Journalisten sich für die Musik begeistern konnte. Also widmeten sie sich den Randthemen, den modischen Aspekten, den politischen Ansichten und den Stereotypen. Ich eignete mich nicht zum Galionsfigur des Genres und damit hatte ich keinerlei Problem. Tatsächlich bedeutete es zwei Dinge für mich: Erstens konnte ich mich auf die Musik konzentrieren und sie für mich sprechen lassen, und zweitens durfte ich einem Lebensstil frönen, der mir persönlich gefiel und sich organisch anfühlte, ohne dabei dauernd über mein Image in der Öffentlichkeit sinnieren zu müssen.

Brett witzelte gern, dass ich mich nur wohl in meiner Haut fühlte, wenn ich mich wie ein Student bei der Feldforschung kleiden durfte. Darin steckte aber mehr Wahrheit, als ihm bewusst war. Mein „Style" war unprätentiös: Ich trug am liebsten leichte Wanderschuhe, kurze Cargo-Hosen und Hemden mit Brusttaschen – Funktionskleidung, die schon bald bei vielen Vertretern des Grunge als bevorzugtes Outfit Anklang finden sollte. Ich möchte aber nicht behaupten, dass ich ihren Style erfunden hätte. Allerdings war es mir lieber, mich irgendwo einzugliedern, als aus einer Gruppe herauszustechen, wie ich das mit Lederjacke, gefärbten Haaren und Springerstiefeln getan hätte. Klar, seinerzeit hatte es mir als Schüler in L.A. Spaß gemacht, mit einem derartigen Auftreten ungläubige Blicke und Konfrontationen zu provozieren. Doch mittlerweile vermied ich es, mich auf gewagte modische Experimente einzulassen, und zog es vor, stattdessen als Songwriter von mir reden zu machen.

24B. Zwei Kulturen

Allein die Vorstellung von selbstgerechten Propheten, die zu wissen vorgaben, was gut und schlecht für Punk wäre, erschien mir lächerlich. Wenn es je ein Genre gab, dass sich einer konventionellen Definition entzog, dann war das wohl Punk. Etliche Fanzine-Journalisten nahmen Brett ins Visier und wollten ihn als Scheinheiligen öffentlich an den Pranger stellen. „Wie kannst du Songs über die Schrecken des Kapitalismus schreiben, wenn du dann damit Geld verdienst? Wie kannst du nur ein Label gründen, das dann wiederum selbst eine Firma ist? Das ist doch nicht Punk!", lautete die Anklage gegen ihn. Doch ähnliche Absurditäten bekam man selbst von anderen Punk-Moguln zu hören, die ihre Unternehmen zu beschützen versuchten, indem sie das Übel der „Konzernmusik" (was auch immer das sein mochte) als das natürliche Gegenteil der „Punk-Denkweise" (was auch immer das sein mochte) anprangerten. „Wir sind nicht hier, um euch zu unterhalten" war eine gängige Haltung unter den „Denkern“ der Post-Punk-Generation.[3] Meine Einstellung entsprach dem kompletten Gegenteil: Ich war AUSSCHLIESSLICH hier, um das Publikum zu unterhalten. Warum sollte ich denn sonst auf Tour gehen?

Man wurde Zeuge, wie zwei Kulturen auseinanderdrifteten. Einerseits gab es da die Punks aus den frühen 1980ern, nennen wir sie einfach „Second-Wave-Punks“, deren Perspektive auf Punk sich mittlerweile verfestigt hatte: Bei Punk mussten Wut und Desillusionierung hinsichtlich unserer Gesellschaft zentrale Rollen spielen. Und andererseits gab es da Punks wie uns, die dieser gnadenlosen Sicht der Dinge entwachsen waren. Während Erstere an eine rigorose Regulierung des Punk-Lifestyles glaubten, drängten wir auf einen weiter gefassten, mehr inklusiven geistigen Ansatz für das Genre.

Bei einem Konzert im Jahr 1993 wurden Jay und ich auf der Straße von einem zornigen Punk angeblafft: „Hübscher Van, ihr Arschlöcher!“ Dummerweise ließ ich mich auf diese Unterhaltung ein und konterte: „Das ist kein Van, sondern ein Tourbus, du Narr!“ Der Typ wollte sich mit Jay und mir anlegen, weil wir es wagten, an einem „kommerziellen Veranstaltungsort“ – dem Vic Theater – aufzutreten und uns in einem Tourbus durchs Land chauffieren ließen. Er warf uns vor, die Kultur des Punks mit Füßen zu treten! Da ich mich nun im Aufbaustudium befand und in intellektuellen Debatten geübt war, fühlte ich mich an Zwei Kulturen des Romanciers und Physikers C. P. Snow erinnert, worin er sich dezidiert auf Literatur und Wissenschaft bezog. „Wenn man Krieg und Frieden nicht gelesen hat …, ist man ungebildet. Aber dasselbe trifft auch zu, wenn man keinen blassen Schimmer vom 2. Hauptsatz der Thermodynamik hat“, postulierte dieser. In anderen Worten: Nur weil man ein Wissenschaftler ist, der sich ganz in seine wissenschaftliche Literatur vertieft hat, ist man auch nicht besser als jene, die sich mit Sozialkunde oder Literatur beschäftigen. Ethnozentrismus verleitet uns dazu, andere Kulturen als minderwertig zu erachten, da unsere Wertvorstellungen einzig und allein unserer eigenen Kultur entspringen. Laut Snow hat es aber durchaus Vorteile, intelligenten Männern zuzuhören, die rein gar nichts mit der Literaturszene zu tun haben und sich keine Gedanken darüber machen, wer gerade ‚in‘ oder ‚out‘ ist.

---

3 Siehe auch: „Punk Lives! Washington's Fugazi Claims It's Just a Band. So Why Do So Many Kids Think It's God?“ von Eric Brace, erschienen in der *Washington Post* vom 1. August 1993.

Der tiefe Graben zwischen der Kultur des Punks und anderen ist von Menschen geschaffen und verläuft vollkommen willkürlich. Manche Punks gaben sich große Mühe, dass diese Schluchten auch weiterhin unüberwindbar blieben. Ich war hingegen stets der Auffassung, dass es viele Vorteile mit sich brächte, derlei Kluften zu überbrücken und gestrenge Zugehörigkeitskriterien abzuschaffen. Die Punk-Kultur, so glaubte ich, berief sich seit jeher auf den Bruch mit dem Konventionellem, weshalb ich es als seltsam empfand, wenn Kritiker uns vorwarfen, sie im Stich gelassen zu haben, weil wir uns nicht vorhersehbar genug verhielten und der Erwartungshaltung der Punks widerstrebten. Doch ließ sich das nicht vermeiden. Wenn man Konzerte vor vollem Haus spielte und jede Menge Tonträger verkaufte, oder man kostspielige, aber auch praktische Entscheidungen hinsichtlich der eigenen Tourneen traf, wurde einem vorgeworfen, man hätte sich ans Establishment verkauft!

Diesem Vorwurf aus dem Weg zu gehen, fiel mir persönlich nicht allzu schwer. Immerhin lebte ich in einer Kleinstadt, draußen im Bundesstaat New York. Brett und Jay sahen sich in L.A. hingegen tagtäglich mit prüfenden Blicken konfrontiert. Fanzine-Macher konnten ungestört zu ihnen vordringen, immerhin arbeiteten die beiden jeden Tag im neuen Büro von Epitaph samt anschließendem Lagerhaus am Santa Monica Boulevard. Wenn man bei Epitaph anrief, hoben entweder Brett oder Jay den Hörer ab. Jay freute sich über Fragen und quasselte den Anrufern gern die Hucke voll. Fans konnten persönlich vorbeischauen und ihre Favoriten kennenlernen. Ebenso konnten Bands Brett persönlich ihr neustes Demo zustecken. Nicht nur nahm Brett aktiv Bands unter Vertrag, nein, Jay und er sowie noch andere Punkrocker hingen mit Vorliebe im Büro und im Lagerhaus ab. Diese Szene verhielt sich stets sehr informell.

Die Anschuldigung, sich verkauft zu haben, hätte Brett und Epitaph irreparablen Schaden zufügen können. Wenn Bands zum Schluss gelangt wären, dass es ihm an Aufrichtigkeit und Engagement mangelte, hätte sich das womöglich negativ auf seine Bestrebungen ausgewirkt, neue Bands unter Vertrag zu nehmen. Seine Entschlossenheit, Epitaph zu einem erfolgreichen Label zu machen, stand meiner eigenen Leidenschaft für mein Studium um nichts nach, weshalb uns das Thema Integrität ebenfalls sehr am Herzen lag. Für mich standen mein Gesang und das Songwriting im Mittelpunkt. Ich war der Meinung, dass Musik keine Grenzen kennen sollte: Jeder sollte hören dürfen, was er wollte. Ich hatte kein Interesse an Debatten über angebliche „Zielgruppen". Ehrlich gesagt war es mir auch egal, wenn Leute beklagten, meine Songs wären ihnen nicht Punk genug. Brett gab sich in seinen Interviews damals ein wenig zurückhaltender. Inzwischen erhielt er ebenso viele Anfragen, sich über Epitaph zu unterhalten. Er verfolgte seinen zweigleisigen Ansatz – einerseits als Songwriter/Gitarrist, andererseits als Labelboss – nun bereits seit einigen Jahren. Doch mittlerweile rasten wir auf eine Kernschmelze zu. Irgendwann ließen sich seine beiden Aufgaben einfach nicht mehr länger unter einen Hut bringen.

24C. Vollzug

Im Sommer 1993 einigten sich Bad Religion mit Atlantic Records darauf, im Verlauf der kommenden Jahre vier Alben aufzunehmen und dort zu veröffentlichen. Die Unterschrift unter diesen neuen Plattenvertrag zu setzen, bedeutete gleichzeitig, nicht länger geschäftlich mit Epitaph verbunden zu sein. Das war wie das Tüpfelchen auf dem i: Viele Leute innerhalb der Punk-Community empfanden uns nun offiziell als Verräter. Ich sah die Sache naturgemäß ein wenig anders. Das Thema „Verrat und Ausverkauf" hätte im ersten Halbjahr 1993 ohnehin bloß eine untergeordnete Rolle bei mir gespielt. Schließlich war ich damit beschäftigt, mich an meinen neuen Lebensstil zu gewöhnen. So hatte ich mir erst unlängst ein herrliches Backsteinhaus im Kolonialstil gekauft, das nicht allzu weit vom Campus entfernt lag. Es verfügte über ein großes Fernsehzimmer, ein formelles Wohnzimmer (in dem der neue Flügel Platz fand), eine Garage für zwei Autos (über der ich ein Studio einrichtete) sowie einen Keller mit ausreichend Platz für ein Schlagzeug und eine 32-kanalige Aufnahmekonsole. Meine Begeisterung fürs Musikmachen war ungebrochen.

Die Familie fand nun reichlich Platz vor, sich gediegen auszubreiten, während ich mich in den Keller oder ins Klavierzimmer zurückziehen konnte, um an neuen Songs zu feilen. Ich hatte schon lange von einem solchen „Komplex" geträumt, wo ich in der Lage wäre, sowohl mit meiner Familie zu leben als auch an meiner Musik zu basteln – so wie das etwa auch Frank Zappa mit seinem berühmten Heimstudio gelungen war, der Utility Muffin Research Kitchen in Los Angeles. Nur waren die Immobilienpreise in L.A. einfach zu hoch, um diese Vision in die Tat umzusetzen. Doch im Bundesstaat New York war dies möglich. Von dem Geld, das ich mir über die Jahre hinweg mit unseren Touren zusammengespart hatte, und den Tantiemen, die ich von Epitaph erhielt, konnte ich mir nun Haus samt Heimstudio leisten.

Brett machte sich damals vermutlich etliche Gedanken in Bezug auf Bad Religion, doch zog er es vor, sie nicht mit mir zu teilen. Tatsächlich unterhielten wir uns während dieser Zeit nur selten über Geschäftliches. Doch als Künstler verband uns eine sehr enge Beziehung. Er ließ niemanden sonst seine Songs singen. Zudem diskutierte er gewisse Konzepte ausschließlich mit mir. Ich brachte ihm dasselbe Vertrauen entgegen, wenn ich ihm meine eigenen Songideen vorstellte. Wir standen in engem Kontakt, während wir an Demos arbeiteten, die wir auf Tape aufnahmen und austauschten. Auf diese Weise tüftelten wir an unseren neuen Alben, noch bevor wir irgendeines der anderen Bandmitglieder einweihten. Somit war es der Künstler Brett, der sich mit mir unterhielt und meine Ansichten bezüglich Songwriting und musikalischer Arrangements respektierte. Doch zum Teil auch aufgrund meines mangelnden Interesses an PR und meines eklatanten Desinteresses an den geschäftlichen Aspekten der Musikbranche wie Verkauf und Marketing beschränkte sich Brett darauf, mir bloß noch Bericht zu erstatten, anstelle Geschäftsstrategien mit mir zu beraten. Das störte mich nicht im Geringsten. Er entstammte immerhin einer echten Business-Familie. Mein familiärer Background war hingegen universitärer Natur. Er verfügte über reichlich Erfahrung und aus diesem Grund respektierte ich seine Entscheidungen.

Wenn Brett mir auftrug, etwas zu unterschreiben, zum Beispiel all den Papierkram, den er für unsere Alben bei Epitaph aufsetzte, leistete ich dem Folge. Ich wandte mich nicht an „unabhängige Berater“ oder stellte seine Aufrichtigkeit in Frage. Ich glaube nicht, dass ich seine Verträge jemals durchgelesen habe. Wenn Brett sagte, dass wir etwas auf eine gewisse Weise tun sollten, stimmte ich ihm zu. Ich vertraute ihm in solchen Fragen. So wie er mir vertraute, wenn es um Melodien, Harmonien und Arrangements ging. Wenn ich sagte, so und so werde ich diese oder jene Passage singen, zeigte er sich stets einverstanden damit. Wir waren zusammen aufgewachsen und unser Stil war stets von gegenseitigem Vertrauen geprägt. In meinem Kopf existierte jedenfalls kein alternatives Szenario hinsichtlich unserer Zusammenarbeit.

Deshalb gab es nie Streit oder Meinungsverschiedenheiten in Bezug auf geschäftliche Formalitäten wie jene Verträge, die wir alle unterschrieben. Tatsächlich hatten wir bis 1993 nicht einmal einen eigenen Anwalt für die Band. Es gab schlichtweg nichts zu verhandeln. Als nun unsere Unterschrift unter dem Vertrag von Atlantic Records anstand, hätte ich diesen nie ohne Bretts stilles Einverständnis getan, der diesen Vertrag ja ebenso unterzeichnete. Später brachte er darüber sein Bedauern zum Ausdruck und behauptete sogar, dass er es nur „für das Geld" getan hätte, was natürlich Bullshit war, da wir nicht so viel Geld bekamen, als das bei Epitaph der Fall war. Aber irgendetwas musste er ja sagen, als die Punk-Polizei, die Musikjournalisten und die Fanzine-Leser wissen wollten, weshalb der Autor einiger der besten Songs des Genres Punkrock sich auf solche Weise an einen Konzern verkaufen konnte.

Meine Probleme nahmen stetig zu. Zum ersten Mal in meinem Leben musste ich mir darüber Gedanken machen, wie ich den Lebensunterhalt für andere Menschen sicherstellte. Ich hatte eine Frau und ein Kind. Weiterer Nachwuchs war unterwegs. Es war meine Verantwortung, Essen auf den Tisch zu bringen und für ein Dach über unseren Köpfen zu sorgen. Langsam fürchtete ich mich vor den finstersten Aspekten der akademischen Welt: Man riss sich den Arsch auf und vergrub seinen Kopf in den Büchern, auf der Suche nach einer bislang unbekannten Wahrheit, um ebendiese in einem obskuren Journal zu veröffentlichen, das nur von einer Handvoll gleichgesinnter Soziopathen und Einsiedler gelesen wurde, die zusammen die „Forschungsgemeinschaft" bildeten – nur damit man eine mickrige Stufe auf der Leiter des universitären Dienstes emporkletterte. Mitunter darf man bei ungemütlichen Zusammenkünften und wöchentlichen Meetings die Hände der Fakultätsvorstände und administrativen Kräfte schütteln, während man versucht, die eigenen Forschungsgegenstände insofern zu modifizieren, dass auch die Verwaltung der Uni zufriedengestellt ist – ein implizites Signal gegenüber den Vorgesetzten, dass die eigene Bereitschaft kennzeichnet, nach den Regeln spielen zu wollen. Wenn man lange genug nach oben stolpert, benennen sie irgendwann ein Gebäude nach einem, wo sie dann ein Porträt von dir aufhängen, das dann jahrzehntelang ignoriert wird und verstaubt, bis es irgendwer im Archiv verschwinden lässt. Währenddessen genießt man seine finanziellen Privilegien in Form eines gerade mal so ausreichenden, aber immerhin gesicherten Gehalts, bevor man, nach jahrelangem Kampf um zusätzliche Verdienste, eine feine Rente erhält. Gleichzeitig verhöhnt einen die Gesellschaft mit ein paar der hämischsten Bezeichnungen, die man sich nur vorstellen kann: Einfaltspinsel, Bücherwurm, Liberaler, Vermittler nutzlosen Wissens, Elfenbeinturm-Intellektueller.

Neben diesen ohnehin schon pessimistischen Gedanken, die durch meinen Kopf zirkulierten, machte ich mir zusätzlich auch noch Sorgen in Bezug auf das Musikbusiness. Die Triumphe in der Welt des Entertainments konnten nämlich ebenso bescheiden ausfallen. Es kam schon einmal vor, dass man Monate, wenn nicht Jahre in obsessive Arbeit an einem neuen Album investierte, indem man ganze Songs mitsamt eingängigen Melodien und ausgefuchsten Akkordfolgen aus dem Boden stampfte, nur um das ganze Projekt schließlich zu verwerfen und noch mal ganz von vorn zu beginnen – bloß weil es einem am nötigen Selbstvertrauen fehlte! Bei der Arbeit an einem neuen Album kann man alles richtig machen: Man schreibt exzellente Songs, erzielt überzeugende, ja, mitreißende klangliche Resultate im Studio, profitiert von fachlich einwandfreiem Marketing und „perfekter Platzierung“ des fertigen „Produkts“, absolviert erfolgreiche Tourneen und sieht sich mitunter dennoch mit bescheidenen Verkaufszahlen, Enttäuschungen auf professioneller Ebene und kritischen Blicken seitens des Marktes und der Musikjournalisten konfrontiert. Gleichzeitig zahlt man einen hohen persönlichen Preis: Man ist oft von seiner Familie getrennt, weil man touren muss, was wiederum ein sehr erschöpfender Prozess ist, der schlechte Ernährung, wenig Schlaf und gesundheitsschädliche Verhaltensweisen mit sich bringt. Dazu noch der allabendlich psychische Stress der Konzerte.

Alles in allem machte die Welt des Entertainments aber einen ehrlicheren Eindruck als ihre akademische Entsprechung. In der Musikindustrie macht niemand ein Hehl daraus, dass es keine Garantien gibt. Wenn man sein Leben der Musik widmet, kann die Belohnung für die eigenen Mühen im astronomischen Bereich liegen – Geld, Ruhm, Respekt –, aber auch nur dann, wenn man viel Glück hat. Aber man weiß zumindest, auf was man sich einlässt. Wenn man talentiert ist, ist man außerdem seines eigenen Glückes Schmied, indem man seine Erfolgschancen mithilfe guter Arbeiten steigert.

In der akademischen Welt herrscht hingegen Unaufrichtigkeit. Alles ist nämlich so arrangiert, die Illusion aufrechtzuerhalten, dass es sehr wohl Garantien gibt. Solange man sämtliche Aufgaben perfekt löst und über alle Stöckchen springt, die einem hingehalten werden, wird man die jeweils nächste Stufe erklimmen, mit der dann Expertise, Respekt und eine bescheidene monetäre Entschädigung auf einen warten. Doch im Anschluss an das Doktoratsstudium verläuft der weitere Prozess sehr viel schwerfälliger. Selbst wenn man alle genannten Voraussetzungen erfüllt, kann es vorkommen, dass man nie jene akademischen Weihen erfährt, die einem ursprünglich als Garantien präsentiert worden sind. Wenn irgendein boshafter Kollege oder Betreuer deine Arbeit als mangelhaft einstuft, wird man für immer in den Niederungen eines spezifischen Fachgebiets herumdümpeln – stets auf der Jagd nach einem besser bezahlten Dozenten-Job oder besser ausgestatteten Forschungslabor.

Es gelang mir zum Glück, einen Weg zu finden, der mir erlaubte, mir selbst treu zu bleiben, was das einzige Gegenmittel gegen den verpönten Ausverkauf darstellt. Anstelle der akademischen Welt den Rücken zu kehren, setzte ich mein Studium fort. Wenn ich die Universität aufgegeben hätte, wäre dies einem Verrat gegenüber mir selbst, meiner intellektuellen Entwicklung und dem Vermächtnis meiner Familie gleichgekommen. Allerdings konnte ich mich nicht mehr durchgehend dort aufhalten. Die Musik nahm fortlaufend mehr Zeit in Anspruch. In beiden Bereichen aktiv zu bleiben, stellte eine große Herausforderung dar, doch ich war bereit, mich auf diese abenteuerliche Reise einzulassen. Ob ich dieses Vorhaben durchziehen könnte, würde man erst im Verlauf der Zeit sehen.

Es wurde immer offensichtlicher, dass ich nicht in der Lage sein würde, meine Band mit schlagzeilenträchtigen Outfits oder spielerischer Coolness zu unterstützen. Ich fühlte mich ja schon unbeholfen, wenn ich es nur versuchte. Die Washington Post schrieb in ihrem Kulturteil, dass ich eigentlich zu „nett" wäre, um als „Frontmann einer solch zornigen Band" zu agieren. Zorn, Angst, Unzufriedenheit – so lauteten die üblichen Begriffe, mit denen damals Punkrock charakterisiert wurde. Das war bereits seit den 1970ern der Fall gewesen. Doch inzwischen waren neue Gesichter nachgerückt. Anstelle von stacheligen und bunten Haaren beziehungsweise Sicherheitsnadeln durch die Wange à la Sid und Johnny war nun ein Spektrum von Sängern gerückt, das sich ein wenig durchmischter präsentierte. Manche wie etwa Tim Armstrong von Rancid beschworen nach wie vor den Geist von 1979, indem sie mit Stachelkopf aufliefen. Fat Mike von NOFX ähnelte mir zwar in gewisser Hinsicht, doch sein Look entsprach eher jener Optik, die ich zehn Jahre zuvor bei einem Gig im Country Club oder dem Starwood zur Schau gestellt hätte. Nur um der lieben Mode willen wollte ich mich nicht wieder in schludrige Klamotten zwängen müssen. Für wieder einen anderen Style standen Bryan „Dexter" Holland von The Offspring und Billie Joe Armstrong von Green Day. Diese Jungs verfügten sowohl über die Jugendlichkeit als auch den Charme eines Vorstadt-Teens, der mit dem Skateboard die Einfahrt zu deinem Haus unsicher macht. Man möchte zwar sauer auf ihn sein, aber letzten Endes ist er einfach zu knuffig und unschuldig, um ihm wirklich böse zu sein. Also lässt man ihn einfach in Ruhe skaten und hofft, dass er bald weiterzieht, um woanders sein Glück zu suchen. Ich wusste, dass ich unter diesen frischen Gesichtern bereits so etwas wie ein „alter Mann" war. Zudem war ich noch nie auf einem Surf- oder Skateboard gestanden, weshalb ich nicht wirklich dazugehörte. Das angesagte Image der neuen Frontmänner dieser Tage – der Look, der am meisten Berichterstattung garantierte – entsprach entweder dem quirligen Punk oder dem grüblerischen Alternative-Rocker, der sich nachdenklich und womöglich ein wenig derangiert präsentierte, eventuell sogar eine schwere mentale Störung verbarg und vor Wut fast überschäumte, während sein Gesang von einer permanent gerunzelten Stirn begleitet wurde. Letzterer Typus wurde von Nirvanas Sänger Kurt Cobain personifiziert, der in diesem Jahr zu Protokoll gab, ein „viel glücklicherer Typ zu sein, als viele meinen".[4] Der Rolling Stone hievte ihn aufs Cover und schrieb, dass seine Angst besonders tief verwurzelt wäre. Da stand es, Schwarz auf Weiß. Der Autor des Artikels formte mit Unterstützung der Rock-Ikone ein neues Narrativ, indem er neue Parameter definierte, wie sich ein Sänger zu inszenieren hätte. Auch Ian MacKaye von Fugazi besaß ein solches Appeal. Er gab sich permanent unzufrieden und enttäuscht ob der generellen Verfasstheit der Gesellschaft, weshalb ihm gegenüber seinem Publikum auch kein Lächeln über die Lippen gekommen wäre. Und dann gab es da noch jenen Typus, den

4 „Kurt Cobain, The Rolling Stone Interview: Success Doesn't Suck. Our man in Nirvana rages on (and on) about stardom, fatherhood, his feud with Pearl Jam, the ..." von David Fricke, erschienen im *Rolling Stone*, 27. Januar 1994.

Trent Reznor von den Nine Inch Nails repräsentierte, der auf dem Cover von Alternative Press mit dem alten Punk-Slogan „Anger Is an Energy" abgebildet wurde. Die Musik Reznors, der selbst ruhig und „normal" wirkte, war zutiefst mysteriös und stellte sein Publikum vor das psychologische Rätsel, woher all dieses seelische Ungemach nur stammen mochte.

Nein, ich würde in keine dieser Rollen passen. Ich hatte vielmehr das Gefühl, meine besten Jahre schon hinter mir zu haben, und war unwillig, die neuen Stereotypen zu verkörpern, wie das andere Sänger taten, die allesamt große kommerzielle Erfolge feiern sollten, als Inbegriff eines Punk-Narrativs, an dem Schreiberlinge nun bereits seit einer ganzen Generation gefeilt hatten. Auf meine eigene Art „einzigartig" zu sein, indem ich kaum die Kriterien des Mainstreams erfüllte, würde in diesem Klima nur wenig Vorteile bringen, wo Journalisten, Plattenfirmen und Medienkanäle darauf pochten, Punk und Konsorten aus der Abstellkammer hervorzuholen und auf massentauglich zu trimmen. Auf der Wunschliste ganz oben standen einerseits psychische Schmerzen, unbändiger Zorn und unaufhörliche Gereiztheit ob der Dummheit unserer Gesellschaft beziehungsweise andererseits süffig-jugendlicher Einheitsbrei als eine Art Kritik an der Inhaltslosigkeit der amerikanischen Konsumgesellschaft. Welch Ironie!

Das war es, was die Leadsänger, über die die Presse mit Vorliebe berichtete, im Angebot hatten. Ich war dagegen nicht wütend und auch nicht in der Lage, es auf der Bühne vorzutäuschen. Vielmehr war ich inzwischen ein Vater und Akademiker – so wie meine Eltern vor mir. Wie würde diese Tatsache wohl aufgenommen werden? Ich machte mir Sorgen, dass ich irrelevant wäre.

Insgeheim fragte ich mich, ob wir bei einer Art Wettbewerb denKürzeren zogen und Bad Religion nicht in der Lage wäre, sich im Rampenlicht der neuerwachten Bewunderung für die Kultur des Punks zu behaupten. Bad Religions Musik war eben kein Paradebeispiel für Wut und Entfremdung, wie das viele Journalisten fälschlicherweise annahmen. Vielmehr handelte es sich um die Reflexion eines Glaubenssystems, in dem die Wahrheit nur durch Beobachtung, Erkundung und Verifikation gefunden werden kann. Da die Medien alte Punks in den Stand von Göttern erhob, zweifelte ich daran, dass der Punk-Ethos noch für irgendetwas stand, was ich zu sagen hatte. Trotz all meiner Sorgen lenkte ich meinen Fokus noch intensiver auf jene Dinge, die ich sehr wohl zu kontrollieren vermochte, nämlich darauf, die Botschaft unserer Songtexte auf im Rahmen unseres Genres möglichst musikalische Weise zu performen. Das oberste Ziel bestand darin, so viele Leute wie möglich zu erreichen. Ich empfand dies als eine unanfechtbare Position, die sich auf sämtliche geschäftlichen Entscheidungen der Band auswirken sollte.

25 DIE FORMALITÄT DER MUSIKINDUSTRIE

Wenn jemand die Geschäftsstruktur Bad Religions vor 1992 als amorphen „Blob" beschrieben hätte, er hätte nicht wirklich falsch damit gelegen. Im gleichnamigen Horrorfilm von 1958 wächst ein amöboider Organismus immer weiter, ohne dabei irgendeinem zentralen Motiv oder einer bestimmten Richtung zu folgen. Der Blob orientiert sich willkürlich an den Gelegenheiten, die sich ihm eröffnen. Mit jedem weiteren Opfer wird er noch größer. Obwohl wir nun auch rasant größer wurden, besaßen Bad Religion immer noch keinen professionellen administrativen Stab – so wie schon während des ersten Jahrzehnts der Band. Wir spielten Konzerte, nahmen Alben auf und gingen auf Tour: All dies wurde ermöglicht durch die Bemühungen individueller Bandmitglieder. Brett und ich schrieben ununterbrochen neue Songs und wurden zu einem großartigen Songwriting-Gespann. Greg Hetson und Jay Bentley verfügten über zahlreiche freundschaftliche Kontakte im Orange County und Los Angeles. Sie blieben der Szene verbunden, auch noch als ich am College studierte und Brett eine Schule für Studiotechniker besuchte. Der Großteil unserer frühen Konzerte ergab sich, weil wir mit anderen Bands, die wir kannten, auftreten durften, und auf diese Weise regionale Veranstalter kennenlernten. Wir nutzten einfach die Gelegenheiten, die sich uns eröffneten, ohne dabei genau zu wissen, wohin uns diese Vorgehensweise führen würde. Die erste administrative Position, die wir mit einem Profi besetzten, war 1988 jene des Konzertagenten.

1992 schlug Brett schließlich vor, dass wir davon profitieren würden, wenn wir einen Manager anheuerten, der sich um unsere Agenden kümmerte. Wir nahmen inzwischen eine beträchtliche Summe an Tantiemen ein, obwohl wir weder Firmensatzung noch Bankkonto besaßen! Die Suche nach einem geeigneten Manager dauerte länger, als wir erwartet hatten, bis wir Anfang 1993 zumindest einen Buchhalter namens Steven einstellten, der uns dabei assistierte, eine rechtmäßige Finanzentität zu bilden. Greg Hetsons andere Band, die Circle Jerks, wurde durch eine Managementfirma vertreten, hatte einen Vertrag bei I.R.S. Records unterschrieben und – am allerwichtigsten – eine auf die Unterhaltungsbranche spezialisierte Rechtsanwaltskanzlei angeheuert, die alle ihre Verträge für sie verhandelte. Wir hörten nun auf Greg Hetsons Tip und trafen uns mit einem Anwalt namens Eric, dessen Firma neben Circle Jerks auch noch die Red Hot Chili Peppers repräsentierte. Eric und ich verstanden uns gut. Auch die anderen Jungs kamen mit ihm klar. Brett gefiel die Vorstellung, dass jemand anderes die Band vertrat als die Person, die unsere Verträge aufsetzte. Wir waren jedenfalls alle happy, als Eric einwilligte, sich unsere Verträge durchzulesen. Aber tatsächlich bestand der wichtigste Aspekt unserer Geschäftsbeziehung nicht darin, unsere alten Verträge zu prüfen, sondern jenen, der für unser nächstes Album aufgesetzt würde.

Eric besprach mit uns in Einzelgesprächen die Vor- und Nachteile, Epitaph Records zu verlassen. Brett, seines Zeichens gleichermaßen Bandmitglied als auch Label-Besitzer, hatte seine eigenen Vorstellungen hinsichtlich dieses Themas, behielt sie jedoch mehr oder weniger für sich. Ich ging davon aus, dass wir alle auf derselben Wellenlänge waren und uns letztendlich auf eine Lösung einigen würden, die für die Band am besten wäre. Unsere Diskussionen kamen jedoch nie zu einem Abschluss – nur jede Menge loser Enden und reichlich Unerledigtes, über das wir uns den Kopf zerbrachen, während wir unsere Koffer packten und auf eine weitere Tour durch Europa aufbrachen.

Im Juni 1993 gingen wir wieder auf Achse. Unsere sommerliche Tournee startete in Finnland, sollte zwei Monate andauern und uns durch zehn Länder führen. Irgendwie gelang es Brett, während er mit uns am 4. Juni im Amsterdamer Club Paradiso gastierte, die Veröffentlichung unseres jüngsten Albums, Recipe For Hate, in den USA zu koordinieren. Epitaph beschäftigte damals eine Handvoll Angestellter, aber ihr Boss befand sich oft gerade auf Tour, wenn neue Alben erschienen. Wenn ich ihn in seinem Hotelzimmer besuchte, fand ich Brett vor seinem Laptop, den er irgendwie mit einem Telefonempfänger verbunden hatte. Er rief mich heran. „Junge, zieh dir das rein! Das ist der Bildschirm von meinem Computer zuhause", sagte er. Das war noch vor der Ära der Mobiltelefone. Kaum eines der mittelklassigen Rock'n'Roll-Hotels, in denen wir abstiegen, verfügte damals bereits über einen Internetzugang über das Telefonnetz. Brett führte Buch über alle Termine, Verkaufszahlen, Marketing und alle anderen integralen Geschäftsfragen – obwohl er viele Tausende Kilometer von zuhause entfernt war und jeden Abend auf der Bühne stand.

Das Label war seit 1991 konstant gewachsen. Damals hatte Epitaph zum ersten Mal 100.000 „Einheiten", also verkaufsfertige Exemplare eines Albums, produziert und ausgeliefert. Es handelte sich dabei um *Against The Grain* von Bad Religion. Nur sehr wenigen Indie-Labels gelang es, diese Hürde zu überspringen. Im Jahr darauf nahmen wir Generator auf, mit dem wir diese Leistung wiederholen konnten. Als nun im Jahr 1993 Recipe For Hate erschien, hatte man bei Epitaph zudem alle Hände voll zu tun, die Alben anderer erfolgreicher Bands wie NOFX, The Offspring, Rancid und Pennywise zu veröffentlichen. Das beschauliche Projekt, das einst damit begonnen hatte, dass die vier Bandmitglieder Bad Religions 3.000 Kopien ihrer ersten Scheibe in Plattencover steckten, die mit einer eigens angefertigten Schutzhülle aus Plastik, die die Firma von Bretts Dad (PolyPac) beigesteuert hatte, umgeben waren, hatte sich inzwischen zu einem ernstzunehmenden Label entwickelt, das in diesem Jahr über eine Million Platten auslieferte. Kurzum: Bretts Firma boomte.

Die ganze Zeit verschwendete ich keinerlei Gedanken hinsichtlich der geschäftlichen Details. Ich vertraute darauf, dass Brett im besten Interesse der Band handelte, aber mir fiel auf, dass auch die anderen Acts, die er unter Vertrag nahm, vermehrt seiner Zuwendung bedurften. Die einzige Sorge, die ich nicht loswurde, bezog sich darauf, dass die anderen Bands auf dem Label Bad Religion irgendwie die Show stahlen. Mir war bewusst, dass Brett den Einflussbereich Epitaphs zu vergrößern versuchte, etwa indem er ein Büro in Europa eröffnete sowie Personal für Marketing, Vertrieb, Radio und PR einstellte. Das waren alles fleißige und kompetente Leute, soweit ich das einschätzen konnte. Aber ich blieb skeptisch hinsichtlich der Frage, was denn geschehen würde, wenn Brett eine andere Band unter Vertrag nähme, die sich daraufhin zum dominanten Bestseller des Labels entwickeln würde. Ich fürchtete, dass wir dann nicht länger der primäre Fokus jener Plattenfirma sein würden, die wir einst selbst gegründet hatten. Um dieser Vorstellung den Schrecken zu nehmen, empfand ich es als einen verführerischen Tagtraum, mir auszumalen, dass eine der ganz großen Plattenfirmen wie etwa Warner Brothers, RCA oder Sony vielleicht über die finanziellen Ressourcen verfügte, einen unlimitierten Stab aus Fachleuten damit zu beauftragen, sich ausschließlich um ein neues Album von Bad Religion zu kümmern.

Während die Tour durch Europa weiter voranschritt, sorgte *Recipe For Hate* zuhause in den USA für Furore. Ich rief meinen alten College-Freund Mark an, der gerade sein PhD-Studium beendet hatte und nun eine Karriere im Bereich der Umweltwissenschaft anstrebte. „Was geht ab, Mark? Gratuliere zum Abschluss! Oder muss ich dich jetzt etwa mit Doktor ansprechen?", palaverte ich drauflos. Mark hatte gerade eine Stelle bei Heal The Bay angetreten, einer Nonprofit-Umweltorganisation in Santa Monica. Sein Bruder Jonathan wiederum, der später als erster und bisher einziger Restaurantkritiker einen Pulitzerpreis gewinnen konnte, schrieb damals für die *L.A. Times*. „Yo, Kumpel", sagte Mark, „Jon schreibt gerade eine Rezension über euer neues Album!" Ich konnte es kaum fassen. Die *L.A. Times* erklärte sich endlich dazu bereit, über uns zu berichten. Für mich war das damals eine Riesenüberraschung, da wir bis dato zwar in so ziemlich jeder anderen Publikation und Musikzeitschrift im Southland vorgekommen waren, aber in der *L.A. Times*, der einflussreichsten Tageszeitung meiner Heimatstadt, nur sehr spärlich Erwähnung fanden.

Jonathans Artikel trug den Titel „PC Punkers Take Opposite Tacks".[5] Darin porträtierte er die beiden Bands, die er als „das A und O" der Underground-Rockmusik empfand, nämlich Bad Religion und Fugazi. Es gefiel mir, wie Jonathan die Unterschiede zwischen beiden Bands auf den Punkt brachte. Er kannte mich noch aus meiner Zeit am College, als ich mit Mark abhing, aber ich glaube nicht, dass dies bei seiner ausführlichen Einschätzung der jeweiligen

5 „PC Punkers Take Opposite Tacks" von Jonathan Gold, erschienen in der *Los Angeles Times*, am 25. Juli 1993.

Einzigartigkeit unserer Bands eine Rolle spielte. Während Fugazi laut Jonathan für viele Kids quasi ein Synonym für Political Correctness waren, sah er in Bad Religion etwas anderes. Immerhin hatten wir 1992 sogar eine Split-Single mit Amerikas bedeutendsten Intellektuellen Noam Chomsky veröffentlicht, was Jonathan in seinem Artikel ebenfalls erwähnte. Meiner Meinung nach besaß Political Correctness für Bad Religion nicht dieselbe Bedeutung wie etwa akademische Intellektualität. Auch betonte der Artikel auch die Unterschiede hinsichtlich unseres jeweiligen Sounds.

Der Sound von Fugazi, typisch für die amerikanische Hauptstadt Washington D.C., mitsamt Schreieinlagen und „Gebell", das den Autor an Henry Rollins erinnerte, hob sich stark von meinen „eingängigen Folk-Melodien" ab, die in seinen Ohren – „egal, ob beabsichtigt oder nicht" – durchaus massentauglich klangen. Damit hatte ich überhaupt kein Problem. Ich war jedenfalls überglücklich, dass Jonathan sich die Zeit genommen hatte, die Unterschiede zwischen dem, was die D.C.-Szene inzwischen geworden war, und der mittlerweile – hoffentlich auch durch unser Zutun – gereiften L.A.-Szene hervorhob. Er benotete unsere jeweiligen Neuveröffentlichungen mit drei von vier Sternen.

Fast alle wichtigen Musikzeitschriften hatten von unserem jüngsten Album Notiz genommen, doch der Artikel in der L.A. Times verlieh ihm einen neuerlichen Schub, was auch die Diskussionen mit unserem Anwalt Eric anheizte, der sich aus der Entfernung über die Fortschritte unserer Tour auf dem Laufenden gehalten hatte. „Hey, Greg", sagte er im August 1993 während eines Telefonats, „ich möchte, dass du dich mit jemandem bei Atlantic Records in New York unterhältst. Danny Goldberg ist dort neuerdings Firmenchef und er möchte dich nächste Woche treffen. Diese Woche ist er hier in L.A. und trifft sich mit den anderen Jungs."

Nach New York City war es für mich bloß ein Katzensprung. Tatsächlich hatte dies bei meiner Entscheidung für ein Leben im Bundesstaat New York eine wichtige Rolle gespielt. In nicht allzu großer Entfernung zum Big Apple zu wohnen, der bedeutendsten Metropole der Welt, hatte definitiv seine Vorteile. An jedem beliebigen Morgen konnten wir nach dem Aufstehen beschließen, abends eine Show am Broadway oder nachmittags eines der weltberühmten Museen zu besuchen. Dennoch lebten wir immer noch weit genug entfernt, um all dem Chaos, der Dysfunktionalität, dem Dreck und der Wut, die das

Leben in der Großstadt ebenso kennzeichnen, entgehen zu können. Aus den Augen, aus dem Sinn. Im Stadtzentrum New Yorks findet man einerseits ganz leicht Entspannung und Zerstreuung, aber es lässt sich dort auch problemlos Geschäftliches regeln, sofern einen die vierstündige Fahrt nicht weiter stört.

An einem Freitag im August 1993 tat ich nun genau das: Ich wachte auf, machte mich auf den Weg nach New York City und traf gegen halb 11 Uhr in Manhattans Midtown ein. Nachdem ich meinen Pontiac in einer Parkgarage abgestellt hatte, spazierte ich umgeben von prächtigen Wolkenkratzern und ikonischen Theatern ins Epizentrum der amerikanischen Unterhaltungsindustrie im Rockefeller Center. Ein paar Minuten lang ließ ich das bunte Treiben auf dem Vorplatz auf mich wirken und beobachtete die gestressten Bürohengste, wie sie, ähnlich einer Armee von Ameisen, an ihre Arbeitsplätze in luftiger Höhe eilten. Die Szene schien von einem atmosphärischen Brummen erfüllt zu sein, vielleicht hervorgerufen durch die Milliarden überaktiver Synapsen in den geschäftigen Gehirnen all der Midtowner, die sich auf dem Weg ins Büro befanden, ihre U-Bahn zu erwischen versuchten, oder herannahenden Autos auswichen. Inmitten all des menschgemachten Tohuwabohus stand ich ganz allein. Ganz ohne Freunde und Familie. Die traumtänzerische Choreografie all dieser Leute, die zu beschäftigt waren, um innezuhalten oder zu grüßen, zu lächeln oder einen Gedanken an die Leute zu verschwenden, an denen sie vorübergingen, bestätigte mich darin, mich hier fremd und deplatziert zu fühlen. Hier befanden wir uns alle auf einem der am meisten frequentierten Plätze der Welt und dennoch zogen so viele nur rasch vorüber, ihren jeweiligen Bestimmungen entgegen.

Verloren in meiner Tagträumerei drehten sich meine Gedanken schon bald wieder um mir vertrautes Terrain, nämlich die Klänge aus meiner Kindheit mit Mom und Dad. Wehmütig summte ich die Melodien zu „The Boxer" und „The Only Living Boy in New York" vom Album *Bridge Over Troubled Water* von Simon and Garfunkel. Erstere Nummer handelte von einem Jungen, der ganz auf sich allein gestellt war, nachdem er sein Zuhause und seine Familie hinter sich gelassen hatte. Der andere Song war eine Ode an einen besten Kumpel und Songwriting-Partner namens „Tom", der sich an einem weit entfernten Ort aufhielt. Mein eigener Tom (Brett) befand sich in L.A. und mir wurde klar, dass sich hinsichtlich unserer Fernbeziehung und unserer stets größer werdenden

Arbeitsteilung – er betrieb ein Label, ich ging weiterhin zur Uni – ein Kreis zu schließen schien. Sogar noch sentimentaler machte mich, dass mein anderer „Tom" – Tommy aus meiner alten Nachbarschaft –, über den ich auch in der dritten Strophe von „Along the Way" sang, nun bereits ein Jahrzehnt lang tot war, woraufhin ich mich gleich weniger kindlich fühlte, umgegeben von der fantastischen Traumwelt des Big Apple.

Dad hatte mir alles Wichtige über diese Stadt beigebracht. Er hatte mich als Jungen zwei Mal hierher mitgenommen. Er besaß jedes vorstellbare Buch über New Yorker Architektur, Kultur und Literatur. Mittlerweile verfolgte ich meine persönliche Agenda – doch seine Vorliebe für New York lebte in mir weiter. Sollten Bad Religion bei Atlantic Records unterschreiben, würde ich an der Ostküste als Botschafter der Band und freundlicher Ansprechpartner fungieren. Immerhin lebte ich ja mittlerweile im langen Schatten dieser Metropole und ihr Name zierte meinen Führerschein. Ich musste an den zersiedelten Ballungsraum zurückdenken. In New York fand man sich da schon einfacher zurecht. Zudem entkam man auch schneller, wenn man das wollte. L.A. zieht sich dagegen ewig hin. „L.A. is a great big freeway", sang Dionne Warwick schon 1968. Es dauerte buchstäblich Stunden, um die Stadt hinter sich zu lassen. In Los Angeles war man ständig von einem regelrechten Menschenmeer umgeben. Von Manhattan aus konnte man innerhalb von ein oder zwei Stunden in einen ruhigen Wald fahren. Klar, in der City ist die Einwohnerdichte ebenfalls überwältigend, doch nimmt diese mit jedem Kilometer, den man zurücklegt, stetig ab. Gegebenenfalls rasch entkommen zu können fühlte sich beruhigend an. Inmitten all des Chaos, das in Manhattan herrscht, vermittelte mir diese Tatsache stets ein angenehmes Gefühl. Wenn es nicht dieses Ablassventil in Form der George Washington Bridge gegeben hätte, wäre ich verloren gewesen. Ich erinnerte mich an den inneren Frieden und die Ruhe, die ich verspürt hatte, als ich den Großstadtdschungel Los Angeles verließ, um mich in einer ländlichen Gegend des Bundesstaats New York niederzulassen. Die Nähe zu Wäldern, Seen, Flüssen und Wanderwegen spornte meine Kreativität an, unterstützte meine meditativen Studien und stellte einen willkommenen Ausgleich zu den Strapazen meines Lebens als Punksänger dar.

Das bunte Treiben auf der Rockefeller Plaza zu beobachten, löste bei mir ein Gefühl der Dankbarkeit aus. Ich war nämlich dankbar dafür, nicht jeden

Tag damit konfrontiert zu sein. Allerdings versetzte mich all der Trubel auch in eine gewisse Begeisterung. Hieran teilhaben zu dürfen, selbst aus der Distanz, stellte eine Aussicht dar, mit der ich mich anfreunden konnte. Ich überquerte die Plaza, die inmitten einer Ansammlung von Art-Deco-Wolkenkratzern eingebettet lag, bis ich vor einer breiten Glaswand stand, in deren Mitte sich zwei Türen samt Drehkreuzen befanden. Auf einem Querbalken las ich den Schriftzug „Time Warner Building". Hier wurde Entertainment-Geschichte geschrieben!

Es erfordert nicht allzu viel Vorstellungskraft, um zu verstehen, warum ich mich von all dem becircen ließ. Meine größten musikalischen Einflüsse, bevor ich auf Punk stieß, waren auf diesen Fluren gewandelt. Meine kreative Persönlichkeit basierte auf Musik, die hier geschaffen und von hier aus vertrieben worden war. Atlantic-Acts wie Yes, ELP, Genesis und King Crimson liefen in Jeffs Keller, wo wir davon träumten, Rockstars zu sein, auf Endlosschleife. Ich kannte jede Textzeile auf ihren Alben. Zudem war es Moms Vorliebe für Roberta Flack und Donny Hathaway, die mir die Scheidung meiner Eltern etwas erleichterte. All diese Musik war bei dieser Plattenfirma erschienen. Wie sich das markante Atlantic-Logo auf dem knallroten Label auf dem Plattenteller im Uhrzeigersinn drehte, während beruhigend-vertraute Klänge den Raum erfüllten, war eine mysteriöse, prägende und zutiefst bedeutsame Komponente meines Selbstbildes – und da erblickte ich es nun direkt vor mir auf den Glastüren, durch die man in die Lobby des Gebäudes eintrat.

Ich stand nun im selben Eingangsbereich wie jene Musiker, die für einen signifikanten Anteil am Soundtrack meines Lebens verantwortlich zeichneten. Sie durchquerten dieses Foyer, so wie ich das nun tat, um Meetings hinsichtlich kreativer Visionen und neuer Projekte beizuwohnen, zu denen sie Schlipsträger eingeladen hatten, die in der Lage waren, Träume wahrwerden zu lassen. Selbst war ich gekleidet wie ein typischer Doktorand. Zwar trug ich keine Krawatte, aber mein Hemd mit Kragen hatte ich in meine Levi's 501 gesteckt. Ich trug Gürtel und ein Paar lederner Schuhe von Red Wing. So trat ich nun an einen Empfangsschalter heran, wo ich umgehend von einer gutgekleideten Dame begrüßt wurde. „Wen wünschen Sie zu sehen?", fragte sie mit gestrenger Stimme. „Ich heiße Greg Graffin und bin hier, um mich mit Danny Goldberg zu treffen", antwortete ich trocken und bar meines üblichen Charmes. „Dann nehmen Sie bitte kurz Platz. Jemand wird sich in Kürze um Sie kümmern."

Ein paar Minuten später erschien eine Assistentin, die mich zu Danny Goldbergs Büro begleitete. Als er mir gegenüberstand, wirkte er leger und entspannt. Wenn er nicht seine Firmenkluft getragen hätte, so nahm ich an, hätte er sich wohl auch für ein Outfit wie meines entschieden. Wir unterhielten uns über Songwriting. „Wörter und Ideen sind das einzige Fundament unserer Zivilisationen", sagte er. Mir sagte seine spontane Analyse sehr zu. Damit bewies er mir, dass er Entertainment als eine Grundlage unserer Gesellschaft begriff, was mich sehr an die Prinzipien der Graffin University erinnerte. Zu singen lag mir schlichtweg im Blut. Doch das Schreiben von Songs beziehungsweise die Ideen, die dahinter steckten, nahmen sowohl Brett als auch ich sehr ernst. Danny hatte, bevor er diesen Konzernposten angenommen hatte, sein eigenes Management-Imperium namens Gold Mountain aufgebaut. So hatte er etwa Nirvana gemanagt, weshalb er viel über Kurt Cobain und dessen Genie sprach. Ich erwiderte darauf, dass sich unsere Wege nie gekreuzt hatten, unsere Bands aber in vielen derselben Locations in Europa aufgetreten waren. Zwar empfand ich dieses lockere Geplauder nicht als uninteressant, doch interessierte ich mich primär dafür, was die größte Plattenfirma der Welt für Bad Religion zu leisten imstande wäre.

Bald gesellten sich noch zwei weitere Teilnehmer zu unserem Meeting, Kim und Mike, die noch nicht lange bei Atlantic arbeiteten. Mike hatte früher für ein Fanzine geschrieben und spezialisierte sich nun auf den A&R-Bereich. Sie waren nicht nur Leute in meinem Alter, sondern kleideten sich auch ähnlich und gaben sich informell, unprätentiös, freundlich und kollegial. Kim teilte mir rasch mit, dass sie das Ithaca College besucht hatte, weshalb wir uns angeregt über die Einheimischen und den Bauernmarkt unterhalten konnten, was ebenfalls dazu beitrug, das Eis zu brechen. Mike erzählte, dass er uns erst unlängst im City Gardens in New Jersey gesehen hatte und nannte zudem noch die Namen ein paar obskurer Punkbands. Insgeheim hoffte ich inständig, dass Mike bewusst war, dass ich eigentlich beabsichtigte, mich so weit wie möglich von diesen dubiosen Punk-Kaschemmen und -Combos zu distanzieren. Ich sah Bad Religion in Zukunft eher in Konzertsälen und größeren Locations auftreten. Dies war auch einer der Gründe, warum ich es als logischen nächsten Schritt erachtete, zu einem Major-Label samt unlimitierten Marketing- und Vertriebsressourcen zu wechseln.

Nachdem wir ungefähr eine Stunde lang geplauscht, ein paar Sandwiches in Dannys Büro verspachtelt und noch ein paar andere Leute aus den unteren Etagen getroffen hatten, endete unser Meeting. Jeder begegnete mir mit großer Freundlichkeit und vermittelte mir das Gefühl, Bad Religion überaus enthusiastisch gegenüberzustehen. Danny begleitete mich noch ins Foyer des Gebäudes, als wir auf dem Flur noch den CEO und Gründer des Konzerns trafen. „Mister Ertegün, das hier ist Greg Graffin, der Sänger von Bad Religion, einer Band, für die wir uns sehr begeistern", informierte ihn Danny. Ich war mir ziemlich sicher, dass Ahmet Eregün noch nie von mir oder der Band gehört hatte, doch wie er mich begrüßte und sich nach meinem Wohlbefinden erkundigte, bevor er schnell zu einem weiteren Geschäftstermin fortgeführt wurde, wird mir für immer in Erinnerung bleiben. Auch Danny musste sich als Präsident des Labels wohl noch um wichtigere Angelegenheiten kümmern, weshalb ich mir bei meinem Abschied nicht wirklich sicher war, ob das an den Tag gelegte Interesse an mir und der Band irgendwelche Früchte tragen würde.

Ich verließ das Time Warner Building und begab mich auf den Heimweg. Während der Rückfahrt fragte ich mich, ob Danny Goldberg bei den anderen Jungs, als sie ihn in L.A. getroffen hatten, einen positiven Eindruck hinterlassen hatte. Brett bewunderte den Erfolg von Nirvana, weshalb er Danny Goldberg sein Vertrauen schenken könnte, unser Schiff durch die stürmischen Gewässer des kommerziellen Erfolgs zu steuern. Er würde vermutlich verstehen, dass unsere Glaubwürdigkeit als Punkband zu unseren größten Stärken zählte. Auch würde er sicherlich dazu beitragen wollen, dass wir diese auch im Falle einer Unterschrift bei Atlantic beibehalten würden. Was auch immer der Fall sein würde, ich durfte mich nicht zu sehr freuen, bevor ich nicht von zuhause aus mit den anderen Jungs telefoniert hätte.

Doch so weit sollte es nicht kommen. Am frühen Abend erhielt ich einen Anruf von unserem Anwalt Eric, der inzwischen mit Danny Goldberg gesprochen hatte. „Nun, das Meeting ist offenbar großartig verlaufen", sagte Eric. „Kann gut sein", sagte ich. „Eric, hast du auch von den anderen Jungs in der Band gehört?", fragte ich. „Yeah, sie sind dabei!", überraschte er mich. „Echt?" Ich konnte kaum glauben, wie schnell alles ging. Noch bevor ich mit den Jungs sprechen konnte, erhielt ich einen Vertrag zugefaxt, auf dem sich bereits die Unterschriften von Brett, Jay, Bobby und Greg Hetson befanden.

Ich rief sie nun alle nacheinander an. „Ziehen wir das durch?“, fragte ich. „Klar!“, sagten sie.

Vielleicht hatten sie sich ja intensiv mit dem Thema befasst, sich zu privaten Meetings verabredet und oft miteinander telefoniert, ohne dass ich von diesen Vorgängen an der Westküste etwas mitbekommen hatte. Aber ich bezweifle das. Die Situation rund um das Wachstum unserer Band und das erwachte Interesse seitens der Musikindustrie kreierte innerhalb der Band ein Kommunikationsvakuum. Man könnte eigentlich annehmen, dass eine Band, wenn sie immer berühmter wird, dazu übergeht, besser koordinierte Telefonkonferenzen zu führen. Doch war das zumindest bei uns nicht der Fall. Stattdessen telefonierten die Bandmitglieder einfach wild drauflos und keiner war besonders gut darin, die Inhalte dieser Gespräche gegenüber den anderen treffend zusammenzufassen. Ich kann mich jedenfalls an kein einziges Telefonat, keine strategische Besprechung mit meinen Bandkollegen erinnern, bei denen wir die Vor- und Nachteile eines Wechsels zu Atlantic Records besprochen hätten. Ich kann mich nur noch daran erinnern, dass ich Eric mitteilte, dass ich unterschreiben würde, wenn Brett dies auch täte.

Tatsächlich hatte die gesamte Band weniger als eine Woche nach meinem Ausflug nach New York City und nicht einmal einen Monat vor unserer nächsten US-Tour anlässlich der Veröffentlichung von Recipe For Hate den neuen Plattenvertrag unterschrieben. Unsere nächsten vier Alben sollten unter der Ägide von Atlantic Records erscheinen. Natürlich brauchten wir keine musikalische Anleitung. Auch machten wir im Vorfeld unserer Vertragsunterzeichnung bereits klar, dass wir keinerlei Einschränkung unserer künstlerischen Freiheit dulden würden. Wir wünschten uns einen fairen Deal und dass die Plattenfirma sich ordentlich ins Zeug legte, unsere Platten ins Radio zu bekommen, und für einen flächendeckenden Vertrieb sorgte. Eric gelang es, einen bescheidenen Vorschuss für uns herauszuholen, der in etwa dem entsprach, was wir bei Epitaph verdienten. Dafür vereinbarten wir einen der höchsten Tantiemensätze in der Geschichte von Atlantic Records, der ebenfalls jenem ähnelte, den Brett uns und sich selbst – also seiner eigenen Band – ausbezahlte.

Mein Leben sollte sich schon bald drastisch verändern. Ironischerweise hatte dies aber nicht direkt mit unserem Wechsel zu einem Major-Label zu tun. Es schien, als hätte ich den Gipfel jenes Lebens erklommen, das ich mir immer gewünscht hatte. Eine Existenz, die meinen Ansprüchen gerecht wurde. Ein Doktortitel von einer der prestigeträchtigsten Universitäten des Landes, ein stabiles Familienleben, ein hübsches Haus und eine Band, die in der professionellen Musikbranche ernstgenommen wurde. Innerhalb der nächsten zwölf Monate sollte sich herausstellen, dass es bei jedem dieser Punkte einen Haken gab und alles zu schön war, um wirklich wahr zu sein.

26 ANPASSUNGEN UND ABNUTZUNGSERSCHEINUNGEN

Diffizile berufliche Entscheidungen prägten meinen nächsten Lebensabschnitt. Mit „diffizil" meine ich, dass jeder dieser Beschlüsse mit einem intensiven Nachdenkprozess verknüpft war. Anfangs bereiteten mir diese Entscheidungen noch keine großen Kopfschmerzen, denn es handelte sich bloß um praktische Eingriffe, die zu Abweichungen meines Lebensweges führten, der sich mitunter gabelte und in unerwarteten Wendungen resultierte.

Manche Entscheidungen fielen mir auch ganz leicht. Konnten wir uns etwa ein größeres Haus leisten? Ja, allein meine Einnahmen von unseren Touren erlaubten uns, ein großes Backsteinhaus mit vier Schlafzimmern in einer ruhigen Nachbarschaft unweit des Campus zu kaufen. Dies schien eine ganz logische Vorgehensweise zu sein, da Greta und ich ja den kleinen Graham hatten und Ella bereits unterwegs war. Keine langen Diskussionen, nur eine schnelle Unterschrift unter den Hypothekenantrag und – zack! – schon hatten wir uns hinsichtlich unserer Residenz verbessert.

Andere Entscheidungen gestalteten sich schon komplizierter. Würde ich weiterhin in der Lage sein, meinen akademischen Verpflichtungen nachzukommen?

Ich hatte mich nicht einmal für eine Assistentenstelle beworben, weil ich wusste, dass meine Touren sich mit dem Stundenplan der Uni überschnitten. Das Thema bedurfte genauerer Auseinandersetzung. Als Profimusiker, der bei einer großen Plattenfirma unter Vertrag stand, musste ich mir eingestehen, dass diese neue Verpflichtung von mir verlangte, meine Prioritäten neu zu ordnen. Jahrelang hatte ich die Gratwanderung zwischen meinen universitären Aufgaben und meinem Dasein als Performer ausbalanciert. Ich besaß eine gewisse musikalische Begabung. Musik fiel mir leicht, doch musste ich mich auf meinem akademischen Weg ein wenig mehr ins Zeug legen. Die Fähigkeiten, die ich bei meinen Forschungsarbeiten und Feldstudien erwarb, sowie meine allgemeinen Kenntnisse in der Naturbeobachtung nahmen während dem College und dem Aufbaustudium ständig zu. Plötzlich verlangten die Anforderungen einer wachsenden Familie in Kombination mit einer ernsthaften geschäftlichen Verpflichtung gegenüber Atlantic Records, dass ich irgendwo Abstriche machen musste. Ich musste mich nun mit dem Gedanken befassen, meine akademische Laufbahn aufzugeben – eine Entscheidung, die besorgniserregende, tiefgreifende Implikationen mit sich bringen würde.

Der Universität unterstellt man oft, dass es sich um eine Cliquenwirtschaft handelte. Ein Netzwerk von Günstlingen – ganz unabhängig vom Geschlecht. Diese Kritik beruht auf der Vorstellung, dass einem akademische Meriten quasi von der Kollegenschaft zugewiesen werden. Wenn man die einflussreichsten Leute in einem Fachgebiet kennt, dann wird man vermutlich schneller selbst einen höheren Status erringen. Kurzum, es handelt sich um ein System, das dafür kritisiert wird, sich durch inhärente Unfairness zu kennzeichnen.

Die Musikindustrie muss sich ähnliche Vorwürfe gefallen lassen. In der Unterhaltungsbranche heißt es oft, dass es nur darum geht, wen man kennt. An legendären Treffpunkten rund um die Straßenkreuzung Hollywood Boulevard und Vine Street in Los Angeles wurden einst zahllose Kontakte geknüpft. Auch wurde so mancher Star in Schwab's Pharmacy am Sunset Boulevard entdeckt. Film-Mogule und hoffnungsfrohe Schauspieler pflegten diese Orte zu frequentieren. Die berühmteste Mimin, auf die dies zutraf, entstammt selbstverständlich einer längst vergangenen Epoche: Lana Turner schwänzte seinerzeit die Schule, um sich dort einen Snack zu holen. Sie fiel einem Pressemann namens Wilkerson auf, der sie darauf einem Agenten namens Marx (Zeppo!) vorstellte – der Rest ist Geschichte. Sie avancierte zu einem internationalen Star.

Die Vorstellung, dass in der Unterhaltungsbranche immer noch viel von einem Netzwerk aus Freunden und Bekannten geregelt wird, ist immer noch präsent. Wenn man talentiert ist, gut aussieht, oder auf irgendeine andere Art und Weise speziell, kann es einem eine riesengroße Hilfe sein, die Leute zu kennen, um zu einem potenziellen Publikum durchzudringen. Diejenigen, die beschließen, für sich zu bleiben, haben hingegen keine Chance und bleiben „Niemande".

Diese Überlegungen geisterten auch stets durch mein eigenes Bewusstsein. Zweifel machten sich in meinem Kopf breit. So sorgte ich mich, dass ich sowohl in der Musik als auch im akademischen Bereich als ein „Niemand" enden könnte. Um mich zu beruhigen und meiner selbst zu versichern, wagte ich eine persönliche Bestandsaufnahme. Zum Beispiel wusste ich, dass ich mich hinsichtlich meiner akademischen Bemühungen in guter Gesellschaft befand. Ich befand mich an einer guten Uni, an der echte Koryphäen in ihren jeweiligen Fachgebieten wirkten. Mein Schaffen war einzigartig und fand großen Anklang. So hatte ich mich etwa erfolgreich für eine dreijährige Förderung der National Academy of Sciences beworben, um die teure Ausrüstung bezahlen zu können, die ich für mein Projekt benötigte. Meine akademische Laufbahn schien somit solide und auf Schiene zu sein.

Zudem verfügte ich über ein zufriedenstellendes Netzwerk in der Welt der Musik: talentierte und engagierte Bandkollegen, jeweils einen Agenten in Europa und den USA sowie einen neuen Manager und einen Entertainment-Anwalt in Amerika. All diese Personen waren bereit, ihr Know-how und ihre Kontakte einzusetzen, um mein Talent zur Geltung zu bringen. Es war ein gutes Gefühl, dass sie von mir abhängig schienen, um unsere nächsten Ziele zu erreichen, etwa eine echte Welttournee und vielleicht ein Album in den Charts. Offenkundig waren beide Seiten meines Lebens von komplementären Beziehungen geprägt. Die eine zu Gunsten der anderen zu opfern könnte dramatische Folgen haben, indem das Gleichgewicht durcheinandergebracht würde.

Ich arrangierte den Verlauf meines Lebens wie einen Fluss, der durch ein weitläufiges Sumpfgebiet voller philosophischer Fragestellungen mäandrierte, bevor er schließlich in den Ozean des Wissens mündete. Sein Delta wird gespeist aus der Natur meiner Imagination, wo die Wahrheiten aus Musik und Wissenschaft durch die kreative Kraft des Flusses zu gleichen Teilen zusammengemischt werden. Trotz dieser quasi-religiösen Vision meines Lebensziels zwangen mich praktische Bedenken zum Handeln.

Zum ersten Mal in der Geschichte der Band stand es mir nicht frei, meinen Terminplan ausgeglichen mit akademischen und musikalischen Verpflichtungen zu füllen. Die *Recipe-For-Hate*-Tour, mit der wir unser neues Album bewarben, würde den gesamten Herbst andauern. Schweren Herzens musste ich der Universität mitteilen, dass ich eine Auszeit nehmen würde. Nicht nur im Herbst, auch das ganze nächste Jahr würde ich meine Zeit ausschließlich der Musik widmen.

Meine Betreuer gewährten mein Ansinnen und wünschten mir Glück. Obwohl ich letzten Endes noch meinen Doktor machen sollte, würde diese Gruppe von Beratern nie mehr in dieser Konstellation zusammentreten. Bei ihnen handelte es sich um Fachleute auf den Gebieten der Anatomie und Physiologie. Somit legte ich mein Studium der Fossilien früher Wirbeltiere erst einmal ad acta. Ich hatte über die letzten vier Jahre hinweg einige Fortschritte erzielen können, indem ich in den Bandpausen wiederholt nach Colorado und Wyoming reiste, um dort nach fossilen Überresten zu graben. Auf dem Campus wiederum studierte ich die mikroskopische Struktur meiner Fossiliensammlung. Ich zermahlte sie, fertigte Mikrofotografien an und verglich meine Resultate unter einem Elektronenmikroskop mit anderen Geweben. Für diese Arbeit erhielt ich großes Lob, was sehr schmeichelhaft war. Doch nun musste ich mir Gedanken darüber machen, ob dies ausreichte, die zweckmäßigen Notwendigkeiten meines immer komplizierteren Daseins bereitzustellen.

Meiner persönlichen Einschätzung zufolge vollzogen sich Veränderungen in der Musikindustrie viel rascher als im wissenschaftlichen Bereich. Neue Genres und ganze Subkulturen können innerhalb weniger Jahre entstehen und wieder vergehen. Die Wissenschaft verändert sich hingegen nur sehr langsam. Sich zu einem wahren Experten zu entwickeln ist eine echte Lebensaufgabe. Jenes Teilgebiet, auf das ich mich fokussierte, nämlich die frühen Wirbeltiere, war geprägt von kontroversen Sichtweisen. Seit einem halben Jahrhundert fehlte es hier an Klarheit. Mein Beitrag konnte noch ein bisschen warten. Was jedoch nicht warten konnte, war das rapide anwachsende Interesse an Bad Religion – und es gab nur eine einzige Person, die dieses Interesse in der Funktion des Leadsängers befriedigen konnte.

Anstatt weiterhin zu versuchen, zwei Dinge unter einen Hut zu bringen, würde ich nun vermutlich mehrere Jahre der Musik widmen müssen, bevor ich mein Doktoratsstudium fortsetzen könnte. So lautete mein frommer Vorsatz.

Meine Entscheidung, mich auf die Musik zu konzentrieren, brachte wiederum neue Sorgen mit sich, die sich in erster Linie um meine Beziehung mit Brett drehten, der die Bands, die er unter Vertrag nahm, auch gern selbst als Produzent betreute. Ich war mir nicht sicher, welche kreative Richtung er fortan bevorzugen würde. Es bereitete mir Kopfzerbrechen, dass Brett sich einen Sänger wünschte, der sich etwas offensichtlicher als Punk inszenierte – wie etwa Tim Armstrong von Rancid, Fat Mike von NOFX oder Jim Lindberg von Pennywise. All dies waren Bands, mit denen er bei Epitaph eng zusammenarbeitete. Ich wünschte mir aber, dass Brett seine Konzentration vor allem auf unsere eigenen Songs richtete. Diese Denkweise war nur logisch und erklärt auch, warum ich mich erleichtert fühlte, als wir bei Atlantic Records unterschrieben. In meinen Augen hieß das nämlich, dass Brett und ich als Songwriter auf den Plan treten konnten und vielleicht unser Material ja sogar selbst produzieren durften, ohne dabei Interessenskonflikte hinsichtlich Vermarktung und Verkauf unserer Arbeit fürchten zu müssen. Dritte würden sich um diese Aufgaben kümmern. Ich projizierte meine Hoffnungen auf Brett und ging davon aus, dass auch er erleichtert wäre, dass seine Band den jüngeren Acts auf seinem Label nicht mehr im Weg stünde. Inmitten all des Wirrwarrs diskutierten wir jedoch keines dieser Themen, weshalb meine diesbezügliche Annahme vielleicht nur einer Wunschvorstellung entsprach. Aber zumindest erklärt dieser Ansatz meine damalige geistige Verfassung.

Bevor wir auf Tour gehen konnten, mussten wir jedoch noch einen weiteren Punkt auf der Tagesordnung erledigen. Auf Anraten unseres Anwalts Eric beschlossen wir, einen offiziellen Manager anzuheuern. Weder Brett noch ich hatten in dieser Hinsicht Erfahrung. Unsere kreative Ausrichtung hatte sich aus einem jahrelangen Songwriting-Prozess herauskristallisiert. Systematisches Ausprobieren lautete unsere Devise. Manche Ideen funktionierten besser als andere. Gewisse Songs waren beim Publikum besonders beliebt, was dazu führte, dass wir die Konzepte, auf denen diese beruhten, noch weiter verfeinerten. Nie konsultierten wir Außenstehende in Bezug auf unsere Songs und gewährten niemandem Mitspracherecht. Trotz dieses Anspruchs auf kreative

Freiheit waren wir beide und auch die anderen Bandmitglieder der Meinung, dass es hilfreich wäre, jemanden an unserer Seite zu wissen, der sich um die geschäftlichen Aspekte unserer Band kümmerte. Die Koordination zwischen unseren Agenten, dem Anwalt, der Geschäftsleitung und dem Tourmanager war eine integrale Aufgabe und hatte sich zu einem echten Vollzeit-Job entwickelt.

Eric schlug eine Handvoll Kandidaten vor, von denen jeder bereits sein Interesse bekundet hatte, für Bad Religion zu arbeiten. Unterm Strich blieben nur zwei Namen übrig, die uns wirklich ansprachen. Einer davon war Nirvanas neuer Manager John Silva, der für Danny Goldbergs Managementfirma Gold Mountain arbeitete. Nirvana waren damals schon richtig groß und sollten im Verlauf des Jahres sogar noch größer werden. Da wir uns auf der Suche nach jemandem befanden, der ein gewisses Prestige aufzuweisen hatte, passte uns diese Querverbindung eigentlich ganz gut in den Kram. Obwohl John somit zumindest den Fuß in der Tür hatte, war dieselbe Sache, die ihn zu einem Kandidaten machte, ironischerweise auch ein Argument gegen ihn: Wie könnte er sich um unsere Agenden kümmern, wenn er gleichzeitig Nirvanas zahlreiche Geschäfte regeln müsste?

Der andere Kandidat, der uns ansprach, hieß Danny Heaps. Er war auch nicht so beschäftigt wie John Silva, gab sich sehr sachlich und sprach mit uns auf Augenhöhe. Die Phrase „in aller Ehrlichkeit" gehörte zu seinen liebsten Redewendungen. Ehrlichkeit war eine gut Sache. Auch gefiel es uns, wenn man uns nicht wie Idioten behandelte. Zudem hatte auch er ein paar interessante Klienten vorzuweisen. So hatte er mit Johnny Rotten (alias Lydon) zusammengearbeitet, als dieser bei PIL sang. Auch managte er Robbie Robertson von The Band. Darüber hinaus beeindruckte uns Danny, da er zu den Gründern des New Music Seminar zählte. Dabei handelte es sich um eine Art Festival, bei dem Musikindustrie-Magnaten auf Musikschaffende trafen. Dies bewies uns sein Verständnis und Interesse für künstlerische Integrität und Glaubwürdigkeit – beides zentrale Faktoren für unseren Erfolg. Also entschieden wir uns relativ spontan für Danny Heaps.

Als ich das Meeting verließ, freute ich mich darüber, einen neuen Manager zu haben. Zum allerersten Mal würden wir uns auf professionelle Beratung verlassen können. Nicht dass wir verpflichtet gewesen wären, diese auch anzunehmen, aber es fühlte sich besser an, als uns wie in der Vergangenheit auf reine Spekulation zu stützen. Für mich begann eine neue Phase, in der ich mit Vollprofis aus der Musikindustrie zusammenarbeitete – eine völlig neue Erfahrung! Trotzdem fühlte es sich nicht gänzlich unvertraut an. Die Struktur der Musikindustrie erinnerte mich nämlich vage an die Universität – eine Hierarchie und ein soziales Milieu, die seit jeher Bestandteile meines Lebens gewesen waren. Es fühlte sich wie ein würdiger Ersatz an.

Zu jeder Ebene der Musikindustrie schien es ein akademisches Äquivalent zu geben. Unser Manager, Danny Heaps, erfüllte gewissermaßen die Aufgabe eines akademischen Betreuers. Der Boss unserer Plattenfirma, Danny Goldberg, erinnerte mich an einen Dekan, den man nur gelegentlich aufsuchte und der sich aus der Ferne über unsere Fortschritte informierte. Die zahlreichen Führungskräfte, die sich um Bad Religions diverse Aktivitäten kümmerten – Projektmanagerin Kim Kaiman, Marketingbeauftragte Vicki Germaise und noch andere – ähnelten Institutsvorständen auf der Uni. Der Aufbau dieser neuen beruflichen Reise vermittelte einen höchst komfortablen Eindruck. Jeder gab sich sehr offen und war bereit, sich mit mir zu treffen, wenn ich den Drang dazu verspürte.

Mir fiel aber sogleich auf, dass die Treffen mit den Leuten aus dem Musikbusiness in einer etwas anderen Atmosphäre stattfanden. Sowohl Akademiker als auch die Vollprofis aus der Branche hielten sich an ähnliche formelle Regeln. In beiden Fällen wäre man etwa nie wie ein Penner gekleidet im Büro eines Kollegen aufgetaucht. Auch hätte man sich angesichts eines Gesprächsthemas am Tisch nie gleichgültig gezeigt. Sämtliche Meetings erfüllten einen konkreten Zweck, zum Beispiel Bad Religions Konzerterfolge im pazifischen Nordwesten des Landes oder im wissenschaftlichen Kontext die Fossilienfunde, die man von seinem letzten Besuch in Colorado mitgebracht hatte. Sowohl Akademiker als auch offizielle Vertreter der Musikindustrie begegneten mir in lockerem Umgangston. Doch in den Konferenzräumen einer großen Plattenfirma herrschte eine etwas größere Anspannung als an der Universität. Vermutlich lag dies daran, dass gewisse Positionen in der Unterhaltungsbranche relativ oft umbesetzt werden und man seinen Status zu schützen versucht, indem man sich gegenüber den „Künstlern“ eher bedeckt hält. Man denke nur an all die zickigen, egoistischen, megalomanischen Sänger, Songwriter und Bandleader, die gleich eingeschnappt sind, wenn ihnen nicht gefällt, was jemand über ihre Musik und ihre Vorstellungen sagt. Jetzt stelle man sich ebendiese in einer Marketingkonferenz mit jenen Leuten vor, die dafür verantwortlich sind, ihre Platten unters Volk zu bringen. Jeder, der ein skeptisches Wort verliert, könnte vom Projekt abgezogen werden, um einen übersensiblen Künstler zu besänftigen. Aus diesem Grund schien die Atmosphäre bei meinen Besuchen bei Atlantic Records auch stets von höflicher Übereinkunft und Zurückhaltung geprägt zu sein. Eine Angelegenheit, zu der genereller Konsens zu herrschen schien, war unsere unmittelbar bevorstehende Tournee, die mit großer Begeisterung herbeigesehnt wurde.

Die *Recipe-For-Hate*-Tour im Jahr 1993 war in der Tat eine wirklich bemerkenswerte Konzertreise für uns. Fast alle Shows waren bereits vorab ausverkauft. Nicht nur Bad Religion, sondern auch unsere „besonderen Gäste“ auf dieser Tour, Green Day, schrieben damals Schlagzeilen und sorgten für Aufsehen. Auch sie hatten in diesem Jahr bei einem Major-Label unterschrieben und ihr erstes Album bei Warner Brothers, das den Titel Dookie trug, sollte schon bald zum Bestseller avancieren. Green Day reisten in einem umgewandelten Shuttlebus, den einer ihrer Dads steuerte. Wir hatten viel Spaß auf dieser Tour. Zwischen den Bandmitgliedern herrschte eine fantastische Kameraderie. Wir spielten oft Football an den Raststätten entlang der Highways. Einmal warf ich einen messerscharfen Pass, den einer unserer Roadies jedoch leider verpasste. Das Ei krachte in eines der Seitenfenster jenes Vans, mit dem die Vorgruppe, Seaweed, unterwegs war. Ich fühlte mich zwar schlecht, aber die wahren Opfer waren die Jungs aus der Band: Immerhin war es ein kalter Oktober und sie konnten nun ihr Fenster nicht mehr hochkurbeln! Natürlich willigte ich ein, mit meiner Geldbörse für diesen Fauxpas geradezustehen und unsere Tour-Karawane konnte weiterziehen.

Nachdem wir Konzerte in 30 amerikanischen (und drei kanadischen) Großstädten gespielt und dabei in legendären Locations wie dem Roseland Ballroom in New York City, dem Hollywood Palladium, dem Riviera Theater in Chicago und dem Warfield in San Francisco aufgetreten waren, gastierte die Tour im berüchtigten Iguanas in Tijuana, Mexiko, wo wir zwei ausverkaufte Gigs vor einem echten Tollhaus absolvierten. So kam die Tour nun zu einem Ende – und wo außer auf Hawaii hätten wir dafür das perfekte Ambiente vorgefunden?

Wir spielten zwei Shows in einem Club in Honolulu namens Pink's Garage und wir ließen alle unsere Familien einfliegen, um im Anschluss noch ein paar schöne Tage am Strand zu verbringen. Während ich meine Entscheidung, meine akademische Arbeit ruhen zu lassen, keinesfalls bereute, machten sich langsam die zusätzlichen Nutzen und Vorteile des Tourens bemerkbar. Ich empfand es als unübertreffliches Privileg, meine Familie mit meinen Einkünften von unseren Tourneen ernähren zu können und zudem in der Lage zu sein, sie an solch fantastische Orte wie Hawaii nachkommen zu lassen. Allerdings befand ich mich mittlerweile in meiner eigenen Welt: Ich hatte nie bedacht, wie stressig es sein würde, mit kleinen Kindern zu reisen, ihre Termine wie etwa Verabredungen zum Spielen zu koordinieren und meiner Familie das Gefühl eines geregelten Tagesablaufs zu vermitteln. So romantisch es auch wirken mochte: Unsere Touren hatten einen stärkeren Abnutzungseffekt auf unsere innerfamiliären Beziehungen als man es unseren Fotoalben anmerken konnte.

Tatsächlich war die Tour ja auch noch nicht ganz endgültig vorüber. Immerhin mussten wir noch ein paar Shows im Southland spielen. Aber erst in einem Monat oder so. Die erste sollte einen weiteren wichtigen Meilenstein für uns darstellen. So traten wir beim akustischen Weihnachtskonzert des Radiosenders KROQ auf. Dieses jährliche Event fand im Universal Amphitheater statt, das damals zu den bedeutsamsten Auftrittsorten in ganz Los Angeles zählte, und wurde zudem von jenem Radiosender gesponsert, der uns vor mehr als einem Jahrzehnt unser allererstes Airplay ermöglicht hatte. KROQ strahlte Rodney on the ROQ aus – seinerzeit unsere liebste Radiosendung. KROQ hatte sich inzwischen längst zu einem der einflussreichsten Sender des ganzen Landes entwickelt. Andere Rocksender ließen sich hinsichtlich ihrer Songauswahl gern von KROQ inspirieren, was als guter Indikator galt, ob Bands, die aus Nischen-Genres stammten, auch im Mainstream eine Chance hätten. Nun gefragt zu werden, ob wir bei ihrem jährlichen Weihnachtsevent auftreten wollten, war in gewisser Hinsicht eine Art Initiationsritus. Es signalisierte den Radiosendern im ganzen Land: „Diese Band hat unseren Segen, macht sich gut im Radio und soll von nun an als wichtiger Act gelten." Tatsächlich lief unser Song „Struck a Nerve" damals regelmäßig bei KROQ. Da wir aber eine Punkband waren, baten wir darum, nicht nur diesen Song, sondern unser ganzes Set elektrisch und nicht unplugged zu spielen. Wir hatten einfach kein gutes akustisches Arrangement für diese Nummer parat. Zu unserer großen Überraschung willigten die Verantwortlichen ein. So begann die Tradition, dass nun sämtliche Bands elektrisch auftraten. Nicht umsonst heißt der Event heute Almost Acoustic Christmas.

Ungefähr einen Monat nach der KROQ-Show spielten wir im Januar 1994 ein paar Konzerte, die uns von Südkalifornien bis nach New Jersey führen sollten. Die ersten Gigs fanden unter anderem in universitären Einrichtungen der California State University und der UC Irvine statt. Dort trafen wir auch auf Michele, die sich im Namen des Managements um unsere alltäglichen Belange kümmern sollte. Ich fragte sie meine übliche Einstiegsfrage, nämlich wo sie das College besucht hatte. Als sie angab, an der UC San Diego studiert zu haben, dachte ich mir: „Fantastisch! Sie versteht sicherlich meine Eigenheiten und meine sentimentale Verbindung zur Uni." Sie wusste, dass ich an der Cornell University studierte, doch behielt ich zunächst noch für mich, dass ich beschlossen hatte, eine Pause einzulegen. „Ich habe euch vor ein paar Jahren im Iguanas gesehen, als ich noch zur Schule ging", erzählte sie mir. „Großartig!", dachte ich mir. Ein weiteres Plus! Sie war schon bei Konzerten von uns, verstand unser Publikum und wusste wahrscheinlich eine Menge über die Szene, aus der wir stammen. Michele erwies sich als große Bereicherung für uns, da sie wusste, wie wichtig es war, unsere Indie-Glaubwürdigkeit zu bewahren. Zudem besaß sie einen wunderbaren Sinn für Humor, was für uns alle ebenfalls eine entscheidende Rolle spielte.

Michele und Danny als Manager-Team, Eric als Rechtsbeistand und Steven in der Buchhaltung stellten die perfekte Ergänzung zu Jens und Howard dar. Es schien so, als hätten wir nun ein Kollektiv um uns versammelt, das in der Lage sein würde, uns an neue, noch fruchtbarere Ufer zu lotsen. Diese Kombination aus Band, Crew, Plattenfirma und professionellen Beratern wirkte wie ein gut geölter Motor in einem Fahrzeug, das auf Autopilot lief.

Trotz allem hatte jedes Bandmitglied im Privaten seine individuelle Sichtweise auf unsere Situation beziehungsweise darauf, wie sich diese gerade entwickelte und welche Faktoren für unseren Erfolg am wichtigsten waren. Wie das in einer Familie so üblich ist, nahmen wir einfach an, ohne dezidiert darüber zu sprechen, dass wir alle nach denselben Zielen strebten. Brett, Jay, Greg Hetson und ich saßen alle im selben Boot. Wir alle hatten Familien mit kleinen Kindern, die in unserem Leben einen sehr großen Stellenwert besaßen. Somit herrschte ein unausgesprochenes Einverständnis darüber, dass Bad Religion nicht das ganze Jahr lang auf Tour gehen konnten. Daher war ich sehr optimistisch, dass ich in der Lage sein würde, viel Zeit mit meiner Familie zu verbringen. Es gab keinerlei Grund, davon auszugehen, dass diesem Optimismus hinsichtlich eines ausgewogenen Familienlebens in näherer Zukunft die Grundlage entzogen werden könnte.

Zum ersten Mal in zwölf Jahren drehte sich mein Alltag nicht um die Universität und damit verbundene Termine. Ich verbrachte meine Zeit zuhause und genoss das Familienleben. Diese Wintertage im Jahr 1994 waren eine stille Zeit, frei von gröberem Stress. Im März erwarteten wir unser zweites Kind. Graham war inzwischen zwei Jahre alt und Ellas Geburt stand unmittelbar bevor. Sie kam während eines rekordverdächtigen Schneesturms in einem Krankenhaus zur Welt, das sich ungefähr 15 Kilometer entfernt befand. Die Straßenmeisterei hatte die Highways gesperrt, weil der Schneefall so heftig war. Ich hatte mir aber erst unlängst mit meinen Tantiemen und meinem Geld von der Tour einen Chevy Suburban geleistet. Dank dessen zuschaltbaren Vierradantriebs und trotz des Schneegestöbers erreichte ich das Krankenhaus und konnte meine Frau und unser neugeborenes Kind abholen und nach Hause mitnehmen. In dieser Nacht erfüllte mich ein herrliches Gefühl der Zufriedenheit. Nicht nur befand ich mich mit meinem kleinen Mädchen in der sicheren Umgebung unseres komfortablen Eigenheims, sondern ich war zudem in der Lage, für sie, ihren Bruder und ihre Mutter zu sorgen. In Momenten wie diesen schienen sich all die Opfer, die man erbringen musste, wenn man so oft auf Tour war und sein Leben im Scheinwerferlicht verbrachte, endlich auszuzahlen. Offenbar hatte ich etwas geschafft, das ich einst für unerreichbar gehalten hatte: Ich hatte ein brandneues Haus mit meinem eigenen Geld bezahlt, das aus einer höchst ungewöhnlichen Quelle stammte. Jenes Domizil, das mir Punk ermöglicht hatte, war tatsächlich ein echtes Traumhaus – ein Kolonialgebäude mit vier Schlafzimmern aus echten roten Watsontown-Ziegelsteinen. Auf drei Seiten war das Haus von Wald umgeben. Dort wuchsen Harthölzer wie Kiefern, Eichen und Hickorybäume, die nun in stürmischen Nächten wie dieser das Lied des Winters pfiffen. Im Wohnzimmer brannte ein gemütliches Feuerchen, Ella schlief in den Armen ihrer Mutter und Graham hatte sich neben mir zusammengerollt, während ich

Jurassic Park auf Video schaute. Ein echtes Familienidyll. Meine eigene Mutter befand sich ebenfalls gerade zu Besuch und bereitete in der neuen Küche ein traditionelles Gericht aus ihrer Heimat, dem ländlichen Indiana, zu. Dieser Augenblick war ein großer Hochgenuss. Ein Moment, den zu unterminieren nur die kalten Winde des Zweifels imstande waren.

27 DER ZERFALL

27A. Stranger Than Fiction

Es war an der Zeit, ein neues Kapitel zu beginnen. Die Ausgaben der Graffin University stiegen kontinuierlich an. Immerhin nahm ja auch die Anzahl der Studierenden zu. Zwei kleine Kinder traten in unser Leben und wurden Teil unseres einzigartigen Haushalts. Aber was verstanden wir in dieser Entertainer-Familie schon von Kinderziehung? Meine Vorfahren im 20. Jahrhundert waren Lehrer, Kirchenführer, Akademiker, Mechaniker, Farmer – allesamt gesunde und aufrechte Leute. Davor dienten ein paar in der Armee der Nordstaaten. Alle wurden sie durch zerrüttete Familienverhältnisse, ihre ablehnende Haltung gegenüber der Religion und den altmodischen Denkweisen der Vorväter um einiges an Weisheit gebracht. Nun, da die Generation der Millennials vor unserer Türe stand und ich über Fähigkeiten und Geldmittel verfügte, die es so in unserer Familie noch nicht gegeben hatte, sollte es mir doch eigentlich leichtfallen, Kinder zu erziehen. Elternschaft ohne Vorkenntnisse. Vor mir hatte es in unserer Familiengeschichte keinerlei Entertainer, Künstler oder andere Personen des öffentlichen Lebens gegeben. Niemand konnte mich vor den Folgen warnen, die dieser Lebensstil auf die Beziehungen innerhalb unseres Haushalts haben könnte. Nur wenige Wochen nach Ellas Geburt musste ich jedenfalls schon wieder los.

Brett und ich waren uns darin einig, dass wir in jüngerer Zeit ein paar unserer bis dahin besten Songs geschrieben hatten. Das war selbstverständlich eine gute Sache. Immerhin sollten wir im April 1994 in Los Angeles ins Studio gehen. Nach zahlreichen Diskussionen mit Brett und den anderen Bandmitgliedern einigten wir uns letztendlich darauf, dass Andy Wallace unser Debütalbum bei einer großen, einflussreichen Plattenfirma produzieren sollte. Ich war besonders von Andys Arbeit an *Seasons In The Abyss* von Slayer angetan, wohingegen Brett sich besonders für das Album *Rage Against The Machine* der gleichnamigen Band begeisterte, das in seinen Ohren eines der bestabgemischten Platten in der Rock-Geschichte überhaupt war. Auch der Höhenflug Nirvanas beeinflusste unsere Entscheidung, da wir selbst auch hofften, einen solchen hinlegen zu können. Gleich zwei ihrer Schlüsselspieler – ihren Manager Danny Goldberg als unseren Labelboss und ihren mit dem Abmischen ihres Albums betrauten Toningenieur Andy Wallace als unseren Studioguru – in unser Team zu holen, schien uns eine überaus vielversprechende Entscheidung zu sein.

Man musste nicht unbedingt ein Genie sein, um mitzubekommen, dass Brett sich überfordert fühlte. Epitaph sorgte für Furore in der Musikbranche und war eine echte Erfolgsstory – das Stadtgespräch, wenn man so will, wobei es sich bei der Stadt eben um die Showbiz-Metropole schlechthin handelte. Jene Stadt, die ich ganz bewusst hinter mir gelassen hatte. Brett leitete ein florierendes Firmenimperium, das schon bald als bestes Indie-Label des Planeten gelten sollte. Ich applaudierte Brett und ermutigte ihn. Immerhin war ich stolz auf ihn und all seine Errungenschaften. Allerdings war mir auch klar, dass es irgendwann zu gröberen Konflikten kommen würde. Er könnte nicht weiter in dieser Intensität auf Tour gehen und gleichzeitig erfolgreich eine Plattenfirma leiten, wenn er weiterhin andere Bands unter Vertrag nehmen, produzieren und deren Karrieren betreuen wollte und zusätzlich ein Vollzeit-Mitglied bei Bad Religion wäre.

Obwohl ich mir Sorgen machte, dass sich all dies negativ auf ihn auswirken würde, unterhielt ich mich nie mit Brett über seine privaten Probleme. Unsere Beziehung fand nie auf einer solch intimen Ebene statt. Aber das traf auch auf die anderen zu. Wir hatten alle unsere persönlichen Sorgen, doch die Geschäfte der Band wurden davon nicht wirklich beeinträchtigt. Das war schon seit der High School so. Obwohl die Jungs in der Band damals alle mit Suchtproblemen zu kämpfen hatten, stand ich nicht unter dem Eindruck, dass sich dies auf die Band als Unternehmen auswirken würde.

Vielleicht klingt es daher ein wenig ironisch, wenn ich nun behaupte, dass seine persönlichen Probleme gar kein Problem darstellten. Was mir jedoch sehr wohl wie eine Gewitterwolke vorkam, die sich schon bald in einem schweren Unwetter über mich ergießen sollte, waren Bretts berufliche Umtriebe. Er war einfach zu beschäftigt, um ein festes Bandmitglied zu bleiben. Aber was wäre die Band schon ohne ihn? Die Akribie, mit der er sich um die Details bei Epitaph kümmerte, sowie die permanent steigende Anzahl an Bands auf seinem Label, lösten bei mir Gefühle der Unsicherheit hinsichtlich meiner eigenen Rolle bei seinen zukünftigen Projekten aus.

Bei mir stellte sich die Frage nach meinen Prioritäten nicht. Immerhin hatte ich entschieden, meine akademischen Aktivitäten fürs Erste ruhen zu lassen. Ich würde ihn nie vor die Wahl stellen, doch gleichzeitig wusste ich, dass Brett irgendwann an einem Punkt ankommen würde, an dem er sich entscheiden würde müssen: Band oder Label. Ich ging 1994 also mit gemischten Gefühlen ins Studio, um unser nächstes Album *Stranger Than Fiction* einzuspielen.

Andy Wallace gefielen die Demos, die Brett und ich aufgenommen hatten. Unser A&R-Mann bei Atlantic, Mike, organisierte noch Monate vor unserer Studiosession ein Abendessen in New Jersey, damit wir Andy vorab treffen konnten. Andy galt in der Branche damals als der angesagteste Mischer überhaupt und sein Terminplan quoll quasi über. Doch es gelang ihm, sich sechs Wochen im Frühling 1994 für uns freizuschaufeln. Bei unserem Dinner ging es darum, einander ein bisschen kennenzulernen. Es war unmöglich zu sagen, ob er nun 40 oder 70 Jahre alt war. Weisheit kennt ohnehin kein Alter – und die zählte für mich am meisten. Er war ganz offensichtlich ein echter Meister seines Metiers und ich freute mich, bei ihm Gehör zu finden. Ich erörterte, dass zwischen Brett und mir seit jeher eine Übereinkunft herrschte, dass der jeweilige Urheber eines Songs auch das letzte Wort beim Arrangement hatte. Doch bei unserer Zusammenarbeit mit Andy würden wir uns in Bezug auf diese Vorgehensweise in Verzicht üben und unserem hochangesehenen Produzenten das Vorrecht auf die finale Entscheidung einräumen. Wie sich aber herausstellen sollte, war Andy nie so forsch und unverblümt, uns in irgendeine Richtung zu drängen. Es schien so, als würde er unsere Meinungen genauso respektieren wie wir seine.

Im April 1994 enterten wir nun Rumbo Recorders, ein Tonstudio in unserem alten Revier Canoga Park in Kalifornien. Die nichtssagende Fassade des Gebäudes war nichts Außergewöhnliches für dieses Business. Die meisten Bauten, die technologisch hochwertiges Equipment zum Musikaufnehmen beherbergen, sehen von außen ein wenig schäbig aus. Rumbo fiel ebenfalls in diese Kategorie: ein einstöckiges, 900 Quadratmeter umfassendes Lagerhaus in der Saticoy Street, einer der unauffälligsten Ost-West-Durchgangsstraßen des gesamten San Fernando Valleys. Es handelte sich um eine jener unzähligen Häuserschneisen im Valley, die diese Kumulation von über einer Million Behausungen in ebenmäßig-rechteckige, Viertelmorgen-große Grundstücke unterteilten, ähnlich einem unendlichen Schachbrett, das nur gelegentlich von Stripmalls, Tankstellen oder Stadtparks unterbrochen wurde. Wenn man die Adresse nicht kannte, konnte man Rumbo leicht übersehen. Wenn man bewusst danach fahndete, erinnerte man sich vielleicht daran, wie einem jemand am Telefon instruiert hatte, nach einer dunklen Stuckfassade mit einer gläsernen Eingangstüre Ausschau zu halten, durch die man ins Tonstudio gelangte. Zunächst musste man aber noch durch ein automatisches Schiebetor auf einen kleinen Parkplatz eingelassen werden, da das gesamte Gelände mit Maschendrahtzaun umgeben war, was diesem Ort einerseits einen höchst zweckgebunden Anstrich und andererseits eine gewisse Gravitas inmitten dieser sonst so öden Arbeiterklasse-Gegend verlieh. Wir fühlten uns hier nicht ganz grundlos wie zuhause. Immerhin lag das Studio keine zehn Kilometer vom Hell Hole, also der Garage meiner Mom, entfernt, wo wir als Jugendliche so viel Zeit mit Proben verbracht hatten.

Die Arbeit im Rumbo Recorders fühlte sich aus zwei Gründen besonders an. Zum einen verfügte das Studio über genau jene Ausstattung, die sich Andy wünschte. Er hatte dort bereits mit anderen Bands aufgenommen und war mit den Räumlichkeiten und den dortigen SSL-4000-Mischpulten gut vertraut. Diese sollten auch bei unseren weiteren Alben unsere erste Wahl bleiben, obwohl wir dafür in anderen Studios mit anderem Personal aufnahmen. Der zweite Grund war, dass Rumbo von einem Mann erbaut und konzipiert worden war, der mit Punkrock so rein gar nichts am Hut hatte, nämlich Daryl Dragon, auch bekannt als männliche Hälfte des Pop-Duos Captain & Tennille, das in meiner Kindheit eine eigene Unterhaltungssendung im Fernsehen hatte. „Captain" Daryl hielt sich während unserer Sessions oft in seinem Büro auf. Ob er sich nun gerade ums

Geschäft kümmerte, um seine Angestellten bezahlen zu können, oder was auch immer: Er wirkte einigermaßen verblüfft ob der Charaktere, die vor seiner Bürotür vorbeispazierten. Einmal stattete ich ihm einen kurzen Besuch ab, um mich vorzustellen. Er trug dunkle Brillen, obwohl die Beleuchtung an seinem Schreibtisch nicht sonderlich grell war, und sah genau so aus, wie ich ihn aus dem Fernsehen in Erinnerung hatte. Er sah in mir bloß einen weiteren zahlenden Kunden und sagte: „Schön, dich kennenzulernen, Greg." Dann wandte er sich sogleich wieder seinem Papierkram zu. Über die Jahre hinweg muss er mit vielen anderen seiner Kunden – etwa Ozzy Osbourne, Axl Rose, David Lee Roth, Ronnie James Dio, Gene Simmons und Tom Petty – ähnliche Begegnungen wie mit mir gehabt haben. Obwohl der Captain das Studio einst eingerichtet hatte, um sich selbst und Toni Tenilles belanglos-soften Poprock aufzunehmen, verfügte er zweifellos über das richtige Equipment, um auch richtig fetzige Rock-Platten der härteren Gangart zu produzieren. Wir hofften jedenfalls, eine ebensolche abliefern zu können.

Die Bude war richtig gemütlich und verfügte über eine Billardecke, in der die Musiker samt ihren Gäste abhängen konnten. Direkt daneben befand sich eine voll ausgestattete Küche und ein etwas kleinerer Fernsehbereich samt Couch und einem dick gepolstertem Sessel, der sich als privater Rückzugsort oder auch für Gespräche unter vier Augen eignete. Wir verbrachten sehr viel Zeit damit, im Fernsehen Eishockeyspiele zu verfolgen und das Gesehene auf dem Parkplatz auf Rollerblades nachzuspielen. Es handelte sich alles in allem um eine relativ unspektakuläre und produktive Arbeitsumgebung, die einen guten Tagesablauf gewährleistete.

Andy und ich wohnten beide im selben Hotel, dem Westwood Marquis, das sich direkt gegenüber meiner vormaligen Alma Mater, der UCLA, befand. Mich gerade einmal einen Katzensprung von jenen Labors aufzuhalten, in denen ich einst vergleichende Anatomie unterrichtet hatte, gab mir das Gefühl, zuhause zu sein. An freien Tagen, spazierte ich über den Campus und schlenderte durch die Straßen von Westwood, während ich mich an die unzähligen lebensverändernden Abenteuer zurückerinnerte, die ich dort erlebt hatte. So hatte ich hier auch Greta kennengelernt, die mich später anspornte, einen Job im Chart House anzunehmen, wo ich wiederum Jerry und Inga traf. Auf dem Campus hatte ich zudem endlose Unterhaltungen mit meinen Mentoren Peter Vaughn, Ted Reed, Everett C. Olson und Clem Nelson geführt und mich mit meinen Freunden Jay und Mark an der Laderampe des Geologie-Gebäudes verabredet, um von dort mit den Chevrolet Suburbans der Universität in die kalifornischen Wildnis zu einwöchigen Feldforschungstrips aufzubrechen. Mein Leben hatte sich inzwischen grundlegend verändert.

Eines Tages traf ich mich, anstatt direkt ins Studio zu fahren, zum Mittagessen mit unserem neuen Management-Gespann, Michele und Danny, in ihrem Büro in Beverly Hills, wo sich ihre Firma Addis Wechsler befand. Die kurze Fahrt von der UCLA entlang des Wilshire Boulevards führte mich zuerst durch den Finanzdistrikt der Unterhaltungsbranche namens Century City. Aufgrund der zahlreichen, randvoll mit Schlipsträgern gefüllten Wolkenkratzer mitsamt ihrer gläsernen Fassaden, die etwa die berühmte Avenue of the Stars säumen, fühlt man sich automatisch an die Wall Street oder auch das UN-Gebäude in New York erinnert. Ich fand das nun einigermaßen aufregend, weil ich als Student an den Wochenenden an diesen Bauten vorübergeradelt war, mir aber nie Gedanken darüber gemacht hatte, jemals eine dieser Kathedralen materiellen Reichtums zu betreten. Vielmehr war ich überzeugt gewesen, dass Akademiker und Hollywood-Stars niemals an denselben Orten anzutreffen wären. Doch mein heutiger Ausflug in die Büroräumlichkeiten meiner neuen Manager widerlegte diese Theorie.

Addis Wechsler war nicht allzu groß oder glamourös, verströmte aber dennoch das Flair eines Hollywood-Medienimperiums. Vor dem dreistöckigen Gebäude standen Palmen und das Foyer betrat man durch eine große Glastüre. Die geschmeidige Einrichtung und die lachsfarbenen Wände, verziert mit Postern und anderen Promo-Materialien, wirkten wie Überbleibsel aus den 1980ern. Die Firma hatte mit The Player erst unlängst einen aktuellen Kassenschlager eines meiner Lieblingsregisseure koproduziert, nämlich Robert Altman.

Altmans Film war eine Satire, eine Persiflage auf die widerwärtige Abzocke, zu der sich die Filmindustrie in jüngster Zeit entwickelt hatte, und kritisierte die Filmemacher Hollywoods dafür, sich eher für Profit als für künstlerische Integrität und ehrgeizige Projekte zu interessieren. Bequeme, risikoarme Blockbuster, die gern auch an frühere Filme und bewährte Formeln anknüpften, entwickelten sich zum Erfolgsrezept und lösten künstlerisch wertvolle Meisterwerke mit intelligenten Drehbüchern ab, die noch in den 1970ern an den Kinokassen den Ton angegeben hatten. Auch Hollywood durchlief offenkundig eine interessante Phase – ähnlich wie die Musikbranche, wo das DIY-Prinzip mittlerweile von der Einflussnahme der Konzerne abgelöst worden war. Martin Scorsese behauptet, dass in jenen Tagen eine Ära zu Ende ging, in der Regisseuren freie Hand gelassen wurde und sie sämtliche kreativen Aspekte ihrer Projekte kontrollierten. Robert Altman, der sich zuvor ein ganzes Jahrzehnt vom Filmgeschäft zurückgezogen hatte, versuchte mit *The Player*, diese Tradition samt ihrer künstlerischen Integrität wiederzubeleben, indem er die Gier, die in der Filmbranche vorherrscht, gekonnt persiflierte. Laut dem Autor Alex Simon war Altman ein „eklektischer Nonkonformist" – eine Bezeichnung, die auch ganz gut beschrieb, wie ich mich damals selbst sah. Ich fühlte mich jedenfalls wohl bei dem Gedanken, meine musikalische Karriere denselben Managern anzuvertrauen, deren Firma auch auf Robert Altman gesetzt hatte. *The Player* erinnerte mich auch ein wenig an das viel kleinere, aber für mich persönlich relevantere Geschäft mit dem Punkrock. Es gab etliche wenig originelle Bands, die mit Punk eine Menge Geld scheffelten. Ich wollte hingegen die Grenzen des Akzeptablen ausloten und das Genre erweitern. Ich war mir sicher, dass meine Manager mit mir auf derselben Wellenlänge lagen.

Im Anschluss an unseren Lunch begab ich mich ins Studio, wo Andy Wallace gerade Overdubs für ein paar von Bretts Songs aufnahm. Es war ungefähr 17 Uhr, als ich eintraf und sah, wie Bobby, unser Drummer, nervös durch die Lounge tigerte. „Da ist es ja!", sagte er und hob ein spezielles Becken vom Billardtisch auf, das er wohl zuvor dort abgelegt hatte. „Wo drückt der Schuh, Bobby?", fragte ich. „Nun ja", antwortete er, „das Ding hier ist der Grund, warum ich immer noch hier bin – obwohl ich eigentlich schon seit zwei Tagen mit dem Schlagzeug fertig bin." Nachdem Bobby seine Parts bereits alle eingespielt hatte, hätte er prinzipiell nicht mehr im Studio zu bleiben gebraucht. Keiner von uns hatte wirklich Bock darauf, zuzusehen, wie Overdubs aufgenommen wurden. Aber wir mussten dennoch stets auf Abruf bereitstehen, falls man noch etwas von uns brauchte. Bobby hatten ansonsten nichts dagegen, ein wenig abzuhängen, aber an diesem Abend hatte er eine Verabredung zum Essen absagen müssen, weil Andy Wallace und Brett ihm mitgeteilt hatten, dass er noch einen letzten Overdub beisteuern sollte. „Brett will, dass ich noch eine kleine Verzierung zu ‚Infected' beisteuere", sagte er ein wenig betrübt.

Noch ein weiterer Gast harrte an diesem Nachmittag im Stand-by-Modus und hatte sich zwischenzeitlich vor den Fernseher gepflanzt. „Lint ist hier", sagte Bobby und wies mir den Weg zum ehemaligen Mitglied von Operation Ivy und nunmehrigen Frontmann von Rancid. Lint – alias Tim Armstrong – stellte sich mir auf sehr herzliche Art vor. „Du bist mein Lieblingssänger", sagte er plötzlich. „Echt?", fragte ich. „Danke vielmals." Ich erwähnte es zwar niemandem gegenüber, aber ich hatte ihn bis jetzt keinen einzigen Ton singen hören. Er war gekommen, um seinen Gesang zu „Television" beizusteuern, einem Song, in dem sich Brett der Thematik der Kathodenstrahlröhre alias Flimmerkiste annäherte. Andy Wallace und Brett produzierten Lints Beitrag, während Bobby und ich in der Lounge herumlümmelten. Das Unterfangen nahm ungefähr vier Stunden in Anspruch, bevor Bobby endlich gegen 22 Uhr an die Reihe kam, um seinen Overdub einzuspielen.

Lints Worte der Anerkennung gingen mir runter wie Öl. Ich fühlte mich immer schon geehrt, wenn anderen Punkrockern meine Stimme zusagte, obwohl ich nie versucht habe, besonders „Punk" zu klingen. Dave Markey, der Filmemacher, sagte einmal, dass ich eine „klassische" Hardcore-Stimme hätte. Ich verstand nicht wirklich, was er damit sagen wollte, weil Sänger und Produzenten in der Regel danach streben, etwas „Größeres" als bloß den Klang einer Sprechstimme zu erzeugen und abzubilden. Gesangsdiven bezeichnen ihre Stimmen als Instrument, was impliziert, dass ihnen eine Musikalität innewohnt, über die Normalsterbliche nicht verfügen. Ich gab mir hingegen seit jeher Mühe, die Songtexte so deutlich wie möglich zu intonieren – und das Singen erschien mir dabei nicht weniger natürlich als das Sprechen. Angesichts der Aufmerksamkeit, die Andy Wallace meinem Leadgesang widmete und der Anzahl an Takes, die er mich für jeden Song singen ließ, war klar, dass meine natürliche Art zu singen und die durchdringende Qualität meiner Stimme auch auf diesem Album von Bad Religion eine Hauptrolle spielen würden.

Das fertige Produkt bestand aus insgesamt 15 Songs (plus drei Bonustracks) und wurde nur wenige Wochen nach dem Aufnahmeprozess abgemischt und gemastert. Stranger Than Fiction sollte jedoch erst am 6. September 1994 erscheinen, was mir ein seltenes Vergnügen bescherte: einen Sommer mit meiner Familie.

27B. Häuslicher Alltag, kreative Zwietracht

Einen Sommer mit meiner Familie zu verbringen, anstatt mit der Band auf Tour zu gehen, war eine willkommene Abwechslung. Dennoch musste ich eine Vielzahl von Interviews geben, Telefonate abwickeln sowie Faxe schreiben und beantworten. Dazwischen besuchten wir den Bauernmarkt, trafen uns mit anderen Paaren mit Kindern zu Playdates und freuten uns über den Besuch von Großeltern und Freunden, die unsere junge Familie in natura erleben wollten. Auch standen gelegentliche Abstecher nach New York City auf dem Terminplan. Im Handumdrehen fuhr ich in den Big Apple, um dort bei der MTV-Show *120 Minutes* ein Interview zu geben, oder mich mit PR-Agenten, Produktmanagern oder Marketing-Fritzen von Atlantic Records zu treffen, um über die bevorstehende Veröffentlichung unseres Album zu sprechen. Üblicherweise machte das ja auch Spaß und bot mir die Gelegenheit, eine Tag lang außer Haus zu kommen, einen „Power-Lunch" in New York City zu mir zu nehmen und die Euphorie rund um die Platte zu genießen. Der Release wurde förmlich herbeigesehnt und sorgte bereits vorab in der Presse und der Industrie im Allgemeinen für Furore.

Zuhause wurde mein Berufsleben hingegen kaum thematisiert. Greta und ich führten keine Gespräche über die Zukunft. Sie war Tag für Tag vollauf damit beschäftigt, sich um die Kinder zu kümmern. Ich konnte immer wieder mal ganz leger mit ihnen spielen, vielleicht auch einmal einen Disney-Film auf Video gucken und dazu Popcorn zu machen, aber es stand mir auch stets frei, mich wieder ins Musikzimmer zurückzuziehen, wenn mir das zu mühsam wurde. Ich langweile mich zwar schnell, aber Musik ist immer ein großartiges Gegenmittel. Vielleicht wirkt es mitunter, als würde ich hart arbeiten, wenn ich einen neuen Song schreibe, aber tatsächlich wehre ich mich nur gegen die Fadesse.

Das Traumleben, das ich für mein Familie zu schaffen glaubte, war mir stets ein großes Anliegen. Tatsächlich waren allen Bandmitglieder ihre Familien sehr wichtig. Es war fast so, als wäre unser gemeinsamer Nenner, dass wir alle versuchten, unsere Familien glücklich zu machen. Als ob das unser eigentliches Kerngeschäft wäre. Das Problem ist nun einmal, dass ein Dasein als Profimusiker eben ein paar Schwierigkeiten aufwirft, die wiederum ein paar unkonventionelle familiäre Arrangements erfordern. Wir mussten dies auf die harte Tour lernen. Zwar waren wir uns dessen nicht wirklich bewusst, aber alles, was wir aufzubauen versuchten, stand auf tönernen Füßen, die irgendwann zu bröckeln beginnen sollten.

Die quasi-romantische Vorstellung, dass ein Künstler seine eigene Passion und irre Obsession auslebt und einsam und konsequent danach strebt, das Böse aus seinem Leben zu verbannen, worunter alle rund um ihn herum zu leiden haben, war jedoch keine adäquate Beschreibung meines Daseins. Dennoch musste ich der Wahrheit ins Auge blicken: Ich befand mich sehr wohl auf einer Mission. Wie so viele Amerikaner sehnte ich mich insgeheim nach einem Ideal, das sich in mein Unterbewusstsein gebrannt hatte. Die Attraktivität des Punk als Kunstform musste sich mit diesem Ideal vereinbaren lassen, da ich mich ansonsten wie ein Scharlatan gefühlt hätte. Aber woher stammte diese veranlagte intellektuell-kreative Eingebung? Zum Teil hatte das vermutlich mit der unausgesprochenen Erwartungshaltung der Graffin University zu tun.

Als junger Student belegte ich in einem meiner frühen Semester an der UCLA einen Kurs zur intellektuellen Entwicklung der USA. Er sollte mein Leben verändern. Ich lernte dort nicht nur meine erste Frau Greta kennen, sondern er formte auch meine Selbstbewusstheit als Künstler. Ich lernte, dass ästhetische Vorstellungen auf Traditionen hinsichtlich der Lebensführung basierten, von denen manche überraschend weit zurückreichten. Hier erfuhr ich etwa vom Konzept der „Zwischenstadt“[6]. Die Lehrveranstaltung baute zudem auf der Lektüre von Autoren wie Nathaniel Hawthorne, Ralph Waldo Emerson, Henry David Thoreau und Thomas Jefferson auf. All dies wurde von unserem zentralen Lehrbuch, einer wissenschaftlichen Abhandlung des Literaturkritikers Leo Marx mit dem Titel *The Machine In The Garden*, zu einem anschaulichen Narrativ versponnen. Ich fand Gefallen an *Notes On The State Of Virginia* von Thomas Jefferson und begeisterte mich auch für Henry David Thoreau, dessen lebendige Schilderungen der Wälder im Osten Amerikas mich an die fantastischen Urlaube in Wisconsins Door County erinnerten, die wir in meiner Kindheit unternommen hatten.

6 Im Original *Middle Landscape*

Der geistige Impuls, den ich diesem Kurs verdankte, spielte eine zunehmend relevante Rolle für mich, da ich Bad Religion während meines College-Besuchs bereits vornehmlich als intellektuelle Beschäftigung empfand. Wie tickten die Amerikaner? Diese Thematik bot reichlich Potenzial für Kritik, Dekonstruktion und Parodie. Perfekter Nährboden für Punksongs. Allerdings ließ sich auch die emotionale Verbindung, die ich zur Kurslektüre aufbaute, nicht leugnen. Kurzum: Es war nicht bloß irgendeine Vorlesung für mich. Vielmehr sprach mich die Lehrveranstaltung auch auf einer Gefühlsebene an, was durch den Gastvortragenden John King noch weiter verstärkt wurde. Irgendetwas am Konzept der „Zwischenstadt" sprach mich auf eine Art an, die über meinen Verstand hinausging.

Laut Leo Marx (eine Professor vom MIT, der übrigens nicht mit Karl Marx verwandt war) lässt sich Amerika am besten als elendslanger Gedankenstrang begreifen, der ursprünglich von den frühen amerikanischen Autoren initiiert wurde. Man hält sich vielleicht für einen „Stadtmenschen" oder auch für einen „Jungen vom Lande". Aber diesen Sichtweisen haftet nichts Einzigartiges an. Vielmehr resultieren sie aus Narrativen und Mythen, die unauslöschliche Bestandteile unserer Kultur sind. Das Konzept einer „ländlichen Landschaft" als Idealvorstellung ist sogar noch älter als die klassische Literatur und reicht bis ins Zeitalter des Alten Roms, in eine Zeit vor der Einführung des christlichen Kalenders zurück. Der Dichter Vergil beschrieb eine erfreuliche Naturerfahrung als „Idyll". Solch idyllische Beschreibungen wurden im Verlauf der Jahrhunderte in der Literatur und Musik zu kulturellen Idealen, die sich immer stärker verfestigt haben. Hawthorne schildert die perfekte Naturszenerie in „Sleepy Hollow", einer Passage aus seiner Veröffentlichung *American Notebooks* aus dem Jahr 1844, in der er detailliert auf Einzelheiten wie sanfte Winde, den strahlenden Sonnenschein und die Beschaffenheit des Waldbodens eingeht. Doch plötzlich durchbricht wie aus dem Nichts der schrille Klang einer Zugpfeife die Stille – ein abruptes Eindringen einer Maschine in den Garten. Die Dampflok als evokatives Bild ist ein bewährtes Motiv der Americana-Kultur und wurde zahllose Male in Songs, Literatur und Filmen aufgegriffen. Leo Marx vermutete, dass der Grund für diese sentimentale Vorstellung davon, was es heißt, Amerikaner zu sein, aus der Spannung zweier emotionaler Gegensätze resultiert: Einerseits dem ausgeprägten Bedürfnis, rurale Umgebungen zu romantisieren, was sich bis zu Vergil und dem Alten Rom zurückverfolgen lässt, und andererseits einer fast schon religiösen Technologie-Gläubigkeit und Hingabe an die Industrialisierung, diesem notwendigen Übel, mit dem die Wildnis und das Idyll „gezähmt" werden sollen.

Eine kleine Farm in Familienbesitz ist laut Thomas Jefferson die höchste Errungenschaft, die das Leben bereitzuhalten imstande ist. Diese erfordert jedoch technologische Intervention, um funktionieren zu können. Bis ins 20. Jahrhundert wurde dies durch die Lokomotive, die Fracht transportierte, oder die „dunklen satanischen Mühlen" (wie William Blake 1808 schrieb), die Waren anfertigen, symbolisiert. Vergleichbar heute etwa mit dem Pick-up-Truck. Diese Werkzeuge der Menschheit erlaubten es allen städtischen Fabrikanten auch in der Natur präsent zu sein. Die Maschine wurde daher als ein integraler Bestandteil des amerikanischen Fortschritts wahrgenommen. Bereits 1831 war dies die vorherrschende Haltung in Amerika.[7] In diesem Jahr machte ein vielgelesener Essay die Runde, in der viele Behauptungen aufgestellt werden, die selbst heute noch auf offene Ohren treffen. Da heißt es etwa: „Intellektueller Fortschritt kann nur in Mußestunden erfolgen, wenn ein Mann von den Unbilden harter Arbeit entbunden ist" und „Jene Nationen, in denen die meisten arbeitersparenden Maschinen gebaut werden, werden die größten intellektuellen Fortschritte erzielen" sowie „Maschinen sollen dem Menschen die Arbeit abnehmen".[8] Dies zeigt, dass das kulturelle Narrativ der industriellen Intrusion bereits von Anfang Teil des amerikanischen Alltags war. Tatsächlich sollte dieses Spannungsverhältnis auch nie mehr abflauen.

Amerikaner zeigen sich immer noch darüber verwirrt, wie sich Technologie mit unserer anderen Obsession, nämlich der Natur, versöhnen lässt. Es ist wohl keine Übertreibung, wenn man behauptet, dass rund um das Konzept der Suburbs ähnliche Kräfte am Werk sind. Suburbs sind die technisierten Auswüchse des Ideals der Zwischenstadt. Wie Leo Marx es ausdrückt, verkörpern literarische Protagonisten einen zeitlosen menschlichen Impuls, eine Versöhnung zwischen den Kräften der Zivilisation und der Natur zu bewirken.[9] Mit

---

7 Vgl. *The Machine In The Garden: Technology And The Pastoral Ideal in America* von Leo Marx, New York: Oxford University Press (2000).

8 „Defense of Mechanical Philosophy" von Timothy Walker, in: *North American Review*, Ausgabe 33 (Juni 1831), S. 122

9 Vgl. *The Machine In The Garden* von Leo Marx, S. 35.

dem amerikanischen Punkrock gelangten wir schlussendlich an einen Punkt, an dem dieses Ideal auf Ablehnung stieß. Als Punk sich zu einer festen Größe der amerikanischen Suburbs entwickelte, wurde die Zwischenstadt zum ersten Mal als Trug und Schwindel entlarvt und durch ein neues Ideal für die amerikanische Identität ersetzt, das erst noch ausgearbeitet werden wollte. Punk stand hinsichtlich dieser Bewegung an vorderster Front und es ist möglich, dass die Bildsprache des Genres, etwa in Form unseres „Suffer-Boys“, dazu beitrug, deren Ästhetik zu definieren. Die meisten Punks waren eher urban eingestellt – so wie die meisten amerikanischen Normalverbraucher im 20. Jahrhundert. Ich wiederum entsagte mich ganz bewusst den Verlockungen des Stadtlebens, ließ mich auf die technologische Intrusion ein und verabschiedete mich in ein idyllisches Setting. Ich konzentrierte mich fortan auf die Natur anstatt auf soziale Unruhen und urbane Mühen oder andere für Punk typischere Themen. Daher fußte die stur-pervasive intellektuelle Motivation, die meinen Songwriting-Prozess vorantrieb, auf meiner analytischen Sichtweisen, was sich auch auf meine Lebensentscheidungen auswirkte. Ein großer Ausschnitt meines Schaffens widmete ich der Erforschung des falschen Narratives der Zwischenstadt – nachdem ich als Mitreisender in Los Angeles gelandet war – und dem Wunsch, sie wieder hinter mir zu lassen.

27C. Das Telefonat

Im Juni 1994 erhielt ich einen niederschmetternden Anruf, der den ersten von drei großen Rückschlägen markierte, die mich in den kommenden 14 Monaten ereilen sollten und mir fast den Boden unter den Füßen wegzogen. Am anderen Ende der Leitung befand sich Brett. Ich sprach mit ihm via meines Festnetztelefons in meinem Wohnzimmer. „Hey, Greg, ich bin gerade aus der Band ausgestiegen“, verkündete Brett. „Was?“, fragte ich ungläubig, als ich mit dem Hörer des Schnurlosgeräts an meinem Ohr an einen etwas privateren Ort flüchtete. „Warum möchtest du ausgerechnet jetzt aus der Band aussteigen?“, erkundigte ich mich. „Jay und ich haben uns gerade gestritten und ich habe diesen ganzen Mist einfach so satt. Ich halte das nicht länger aus“, sagte er. Das kam mir einigermaßen schräg vor, da wir uns alle im Laufe der Jahre gelegentlich in die Wolle geraten waren. Kreative Differenzen und intellektuelle Debatten konnten mitunter in hitzigen Streitereien münden. Teufel noch eins, ich kann mich sogar daran erinnern, dass ich Jay einmal eine geschmiert habe, bloß weil er bei einem Zwischenstopp an einer Tankstelle behauptet hatte, besser als ich tanken zu können! Kleinere Kabbeleien waren uns also nicht fremd, aber dieses Mal war plötzlich alles anders. Ich musste diese Info erst einmal sacken lassen, aber ich war abgelenkt, da die Großeltern zu Besuch waren, um ihre neue Enkelin zum ersten Mal zu besuchen. Im Haus herrschte eine festliche Stimmung und ich musste mir Mühe geben, diese aufrechtzuhalten. Aber diese Nachricht war schon eine bittere Pille. In den restlichen 15 Minuten unseres Gesprächs hatte ich gefragt, was ich bloß tun könnte, um das Problem aus der Welt zu schaffen. Doch Brett stellte mich nicht einmal vor die Wahl „er oder ich“, was mir signalisierte, dass er wirklich nicht länger beabsichtigte, Mitglied bei Bad Religion zu bleiben. „Brett, ich muss dich später zurückrufen, aber tu mir bitte den Gefallen und denke noch einmal über alles nach, okay?“, versuchte ich ihn zu beschwichtigen.

Nachdem ich aufgelegt hatte, begab ich mich zurück ins Wohnzimmer, wo sich alle versammelt hatten, als das Telefon sogleich noch einmal klingelte. Ich kehrte an meinen privaten Rückzugsort zurück. „Hallo?“, sagte ich. Es war Danny, unser Manager. „Verdammte Scheiße“, sagte er. Als ob jemand auf dem Wohnzimmertisch ein Kartenhaus errichtet hätte und nun jemand anders die gläserne Schiebetür zur Terrasse öffnete und eine steife Brise ins Haus ließ. Seine Stimme und Intonation vermittelten den Eindruck, als ob er sagen wollte: „Alles ist hin …“ Das bremste meinen Optimismus erheblich. Der Typ, den wir als Manager an Bord geholt hatten und der sich so geschickt um die Kommunikation unserer gesamten Organisation kümmerte, der der Band – gemeinsam mit Michele – eine so positive Außendarstellung verlieh, klang nun wie ein Reporter, der vom Absturz der Hindenburg berichtete. „Ich habe versucht, Brett die Sache auszureden, aber er scheint wildentschlossen zu sein, die Band zu verlassen“, sagte er. „Nun, Danny,“ sagte ich, „du wirst dich wohl darum kümmern müssen.“ Er meinte, ich sollte die Zeit mit meiner Familie genießen und würde bald von ihm hören.

Nach dem Abendessen zogen sich alle in ihre Schlafgemächer zurück. Ich erzählte Greta vom Telefonat mit Brett. Ihr Gesichtsausdruck verriet Enttäuschung. Ich interpretierte ihren Blick als: „Ich habe kein Vertrauen in dich. Das ist ja wieder einmal ein schöner Schlamassel, in den du uns da hineingeritten hast.“ Mich beschlichen Schuldgefühle und ich spürte die Verantwortung, die Situation zu bereinigen. Ich fühlte mich verantwortlich, obwohl ich uns ganz offensichtlich nicht in diese Bredouille gebracht hatte.

Am späteren Abend, als bereits alle schliefen, schlich ich mich ins Studio über der Garage. Dort hatte ich genug Zeit, um über den Ernst der Lage und die Auswirkungen des Telefonats nachzudenken. Dies war definitiv eine maßgebliche Zäsur. Ich erinnerte mich zurück an ein anderes Ferngespräch, das Brett und ich Jahre zuvor, nämlich 1983, geführt hatten. Damals hielt ich mich gerade in Wisconsin auf, um in Madison zu studieren. Epitaph war damals noch nicht viel mehr als bloß ein Name. Auch bei dieser Unterhaltung ging es um eine Trennung. Doch der Grundtenor war damals ein wenig optimistischer und hoffnungsvoller. „Junge, da wir dieses Label im Wohnzimmer deiner Mom und im Hell Hole gegründet sowie im Haus meiner Eltern gegründet haben, wollte ich dir nur meine Ziele erklären. Ich hoffe, du bist nicht sauer. Da du ohnehin gerade im College bist, möchte ich das Label gern ganz nach meinen Vorstellungen führen. Bist du damit einverstanden?“, sagte Brett, womit er mir im Grunde genommen mitteilte, dass er sich auf eine konstruktive Mission begeben und auf der Grundlage unserer Band eine Plattenfirma starten wollte. „Natürlich, hau rein!“, sagte ich. Immerhin wollte ich, dass Bad Religion auch während meiner Abwesenheit auf Schiene blieb, und so lange Brett Interesse daran zeigte, das Label zu verbessern, würde die Band ebenfalls davon profitieren. Also vertiefte ich mich weiterhin in mein Studium, während er sich auf das Label fokussierte. Das fühlte sich damals durchaus gut an.

Doch sein jüngster Anruf war viel ominöser. Sein Ausstieg aus der Band bedeutete auch das Ende unserer Partnerschaft. Mich erfüllte ein Gefühl der Trauer, da sich unsere Freundschaft nicht länger um ihre einträglichste Facette drehen würde: das gemeinsame Schreiben, Produzieren und Spielen von Bad-Religion-Songs. Zudem würde Brett dieses Mal nicht nur als Gitarrist und Songwriter die Band verlassen. Immerhin hatten wir ja inzwischen bei Atlantic Records unterschrieben, weshalb wir unser Material auch nicht mehr bei seiner Plattenfirma veröffentlichen würden. Es war, als ob er absolut reinen

Tisch gemacht hätte. Bad Religion gehörten für ihn der Vergangenheit an, was wohl auch auf mich als Person zutraf.

Brett hatte während unseres unheilvollen Telefonats etwas gesagt, das ich als Aufmunterungsversuch und Ermutigung aufgefasst hatte. „Alter, mach dir bloß keine Sorgen. Mach einfach weiterhin das, was du eben so machst", so Brett. „Immerhin waren Van Halen sogar noch erfolgreicher, nachdem David Lee Roth die Band verlassen hat – dabei war er ihr Sänger!" Diese Worte verfehlten ihre Wirkung nicht. Auf diese Weise gab er mir seinen Segen, auch ohne ihn weitermachen zu dürfen. Dies würde bedeuten, dass ich mir als Frontmann und nunmehr alleiniger Songwriter ab sofort doppelt so viele Mühe geben müsste. Es war die Stimme von Bad Religion – meine Stimme –, die das Publikum auf Platte und der Bühne hören wollte. Doch für die unmittelbare Zukunft brauchten wir auch dringend einen neuen Gitarristen, der Bretts Parts auf der bevorstehenden Tour spielen würde. Unser nächstes Album war bereits im Kasten, die Veröffentlichung rückte immer näher und in gerade einmal zwei Monaten sollten wir auf Welttournee gehen, um unsere neue Platte angemessen zu bewerben.

Brett, Danny Heaps und die gesamte Band hatten verabredet, Bretts Ausstieg aus der Band weder anzukündigen noch viel medialen Tamtam um seinen Abschied zu veranstalten. Tatsächlich beschränkte sich ein Großteil der Öffentlichkeitsarbeit darauf, den Kartenverkauf eines großen Musikfestivals im Sommer voranzutreiben, bei dem Bad Religion auftreten sollten. Diese Sause würde am 29. Juli im Hollywood Palladium stattfinden – und Brett würde dort mit uns noch einmal auf der Bühne stehen. Der Grund für dieses unbeholfene Vorgehen bestand darin, dass diese Show im Rahmen einer Feier zu Ehren seines Labels und dessen Erfolg in Szene gehen sollte.

Die Epitaph Summer Nationals, so der Name des Festivals, fanden vor 3.500 Punkrock-Fans statt und zählten in diesem Sommer zu den wichtigsten Events für unser Genre. Im Fokus standen dabei zahlreiche Bands, deren Alben bei Epitaph erschienen: Pennywise, Rancid, NOFX und – natürlich – Bad Religion. Ich fand es irgendwie sinnlos, die Show zu spielen, da der Gründer der Plattenfirma inzwischen entschieden hatte, sich aus der Besetzung der allerersten Band auf seinem Label zu verabschieden. Immerhin unterstützte ich ebendieses Label in erster Linie aufgrund der Freundschaft zwischen Brett und mir. Doch wenn man Brett nun aus der Gleichung subtrahierte, verringerte sich meine Motivation sogleich wesentlich. Ich sah mich meiner eigenen Band verpflichtet – und da Bad Religion bereits im Alleingang das Palladium ausverkauft hatten, ohne große Unterstützung seitens Epitaph oder der anderen Bands auf dem Label, ging ich davon aus, dass die anderen Gruppen mehr von uns profitieren würden als umgekehrt. Es fühlte sich jedenfalls nicht wie ein Anlass zum Feiern an.

Meiner gesanglichen Performance konnte man diese hochnäsige Haltung jedoch nicht anmerken. Wir verhielten uns alle professionell und spielten ein souveränes Konzert. Brett sprach kaum ein Wort mit uns. Ich verließ das Palladium nur kurze Zeit nach unserem Set und verzichtete darauf, mich persönlich von ihm zu verabschieden. Dies war der Beginn meiner Bemühungen, den unbequemen Aspekten zwischenmenschlicher Beziehungen mit meinen Bandmitgliedern aus dem Weg zu gehen. Stattdessen wollte ich weiter voranstreben und mich lieber um die bevorstehenden Herausforderungen kümmern.

Die zentrale Herausforderung, die wir nun meistern mussten, bestand darin, wie wir fortan wahrgenommen würden. Auf der Bühne konnten wir auch weiterhin für Furore sorgen – wir bräuchten nur einen großartigen Gitarristen zu finden, der Brett ersetzen könnte. Allerdings mussten wir auch die kritischeren Punkrock-Fans und Journalisten zufriedenstellen, die Bretts Ausstieg als Folge unseres Wechsels von einem integren Indie-Label (das Brett ja selbst gehörte, wie sie nur zu gut wussten) zu einem kommerziellen Plattenkonzern aufbauschen wollten. Wir mussten uns hinsichtlich der bandinternen Konflikte bedeckt halten und uns auf Themen wie etwa unsere bevorstehende Tour konzentrieren und eine konstruktive Lösung für unser Besetzungsproblem finden. Wir benötigten nämlich einen echten „Superstar“ als Ersatz für unseren höchst erfolgreichen, aber nun leider ehemaligen Labelboss und Gitarristen.

Als PR-Masche funktionierte diese Herangehensweise jedenfalls. Doch insgeheim machte ich mir große Sorgen. Brett und ich waren ein eingespieltes Songwriting-Team gewesen. Damit meine ich, dass wir zu gleichen Teilen musikalische Ideen, Melodien, Arrangements, und Produktionsvorschläge zu unseren Alben beitrugen. Songwriting-Teams sind im Musikbusiness eher selten. Im Punkrock sind sie überhaupt eine Ausnahme. Es gab zwar viele Beispiele für Gitarrist-und-Sänger-Duos im Punk, aber in der Regel trugen sie unterschiedlich viel zum Songwriting-Prozess ihrer jeweiligen Combos bei. Normalerweise kam es stattdessen zu einer Aufgabenteilung. Eines der Stereotypen erfolgreicher Rockmusik schreibt vor, dass einer das „musikalische Genie" (der Gitarrist) und der andere das „melodische Genie" (der Leadsänger) sein muss. Vertreter dieser Formel traf man etwa bei den New York Dolls (Johnny Thunders und David Johansen), den Stooges (Ron Asheton und Iggy Pop), den Smiths (Johnny Marr und Morrissey), X (John Doe und Exene Cervenka), Blondie (Chris Stein und Debbie Harry) und den Dead Boys (Cheetah Chrome und Stiv Bators). Auch in unserem eigenen Umfeld gab es mit Rikk Agnew und Tony Cadena (Adolescents) oder auch Lucky Lehrer und Greg Hetson gemeinsam mit ihrem Sänger Keith Morris Songwriting-Gespanne, die belegten, dass Arbeitsteilung im Punkrock-Kontext die Norm darstellte. Dann gab es im Punk, New Wave und Grunge noch etliche Beispiele für individuelle „Genies", die man eigentlich nicht wirklich als Gitarristen, sondern eher als Singer-Songwriter wahrnahm, die eben auch noch Gitarre spielten. Dazu zählten etwa Elvis Costello, Kurt Cobain oder auch David Byrne. Bad Religion waren in dieser Hinsicht jedoch einzigartig, da es bei uns zwei Songwriter gab, die jeweils die Hälfte der fertigen Songs bereitstellten. Ich musste nun meine Angst vor dem Verlust von 50 Prozent unseres Songwriting-Teams abschütteln, meine Bemühungen als Songwriter schlichtweg verdoppeln und darauf hoffen, dass wir einen geeigneten Ersatzgitarristen finden würden.

Um das Ruder zu unseren Gunsten herumzureißen, benötigten wir eine echte Legende. Jay und Greg Hetson machten sich auch sogleich auf die Suche und bedienten sich dabei ihrer unzähligen Kontakte zu Freunden, die in anderen Bands engagiert waren, um auszuloten, ob irgendjemand Interesse hatte, bei uns einzusteigen. Bad Religion traten nun in die arbeitsintensivste Phase der bisherigen Bandgeschichte ein. Wir würden ab sofort mehr Zeit als je zuvor miteinander verbringen. Obwohl wir uns bis zu einem gewissen Grad auseinandergelebt hatten, waren die Bandmitglieder auch mehr oder weniger miteinander aufgewachsen, weshalb wir über die Schrullen und Interessen der jeweils anderen Bescheid wussten. Der potenzielle Neuankömmling musste eine Art Chamäleon sein und sich bei so unterschiedlichen Gesprächsthemen wie Motorräder und Bassgitarren (Jay), asiatische Küche in europäischen Städten (Hetson) und meinen eigenen Interessenbereichen wie etwa der menschlichen

Natur und amerikanischer Geschichte profilieren können. Gleichzeitig müsste er ein gewitzter, humorvoller Zeitgenosse und ein absolut herausragender Gitarrist sein. Das war eine ganz schön umfangreiches Anforderungsprofil. Interessanterweise arbeitete diejenige Person, die all diese Eigenschaften in sich vereinte und noch etliche weitere Vorzüge vorweisen konnte, damals in einem Probestudio in Hollywood. Wir sprechen selbstverständlich von niemand Geringerem als Brian Baker.

27D. Eine Lösung namens Brian

Die Jungs kannten Brian, da er einst die legendäre Band Minor Threat mitbegründet hatte, die in weiterer Folge auch mit den Circle Jerks spielte. Zudem kannte er als Gründungsmitglied von Dag Nasty auch Brett, der ihr Album Four On The Floor für Epitaph produziert hatte. Ich hörte von Brian allerdings zum ersten Mal im Rahmen einer Telefonkonferenz aller Bandmitglieder. „Er ist ein bisschen ein Rock-Flittchen", sagte Greg Hetson, womit er ausdrücken wollte, dass Brian in vielen sehr unterschiedlichen Bands spielte. Tatsächlich spielte Brian noch in seiner eigenen Rock-Combo namens Junkyard, bis er sich in unserem Proberaum einfand. Aber ich vertraute Greg Hetsons und Jays Einschätzung in Bezug auf seine außergewöhnlichen Fähigkeiten als Gitarrist. Immerhin waren sie beide in der Musikerszene von L.A. bestens vernetzt. Greg Hetson und Brian machten oft gemeinsam die Clubs und Bars in Hollywood unsicher. Jay, der ebenfalls Gitarre spielte, sagte: „Er hat an der Gitarre viel mehr auf dem Kasten als Brett."

Basierend auf nichts als der Begeisterung meiner Bandkollegen, ohne jegliche persönliche Verbindung zu ihm oder Kenntnis seines Könnens hieß ich Brian nun im Rahmen einer weiteren Telefonkonferenz gemeinsam mit Greg Hetson in unserer Band willkommen. „Wann kannst du vorbeikommen?", fragte ich, da ich wusste, dass uns einiges an Arbeit bevorstünde, um Brian startklar zu machen. Immerhin hatte er sich bereiterklärt, live auch den Hintergrundgesang von Brett zu übernehmen. Da wusste ich aber noch nicht, dass er gesanglich nicht so versiert war, wie er sich gegenüber den anderen gebrüstet hatte. „Nachdem wir ein bisschen hier in L.A. geprobt haben und ich mich mit den Songs vertraut gemacht habe", antwortete er, „fliege ich zu dir nach New York, um mich bei dir im Gesangs-Camp einzukasernieren."

Eigentlich wollte ich den Juli in Ruhe zuhause verbringen, um mit Ella und Graham zu spielen, mich an unserem Garten erfreuen und ein paar neue Bäume pflanzen. Durch unser Haus schwirrten ständig irgendwelche Kinder, die mit ihren Eltern zum Spielen kamen. Wie das bei jungen Familien nun einmal so üblich war. Brian, ein Junggeselle aus der Großstadt, wurde bei seinem Eintreffen sogleich von einem vollkommen anderen Lebensstil überrascht. Früh aufstehen, Arbeiten rund ums Haus erledigen, Abstecher zum Bauernmarkt, Gartenbau und Spaziergänge durch die Natur – all das musste für eine Szenegröße aus L.A., wie Brian eine war, schlichtweg ein Gräuel sein. Bei uns zuhause war das aber die Norm. Tatsächlich nahm Brian diese Zustände aber relativ locker und gelassen – und die Kinder freuten sich über seine Gesellschaft.

Brian und ich verbrachten ungefähr zwei Wochen zusammen. Wir gingen die Songs durch und feilten an seinem Gesang. Seine Parts waren ja nicht sonderlich komplex. Auch er war der Ansicht, dass wir besser als je zuvor spielen mussten, da ein paar der besonders skeptischen Punks, die uns auch des Ausverkaufs bezichtigten, nur darauf warteten, dass wir Schiffbruch erlitten. Ein paar von ihnen schlossen sich sogar zu einer Art Anti-Fanclub zusammen, dessen originelles Motto „Kein Brett, kein Set" lautete. Ohne Brett, so glaubten sie, wären wir nicht in der Lage, unsere Glaubwürdigkeit aufrechtzuerhalten. Natürlich war dies bloß eine Minderheitenmeinung. Aber wenn es uns gelänge, sogar diese im Fell gegerbten Skeptiker zu überzeugen, würden auch alle anderen davon profitieren. Sobald die Fraktion der Miesmacher spitzbekäme, dass ausgerechnet Brian Baker bei uns auf der Bühne stünde, wäre ihrer Argumentation hinsichtlich unserer Glaubwürdigkeit sofort der Wind aus den Segeln genommen. Sein Sound, der einen für Punkrock fast unvergleichlich hohen Wiedererkennungswert besitzt, und seine Virtuosität würden dann den Rest besorgen. Sein Spiel vervollkommnete unsere Songs und passte sich nahtlos an unseren Stil an. Das Publikum würde schon bald ein wesentlich verbessertes Set von Bad Religion zu hören bekommen.

Während wir im Rahmen unserer täglichen Übungseinheiten Songs einstudierten, seinen Gesang verfeinerten und Bad-Religion-Alben hörten, verfolgten wir im Fernsehen auch eine bedeutungsvolle Live-Übertragung. Das Musikfestival Woodstock '94, das anlässlich des 25-jährigen Jubiläums des Originals organisiert wurde, fand gerade einmal etwas mehr als 200 Kilometer von meinem Haus entfernt statt. Wir waren zwar viel zu beschäftigt, um uns persönlich zu diesem chaotischen Happening zu begeben, aber wir verfolgten es mit großem Interesse im Fernsehen, da so viele unserer Kollegen dort die Bühne zierten. Tatsächlich lief die Übertragung praktisch zwei Tage lang ununterbrochen durch. Brian und ich legten immer dann eine Pause zum Fernsehen ein, wenn eine Band, die uns interessierte, ihren Auftritt absolvierte. So sahen wir etwa, wie Trent Reznor und auch Green Day mit Schlamm beworfen wurden und der Sänger der Southern-Rock-Band Jackyl sich mit Blut beschmierte. Nichts davon war wirklich sehenswert. Allerdings waren wir beide von den unüberschaubaren Menschenmassen beeindruckt. Nichts erinnerte dabei an die Hippies, die sich noch 1969 versammelt hatten. Vielmehr bestand das Publikum aus jungen Menschen, die sich für Grunge, Thrash und Punkrock begeisterten – sie hätten sich genauso bei einem Konzert von uns einfinden können. Uns war jedenfalls bewusst, dass Bad Religion noch Wachstumspotenzial besaßen. Nichts an den Bands, die wir auf der Mattscheibe verfolgten, ließ uns in Ehrfurcht erstarren. Wir wussten auch, dass wir mindestens so gut waren – wenn nicht sogar noch besser. Tatsächlich hatten selbst zu diesem Zeitpunkt etliche der Performer entweder Bad Religion oder auch Brians alte Band, Minor Threat, als Einfluss auf ihre eigene Musik bezeichnet. In jovialem Einverständnis erklärten wir unisono: „Wir gehören auf diese verdammte Bühne!" Punkrock vor einem Festivalpublikum zu beobachten, vermittelte Brian eine gute Vorstellung davon, wie es war, mit Bad Religion aufzutreten, denn sein erster Gig, der schon fünf Wochen später stattfinden sollte, würde sich gleich vor 30.000 Menschen beim Bizarre Festival in Köln zutragen.

Der Auftakt zu unserer nächsten Tour, mit der wir die seitens unseres Major-Labels groß angekündigte Veröffentlichung von *Stranger Than Fiction* promoten wollten, ereignete sich nicht etwa zuhause in Amerika, sondern in Europa. Obwohl das Album erst in mehreren Wochen offiziell erscheinen sollte, würden wir beim Bizarre Festival bereits ein paar der Songs vom neuen Album vorstellen. Brian lieferte eine fehlerfreie Performance und bewies, dass er – egal, in welchem Setting – der perfekte Ersatzmann für Brett war. Dabei hatte ich nicht gewusst, dass irgendjemand, kurz bevor wir auf die Bühne gingen, Brian geflüstert hatte, dass Brett höchstpersönlich die Show vom Mischpult aus verfolgte, welches sich irgendwo inmitten der 30.000 Musikfans befand. Doch nicht einmal das konnte Brian einschüchtern.

Die *Stranger-Than-Fiction*-Tour sollte unsere bis dahin finanziell erfolgreichste Tournee werden. Dank Eric, unseres so geschickten Anwalts, war Atlantic Records nur in Nordamerika für uns verantwortlich, während wir überall sonst auf der Welt bei Sony Music veröffentlichten. Sony besaß nämlich in jedem Land auf der Welt eine eigene Niederlassung samt Büro, was dazu führte, dass unser Album in den Schaufenstern der Einkaufsstraßen von so unterschiedlichen Städten wie Stockholm, Berlin, Mailand und Barcelona intensiv beworben wurde. Sony stellte auch die nötigen Geldmittel zur Verfügung, um endlich auch in Japan und Australien auf Tour gehen zu können. Zudem intensivierte Sony auch unser Marketing und unsere PR in südamerikanischen Ländern wie Brasilien, Argentinien und Chile.

27E. Scheidungsangst

Trotz des weltweiten Erfolgs der Band gab es andere Bereiche meines Lebens, die nun vor dem Kollaps standen. Nachdem ich meine akademische Karriere auf Eis gelegt hatte, nahm ich meine Familie als selbstverständlich an. Wann immer ich von einer Tournee nach Hause kam, erwartete ich von meiner Frau eine Art Heldenempfang. Doch für sie stellte meine Heimkehr eher eine häusliche Umstellung dar. Während ich unterwegs war, hatte sich nämlich eine eigene Routine etabliert, weshalb wir uns nun beide mit einer abrupten Veränderung konfrontiert sahen. Ich übersah, dass sie in meiner Abwesenheit den Laden am Laufen halten musste. Obwohl wir es uns leisten hätten können, verzichtete sie auf die Dienste einer Vollzeit-Nanny. Ich respektierte diesen Wunsch. Während ich meinen Kopf in den Wolken hatte und mit den Pflichten und Freuden des Lebens auf Tour beschäftigt war, kümmerte sie sich als Mutter zweier Kleinkinder um das alltägliche Chaos, betätigte sich am Spielplatz als Aufsichtsperson, hieß andere Kinder bei uns zuhause willkommen und schlichtete diverse Kindergarten-Dramen. Angesichts dieser Situation war es wenig verwunderlich, dass unsere Familie auf eine ernste Belastungsprobe gestellt wurde.

Es war nicht so, als ob ich meine Familie nicht gern mit auf Tournee genommen hätte. Das hatten wir sogar schon einmal ausprobiert. Für eine Tour durch Europa im Jahr 1993 hatten Brett und ich unseren eigenen Bus gemietet, um unsere Familien und Freunde als „Nannys" mitnehmen zu können. Ich glaubte, dass das für alle ein großes Vergnügen wäre. Doch der Spaß war nur von kurzer Dauer. Der Genuss, mit der Familie im Tourbus durch Europas romantischste Städte zu tingeln, litt stark unter der Verpflichtung, sich in fremden Ländern um kleine Kinder kümmern zu müssen. Klar, es war schon eine schöne Sache, Paris oder Frankfurt zu bereisen, aber die Anstrengungen, Notwendigkeiten wie Windeln und Babynahrung aufzutreiben, machten das Unternehmen nach ungefähr einer Woche zur Qual. Sechs Wochen waren die reinste Folter. Also würden wir nicht zur neuen Partridge-Familie avancieren.

Studiosessions in Hollywood oder New York sowie zahllose Trips nach London, Berlin, Frankfurt, Los Angeles oder Chicago für Treffen mit der Presse, Konzerte und Festivals füllten meinen Terminkalender. Aber ich war immer noch der Auffassung, dass wir der Lage Herr werden konnten, indem wir eine Nanny engagierten und reichlich Urlaubszeit zwischen den einzelnen Tour-Abschnitten einkalkulierten. Aber leider sollte es nicht funktionieren.

Als ich im Sommer 1994 nach Hause zurückkehrte, bemerkte ich, dass in unserem Haushalt ein Gefühl der Entfremdung herrschte. Zwar nicht zwischen den Kindern und mir – die beiden hingen wie die Kletten an mir, sobald ich durch unsere Haustüre spazierte –, aber dafür zwischen meiner Frau und mir. Das wurde spätestens dann offensichtlich, als unsere gemeinsamen Freunde mehr als ich über unseren häuslichen Alltag zu wissen schienen, was daran lag, dass ich so viel unterwegs war. Bis zu einem gewissen Grad fühlte ich mich in meiner eigenen Familie fremd, was mich sehr belastete. Meinungsverschiedenheiten wuchsen sich zu Streitereien aus, die dann aber nicht zu Ende diskutiert wurden. Nur allzu bald musste ich den nächsten Tour-Abschnitt in Angriff nehmen. Daher wollte ich jede Sekunde mit den Kindern auskosten, allabendlich gemeinsam kochen, Disney-Filme schauen und sie mit Eiskrem verwöhnen. Wo blieb da noch Zeit, um ernste eheliche Gespräche zu führen?

Unsere Tour durch Amerika gliederte sich in zwei Abschnitte. Unser erster Gig fand in Norfolk, Virginia, statt. Der erste Abschnitt unserer Konzertreise endete dann sechs Wochen später in Südkalifornien. Sämtliche Shows fanden in ausverkauften Häusern statt. Michele vom Management-Team, die uns begleitete, fiel auf, dass auf meinen Schultern sehr große Erwartungen lasteten. Aufgrund von Bretts Ausstieg musste ich nun sehr viele Fragen in Bezug auf unseren Wechsel zu einem Major-Label beantworten. Michele betonte, dass unser Erfolg für sich selbst sprach und wies die Pressebeauftragten bei Atlantic Records an, eine PR-Kampagne zu initiieren, die die Vorwürfe der „Punk-Polizei" beflissentlich ignorierte und stattdessen den Erfolg der aktuellen Tour in den Fokus rückte. Ich stand unter dem Eindruck, dass wir den schalen Beigeschmack, den Bretts Abschied hinterlassen hatte, schon bald vergessen würden.

Es folgte eine fast eineinhalb Jahre andauernde Phase bis zum Sommer 1995, in der wir praktisch nonstop um die Welt tourten. Zuhause erwartete mich eine de facto zum Scheitern verurteilte Ehe. Greta ließ mich wissen, dass es da „jemanden anderen" gebe – und ich geriet in Panik. Ich war wohl zu beschäftigt damit gewesen, das Loch, das Bretts Ausstieg in den Bug unseres Schiffes gerissen hatte, zu flicken, indem ich das Vertrauen der Fanbase wiederherstellte und die Erwartungen meiner Bandkollegen erfüllte, um mir über die Sicherheit und die emotionale Balance in meiner eigenen Familie Gedanken zu machen. Die Jahre, bevor Kinder die Schule besuchen, sind für eine Familie eine sehr heikle Zeit. Ironischerweise aber nicht unbedingt für die kleinen Kinder, sondern vielmehr für ihre Eltern. Die Mütter müssen nach besten Kräften unterstützt werden. Die Väter brauchen jede Menge Zuspruch und Aufmunterung. Diese grundlegenden Aspekte wurden bei uns aber vernachlässigt und ich scheiterte daran, meinen Anteil beizutragen.

Ich fühlte mich als Versager. Am schmerzhaftesten war aber, dass für meine Kinder nun die Gefahr bestand, den gleichen Bockmist durchmachen zu müssen, wie ich ihn in meiner eigenen Kindheit erlebt hatte: die beiden Elternteile standen sich plötzlich feindselig gegenüber und lebten getrennte Leben, ohne ein gemeinsames Fundament für die Familie schaffen zu wollen. Eine Universität mit geteiltem Campus. Zwei unterschiedliche Erwartungshaltungen gegenüber den Sprösslingen. Die Panik, die mich überkam, war so ernst, dass ich mich zum ersten Mal in meinem Leben um psychologische Betreuung bemühte. Greta willigte ein, mich zur Eheberatung zu begleiten. Dieser Hoffnungsschimmer hellte meine Stimmung insofern auf, dass ich zumindest weiterhin im Kontext der Band funktionieren konnte.

Ich schrieb nun Songs über meine eigenen Konflikte, tarnte sie jedoch vordergründig als Gesellschaftskritik. „A Walk", „Parallel" und „Punk Rock Song" behandelten allesamt soziale Missstände, die genauso meine Gefühle der Unsicherheit in Bezug auf meine Familie beschrieben. „Drunk Sincerity" und „Them And Us" schilderten meine Enttäuschung hinsichtlich menschlicher Beziehungen. Mit einem Song namens „The Gray Race" konkretisierte ich meine Vorstellung, dass unsere Welt eigentlich „schwarze und weiße" Entscheidungen erforderte, die Menschheit aber nicht nach dem Entweder-Oder-Prinzip funktionierte. Vielmehr gedeiht sie in den Schattenbereichen konträrer Gegensätzlichkeiten. So vieles im Leben, etwa ob man sich in einer Beziehung befand oder eben nicht, gestaltete sich nach dem Grundsatz „alles oder nichts". Dabei sind doch alle zwischenmenschlichen Verpflichtungen auch einem gewissen Schwankungsprozess unterworfen, der einer „Grauzone" menschlicher Emotionen entspricht. Nachdem ich zum Schluss gelangt war, dass meine Ehe trotz aller halbgaren Versuche, mittels Eheberatung noch die Kurve zu kriegen, am Ende war, fasste ich meine neue Haltung im Song „Cease" zusammen, der die seltsamerweise irgendwie positive Erkenntnis widerspiegelte, dass Beziehungen – so wie das Leben selbst auch – irgendwann enden müssen.

Im Verlauf all dieser Entwicklungen blieb ich zuhause so weit wie möglich gutgelaunt. Auch wenn Ella mich zum hundertsten Mal aufforderte, ihr bei irgendetwas zuzuschauen, gab ich immer noch vor, mich dafür zu interessieren. Ich spielte mit Graham im Garten vor dem Haus Ball und nahm beide Kinder mitsamt ihren Freunden fast täglich mit zum Eisessen. Aber innerlich wusste ich, dass ich den unvermeidbaren Zerfall unserer Ehe nur hinauszögerte, der wiederum all die Stabilität zerstören würde, die ich mit allen Kräften zu erhalten versuchte.

Was meinen Beruf betraf, so fühlte ich mich all den Fans verpflichtet, die sich von Bad Religion großartiges Songwriting erwarteten, das auf ansprechenden Ideen basierte. Auch ohne Brett an meiner Seite durfte unser nächstes Album nicht weniger interessant sein als unsere vorangegangenen Veröffentlichungen. Ganz allein zu schreiben war eine sehr einsame Aufgabe. Ich sehnte mich sehr nach etwas Inspiration und Input.

Unsere Ehe stand bereits auf Messers Schneide, als Greta und ich uns zu einem Strandurlaub in Montauk am östlichen Ende von Long Island entschlossen. Es war ein sehr zurückgezogener und zudem unangekündigter Trip. Ich hoffte, dass wir auf diese Weise unsere Ehe wiederbeleben und unsere Familiengemeinschaft bewahren konnten. Doch in Wahrheit war es bloß ein letztes Aufbäumen. Obwohl zwischen Mom und Dad nun eine gewisse Distanz herrschte, waren unsere Kinder – damals erst dreieinhalb und eineinhalb Jahre alt – sich des Ernstes der Lage nicht bewusst. Allerdings blieb keine Zeit, sich viele Gedanken darüber zu machen, da wir unseren Ausflug abrupt abbrechen mussten, als Danny und Michele mich kontaktierten, um mir mitzuteilen, dass sie für mich ein Treffen mit dem Produzenten Ric Ocasek in New York City eingefädelt hatten. „Und bring deine Demos mit", sagten sie. „Er möchte wissen, was du in letzter Zeit so getrieben hast."

Ric repräsentierte einen Teil meiner Kindheit. Als ich noch in Wisconsin lebte und bevor ich mich dem Punk zuwandte, bezogen meine Freunde und ich gern vor der Stereoanlage in Dads Arbeitszimmer Aufstellung, um mit Tennisschlägern als Gitarren und Brieföffnern als Mikrofonen zu den ersten beiden Alben der Cars Playback-Shows zu spielen. Ohne damals zu wissen, dass ich eines Tages in ein echtes Mikro singen würde, schlüpfte ich in die Rolle von Ric, während Wryebo den Part von Benjamin Orr übernahm. Tommy von nebenan ähnelten Greg Hawkes aufs Haar und sein Cousin Dave gab einen brauchbaren Elliot Easton ab. Ich liebte diese Songs und sie waren im Jahre 1978 der Soundtrack unseres Sommers. In diesem Jahr sahen wir die Cars auch bei einem ihrer Konzerte in der Milwaukee Arena. Jetzt, beinahe 20 Jahre später, wünschte ihr Songwriter und Sänger meine Songs zu hören. Ganz schön surreal.

Greta und die Kinder begleiteten mich bei meinem Besuch in Rics New Yorker Domizil. Rics kleiner Sohn war ungefähr im gleichen Alter wie Graham, der sich darüber freute, einen Tag lang einen neuen Spielkameraden zu haben. Rics Frau Paulina war ein echtes Supermodel, die Greta und die Kids mit in den Central Park nahm, während Ric und ich zurückblieben, um die Songs durchzugehen. Obwohl sie sich in Gegenwart einer Prominenten aus der Welt der Mode befand, blieb Greta locker und verhielt sich ganz natürlich. Schließlich hatte sie ihr Job im Chart House im Umgang mit Supermodels geschult.

Damals hatte sie vielen Stars ihre Bestellungen an den Tisch gebracht und ihre Arbeitskollegin Mariska Hargitay sollte ebenfalls Karriere als berühmte Schauspielerin machen. Greta und Mariska hatten beide ungarische Vorfahren – und auch Paulina umgab ein osteuropäisches Flair. An diesem Tag sahen Greta und sie jedenfalls aus wie zwei Schönheitsköniginnen, die gemeinsam mit ihrem Nachwuchs den Park unsicher machen wollten.

Gleich zu Beginn ließ ich Ric wissen, dass ich, sollten wir zusammenarbeiten, ein Mal pro Woche nach Ithaca fahren müsste, um die Eheberatung zu besuchen. Es war eine große Belastungsprobe für meine Kreativität, dass ich gleichzeitig den Zusammenbruch meiner Ehe managen und das wichtigste Album meiner Karriere aufnehmen sollte. Ric meinte, dass das kein Problem darstellte. „Du wirst das schon schaffen, immerhin bist du ein Künstler!", ermutigte er mich in seiner positiven Art.

Auf dem Heimweg unterhielten Greta und ich uns nicht über die Zukunft unserer kriselnden Ehe. Vielmehr hielten wir zueinander einen Respektabstand. Auch lenkten uns unsere zahlreichen Hausgäste ein wenig ab. Dazu noch die permanenten Besuche anderer Eltern, die ihre Kids zum Spielen vorbeibrachten und unser Zuhause zu einem fröhlichen Kinderhort machten. Auch Brian ließ sich blicken, nachdem er erst unlängst von L.A. zurück in die Gegend rund um Washington D.C. gezogen war. Er freute sich schon vorab sehr auf seinen Roadtrip, um ein paar der neuen Songs zu hören. Als er ein wenig erschöpft von der Fahrt zur Tür hereinkam, fragte ihn Greta, ob sie ihm etwas zu trinken anbieten könne. „Ein Maker's Mark mit Cola wäre spitze", antwortete er. Ich wusste nicht einmal, was das war. Es klang wie Slang für meine Ohren, so naiv war ich, was Alkohol betraf. Auch hatte ich in unserer gemeinsamen Zeit im Restaurant nie zugehört, was die Leute an der Bar bestellten. Aber Greta arbeitete damals mitunter auch als Barkellnerin. Dennoch war ich sehr überrascht, als Greta mit exakt jenem Drink aus der Küche zurückkehrte, den Brian bestellt hatte. Ich wusste ja nicht einmal, dass wir harten Alkohol im Haus hatten! Wir mussten alle herzhaft lachen.

Humor half mir dabei, meinen Verstand zu behalten. Jeder Besucher brachte etwas Frohsinn in unser Haus, obwohl allen bewusst war, dass unsere Ehe vor dem Aus stand. Der wohl bestgelaunte Gast war mein Freund David aus Kalifornien. Er hatte einst neben uns in Canoga Park gewohnt, als wir im Hell

Hole unsere Band gründeten. Seine Eltern hießen uns seinerzeit herzlich in der Nachbarschaft willkommen. In einer solch riesigen Metropole kommt es oft genug vor, dass Nachbarn nicht einmal miteinander sprechen. In dieser Hinsicht meinte es das Schicksal aber wohl besonders gut mit uns. Davids Eltern freundeten sich sofort nach unserem Einzug mit Mom und Chuck an. David und ich wurden Spielkameraden und ich babysittete auch seine kleine Schwester Stephanie. Wann immer David sich langweilte, spielte ich ihm Musik aus meiner kleinen Plattensammlung vor, oder setzte mich ans Klavier, um ihn zu unterhalten. Nachdem Bad Religion zum ersten Mal das Schlagzeug in Moms Garage aufgebaut hatten, schlich sich der neugierige David in unseren neuen Proberaum, um auf Jay Ziskrouts Drums einzudreschen.

Obwohl sich unsere Familien immer noch nahestanden, hatten David und ich schon seit ein paar Jahren keinen Kontakt mehr gehabt. Als wir unsere Freundschaft wiederbelebten, erfuhr ich, dass er nun Sitar lernte, Indien bereist hatte und sich für sehr unterschiedliche Musik begeisterte. Sein Schatz an Lebenserfahrung und sein kranker Sinn für Humor, der meinem sehr stark ähnelte, resultierten in zahlreichen Streichen und witzigen Parodien. Wir konnten kaum aufhören, über die vielen absurden Aspekte des Lebens zu lachen. David fand an fast allem irgendetwas Witziges – selbst an den schwierigsten Prüfungen, die das Leben einem stellte.

David besuchte mich nun mitten in meiner Ehekrise, als ich ihm ein paar meiner Demos vorspielte. „Diese Nummer klingt wie ein Song von David Bowie – aber auf Speed", lautete sein Urteil. Daraufhin spielte ich ihm den Song, der den Titel „Drunk Sincerity" trug, auf meinem Keyboard vor, verlangsamte ihn aber um die Hälfte seiner Geschwindigkeit und gab mein Bestes, wie Bowie in den 1980ern zu singen. Nachdem wir uns ob meiner Performance minutenlang auf dem Teppich meines Studios gerollt hatten, machten wir uns daran, eine 16-spurige Aufnahme von „Drunk Sincerity" à la Bowie anzufertigen, inklusive Drums, Synthie und abgefahren jaulenden Gitarren-Parts. Obwohl diese Aufnahme ursprünglich unserem Privatvergnügen galt, war das Resultat einfach zu gut, um sie im Archiv verschwinden zu lassen. David drängte mich, die Nummer unserem A&R-Mann bei Atlantic Records vorzuspielen. Ich lies mich nicht lumpen und rief ihn sogleich an. „Mike!", rief ich ihn den Hörer. „Du wirst nie erraten, wenn ich bei Ric Ocasek zuhause getroffen habe: David

Bowie!“ Sein Interesse war geweckt. „Es ist unglaublich, aber ihm gefällt mein Song ‚Drunk Sincerity‘ und ich habe ihn dazu gebracht, auf meiner Demoversion zu singen!“ Mike reagierte geradezu euphorisch. „Unfassbar! Schick mir den Song sofort mal rüber!“, jauchzte er. „Das könnte eine Riesensache sein.“

Ein paar Tage später, nachdem er sich die Aufnahme zu Gemüte geführt hatte, rief Mike mich zurück. Ich stellte unser Telefonat auf Lautsprecher, damit David mithören konnte. „David“, flüsterte ich, „ich denke, er kauft uns die Geschichte tatsächlich ab!“ Da das Demo nur so vor Echo, Hall und anderen Effekten strotzte, klang meine Bowie-Imitation durchaus glaubwürdig. „Ich werde diesen Song bei unserem nächsten A&R-Meeting vorspielen“, berichtete Mike. „Kannst du dich mit Bowie in Verbindung setzen, falls wir beschließen sollten, die Nummer als Single zu veröffentlichen?“ Während wir mit aller Gewalt versuchten, unser Lachen zu unterdrücken, versuchten wir, den Streich noch ein wenig weiter zu eskalieren. „Verdammt!“, sagte ich. „Ich habe ihn nicht nach seiner Telefonnummer gefragt.“ Mike sagte, dass das kein Problem wäre. „Unsere Leute werden sich mit Bowies Leuten in Kontakt setzen“, beschwichtigte er. „Wir werden das schon deichseln.“

Nachdem ich aufgelegt hatte, brachen wir in schallendes Gelächter aus, bis uns die Tränen über die Wangen kullerten. „Kannst du dir das vorstellen?“, sagte ich zu David. „Jetzt gerade wird unser Demo einem Raum voller Manager aus der Branche vorgespielt, die sich dann mit Bowies Leuten in Verbindung setzen werden, um ihn nach einem Song zu fragen, auf dem er gar nicht gesungen hat.“ Wir fanden das ja so ulkig. Als ich Mike das nächste Mal ungefähr einen Monat später in New York City traf, erkundigte ich mich noch einmal nach dem Demo. Er lächelte sanft. „Du Arschloch“, sagte er.

Ebenfalls ungefähr zu dieser Zeit heckten Brian, der gerade zu Besuch weilte, und ich einen Plan aus, mithilfe dessen wir mit einer anderen Band, die nahe Ithaca ihr Hauptquartier hatte, eine Art kameradschaftlichen Bund schmieden wollten. Bei dieser Band handelte es sich um Manowar – eine Combo, die sich selbst als überlebensgroße „Kings of Metal“ inszenierte. Manowar vermischten mit großem Erfolg mittelalterliche Inhalte mit harten Klängen und kreierten auf diese Weise eine musikalische Ästhetik, die ihre Gefolgsleute als „wahren Metal“ lobpreisten. Wir fanden sie unterhaltsam und fragten uns, ob wir ihnen im Rahmen einer Stippvisite unsere Freundschaft anbieten sollten.

Mein Freund Alex, der die Pyramid Sound Recording Studios in Ithaca betreibt, wusste, wo sie probten, und verriet uns die Adresse. Brian betonte, dass wir dort nicht ohne Gastgeschenk aufkreuzen konnten – eine milde Gabe als Beweis für unsere freundschaftlichen Absichten. Zum Glück sollten wir in Bälde für einen Pressetermin nach England jetten. Dort sollten wir im Rahmen einer Talkshow mit Bruce Dickinson, dem Sänger von Iron Maiden, auftreten. Jeder Metal-Fan stand vor der kniffligen Frage, ob nun Iron Maiden oder Manowar die wahren Könige des wahren Metals waren. Brian und ich waren jedenfalls der Meinung, dass es wohl kein besseres Geschenk gäbe als etwas, das aus dem alten England stammte und über einen gewissen mittelalterlichen Anstrich verfügte. „Brian", schlug ich vor, „lass uns einen Bogen weißes Pergament kaufen und Bruce Dickinson eine freundliche Botschaft an unsere New Yorker Freunde Manowar unterschreiben – eine Friedensgeste zwischen zwei Rivalen um die Krone des wahren Metals!" David Bragger, dessen Lieblingsband Iron Maiden waren, informierte uns, dass Bruce Dickinson ein begeisterter Fechtsportler war. „Perfekt!" frohlockte Brian. „Die Botschaft, die er unterzeichnet, sollte auf jeden Fall etwas damit zu tun haben. Das hört sich mittelalterlich an."

Im Anschluss an unser Interview unterhielt sich Bruce sehr freundlich mit uns über unser Vorhaben. Brian und mir schwebte eine förmliche Zeremonie vor. „Bruce", fragte ich ihn, „würdest du uns die Ehre erweisen, dieses elfenbeinfarbene Stück Pergament mit einer freundschaftlichen Botschaft an unsere Freunde auf der anderen Seite des großen Wassers in New York namens Manowar zu unterzeichnen?" Sogleich zückte Brian eine Kerze, damit wir Bruces Widmung und Signatur inspizieren konnten: „Liebe Manowar, ich wünsche euch 'nen schönen Tag! Euer Bruce Dickinson" – seltsam, aber so stand es geschrieben ... Wir falteten das Pergament zu einem winzigen Viereck und platzierten es in einer goldenen Schnupftabakdose, die wir in einem Antiquariat erstanden hatten. Wir versiegelten das Präsent daraufhin mit ein paar Tropfen Wachs von besagter Kerze und ließen das Döschen in meine Lederjacke gleiten.

Doch es fehlte noch ein letztes Detail, um einen perfekten Rahmen für die Übergabe zu gewährleisten. Um ein solch besonderes, individuelles und symbolisches Geschenk zu überreichen, so meinte Brian, müssten wir in passende Outfits schlüpfen. Eine simple Heavy-Metal-Kluft würde nicht ausreichen. Stattdessen strebte Brian nach Höherem. Nach einigem Kopfzerbrechen kam er zum Schluss, dass wir uns für unsere erhoffte Audienz bei den Kings of Metal Ritterrüstungen ausleihen sollten. Nur ein derart förmlicher Auftritt könnte unsere Mission vervollkommnen. Leider gab es im Bundesstaat New York aber keinen Kostümverleih, der angehende Ritter der Tafelrunde ausstattete. Da wir nun auch noch unter Zeitdruck gerieten, blieb unser Plan unvollendet. Und so befindet sich die ominöse goldene Schnupftabakdose bis heute ungeöffnet in einer Glasvitrine auf einem Regal in meiner Bibliothek.

Während all dieser witzigen Vorkommnisse und Episoden braute sich über unserem so lebhaften Haushalt ein Gewitter zusammen. Obwohl meine Ehe großer Zuwendung und Sorgfalt bedurft hätte, spielte sie hinter täglichen Konferenztelefonaten mit Managern, Agenten und Label-Personal sowie der Arbeit an Demos und Studiosessions allerhöchstens die zweite oder dritte Geige. Meine Produktivität und der Spaß mit meinen Freunden hielten mich davon ab, mich um meine Eheprobleme zu kümmern.

Ungefähr zu dieser Zeit fragte Bill Silva, ein Veranstalter und Manager aus San Diego, bei mir an, ob ich nicht Lust hätte, eine seiner neuen Bands zu produzieren. Unwritten Law, die über eine ähnliche melodische Grundausrichtung wie Bad Religion verfügten, gehörten zur Creme de la Creme der gerade erblühenden Pop-Punk-Szene. Die inhaltliche Ausrichtung der Band aus San Diego fand ich dabei nicht so interessant wie ihren eingängigen Sound und ihr poppiges Potenzial. Leider konnte ich es bei alldem, was sich im Spätsommer 1995 in meinen Leben abspielte, auf keinen Fall bewerkstelligen, nach San Diego zu reisen, um sie im Studio zu betreuen. Aber zum Glück gab es mit Pyramid Sound in Ithaca ein hammermäßiges Studio quasi direkt vor meiner Haustüre. Dort gab es eine Mischpultkonsole von Neve und im Laufe der Jahre waren hier bereits etliche famose Alben aufgenommen worden, darunter Platten von Gruppen wie Anthrax, Testament und Agnostic Front.

Unwritten Law waren eine jener Bands, die viele Punkrocker vor die Frage stellte, was denn an dieser Gruppe irgendwie „Punk“ sein sollte. Immerhin standen sie für eine Mischung aus mehreren Stilen. Die Stimme von Scott, dem Sänger, war rau und gleichzeitig melodisch wie meine. Er war als Skateboarder mit den Punkbands der zweiten Welle aufgewachsen, doch sein primäres Augenmerk galt stets den melodiösen Aspekten dieses aggressiven Sounds. Dasselbe traf auch auf Wade zu, den Drummer. John, der Bassist, spielte mit den

Fingern und ohne Plektrum – so wie sein Held Steve Harris von Iron Maiden. Mit solch eklektischen Einflüssen wie melodischem Hardcore aus Kalifornien, englischem Metal und frühem Pop-Punk aus den 1980ern wie etwa von den Go-Go's stellten Unwritten Law eine reizvolle Herausforderung dar. Ich fand jedenfalls, dass diese Band mithilfe guten Songwritings für eine neue Generation von Punkrockern durchaus von Interesse sein könnte. So wie schon Bad Religion unbewusst Prog- und Hard-Rock-Einflüsse aus den 1970ern mit Punk vermischt hatten, begannen Bands nun, die Genres der 1980er in ihren Sound einfließen zu lassen. Ich stand dieser Vermischung unterschiedlicher musikalischer Stile vollkommen offen gegenüber. Inhaltlich waren ihre Songs weder tiefgründig noch politisch. Doch schon bald sollten eingängig-melodische Gassenhauer ohnehin schon die Norm darstellen. Unwritten Law – so wie ihre Zeitgenossen Blink-182 und No Doubt – öffneten das Tor zur expansivsten Phase in der Geschichte des Punks. Bald schon würde aus jedem Radio Punk-Mucke sprudeln und über jede Mattscheibe Punk-Musikvideos flirren, konsumiert von suburbanen Schlüsselkindern im ganzen Land. Auch Bad Religion sollten von dieser Erweiterung des Spektrums profitieren.

Aufgrund der anstehenden Aufnahmesessions mit Ric Ocasek würde ich erst im Spätherbst Zeit für Unwritten Law haben. Zwischenzeitlich wollten Greta und ich den Kindern zuliebe für die nähere Zukunft zusammenbleiben. Allerdings würde ich eine Zeitlang abwesend sein. So bezog ich gemeinsam mit dem Rest der Band für die Dauer der gesamten Studiosession im Oktober und November 1995 Quartier in einem Apartmenthaus an der Ecke 50th und 3rd in New York City. Rics bevorzugter Arbeitsplatz waren die Electric Lady Studios in der 8th Street auf der Höhe der 6th Avenue im Greenwich Village. Ein legendärer Ort, der ursprünglich für Jimi Hendrix eingerichtet worden war. Hier waren bereits zahllose Klassiker entstanden, etwa *Talking Book* von Stevie Wonder, *Dressed To Kill* von Kiss und auch „Le Freak", ein Hit von Chic, den Nile Rodgers produziert hatte. Ric beendete gerade die Produktion des neuen Albums von Weezer, Pinkerton, als wir dort einzogen.

Wir wollten ein Punk-Album aufnehmen, das auch 1996 dieselben Tugenden wie unsere vorigen Platten aufweisen sollte. Ein kommerziell erfolgreiches Album einzuspielen, das viel Geld in unsere Kassen gespült hätte, wäre sicherlich nicht ganz unnütz gewesen, doch waren wir nicht daran interessiert, unsere

Integrität als Band leichtfertig aufs Spiel zu setzen. Trotz der hohen Kosten, die namhafte Produzenten und High-Tech-Studios mit sich bringen, und trotz der Tatsache, dass wir alle mittelständische, suburbane Lebensstile pflegten (inklusive Kinder, Psychotherapie und Hypothekenzahlungen), entschieden wir, unserer originalen Mission treuzubleiben: Wir wollten auch weiterhin versuchen, unser Publikum mit Musik, die sie zum Denken anregte, ein wenig zu erleuchten.

27F. New York, New York: The Gray Race

Ric und Paulina wohnten in einem fünfstöckigen Traumhaus, einem Brownstone-Gebäude in der 19th Street. Man konnte sich richtig gut vorstellen, dass im 19. Jahrhundert die Familie Roosevelt in dieser Nachbarschaft gelebt hatte. Jedes Haus hier schien einem Lehrbuch über Federal-Style-Architektur entsprungen zu sein. Die Fassaden ragten schnurgerade auf und waren mit authentischen Steinstürzen verziert, die ein Fachmann mit verwitterten roten Ziegeln neu verfugt hatte. Die Fenster waren längs unterteilt. Die Eingangstür zur Residenz der Ocaseks – ein stabiles, an eisernen Scharnieren aufgehängtes Stück Eiche oder Hickory, das mit so vielen Farbschichten überzogen war, das es locker den urbanen Witterungen der letzten Jahrhundert standgehalten hatte – war oberflächenbündig mit der Fassade des Hauses. Die Besucher wurden von keinem protzigen Säulenvorbau oder prahlerischem Eingangsbereich willkommen geheißen. Vielmehr fühlten sich die Zimmer dieser relativ schmalen Bauten eher eng an. Nachdem man eingetreten war, führte einen ein Bediensteter einen unscheinbaren Flur entlang in eine schmale Küche, die mit hübschen Holzkästen, modernen Geräten und steinernen Arbeitsflächen versehen war. Eine charmante Essecke samt großem Fenster lud einen ein, seinen Kaffee, sein Frühstück oder Mittagessen in häuslicher Privatsphäre zu genießen, während draußen, auf der anderen Seite der Scheibe, anonyme Passanten vorbeiflanierten.

Ric traf man aber nicht unbedingt in der Küche an. Vielmehr zog er es vor, einen in seinem Keller zu empfangen, wo er sich ein Studio eingerichtet hatte, in dem er Songs schrieb und Demos aufnahm. Mit all seiner analogen Ausrüstung und dem 24-spurigen Mischpult war dieser Rückzugsort der Traum eines jeden Songwriters. Obwohl hier alles viel ausgetüftelter war als bei mir zuhause, erinnerte es mich doch an das, was ich mit dem weit größeren Raum über meiner Garage versuchte. Sämtliche elektronischen Geräte waren in perfektem Zustand und all seine Gitarren waren mit Saiten bezogen und gestimmt, worum sich Rics technischer Assistent Heg kümmerte, der praktisch allgegenwärtig zu sein schien: im Haus, im Studio, in der Regie – permanent lötete er still an einem Lautstärkeregler vor sich hin oder verrichtete irgendeine andere technische Aufgabe. In der Regel war es Heg, der mich oben in Empfang nahm, um mich dann ins Labor seines Meisters zu geleiten.

Ric und ich trafen uns alltäglich in seinem Kellerstudio, bevor wir schließlich zusammen ins Electric Lady aufbrachen. Zwar war Brett aus unserer Band ausgeschieden, aber ich war dankbar, dennoch – zumindest vorübergehend – einen kompetenten Partner an meiner Seite zu wissen. Unsere Unterhaltungen drehten sich um geringfügige Verbesserungen von Songtexten oder instrumentalen Passagen oder um allgemeinere Themen wie etwa das Dasein als Leadsänger oder die Nachteile, prominent zu sein. Einmal öffnete Ric eine Schublade, die mit seinen eigenen ordentlich beschrifteten und archivierten Demos gefüllt war. Er zog eine der Kassetten heraus und steckte sie ins Abspielgerät. Es handelte sich um seine akustische Version des Songs „Let's Go" von den Cars. Er spielte mir auch ein paar Exzerpte eines anderen Tapes vor, das mit dem Titel „Night Spots" versehen war. Darauf hörte man, wie er diverse Versionen eines seiner Gedichte melodisch zum Klang einer E-Gitarre rezitierte. Der fertige Song, der mitsamt brillanter Orchestrierung und genialem Keyboard-Arrangement von Greg Hawkes auf dem Album *Candy-O* erschienen war, war ein echtes Lehrbuchbeispiel für eine grandiose Produktion. Das Demo und des fertige Stück klangen völlig unterschiedlich. Doch die geistige Substanz der Lyrics und das Feeling, das der Leadsänger und Songwriter zu vermitteln versuchte, waren bereits von Anfang an vorhanden – selbst in der viel minimalistischeren Variante. Meine Demos glichen zwar bereits dem angestrebten Endprodukt, dennoch sehnte ich mich nach dem Zuspruch eines versierten Songwriter-Kollegen, wie Ric einer war.

Viele meiner Songs behandelten meine bevorstehende Trennung. Diese Stücke entsprachen sicherlich keiner Punkrock-Konvention, wenn es so etwas überhaupt gab. Songs über Verlust, Traurigkeit und Hilflosigkeit in Bezug auf zwischenmenschliche Beziehungen standen eher im Fokus von Soft-Rock oder Country. So hatte es noch nie ein Punk-Album gegeben, das sich ausschließlich aus Liebesliedern zusammensetzte – obwohl ich das immer schon für ein Versäumnis hielt. Verfechter des Punk-Mythos verwiesen am liebsten auf Songs wie „God Save The Queen" von den Sex Pistols, „California Über Alles" von den Dead Kennedys, „London Calling" von The Clash, „I Don't Care" von den Ramones oder „Rise Above" von Black Flag als Paradebeispiele des Genres. In jedem dieser Songs steht die Gesellschaft am Abgrund – und die Punks wollen etwas dagegen unternehmen. Jeder einzelne dieser Tracks ist für sich genommen ein bahnbrechender wie wegweisender Klassiker. Doch oft genug werden nicht minder einflussreiche frühe Punksongs vernachlässigt – etwa „Ever Fallen In Love" von den Buzzcocks, „Mister You're A Better Man Than I" von Sham 69, „Adolescent" von den Plugz, „Los Angeles" von X, „Dreaming" von Blondie, oder auch „(What's So Funny 'Bout) Peace, Love, And Understanding?" von Elvis Costello –, die eher erbaulich sind und einem trotz all des persönlichen Leids, welches man als Punk, Bürger und menschliches Wesen auf seiner Reise durch die Wirren des Lebens erfährt, eine Anleitung für eine optimistische Perspektive anbieten. Ich scheute nie davor zurück, Gefühle zu thematisieren. Auch bin ich der Meinung, dass Punk als weitreichendes Genre begriffen werden sollte, nicht weniger vielseitig als Country, Folk oder konventionelle Rockmusik.

Obwohl es sich bei *The Gray Race* von 1996 nicht ausschließlich um eine Sammlung emotionaler Songs handelte, beschäftigten sich doch viele der Stücke auf dem Album ausführlich mit ebenjenen menschlichen Qualen, die durch Gefühle des Scheiterns und der Isolation ausgelöst werden. „Cease" und „Parallel" beleuchten die intellektuellen Schlüsse, die man daraus ziehen kann, während etwa „Punk Rock Song" die Thematik auf eine die Gesellschaft als Ganzes betreffende Erfahrungsebene hievt. Als ich Ric meine Songtexte unterbreitete, fielen seine Kommentare spärlich aus. Das stärkte mein Selbstvertrauen. Keine Alarmglocken. Manchmal, wenn ich gerade nicht hinguckte, notierte er sarkastische Bemerkungen in meine Notizhefte, in denen ich meine Lyrics festhielt. Sie lasen sich wie Gedankenblasen in einem Comicstrip oder allegorische Zurufe meines Bewusstseins. „Der verflixte Ocasek versucht wohl meine Songs zu ruinieren! Am Ende werde ich es ihm aber schon noch zeigen!", dachte ich.

Natürlich herrschte keinerlei echte Zwietracht zwischen uns. Meinungsverschiedenheiten kamen höchst selten vor und spielten während der sechs Wochen andauernden Sessions eine untergeordnete Rolle. Aufgrund meines im Bundesstaat ausgestellten Führerscheins fühlte ich mich irgendwie heimisch, obwohl diese urbane Umgebung sich stark von meinem ländlichen Refugium unterschied. Während ich zur Arbeit spazierte und mir unterwegs etwas zum Essen orderte, fühlte ich keinerlei Verlangen nach Unterhaltung oder intellektueller Anregung. Tatsächlich kam es mir vor, als würde ich den Traum meines Vaters leben, der New York City als beste Stadt der Welt empfand. Als wir noch jung waren, nahm Dad uns Jungs – Grant, Wryebo und mich – mit hierher, um uns das Leben in der Großstadt zu demonstrieren. Auch für seine Studenten organisierte er Exkursionen in den Big Apple. Meine ganze Kindheit lang besuchte er die Metropole mindestens zwei Mal pro Jahr. Die Graffins stiegen jedoch nie in vornehmen Hotels ab. Das Murray Hill Hotel musste reichen. Dieses Etablissement befand sich nahe der Ecke 35th Street und 5th Avenue und war noch ein Überbleibsel aus den 1940ern: eiserne Bettgestelle, nackte Fußböden, kein Fernsehen und Waschbecken im Schlafbereich. Wenn man etwas mehr zahlen wollte, konnte man ein eigenes Badezimmer buchen. Die Kommoden musste man sich fast überall teilen. Damals war es noch üblich seine Abfälle per „Flugpost" zu entsorgen. Man konnte das Fenster öffnen, „Flugpost!" rufen und seine Mülltüte aus luftiger Höhe gen Boden fallen lassen und darauf hoffen, eine der Mülltonnen auf der Straße zu treffen.

Die Straße runter gab es ein Eckrestaurant, wo man für 99 Cents ein vollständiges Frühstück samt Eiern, Speck, Toast, Kaffee und Orangensaft kredenzt bekam. Zum Mittagessen kehrten wir beim Chinesen Myong Dong ein, der sich ebenfalls in der 35th Street befand. (Der Name brachte mich als Teenager sehr zum Lachen.) Dad führte uns durch die ganze Stadt, um uns ein möglichst kostenloses Sightseeing-Programm zu präsentieren. So standen wir am Fuße des Empire State Buildings und der Twin Towers des World Trade Centers und schipperten auf der Staten Island Ferry durch den Hafen. Wir wurden fortlaufend von Marktschreiern herangerufen und in der 42nd Street von Drogenhändlern bedrängt. Dad bewies uns, dass man in New York mit vier Dollar am Tag locker über die Runden kommen konnte. Natürlich durfte auch ein Abstecher in die New York Public Library nicht fehlen. Für einen Akademiker ein Monument von annähernd religiöser Bedeutung – und die vermutlich beste kostenlose Attraktion in der ganzen Stadt.

Die konsequente Pfennigfuchserei meines Dad half dabei, ein Budget für das abendliche Unterhaltungsprogramm anzusparen. Dafür musste man nämlich einen Eintrittspreis berappen, da führte leider kein Weg daran vorbei. Dad nahm uns in die Avantgarde-Theater des Off-Broadways mit, die sich als rebellische Enklaven innerhalb der Hochkultur sämtlichen Konventionen des kommerzorientierten Theaters entsagten. Schirmherrn, Stammgäste, Schauspieler, Regisseure und Autoren solcher subkultureller Zentren nahmen im Grunde genommen bereits den Geist des Punkrocks vorweg – nur eben im Kontext des Theaters. Die Aufführungsstätten, die sich zumeist in SoHo befanden, boten ernsthaften Schauspielern die Gelegenheit, sich an anspruchsvollen, provokanten Dialogen zu versuchen. So traten etwa Mimen wie David Mamet, Sam Shepard und Edward Albee auf diesen unscheinbaren Bühnen auf. Aufführungen verfolgen zu dürfen, in denen im Namen der Kunst geflucht wurde und man jede Menge nackte Haut zu sehen bekam, machen dieses Abendprogramm zu einem der Highlights meiner Erinnerungen an das „alte" New York. Zudem vermittelten mir diese besonderen Ausflüge in den Big Apple eine positive Sichtweise auf die Gegenkultur, die einen höchst anregenden Eindruck bei mir hinterließ.

Ja, New York hat sich seit damals stark verändert. Seinerzeit war die Metropole noch ein richtig raues Pflaster. Doch die Einwohner erinnern sich trotzdem gern zurück. „Der Scheiß-Giuliani!", schimpfen sie dann gern auf den vormaligen Bürgermeister, der in der Stadt aufgeräumt und sie quasi desinfiziert hat, indem er unerwünschte Elemente vom Times Square und der 42nd Street vertrieb und diese Gegenden gleichzeitig in echte Touristenfallen mitsamt Filialen zahlreicher Laden- und Hotelketten umgewandelt hat. Bis vom einzigartigen Charakter New Yorks nichts mehr übrig war.

Auch Punk durchlief nun einen Wandel. Viele sentimentale Zeitgenossen sehnten sich nach der „guten, alten Zeit" zurück, als die Szene noch in ihren Kinderschuhen steckte. Was Bad Religion betraf, so hegten wir keinerlei Ambitionen, zu unserem ursprünglichen Sound oder der Ästhetik der frühen

Punkszene zurückzukehren. Mit Brian an der Gitarre und Ric als Produzenten würden wir in der Lage sein, uns weiterzuentwickeln und einen neuen Sound zu entfesseln, der nicht weniger aufregend wäre als jener, den wir auf unseren vorigen Platten geboten hatten.

Nach wochenlangen Aufnahmesessions begannen wir, das Album abzumischen. Genau da ereilte die Band ein weiterer Rückschlag. Unser Manager Danny schickte uns ein Memo, in der uns aufforderte, ihn und Michele so schnell wie möglich im Studio zu treffen. Womit er uns nun konfrontierte, war schwerwiegend und kam aus heiterem Himmel. „Jungs, mir wurde ein Job als Vizepräsident von RCA Records angeboten. Ich bin ab sofort nicht mehr euer Manager."

„Ähm, wie bitte?", dachte ich mir. „Na ja, ist schon okay, wir haben ja immer noch Mich – ..."

„Und ich werde Michele mitnehmen", sagte Danny, noch bevor ich meinen Gedanken zu Ende führen konnte. An diesem Punkt brach ich in Tränen aus. Es fühlte sich an, als ob ich ein Baby wäre und mir jemand meine Trinkflasche weggenommen hätte. Auf mir lastete enormer Druck. Auch die Erfolge der Vergangenheit konnten mich nicht optimistisch stimmen. Ich hatte meine universitären Bestrebungen auf Eis gelegt und meinen Songwriting-Partner verloren, meine Bandkollegen erwarteten, dass ich ihnen den Weg wies, meine Ehe stand auf der Kippe und meine Kinder fragten sich, wann ihr Dad endlich wieder nach Hause käme – und jetzt lies mich plötzlich mein Manager, mein Quarterback, im Stich und drückte mir den Ball in die Hände? Wie ein Baby habe ich geflennt!

Ric bekam all das vom Spielfeldrand mit und bemerkte, wie sehr mich all das belastete. Diese Tage, an denen wir das Album abmischten, waren eine nützliche und notwendige Ablenkung von meinen persönlichen und beruflichen Sorgen. „Du solltest mal mit Elliot sprechen, meinem Manager", sagte Ric. „Er ist ein guter Typ." Ric weihte vermutlich auch Elliot ein, da es innerhalb nur einer Woche zu einem ersten informellen Gespräch im Studio kam. Eines Tages sagte Ric in der Mittagspause: „Ach, übrigens, mein Manager kommt heute vorbei." So lernte ich Elliot Roberts kennen – und fragte ihn noch am selben Tag, ob er sich vorstellen könnte, Bad Religion zu managen. Alles verlief ganz ungezwungen. „Klar, ich würde mich riesig über die Chance freuen, euch als Manager zu betreuen", antwortete er. Kein Verhandlungspoker, kein Herumgeeiere, keine Winkeladvokaten. Es war viel mehr, als ob man einen neuen Kumpel mit zu einem Konzert nahm. „Kumpel" ist genau die richtige Beschreibung für Elliot. Obwohl unsere Freundschaft nur von kurzer Dauer bleiben sollte, vermittelte mir seine fröhliche Art, sein zynischer Witz und seine lässig zur Schau gestellte Expertise genau jenen Optimismus, den ich an diesem schrecklichen Tiefpunkt dringend nötig hatte. Er half mir damit enorm.

Nur wenig später ließ ich New York City wieder hinter mir. Ich machte mich auf den Weg, um von meiner Familie zu retten, was noch zu retten war.

27G. Ithaca: No Substance

Das Feuer unserer Ehe war erloschen. Da die Eheberatung keinerlei nennenswerten Durchbruch mit sich gebracht hatte, kamen wir zu dem Schluss, dass es besser wäre, getrennte Wege zu gehen, als weiterhin zu versuchen, die gegenseitigen Erwartungen zu erfüllen, um ein kohärentes Familiengefühl zu erzeugen. Greta wünschte sich ein Leben fernab des Rampenlichts, doch ich wurde immer mehr zu einer Person des öffentlichen Lebens. Wir waren weder clever noch souverän genug, um die Kluft zwischen uns zu überbrücken. Sie sehnte sich nach einem Mann mit einem stabilen Einkommen – sie fand schließlich so einen Typen und heiratete ihn irgendwann sogar. Ich hingegen war einmal einen Monat fort, dann wieder einen Monat zuhause. Ein unbeständiges, wenn auch durchaus privilegiertes Leben. Eine Trennung war wohl die besten Lösung. Die Kinder würden weiterhin so viel Zeit wie möglich im Haus ihres Dads verbringen. Moms Haus, wo sie fortan wohnten, befand sich nur ein paar Kilometer die Straße hinunter.

Nach einem Jahr der Trennung gilt ein Paar im Bundesstaat New York offiziell als geschieden. Auf diese Weise kann man eine Ehe legal beenden, ohne die Angelegenheit zu einem Rechtsstreit aufzubauschen. In vielen Bundesstaaten muss die Frau den Mann erst wegen psychischer Schäden, oder der Mann die Frau wegen Untreue oder irgendeiner anderen Regelverletzung klagen. Uns war es jedoch kein Anliegen, uns auf diese Weise zu kränken, weshalb wir uns für eine „saubere“ Scheidung entschieden. Aber mutterseelenallein in einem Familienhaus zu wohnen, gehört zu den einsamsten Erfahrungen und schlimmsten psychischen Tragödien, die man einem sentimentalen Herz zumuten kann. Zuschauen zu müssen, wie meine Familie ihre Sachen packt, im Kombi verstaut und davonbraust, tat mir verdammt weh. Eine traurige Familientradition schien sich herauszukristallisieren. Der Moment, in dem sie losfuhren, brannte sich in mein Gedächtnis ein wie nur wenige anderen unauslöschliche Augenblicke zuvor. Es war eine bedauerliche Wiederholung jenes Verlusts und jener Unsicherheit, die ich selbst als Kind erlebt hatte, als ich die Scheidung meiner Eltern durchleben musste. Ich konnte mich daher in die Kinder hineinversetzen, während ich gleichzeitig als Vater mit einer neuen Anordnung von Emotionen zurechtkommen musste. Obwohl sie nicht einmal fünf Kilometer entfernt wohnten, fühlte ich mich wie ein Astronaut, der allein auf dem Mond zurückgelassen wurde und nun seinem Raumschiff hinterherschaute, wie es gen Erde zurückflog. Mich überkam elterliche Panik, als nun meine Kinder, die ich über alles liebte, als kleiner Punkt am Horizont verschwanden. Es war eine fast schon poetisch anmutende Neuauflage jener Szene, die 20 Jahre vorher mein eigener Vater durchstehen musste, als wir an jenem schicksalhaften Nachmittag im August gen Westen fuhren.

Nun schien es so, als würde Scheidung zum Pflichtkurs an der Graffin University avancieren, den Kinder absolvieren mussten, um ausreichend auf ihr Leben als aufrechte Bürger in der modernen Welt vorbereitet zu sein. Ein düsterer Gedanke. Auch der Versuch einer intellektuellen Annäherung an diese tragische Ironie half mir nicht über mein Gefühl, versagt zu haben, und über meine heillose Traurigkeit hinweg.

Obwohl mir das Glück in Bezug auf meine Karriere als Musiker hold zu sein schien – trotz aller zwischenmenschlichen Herausforderungen waren Bad Religion immer noch höchst erfolgreich –, quälte mich die langsam zur Gewissheit werdende Vermutung, dass ich mich offenbar zwischen beruflichem Erfolg und einem erfolgreichen Familienleben entscheiden musste. Gab es denn keine andere Möglichkeit, die emotionale Last abzuschütteln, als zum Mittel der Scheidung zu greifen? Psychoanalyse erwies sich zwar bis zu einem gewissen Grad als hilfreich, doch konnte ich nie das Gefühl abschütteln, dass mein Therapeut nicht imstande war, meine Zwickmühle zu verstehen. Dies erweiterte meine emotionalen Instabilität noch um ein weiteres Dilemma: Konnte ich dem Rat des Psychologen vertrauen? Das deprimierte mich. Noch schlimmer war, dass der Therapeut sich letzten Endes das Leben nahm. Ich fürchtete, dass ihn mein Fall so frustriert hatte, dass er deshalb den Verstand verlor! Offenbar brauchte er selbst wohl den Therapeuten sogar noch dringender als ich. Es fühlte sich so an, als ob ich seine Probleme nur noch verschlimmert hätte. Natürlich trugen ganz andere Faktoren zu seinem Suizid bei und mein Fall spielte dabei überhaupt keine Rolle. Doch mir kam es dennoch so vor, als würde ein zynisches Universum beobachten, wie sein grausamer Plan aufging, während es mich auslachte und den Kopf schüttelte.

Von nun an sollte mein Terminplan vom geteilten Sorgerecht diktiert werden, diesem mir altbekannten Rhythmus. Da das Haus nun meistens – bis auf mich – leer war, machte ich mich sogleich daran, an neuen Songs und Demos für das nächste Projekt meiner Band zu arbeiten. Aufgrund der Komplexität unserer neuen Wohnarrangements bat ich die Band und unseren Toningenieur Ronnie, ob sie nicht zu mir kommen könnten, um am neuen Album zu arbeiten. Dank ihrer Bereitschaft, diesem Wunsch Folge zu leisten, entstand No Substance nur wenige Kilometer von meinem Haus in Ithaca entfernt, nämlich in den Räumlichkeiten von Pyramid Sound. *No Substance* war insofern ein passender Titel, da er sich darauf bezog, dass die Gesellschaft (so wie die Punkszene) vom Weg abgekommen war. Im Hinblick auf die Festivals in Europa schrieb ich Songs wie „Raise Your Voice“ und „Hear It“, die sich als echte Hymnen auf großen Bühnen besonders gut machen würden.

In Amerika war Punk ohne uns in eine andere Richtung abgebogen. Green Day und The Offspring füllten inzwischen Arenen. Sie sangen Songs über seichte Themen und liefen im ganzen Land im Radio. Unser Albumtitel *No Substance* war als Kommentar zum aktuellen Zustand des Genres und dessen wachsender Popularität gedacht. Während wir unterzugehen drohten, schwammen Bands, die mit uns als Einfluss großgeworden waren, auf der Erfolgswelle. Wir hatten zwar immer noch genug Sprit im Tank, um eine beachtliche Fanbase zu begeistern, aber gerade in den USA fiel es uns schwer, die Konzertsäle zu füllen, da das Publikum sein Geld nun lieber in den Arenen ließ, um jüngere Bands zu sehen.

Ein besonders nennenswerter Aspekt des Albums – und ein offenkundiger Beleg für unseren damaligen Fokus auf das europäische Publikum – war der

Auftritt unseres Freundes Campino von den Toten Hosen. Amerikanern sagte der Name Campino rein gar nichts. Tatsächlich waren die Toten Hosen in Amerika fast gänzlich unbekannt. Doch in Deutschland galten sie als Ikonen und Nationalheiligtum. Sie verkauften Millionen von Alben, spielten überall in ausverkauften Stadien und waren in den Medien fast allgegenwärtig. Dass sie uns als einflussreiche und wichtige Band anpriesen, war für uns von großer Bedeutung. Um euch eine Vorstellung zu vermitteln: Sie waren so wie wir ein paar alte Schulfreunde und traten ab 1982 regelmäßig in trostlosen Punk-Schuppen auf. So wie wir veröffentlichten auch sie zwischenzeitlich bei Major-Labels, gründeten ebenfalls ein eigenes Label und auch eine Merchandise-Firma. Bis 1993 hatten sie bereits eine Vielzahl Alben herausgebracht und tourten fleißig durch Deutschland, Österreich und die Schweiz. So bauten sie dank ihrer vielen eingängigen und auf Deutsch gesungenen Songs ihre Anhängerschaft Jahr für Jahr aus. In diesem Jahr erschien jedoch *Kauf MICH!* und das Album schaffte etwas, von dem nie jemand gedacht hätte, dass es möglich wäre: Eine Punkband erklomm die Spitze der deutschen Charts! Ihre Touren führten sie von da an nicht mehr durch Clubs, Theater- oder sogar Konzerthallen, sondern schnurstracks in die Stadien der Bundesrepublik, wo sie nicht selten vor über 50.000 Fans auftraten. Die steigende Beliebtheit von Punkrock auf der ganzen Welt machte auch vor dem deutschen Sprachraum nicht halt. Aber wie bei so vielen Dingen – angefangen beim Bier über Autos bis hin zu Sport und Hochkultur – zeichnet die Deutschen ihre Gewohnheit aus, besonders hohe Ansprüche anzulegen, um ihre Erzeugnisse mit ihrem einzigartigen Gütesiegel zu veredeln. Punk war in Deutschland inzwischen ein weithin geläufiger Begriff, der von vielen mit Campino und Co gleichgesetzt wurde. Jeder liebte die Toten Hosen.

Dank unserer langen Tour-Historie in Deutschland waren wir bereits in vielen derselben Locations wie die Hosen aufgetreten und ebenfalls ein wohlbekannter Name. Mithilfe unseres Tourmanagers und nunmehrigen Agenten Jens hatten wir wichtige Beziehungen zu zahlreichen Vertretern der deutschen Musikbranche aufgebaut. Als er mein Demo zu „Raise Your Voice“ hörte, sprachen Jens und ich darüber, wie lustig ein Duett mit Campino wäre. Nachdem wir die Aufnahme fertiggestellt hatten, setzten sich „unsere Leute“ mit „seinen Leuten“ in Kontakt. Campino willigte ein, abwechselnd mit mir ein paar Textzeilen und den Refrain zu singen. Sony Music flog ihn daraufhin nach New York City, wo wir ihn Anfang 1998 für eine Studiosession auflasen. Später im Jahr drehten wir zusammen im Ambassador Hotel in Los Angeles sogar noch ein eigenes Musikvideo zum Song.

Der Song selbst ist eine treibende Stadionhymne, die zum wilden Pogotanzen animieren will. Gleichzeitig wird hier eine Grundintention des Punks propagiert, nämlich nicht als eine Figur in jemandes anderen Brettspiel fungieren zu wollen und stattdessen seine Stimme zum Protest zu erheben. Die Toten Hosen haben den Song später übrigens ebenfalls in ihr Live-Repertoire aufgenommen.

Da manche der Songs auf *No Substance* ein wenig seicht wirkten und sie die großen Fragen des menschlichen Daseins nur oberflächlich behandelten, empfanden viele Punkrock-Fans den Titel des Albums als treffende Selbstbeschreibung und zeigten sich enttäuscht. Sie hatten uns in den Status einer Orientierungshilfe, ja, eines moralischen Kompass gehoben. Doch während ich nun den Scheidungsprozess durchlief und weder einen stützenden Produzenten noch einen Songwriting-Partner an meiner Seite hatte, taten wir uns schwer, ihren hohen Erwartungen gerecht zu werden. Die Platte kam beim europäischen Stadionpublikum gut an, doch die Fans in den amerikanischen Clubs, die über das Spektakel rund um die Punkbands, die sie einst so geliebt hatten, erbost die Nasen rümpften, wünschten sich, dass wir das Genre wieder zurück zu seinen Wurzeln, nämlich ihrer Unzufriedenheit ob der Probleme unserer Gesellschaft, führen würden.

Doch es kamen auch neue Fans hinzu, von denen viele durch die Musiksammlung ihrer älteren Geschwister oder die Songs von Green Day und The Offspring, die sie aus dem Radio kannten, angefixt worden waren. Die Punk-Welle war zu diesem Zeitpunkt bereits mehrere Jahre lang durch die Suburbs geströmt. Obwohl Bad Religion immer noch im Radio gespielt wurden, vor allem auf KROQ in Südkalifornien, waren wir daran gescheitert, ähnliche Hits wie andere Gruppen abzuliefern. Die beiden Alben, die wir nach Stranger Than Fiction aufnahmen, boten weniger radiotaugliche Songs, während andere Punkbands den Äther mit immer neuen Radiohits fluteten. Wenn unsere Tourneen nicht weiterhin erfolgreich gewesen wären und wir nicht länger auf unsere treuen Fans hätten zählen können, hätten wir eventuell das Handtuch geworfen. Wir wussten, was die Stunde geschlagen hatte. Bei all den neuen

Gesichtern, die im Punk auftauchten, gab es da für eine Band, deren Sänger eher wie ein Lehrassistent vom College als eine stilsichere Punk-Ikone wirkte, überhaupt noch eine Zukunft?

Wir beendeten die Arbeit an *No Substance* in Los Angeles, im Studio von Chris Lord-Alge, der das Album abmischte. Chris hatte erst unlängst Green Days späteren Mega-Hit „Good Riddance (Time Of Your Life)" fertig gemischt und spielte uns das Stück vor. Das war noch vor der Veröffentlichung und bevor der Song im Radio lief. Ich zeigte mich ein wenig skeptisch. Nicht etwa gegenüber Chris' Leistung, denn sein Mix war unglaublich gut. Vielmehr zweifelte ich, dass ein akustischer Song einer Punkband über Hit-Potenzial verfügte. Brett und ich hatten bereits viele Jahre lang Punksongs auf unseren Akustikgitarren komponiert. Aber wir nahmen sie nur als Demos auf und es fehlte uns der Mumm, sie auch zu veröffentlichen. Ich war durchaus angetan von der Idee, akustische Songs, entschlackte Melodien und Singer-Songwriter in den Mittelpunkt zu stellen. Billy Bragg hatte sich schon vor langer Zeit dieser musikalischen Herangehensweise verschrieben.

Chris' Beitrag zu *No Substance* war herausragend. Der Song „Shades of Truth" war hinsichtlich der Art und Weise, wie Chris ihn abgemischt hatte, ein echtes Highlight, aber in Bezug auf seine Lyrics leider kein Volltreffer. Das Radio zeigte sich desinteressiert. Abgesehen vom bescheidenen Erfolg, den das Duett mit Campino, „Raise Your Voice", in Europa verzeichnen konnte, flog das Album unter dem Radar des Mainstreams. Zu den wenigen Perlen zählen „Hear It" und „Sowing The Seeds Of Utopia", die bei unseren Fans großen Anklang fanden und sich zu festen Größen in unseren Setlisten mauserten.

Als ich nach Beendigung des Abmischens nach New York zurückkehrte, erwartete mich ein großes, leeres Haus. Die Kinderzimmer waren immer noch genauso unaufgeräumt wie zwei Wochen zuvor bei meiner Abreise. Allerdings keine Kinder weit und breit. Sie wohnten im Haus ihrer Mom, wenige Kilometer entfernt, und gewöhnten sich an neue Abläufe und Regeln, die ihr zukünftiger Stiefvater festlegte. Der Gedanke, dass ein anderer Mann mehr Einfluss auf deine Kinder hat, kann einen Vater in den Wahnsinn treiben – diese unangenehme Vorstellung, dass die eigene Einflussnahme keine Auswirkung darauf hat, wie sie sich entwickeln. Meine Logik half mir aus der Bredouille. Ich musste einfach akzeptieren, dass Kinder immer auch anderen Einflüssen ausgesetzt sind. Ganz egal, ob die Eltern miteinander verheiratet sind. Sie haben Freunde, treffen Bekannte und idolisieren ihre Helden – viele von diesen Einflüssen bleiben ihren Vätern verborgen. Da man nicht ihre gesamte Existenz überwachen kann, noch vorherzusehen vermag, was ihnen ihr Leben bescheren wird, wird es für einen selbst zur Pflicht, sein eigenes Leben zu leben und seiner „Berufung" treuzubleiben. Solche Geistesblitze hatten mich als Teenager bereits zum Punk hingeführt – nun halfen sie mir dabei, mich mithilfe logischen Denkens zurück auf Schiene zu manövrieren und wieder nach höheren Zielen zu streben.

So begann ich nun, ein paar meiner emotionalsten Ergüsse auf Papier festzuhalten, und schrieb eine Reihe von Songs, von denen ich nicht annahm, dass sie jemals veröffentlicht würden. Unser neuer A&R-Beauftrage bei Atlantic, John, zeigte jedoch Interesse an meinen jüngsten Solo-Experimenten. Ich erklärte ihm, dass diese Songs meine tiefe Verzweiflung widerspiegelten und sie mehr nach Todd Rundgren als Bad Religion klangen. Ich mutmaßte, dass ich sie vielleicht besser für mich behalten sollte. Dennoch spielte ich ihm ein paar meiner neuen Nummern vor und John meinte, dass sie in Summe ein interessantes Solo-Projekt ergeben würden.

Ich verbrachte daraufhin mehrere Wochen in meinem Heimstudio und im Klavierzimmer, um zu komponieren, zu texten und aufzunehmen. Zudem baute ich das Schlagzeug auf, das Bobby nach der Session zu *No Substance* bei mir zuhause zurückgelassen hatte. Ich entschloss mich, meine Herangehensweise an besagtem Todd Rundgren zu orientieren, indem ich alle Instrumente selbst einspielte, auch den Hintergrundgesang beisteuerte und auch das Abmischen und die gesamte Produktion übernahm. Immerhin hatte ich bereits bei sämtlichen Bad-Religion-Demos auf diese mir vertraute Weise gearbeitet. Unser Toningenieur Ronnie unterstützte mich bei einigen der technischen Aspekte.

Mein Soloalbum mit dem Titel *American Lesion* erschien 1997, einen Tag nach meinem Geburtstag. Mit seinen sorgenvoll-einsamen, verzweifelten und mitunter auch vorsichtig optimistischen Songs stellt diese Platte eine autobiografische Momentaufnahme aus jenem Jahr aus, in dem sich mein Familienleben für immer veränderte. *American Lesion* bot eine zufriedenstellende Bestandaufnahme meines bisherigen Lebens. Da ich auf akademische Unerbittlichkeit, Punk-Attitüde und streitlustige Polit-Ansagen verzichtete, fand es nur ein kleines Publikum. Allerdings hätte das Album aufgrund seines primären Inhalts durchaus Massenappeal gehabt, immerhin fokussierte ich mich auf jene emotionale Vielfalt, die allen Menschen gemeinsam ist.

Obwohl *American Lesion* den Tiefpunkt meines Privatlebens illustrierte, symbolisierte es auch den Anfang eines Neubeginns. Das gigantische Gebäude, das meine Familie, meine akademische Laufbahn und die Band repräsentierte, hatte an der Basis zu bröckeln begonnen, war aber nicht eingestürzt. Die zahllosen Risse im Mäuerwerk mussten nun gekittet werden. So lange ich Musik schreiben und singen konnte und so lange es ein Publikum dafür gab, war ich auch gern bereit, mich dieser Aufgabe zu stellen.

28 WIEDERAUFBAU

28A. The New America

Eines Nachmittags im Februar 1998 machte ich mich auf den Weg zu einem Möbelgeschäft in Syracuse, um ein neues Bücherregal für meine wuchernde Bibliothek zu kaufen. Ich drehte das Radio an, um mir die neuesten Sounds auf dem lokalen Rocksender reinzuziehen. Da hörte ich einen Song, der verdächtig nach NOFX klang. „Wow!", dachte ich. „Endlich kann man NOFX im Kommerz-Radio hören." Es war eine gute Sache, dass auch die bissigeren Spielarten des Punk im Radio Widerhall fanden, da dort in erster Linie etwas softeres und emotionaleres Material gespielt wurde. Fat Mikes Stimme klang ein wenig glatter und war ein wenig gereift. „Aber vielleicht ist das nur eine Nebeneffekt des Radios", dachte ich mir. „Es klingt fantastisch!" Der Song verfügte über ein paar typisch südkalifornische Elemente. Ähnlich wie in unserem Song „American Jesus" waren sowohl das Intro als auch die Übergänge zwischen den Strophen mit einem simplen Leadgitarren-Part hinterlegt. Doch der Inhalt des Songtexts – unter anderem ging es hier offenbar ums „Erwachsenwerden" – wirkte eher untypisch für NOFX. „Vermutlich war es genau dieser Schritt, den Mike machen musste, um im Radio gespielt zu werden", sagte ich zu mir selbst und ging davon aus, dass NOFX sich bewusst für ein sentimentales Thema – Schlussmachen mit der Freundin – entschieden hatten, um so ein größeres Publikum anzusprechen. Ich hörte mir den ganzen Song an, konnte aber keine nennenswerte Melodie feststellen – aber so wie viele Songs von NOFX hatte dieser hier ein originelles Gitarrenriff und einen Refrain, in dem der Sänger vermutete, dass er nun wohl erwachsen würde. Dann meldete sich der DJ zu Wort: „Hey, das waren Blink-182 mit ‚Dammit'."

Wie meinen? Sind es jetzt die NOFX-Epigonen, denen eine landesweite Bühne geboten wird? Und genau so war das auch! Ich war weder sauer noch verstört, sondern verblüfft. Es war vielsagend, dass das neue Publikum so viel jünger war als ich und sich nicht für die musikalischen Wurzeln interessierte. Sie begeisterten sich einfach für den Sound. Es machte mir Hoffnung, dass unsere Musik immer noch relevant war.

Blink-182 entwickelten schließlich noch ihren eigenen einzigartigen Sound und verfolgten einen individuellen Ansatz. Doch als sie 1998 mit ihrem Song in ungeahnte Sphären vordrangen, muss es selbst sie überrascht haben. „Dammit" zählte plötzlich bei Radiosendern im ganzen Land zu den fünf meistgespielten Titeln. NOFX, die wir beeinflusst hatten, hatten irgendwann einen für sie typischen Sound kreiert, den wiederum eine andere Gruppe imitierte, nämlich Blink-182, und damit im ganzen Land im Radio rauf und runter gespielt wurde! Es stellte sich schließlich heraus, dass Blink-182 selbst auch angaben, stark von Bad Religion beeinflusst worden zu sein. In nicht allzu ferner Zukunft würden sie diese Affinität auch noch auf ganz besondere Art unter Beweis stellen.

Wie populär Punk nun in sämtlichen suburbanen Enklaven quer durch ganz Amerika war, ließ sich nicht von der Hand weisen. Die Musikgeschäfte in den Einkaufszentren platzierten Punk-Alben an prominenter Stelle in ihren Schaufenstern. Die im ganzen Land vertretene Ladenkette Hot Topic verkaufte Shirts mit Logos von Punkrockbands. Punkiger Schmuck und Accessoires wie etwa Portemonnaies mit Kette und Nietenarmbänder rundeten das Freizeit-Outfit unzähliger Kids in den Suburbs ab. Ich gab öffentlich zu Protokoll, dass Punk einen Demokratisierungsprozess durchlaufen hätte. Ungefähr zu dieser Zeit begann ich auch damit, neue Songs für ein, so wie ich es sah, neues Amerika zu schreiben. Ich fand es ironisch, dass die Jugendlichen in der lokalen Filiale von Hot Topic bei mir in New York mit den Kreditkarten ihrer Eltern Klamotten und Accessoires kauften, die ein kurioses Verlangen nach Inhalten signalisierten, die im Widerspruch zu ihrem weichgespülten suburbanen Dasein standen. Ich wollte sie dafür nicht kritisieren. Immerhin war ich ja selbst in den Suburbs aufgewachsen und verstand dieses Bedürfnis nur allzu gut. Dennoch war das eine interessante Thematik. Mir dämmerte, dass diese Kids wahrscheinlich Punks, die auf den Straßen der Großstadtdschungel lebten, romantisierten und mit ihnen sympathisierten. Solche Beobachtungen inspirierten mich zu einem Song namens „A Streetkid Named Desire", der den Ausgangspunkt für ein Projekt darstellte, das letztendlich in unserem Album *The New America* mündete. Noch vor der Veröffentlichung von *No Substance* im Mai 1998 schrieb ich bereits neues Material für jenes Album, das auch unseren Abschied von Atlantic Records und Sony Music einläuten sollte.

Gleichzeitig eröffneten sich uns neue Optionen für weitere Tourneen. Unser Freund Kevin, den wir noch als Bühnenmanager aus dem Fender's Ballroom kannten – jener Bastion des Chaos, wo zur Mitte der 1980er, dem dunklen Zeitalter des Punks, wilder Slam dance und zornige Brachialgewalt den Ton angegeben hatten –, experimentierte mittlerweile mit unterschiedlichen Veranstaltungsformaten. 1995 hatte er sich etwa eine Art Punkrock-Wanderzirkus ausgedacht, im dessen Rahmen den ganzen Tag lang gleichzeitig mehrere Bands auf verschiedenen Bühnen auftraten. Alles begann mit einem Event namens *Board In The South Bay*, wo die besten südkalifornischen Punkbands auftraten, während sich Profi-Skateboarder am Rande der Veranstaltung auf diversen Rampen duellierten. Das Spektakel fand 1995 auf dem Gelände der California State University in Dominguez Hills statt und Bad Religion waren als Headliner mit am Start. Zu den Sponsoren zählte auch Goldenvoice, jene mit uns befreundete Firma, die sich inzwischen zur erfolgreichsten Veranstaltungsagentur im ganzen Land aufschwang. Ein anderer Sponsor trug den Namen *Warp*. Dabei handelte es sich um ein Fanzine, in dem der südkalifornischen Surf-, Skate- und Snowboard-Szene sowie dem dazugehörigen Sound und Lifestyle gehuldigt wurde. Der Erfolg des ganztägigen Outdoor-Events war überwältigend: Mehr als 10.000 Menschen waren zur Veranstaltung gepilgert.

Zwar wussten wir es damals noch nicht, doch in Kevins Kopf keimte bereits die Idee, mit der Warped Tour durchs ganze Land zu tingeln und jedem amerikanischen Punker-Kid ein sommerliches Highlight zu bescheren. Eine landesweite Festivaltour, die ganz im Zeichen von Musik und Skateboard-Kultur stand. Zwischen 30 und 40 Bands reisten zusammen in Tourbussen, die jeden

Tag auf riesigen Parkplätzen haltmachten, die sich wiederum in der Regel direkt neben einem Stadion oder einer Arena befanden. Die Tour steuerte alle großen Metropolen des Landes an. Das Reisepensum war dabei so intensiv – jeden Tag eine andere Stadt –, dass es kaum Zeit zum Verschnaufen blieb. Mit dem Aufbau wurde jeden Morgen bereits bei Sonnenaufgang begonnen. Abgebaut wurde allabendlich bei Sonnenuntergang. Dann ging es weiter in die nächste Stadt. Oftmals dauerten die nächtlichen Fahrten von A nach B sechs Stunden und länger.

In unseren Kreisen wurde berichtet, dass die Tour in den Sommern 1996 und 1997 weiter gewachsen war und an Status gewonnen hatte. Dennoch waren wir nicht wirklich an einem Engagement interessiert, da sich die Warped Tour mit einigen der wichtigsten europäischen Festivaltermine überschnitt – und auf ebendiesen Spektakeln lag damals unser Fokus. 1998 konfrontierte Kevin seinen Partner Darryl, der als Agent bei CAA (Creative Artists Agency) tätig war, ob er sich vorstellen könne, mit der Warped Tour nach Europa zu expandieren. Darryl wusste sofort, dass es nur eine Punkband gab, die auf beiden Seiten des Atlantiks anerkannt genug war, um einen solchen Schritt zu rechtfertigen: Bad Religion. Unser Stellenwert in Europa war inzwischen auch dank unserer Verbindung zu den Toten Hosen weiter stark gestiegen. Aber auch unser Freund Jens hatte viel zu dieser Entwicklung beigetragen. Immerhin war er in der Lage, mit den einflussreichsten deutschen Veranstaltern in seiner Muttersprache zu verhandeln und Fürsprache zu halten. Jens, Kevin und Darryl zogen alle an einem Strang, um für Bad Religion ein hübsches Gesamtpaket zu schnüren, das es uns schmackhaft machte, die Warped Tour sowohl in den USA als auch Europa als Headliner zu beehren. Zwar müssten wir in diesem Jahr ein paar europäische Festivals auslassen, doch würde uns die anberaumte Tour dafür ermöglichen, zur Abwechslung einmal vor viel mehr amerikanischen Punkrock-Fans aufzutreten – und zwar auf verschiedenen Outdoor-Arealen und nicht in Konzertsälen und Nachtclubs.

Um uns ein formelles Angebot zu unterbreiten, musste man sich an unseren Agenten wenden. Unser amerikanischer Agent, John Branigan von der William Morris Agency, agierte damals in erster Linie als eine Art Mittelsmann, der für Bad Religion Offerten entgegennahm. John war cool, aber da er eher der alten Schule der Rockmusik entstammte, befanden wir uns leider nicht wirklich auf derselben Wellenlänge. Da wir uns aber eine etwas kameradschaftlichere Beziehung wünschten, fragten wir Darryl, ob es ihm vielleicht möglich wäre, uns bei CAA unterzubringen. Darryl verstand die Band, ihre Wurzeln und auch unsere individuellen Schrullen. Zudem hatte er eine akkurate Vorstellung davon, wohin wir uns entwickeln würden. So willigte er ein, fortan als unser Agent zu fungieren.

Prompt nahmen wir das Angebot an, auf der Warped Tour zu spielen. Gleichzeitig verabschiedeten wir uns von unserer in London beheimateten Agentur für Europa. Wir waren auf der Insel nicht so populär wie auf dem europäischen Festland und der anglozentrische Chauvinismus britischer Agenturen widersprach Bad Religions globaler Ausrichtung. Wir beschlossen, unser europäisches Hauptquartier nach Deutschland zu verlegen, da wir uns dort am wohlsten fühlten. Jens hatte ein Büro in Hannover und wickelte unsere wichtigsten Geschäfte in seiner Muttersprache ab.

Wir gingen wieder einmal auf große Reise, dieses Mal aber in Form einer Karawane mit 30 anderen Acts, die mehrheitlich zum ersten Mal landesweit auf Tour gingen. Kevin war der Auffassung, dass alle Bands die gleiche Behandlung erwarten durften. Das war eine sehr integre Herangehensweise ganz im Sinne des Punk. Aber für eine Band wie unsere, die an einen gewissen Komfort gewöhnt und auf zahlreichen Welttourneen in vielen renommierten Etablissements aufgetreten war, bedeutete dies in gewisser Hinsicht einen Rückschritt. Wir wussten, dass uns eine zähe Angelegenheit bevorstand, als wir sahen, dass das einzige jederzeit verfügbare Getränk im Künstlerbereich eine Limo auf Pulverbasis war, die von den Bühnenhelfern mit ihren nackten Armen in einem 350 Liter fassenden Behältnis angerührt wurde. Man muss wohl gar nicht extra betonen, dass in den frühen Jahren der Warped Tour in Bezug auf das Thema Ernährung jeder auf sich selbst gestellt war.

Deshalb nahmen wir unseren eigenen Barbecue-Grill mit auf die Reise. Jeden Tag statteten unsere Roadies einem nahegelegenen Supermarkt einen Besuch ab, um sich mit reichlich Fressalien für die Band, die Crew und die Fans, die bei uns vorbeikamen, einzudecken. Unser Kumpel (und zukünftiger Tourmanager) Rick bereitete das Essen zu und kümmerte sich um den Betrieb unseres gastfreundlichen Zelts, in dem Besucher von einem gewaltigen Bad-Religion-Logo begrüßt wurden. Unsere allabendlichen Grillfeiern entwickelten sich zu einer Gemeinschaftsveranstaltung. Diese Zusammenkünfte förderten das Kameradschaftsgefühl und das Aufkommen einer neuen Kollegialität.

Wir wurden zudem Zeugen der Entstehung eines neuen Archetyps: südkalifornische Raufbolde, die sich für extreme Trendsportarten begeisterten und in den 1980ern irgendwie mit Müh und Not einer Gefängnisstrafe entgangen waren, erlebten nun, wie sich ihre Lieblingsbeschäftigungen (Skateboarden, Surfen, BMX- oder Motocross) zu einem millionenschweren Geschäft entwickelten. Auf unseren Barbecues wimmelte es nur so vor mehr oder weniger trinkfesten Typen und Mädels. Ein weiteres Markenzeichen war die permanente Verfügbarkeit von allerhand Partydrogen. Diese nomadenhafte musikalische Subkultur erinnerte mich ein wenig an die 1960er – nur jetzt eben mit kunstvollen Tätowierungen, schnellerer Mucke und anderen Drogen.

Rar gesät waren die sensiblen Musiker, die heimlichen Intellektuellen, die Leser und Denker. Auch die belesenen, aufgeklärten Charaktere können – so wie die Partytiger – mitunter unausstehlich sein. Doch ihr Mangel im Rahmen dieser Veranstaltung fiel definitiv auf. Da ich dem sozialen Milieu vor Ort wenig abgewinnen konnte und um meine Gesangsstimme zu schonen, beschloss ich, mich so oft wie möglich vom Festival zu entfernen. So fing ich an, selbst zu fahren und in Motels zu übernachten. Ich empfand die stundenlangen Fahrten als echte Wohltat. Das meditative Summen und Surren der Reifen und des Motors, dem ich oft in totaler Stille lauschte, war das perfekte Begleitgeräusch für meine tiefgründigen Gedanken.

Der europäische Abschnitt der Tour bot etwas mehr Struktur, bessere Einrichtungen und eine professionellere Abwicklung als ihr amerikanisches Pendant. Das Geschäftsmodell der Warped Tour musste entschieden nachgebessert werden, vor allem, da niemand Geringerer als die Toten Hosen als Headliner der Termine in Deutschland gebucht worden waren und ihre Fans daran gewohnt waren, sie in einer imposanten Stadionkulisse zu erleben. Alle Bands profitierten davon, sich mit den Hosen die Bühne teilen zu können – und wohl niemand mehr als wir! So spielten wir etwa „Raise Your Voice“ mit Campino und viele ihrer zigtausend Fans stimmten ein. Abend für Abend in einem riesige Stadion zu gastieren stellte die Warped Tour vor eine große Herausforderung. In Europa ging die Sause erst am Abend in Szene, obwohl die Warped Tour in Amerika traditionell tagsüber stattfand. Immerhin waren Skaten und Surfen,

Snowboarden und BMX-fahren Aktivitäten, die bei Tageslicht ausgeübt wurden – und die Bands lieferten dazu bloß die akustische Hintergrundbeschallung. Das exquisite europäische Catering, die VIP-Loungen hinter der Bühne und insgesamt zu hohe Produktionskosten machten die Warped Tour in Europa zu einem weit weniger profitablen Unternehmen als in den USA. Nach nur zwei Jahren zogen Kevin und seine Partner dem Euro-Ableger der Warped Tour endgültig den Stecker.

Während dieser Tournee wurde mir eine kuriose Tatsache bewusst. Obwohl No Substance, unser jüngstes Album, als Flop galt und keine Songs enthielt, die als „Radiohits" taugten, wirkte sich das weder negativ auf die Zahl unserer Konzertbesucher noch auf deren Begeisterung aus. Tatsächlich waren unsere Touren erfolgreicher als je zuvor. Wir wurden von der Popularitätswelle mitgerissen, die Bands wie Green Day und The Offspring mit ihren Hits im Radio ausgelöst hatten und die nun auch von Blink-182 prolongiert wurde. Obwohl viele dieser neuen Fans noch nie einen unserer Songs gehört hatten, konnten wir uns doch auf die Mundpropaganda verlassen. Den meisten Punkrocker war zumindest unser Name irgendwie ein Begriff.

Unsere eigenen „Hits" stammten noch vom Anfang des Jahrzehnts, waren den Punkrock-Fans aber trotzdem immer noch geläufig, was ihnen das Gefühl verlieh, etwas Authentisches geboten zu bekommen – eventuell sogar den Quell der Inspiration für ihre eigenen Lieblingsgruppen. Dieses Phänomen, so fand ich, entwickelte noch einmal eine ganz spezielle Eigendynamik. Auch verfügten wir schon über so etwas wie ein kreatives „Vermächtnis". Da spielte es keine große Rolle, dass unser aktuelles Album nicht so erfolgreich war wie dessen Vorgänger. So lange das Publikum bei unseren Konzerten so enthusiastisch auf unsere Darbietungen reagierte, würden uns die Veranstalter auch weiterhin als integralen Bestandteil ihrer Festivals sehen. Außerdem würde es dank all der neueren Bands und ihres weitreichenden kommerziellen Appeals immer ein Punk-Publikum geben, das die Ohren spitzte, sobald Bad Religion auf Tour gingen oder eine neue Platte bewarben. Besagtes Vermächtnis wurde mir zunehmend wichtiger als die Sorge, ob ich für dieses neue Publikum überhaupt Punk genug wäre. Ein solches musikalisches Erbe hängt auch von seiner Verbreitung ab. Nicht nur die Form, sondern auch der Inhalt spielte eine wichtige Rolle. Denn die zugrundliegenden Ideen sind bei Punk ebenso maßgeblich wie der Sound.

Zu diesem Zeitpunkt waren die Inhalte und Ideen im Punkrock ein bisschen zur Mangelware verkommen, doch der Sound fand rasant neue Anhänger. Ich ging davon aus, dass es Punk, wenn jemand diese Musik im Radio spielte, sowohl als Idiom als auch als Kunstform und sogar als Kulturgut einen unglaublichen Beliebtheitsschub verleihen könnte. Obwohl die Form und der Inhalt des Punk einen Gezeitenzyklus zu durchlaufen scheinen, ist es kein Todesurteil, populär zu werden, sondern vielmehr einen Möglichkeit für den betroffenen Songwriter. Die Herausforderung besteht darin, für einen selbst herauszufinden, welche Kriterien ein Song oder auch eine Person erfüllen müssen, um sich das Label „Punk" umzuhängen. Die Gelegenheit manifestiert sich hingegen darin, dass sich mehr Menschen gegenüber den guten Aspekten der Musik zu öffnen bereit sind. Soziale Stigmen zu überwinden und den Weg für jüngere Bands zu ebnen, fördert die Reichhaltigkeit eines Genres.

Nur stellte sich die Frage, ob Bad Religion noch über dieselbe Qualität verfügten wie ein Jahrzehnt zuvor, als wir Suffer veröffentlichten. Schließlich wollte ich zu keinem „Dinosaurier-Act" verkommen, der sich live exklusiv auf Material von den ganz frühen Alben beschränkte, um ein Nostalgiebedürfnis des Publikums zu befriedigen.

Da unsere Beziehung auf dem Geheimhaltungsprinzip basierte, nahm ich einfach an, dass die A&R-Abteilungen bei Atlantic und Sony Music immer noch Interesse an neuem Material hatten. So schrieb ich auch weiterhin Songs für eine weitere Veröffentlichung bei einem Major-Label. Als alter Skeptiker erkundigte ich mich bei unserem Anwalt, Eric, ob es Grund gab, anzunehmen, dass unser Aufnahmebudget aufgrund der schwachen Verkaufszahlen der letzten Platte gekürzt werden würde. Er antwortete mir, dass sie quasi nach einem neuen Album lechzten und das Budget dieses Mal sogar noch höher ausfallen würde. Aufgrund der Art und Weise, wie Eric unseren Plattenvertrag ausverhandelt hatte, stand Atlantic nun vor der Frage, ob das Label uns fallen lassen oder uns den höchsten Vorschuss in der Karriere unserer Band auszahlen sollte – wie ein Footballteam, das entscheiden musste, ob es einen routinierten Quarterback ziehen ließ oder für ein höheres Gehalt in seinen Reihen hielt. Da man beim Label nicht abzuschätzen wusste, wie harsch die Kritik der Medien ausfallen würde, wenn es Bad Religion in einer Phase, in der Punk zu den beliebtesten Genres im Radio zählte, in die Wüste schickte, zog Atlantic es vor, uns weiterhin zu bezahlen. Somit standen uns für die Aufnahmesessions zu unserem nächsten Album, *The New America*, praktisch unbegrenzte Geldmittel zur Verfügung.

Da ich bereits eine Menge neuer Songs für die Band geschrieben hatte, wandte ich mich nun an Brett, mit dem ich ein paar Jahre lang keinerlei Kontakt gepflegt hatte. Wie es das Schicksal so wollte, musste er ohnehin ein paar Geschäftstreffen in New York City absolvieren, weshalb er einwilligte, sich mit mir in seinem Hotel zu verabreden. Es war gleich so wie früher. Das ist das Schöne an alten Freunden: Wenn die Beziehung stark genug ist, geht es zwischen zwei Aufeinandertreffen sofort nahtlos weiter, ganz egal, wie viel Zeit dazwischen vergangen ist. Wir alberten ein bisschen herum und sprachen nicht über das Business. Stattdessen plauderten wir über Songwriting. Brett sagte, er hätte an ein paar coolen Riffs gebastelt und sogar ein Tape mit diesen dabei. Allerdings erklärte er auch, dass er kein Interesse daran hätte, wieder in die Band einzusteigen oder auf Tour zu gehen. Selbst hinsichtlich seiner Fähigkeiten, Songs zu schreiben, schien er nicht sonderlich von sich selbst überzeugt zu sein. Immerhin, so meinte er, wäre er seit Jahren aus der Übung.

In seinem Hotelzimmer gab es eine Stereoanlage samt Kassettenrekorder. So konnte er mir sein Demo vorspielen und ein paar Ideen für den Leadgesang vorsingen. Mir gefiel, was ich da hörte. Der Song war ansprechend, aber vor allem genoss ich die neuerliche Zusammenarbeit und den Austausch zwischen mir und meinem alten Kumpel. Wir beschlossen, den Song gemeinsam weiterzuentwickeln. Unser Meeting endete schließlich mit einer Umarmung und einem „Bis bald!“.

Es gab jedoch noch einen weiteren Grund, warum ich mich nach Big Apple begeben hatte. Michele hatte ihren Job bei RCA gekündigt und wollte nun in die Management-Branche zurückkehren. Sie plante, in Kürze ein Büro in der 21st Street einzurichten und hatte mich eingeladen, ihr einen Besuch abzustatten. Es war eine großartige Gelegenheit, gleich jemandem von meinem Treffen mit Brett und unserer bevorstehenden Kooperation zu berichten. Aber natürlich war ich in meiner Annahme, sie wollte nun sofort wieder mit Bad Religion arbeiten, etwas zu voreilig. Um dies ermöglichen zu können, mussten zuerst ein paar grundlegende Details geklärt werden. So waren zum Beispiel die Jungs in der Band der Ansicht, dass wir gar keinen Manager bräuchten. Nachdem wir auf Empfehlung Ric Ocaseks Elliot als Manager engagiert hatten, stellte sich leider heraus, dass er nicht mit unserer bandinternen Demokratie klarkam. Elliot bevorzugte mich als das kreative Element der Band und zählte zu den größten Fürsprechern einer neuerlichen Songwriting-Partnerschaft mit Brett. Ich zog es aber vor, über alles abzustimmen, obwohl Bands in Wirklichkeit am besten als gutwillige Diktatur funktionieren. „Greg, DU bist der Anführer dieser Band", betonte Elliot. „Aber jetzt gerade bist du leider kein sehr guter Anführer!" Darüber mussten die Jungs lachen. Dem zweiten Teil der Aussage stimmten sie zu. Den ersten Teil zogen sie hingegen in Zweifel. Ich nahm es gelassen und beschloss, so viel wie möglich von diesem Fachmann und Meister zu lernen, würde aber der Band das letzte Wort in der Frage zugestehen, ob er wirklich der richtige Kandidat für unsere Band war. Elliot verfügte über unzählige Kontakte und war sehr gut vernetzt. Aber die meisten Leute, die er kannte, waren nicht in der Lage, Bad Religion eine Art von Erfolg zu ermöglichen, die wir nicht schon selbst bewerkstelligt hatten.

Zum Beispiel war Elliot mit Lorne Michaels befreundet. „Großartig!", dachten wir und rieben uns die Hände. „Elliot telefoniert mit Lorne und wir sind sogleich die musikalischen Gäste bei Saturday Night Live." Aber leider sollte das nie passieren. Lorne Michaels hatte Besseres zu tun als eine Punkband einzuladen, deren kontroverses Logo und provokanten Songtexte die Sponsoren seiner Comedy-Show verärgern und die Fernsehaufsicht auf den Plan rufen könnte. Nur sehr wenige Punkrocker waren bisher bei ihm aufgetreten – und nur ein einziger Act aus der südkalifornischen Szene. Es waren inzwischen fast 20 Jahre vergangen, seit John Belushi persönlich interveniert hatte, um Fear einen Gig bei Saturday Night Live zu ermöglichen.

Elliot wusste, wie man Renommee aufbauen konnte. Darin lag seine Stärke. Doch Bad Religion waren schon längst eine renommierte Band. Ich erkundigte mich bei Danny Goldberg, der uns zu Atlantic geholt hatte, als er dem Unternehmen als Präsident vorstand, was er von Elliot als unserem Manager hielte. „Elliot ist sehr clever", antwortete er, „und er ist ein sehr einflussreicher Mann innerhalb der Musikbranche." Aber auch Danny Goldberg konnte sich nicht vorstellen, wie Elliot zu einem noch höheren Ansehen verhelfen könnte als jenes, das wir uns selbst verschafft hatten. Obwohl ich mit ihm arbeiten wollte und seine Weisheit schätzte, musste ich den anderen Jungs zustimmen, dass er nicht viel für uns tun konnte.

Nach Elliot versuchten wir, uns in gewisser Weise selbst zu managen, während Michele sich um die alltäglichen Verwaltungsaufgaben kümmerte. Micheles erster Auftrag war gleich ziemlich irre. Ich weihte sie ein, dass ich für unser nächstes Album einen Produzenten und Verbündeten bräuchte. „Kannst du vielleicht Todd Rundgren kontaktieren?“, fragte ich, halb im Scherz. Sie machte sich sofort an die Arbeit. Michele kannte alle Leute bei Atlantic Records und hatte im Verlauf der Jahre an unzähligen Marketing-Meetings und Strategie-Besprechungen in Bezug auf Bad Religion teilgenommen. Als sie den A&R-Leuten dort meine Idee unterbreitete, Todd Rundgren unsere Platte produzieren zu lassen, hatten sie keinerlei Einwände. Warum auch? Er war ein bekannter Name und Bad Religion konnten von so einer Verbindung nur profitieren. Atlantic gefiel, wie sich die Zusammenarbeit mit Ric Ocasek auf uns ausgewirkt hatte, also war es den Versuch wohl wert. Allerdings hatte Ric in jüngerer Vergangenheit bereits mehrere große Hits produziert, etwa für Bands wie Weezer. Todd hingegen galt zwar als Studio-Magier, war aber in letzter Zeit nicht unbedingt kommerziell erfolgreich gewesen.

Das war mir jedoch vollkommen egal. Ich vertraute Todd, obwohl ich ihn noch nie getroffen hatte. Auch schenkte ich den Gerüchten, denen zufolge die Arbeit mit Todd ein besonders komplizierter Prozess wäre, keinerlei Gehör. Immerhin müssen sich kreative Menschen von weniger kreativen Menschen ständig solche Vorwürfe gefallen lassen. Ich war einfach motiviert, gute Songs zu schreiben. Deshalb hielt ich es für eine gute Idee, ebenjenen Typen, der mich schon mein ganzes Leben lang inspiriert hatte, diese Tracks produzieren zu lassen.

Es war nicht einmal sechs Monate her, dass meine Ehe in die Brüche gegangen war. Das Haus stand den Großteil der Woche de facto leer. Die Band war aktiv wie eh und je. Zu dieser Zeit näherte sich meine Mom, diese weise Administratorin, langsam ihrem Ruhestand. Sie hatte fast zwei Jahrzehnte lang als Personalchefin einer großen Firma namens Unisys in der Nähe von Washington D.C. gearbeitet. Da dies mit dem Auto nicht allzu weit entfernt war, besuchten sie meine Kinder und ich regelmäßig an langen Wochenenden und Feiertagen. Mom wiederum verbrachte reichlich Zeit in Ithaca, um ihre Enkel zu sehen, wann immer es ihr stressiger Terminplan erlaubte. Während einer dieser Visiten diskutierten wir gerade unseren Alltag, als sie mir auf ihre nonchalante Art und Weise einen Rat erteilte. Dies tat sie in Form einer Feststellung – eine Strategie, die sie längst perfektioniert hatte. „Liebling, du wirst wohl einen persönlichen Assistenten brauchen", versicherte sie mir. Daran hatte ich wirklich noch nie einen Gedanken verschwendet, aber natürlich hatte sie nicht unrecht. Da sie unsere Entwicklung seit der ersten Probe in ihrer Garage bis hin zu den jüngsten dramatischen Wendungen wie Bretts Ausstieg, der prekären Management-Situation und dem Umstand, dass uns das Radio die kalte Schulter zeigte, genau verfolgt hatte, konnte sie erkennen, dass die Band eine bessere Administration benötigte. Zudem wusste sie intuitiv, dass ich nicht die Art Mensch war, die administrativen Aufgaben gewachsen war. Vielmehr war ich eher ein kreativer Typ, von dessen Produktivität noch eine ganze Bootsladung anderer Leute abhing. Sie verstand besser als ich, dass meine kreativen Bemühungen, wenn ich von alltäglichen administrativen Aufgaben eingebremst wurde, zum Scheitern verurteilt waren. Als vielleicht größter Bad-Religion-Fan auf der ganzen Welt war ihr diese Vorstellung ein Graus. Aber sie wusste auch, dass ich einfach dann am glücklichsten war, wenn sich jemand anderer um bürokratische Details kümmerte, damit ich mich den kreativen Aspekten widmen konnte.

Ich zögerte nicht lange und schaltete in sämtlichen Wochenzeitungen in Ithaca, Elmira, Syracuse und Rochester eine Stellenausschreibung. Die selbst getextete Anzeige las sich folgendermaßen: „Gesucht: persönliche/r Assistent/in für Person aus der Musikbranche. Muss tippen können und über ausgezeichnetes Organisationstalent verfügen." Ich erwartete nicht, besonders viele Antworten zu erhalten, da wir uns ja nicht in Hollywood befanden, wo eine ganze Berufsgruppe nach Jobs bei Prominenten sucht.

Daher überraschte es mich, in dieser Woche mehr als 50 Anrufe und ebenso viele E-Mails zu erhalten. Alle waren von der Vorstellung, als persönlicher Assistent zu arbeiten, höchst angetan, obwohl niemand wusste, wer ich war. Unter den vielen Bewerbern befanden sich ehemalige Eventplaner, frühere Doktoranden, Beschäftigte aus dem Lebensmittelhandel, eine Immobilienmaklerin und auch ein Autoverkäufer. Nur mit zwei oder drei traf ich mich persönlich, aber jene Interessentin, für die ich mich schließlich entschied, schien von Anfang an die bestqualifizierte Bewerberin zu sein. Ihr Name war Treva, und sie hatte nicht die geringste Ahnung, wer ich war oder in welcher Band ich spielte. Das störte mich allerdings überhaupt nicht. Treva hatte seit ihrem College-Abschluss vor fünf Jahren als Lehrerin für Kinder mit besonderem Förderbedarf gearbeitet. „Hmmm, so ziemlich alle Leute, mit denen in der Band und der Musikbranche zusammenarbeite, könnten auch als Kinder mit besonderem Förderbedarf durchgehen", dachte ich mir. „Sie könnte die perfekte Kandidatin sein!" Wie sich herausstellte, lag ich damit goldrichtig. Clever, akribisch und gewieft wie sie war, fügte sich Treva nahtlos in jene Gruppe von Menschen ein, für die Bad Religion ihr täglich Brot waren. Ich engagierte sie vom Fleck weg, und bereits am nächsten Tag um 9 Uhr morgens kreuzte sie vor meiner Tür auf.

Es gibt für ihren Aufgabenbereich keine wirklich akkurate Jobbeschreibung, weshalb wir improvisieren mussten. Sie musste sich an der Learning-By-Doing-Methode orientieren und es gab auch keinerlei Garantien. Sie schien der Aufgabe aber offen gegenüberzustehen und wir einigten uns rasch auf ein Gehaltsschema. Zu ihren alltäglichen Aufgaben in meinem Heimbüro zählte es, ans Telefon zu gehen, meine Termine zu koordinieren, die Kinder zu unterhalten, wenn sie zu Besuch waren, und sich um notwendige Hausarbeiten zu kümmern. Da bei Bad Religion nichts ohne mein Zutun oder Einverständnis passieren konnte, stand Treva jeden Tag mit Michele in New York City in Kontakt.

Da ich über keinen Songwriting-Partner verfügte und unser nächstes Album mit dem höchsten Budget unserer Karriere ausgestattet sein würde, musste ich nun besonders intensiv an unserem Material arbeiten. Mit Treva als Assistentin und Michele als Managerin an meiner Seite musste ich mir aber zumindest nicht über Banalitäten wie die Geschäfte der Band, meinen Terminkalender oder die Hausarbeit Gedanken machen. Stattdessen verbrachte ich nun mehr und mehr Zeit im Studio, um an komplizierten Songideen zu feilen. Das Schreiben der Songs und das Aufnehmen der Demos für *The New America* musste ich im Alleingang bewältigen. Doch war es nun an der Zeit, den Produzenten kennenzulernen.

Michele und Treva hatten bereits Kontakt zu Todd gehabt, aber ich hatte bisher noch kein Wort mit ihm gesprochen. Das Label stand auf unserer Seite, da John, unser A&R-Mann bei Atlantic, sich dafür ausgesprochen hatte, Todds exorbitante Gage abzusegnen. Todds Dienste kosteten eine Stange Geld, aber dank unseres riesigen Vorschusses konnten wir uns die Zusammenarbeit leisten. Treva richtete mir aus, dass ich meine aktuellen Demos Todd persönlich überreichen könnte, wenn er in ein paar Tagen in Cleveland ein Konzert spielte. Ich setzte mich daraufhin auf mein BMW-Motorrad und brauste nach Cleveland, wo ich mich vor der Show mit John traf.

Das Konzert selbst war gut besucht, aber nicht ausverkauft. Es erinnerte mich an die vielen anderen Shows legendärer Performer, die ich besucht hatte, wo sie eine Auswahl aus ihrem unüberschaubaren Katalog spielten, ohne dass ihre Touren besonders stark beworben wurden. Die wahren Fans, von denen es immer noch reichlich gab, ließen sich die Gelegenheit selbstverständlich nicht entgehen, doch die Konzerte selbst fanden in einer eher gedämpften, informellen Atmosphäre statt. Als würde man sich mit einem alten Freund treffen.

Nach der Show begab ich mich hinter die Bühne und traf dort auf Todd und seine Band. Das war im Juni 1999. Nur drei Monate später sollten wir uns auf seinem Anwesen auf Hawaii zu unserer Zusammenarbeit einfinden. Ich händigte unserem Produzenten in spe meine jüngsten Demos aus. „Ich werde sie mir mal zu Gemüte führen und mich in ein paar Wochen melden", sagte er. Ich zog meinen Hut und empfahl mich. Es war echt der Hammer, Todd zu treffen, aber nun musste ich mich auf Kritik gefasst machen, da ich mir im Klaren darüber war, dass meine Demos noch einiges zu wünschen übrig ließen. Das nächste Mal, wenn ich von Todd hören würde, wäre er mein Produzent. Deshalb durfte ich mich an keine meiner Ideen allzu fest klammern.

Todd rief mich ein paar Wochen später an, um mir mitzuteilen, dass er meine Demos cool fand, wir aber vielleicht noch ein bisschen an ein paar der Lyrics arbeiten sollten. Er sagte, dass es klänge, als ob Bad Religion nun in ihre „Rubber-Soul-Phase" eintreten würden. Da ich keine Ahnung hatte, was er damit meinte, bat ich ihn, es mir zu erklären. „Nun ja", legte er los, *Rubber Soul* war jenes Album der Beatles, bei dem die Leute sie als Songwriter ernst zu nehmen begannen. Die Songs, die du mir mitgebracht hast, zeugen von Reife, aber sie müssen noch ein bisschen verfeinert werden, damit die Qualität des Songwritings so richtig zum Tragen kommt."

Ich war mir nicht sicher, ob Todd sich bewusst war, wie viele gute Songs Brett und ich über die Jahre hinweg geschrieben hatten. Aber all das zählte jetzt nicht.

Er musste nicht über unsere Bandgeschichte Bescheid wissen, um unser Album zu produzieren. Punk durchlief einen evolutionären Prozess. Das ursprüngliche Genre war verschwunden. Stilistisch bewegte es sich nun in allerhand unterschiedliche Richtungen. Was ich in Bretts Abwesenheit machen konnte, war, gute Songs zu schreiben – und ich war zuversichtlich, dass Todd wusste, wie er mir bei der Umsetzung dieses Ziels behilflich sein konnte.

Nach dem Ende der Warped Tour kündigten wir an, uns eine Auszeit zur Arbeit an unserem nächsten Album zu nehmen. Der Sommer war vorbei.

Es begann ein neues Schuljahr. Der Nordwind blies über den Kanadischen Schild und die Großen Seen hinweg, um uns zu verkünden, dass die Blätter sich schon bald feurig-orange und blutrot färben würden. Doch anstatt diese alljährliche herbstliche Transformation aus nächster Nähe zu beobachten, machte ich mich auf den Weg nach Hawaii, wo ich mich mit den Jungs zu den Aufnahmesessions mit Todd einfand. Treva hatte für sechs Wochen ein Haus in dem kleinen Dorf Hanalei auf der Insel Kauai gemietet. Es befand sich nur ein paar Schritte vom Meer und unweit von Todds Haus entfernt. Es war mit seinen beiden Schlafzimmern und der hübschen Küche jedenfalls groß genug für mich. Treva besuchte mich mit meinen Kindern, um ein bisschen Zeit mit mir zu verbringen, sich am Strand zu vergnügen und Sightseeing zu machen. Als auch noch Michele zu uns stieß, konnte man getrost von einer offiziellen Geschäftsreise sprechen. Sie und Treva unterhielten sich mit Jens, der ebenfalls vor Ort weilte, über den Terminplan der Band fürs nächste Jahr. Sogar meine Mom flog auf die Insel, um Zeit mit ihren Enkeln zu verbringen. Ich freute mich jedenfalls darüber, dass sie alle da waren, um sich auch gegenseitig zu unterhalten, damit ich den Rücken frei hatte, um mich auf die Arbeit mit Todd zu konzentrieren.

Ich kann nicht behaupten, dass unser Arbeitsablauf sonderlich straff oder rigoros organisiert war. Allerdings blieb er dafür stets gleich. „Lasst uns um 11 Uhr oder zu Mittag oder so loslegen“, schlug Todd vor. Am späten Nachmittag, zwischen 17 und 18 Uhr, war unser Tageswerk vollendet und wir begaben uns zum Strand, oder wir kauften frischen Fisch auf einem nahegelegenen Markt. Todds Studio war nicht an einen festen Ort gebunden. Er zählte zu den Ersten, die Platten auf dem Computer aufnahmen, und besaß einen Mac G3, den er mit Pro-Tools-Software kombinierte. Dieses Setup konnte er praktisch überall zum Einsatz bringen. Todd schlug vor, dass wir Drums und Bass in einem „lebendigem Ambiente“ aufnehmen sollten, bevor wir später die Gitarren hinzufügten. Um dies zu gewährleisten, mietete er eine alte Scheune von einem seiner Freunde an, die sich die Straße runter in Hanalei befand. Diese Scheune war aus wunderschönem Tropenholz gebaut und vermittelte uns ein klammes, erdiges Feeling. Bobby baute sein Schlagzeug in einer Ecke auf, die wirkte, als ob dort einst Tiere gefüttert worden wären. Sein neuer Arbeitsplatz war umgeben von geschnitzten Totems und anderen indigenen Designs. Todd umgab die Drums persönlich mit Mikrofonen und kümmerte sich um alle technischen Details, wozu er sich auf ganz einfache Werkzeuge und sein Rock'n'Roll-Know-how verließ. Die Spezifika waren denkbar simpel: Er benutzte Shure SM57s fürs Schlagzeug und die Gitarren und ein Telefunken (Neumann) U87 für den Gesang. Das wird den meisten Lesern nicht viel sagen, aber diejenigen, die mit Todds Produktionen vertraut sind, werden wohl mit der Zunge schnalzen. Dies waren die Mikros, mit denen er ein paar seiner erfolgreichsten Arbeiten bewerkstelligt hatte, von denen manche zu den meistverkauften Rockalben überhaupt zählen, etwa *Wave* von Patti Smith, *We're An American Band* von Grand Funk Railroad, *Straight Up* von Badfinger, *Bat Out Of Hell* von Meat Loaf, *Stage Fright* von The Band oder auch *Skylarking* von XTC. So wie seine Alben mit Utopia und als Solokünstler, die er ebenfalls produziert und tontechnisch betreut hat, besitzen auch diese Platten alle einen ganz typischen Sound. Viel trug seine Vorliebe für die genannten Mikros bei, die einen klaren Gesang samt unbeeinträchtigter Instrumentalbegleitung ermöglichten. Todd versucht beim Aufnehmen, die Rock-Power einer Band einzufangen – ganz ohne viel Firlefanz, Studiotricks und Signalaufbereitung. Obwohl seine Arbeitsmoral sehr entspannt und sein Studio improvisiert war, geleitete er Bad Religion meisterhaft durch unsere allererste digitale Aufnahmesession, die absolut hervorragende Klänge hervorbrachte. Ein beachtliches Stück Arbeit.

Die anderen Bandmitglieder empfanden hingegen Todd selbst als „Stück Arbeit“. Vor allem Jay und Brian störten sich an seiner nonchalanten Haltung ihnen gegenüber. Sie waren es gewohnt, von Produzenten mehr Respekt zu erhalten, und begriffen nicht, dass Todd sich nur wenig um ihren – oder auch meinen – Status innerhalb der Punkszene scherte. Eines Tages beschwerten sie sich bei mir, dass Todd regelmäßig mit dem Fahrrad ins Lebensmittelgeschäft radelte, um Bier zu kaufen. Angeblich zwitscherte er jeden Tag zwei Sixpacks. Ich bezweifelte dies. Auch wusste ich nicht, wie ich diese Kritik einordnen sollte. Die Jungs in meiner Band waren ja selbst keine Kostverächter, was den Konsum aller nur denkbaren Substanzen – inklusive Alkohol – betraf. Aber aus irgendeinem Grund stellten sie an ihren Produzenten höhere Ansprüche als an sich selbst.

Ich war da weniger voreingenommen. Todd und ich arbeiteten eng zusammen und alles, was mich interessierte, war, dass er dabei seine Aufmerksamkeit auf die Details unserer Session lenkte. In Bezug auf meine Bandkollegen hielt ich es immer gleich: Solange jeder, der in ein kreatives Unternehmen involviert ist, wertvolle Ideen, Fähigkeiten und Techniken zum Projekt beiträgt, kann ich über Drogen- und Alkoholkonsum hinwegsehen. Doch sobald jemandes beeinträchtigter Zustand sich negativ auf die Ergebnisse unserer gemeinsamen Tätigkeit auswirkte, hatten wir ein Problem. Während der Wochen, die wir auf Hawaii verbrachten, war dies aber nie der Fall. Nicht einmal im Geringsten. Angesichts all der Familienbesuche, der laxen Arbeitseinteilung, den kreativen Unterhaltungen mit Todd und der tropischen Kulisse empfand ich die Erfahrung alles in allem als großartiges Erlebnis.

Das Label zeigte sich jedoch nicht sehr erfreut ob der digitalen Ordner, die Todd übermittelte. Gleich im Anschluss an meine Rückkehr nach Ithaca wurde ich nach New York City einbestellt, um das weitere Vorgehen zu besprechen. Mir wurden die von Todd abgemischten Tracks vorgespielt und sie waren tatsächlich nicht allzu gelungen. Todd war nicht daran gewohnt, dermaßen schnelle und treibende Rockmusik zu bearbeiten und das merkte man seinen Mixen an. Punkrock abzumischen verlangt andere Techniken als langsamere, auf unterschiedlichen Dynamiken aufgebaute Rockmusik. Obwohl Todd eine der ersten Punk-Platten überhaupt, das selbstbetitelte Debüt der New York Dolls, produziert und abgemischt hatte, hatte sich Punk seit dessen Veröffentlichung 1973 doch stark weiterentwickelt. Das Tempo war nun viel rasanter und bei Bad Religion orientierte sich der gesangliche Vortrag stark an der Snaredrum – ganz anders als der Singsang, der sich auf frühen Punk-Alben um die Musik herum zu entfalten schien. So gelangten wir zum Schluss, jemand anderen das Album abmischen zu lassen.

Neuerlich wandten wir uns an einen „großen Namen". Auch das Label gab grünes Licht für eine Zusammenarbeit mit Bob Clearmountain. Bob verdankt seinen legendären Ruf seinen Beiträgen zu den Alben Bruce Springsteens und davor noch seiner Kooperation mit Nile Rogers, mit dem zusammen er dessen Band Chic im Studio als Toningenieur betreut hatte. Bobs Studio befand sich in seinem Haus an der Westside von Los Angeles, wo wir nun zusammen eine Woche lang damit verbrachten, mit Brian ein paar Overdubs einzuspielen, den Gesang stellenweise auszubessern und so manchen Song mithilfe von dezenten Soundeffekten aufzupeppen. Auch Bob war als Mixer nicht wirklich mit Punk vertraut, aber er empfand das Projekt als einmalige Herausforderung und lieferte eine großartige Leistung ab.

The New America kann man auch als eine Art Benchmark oder Indikator nicht nur für unsere eigene Karriere, sondern auch für die historische Flugkurve des ganzen Genres Punkrock lesen. Auch wenn ich argumentierte, dass es eine kreative Entscheidung war, mit einem renommierten Produzenten zu arbeiten, der seine Kenntnisse durch seine Arbeit an klassischen Alben aus den 1970ern verfeinert hatte, gibt es Kritiker, die darin ein Beispiel dafür erkennen, wie weit sich Punk spätestens im Mai 2000, als *The New America* erschien, von seinem ursprünglichen DIY-Ethos entfernt hatte. Aufgrund der überzogenen Budgets, die die großen Plattenfirmen zur Verfügung stellten, dem kommerziellen Marketing und dem Konzernpersonal, das nun viele Punk-Alben überwachte, würde die Musik zwangsläufig in Mitleidenschaft gezogen, beklagte so manch kritische Stimme, angeekelt ob der Kommerzialisierung des Genres. Die „Punk-Polizei", diese hartgesottenen Verfechter der „Szene", die sich selbst als Repräsentanten eines inneren Zirkels von Anhängern einer reinen Lehre inszenierten, klammerten sich an das Dogma, dass Punk seine Power einbüßte, sobald sich zu viele Menschen dafür begeisterten. Sie rotierten auch immer noch ob der unfassbaren Popularität, der sich Punk mittlerweile erfreuen durfte. So wie schon 1983, als wir mit *Into The Unknown* ein Album veröffentlichten, mit dem wir die Punkrock-Fanbase erzürnten, waren wir nun im Begriff, die Geschichte mit *The New America* im Jahr 2000 zu wiederholen. Doch mittlerweile gab es mehrere Mitverschwörer in Form von Multi-Platin-Bands wie Green Day, The Offspring und nunmehr auch Blink-182, die allesamt viel populärer und kommerzieller waren als wir.

Da wir irgendwie unter dem Radar flogen, erwarteten sich viele ältere Punkrock-Fans, dass wir das Genre noch einmal neu ausrichten und dessen Essenz einfangen könnten, wie wir das bereits 1987 mit *Suffer* getan hatten. Doch dieses Album entsprach nicht diesem Anspruch. Stattdessen funktionierte *The New America* als ironischer Kommentar hinsichtlich des aktuellen Zustandes des Genres Punk selbst. Heerscharen junger Punkrocker, die zu unseren Konzerten strömten, schlossen uns gern in ihre Herzen. Sie fühlten sich von unserem Ruf angezogen, eine legendäre Band zu sein, wie die jüngeren Bands, die uns als Einfluss angaben, insistierten. Keine andere Band war damals größer als Blink-182. Ihr Album *Enema Of The State* erschien 1999 und enthielt drei große Radiohits, die viele der jugendlichen Punkrock-Fans, Skateboarder und Konzertbesucher aus den Suburbs begeisterten, welche sich stilistisch an MTV und Hot Topic orientierten. Im Frühjahr 2000 planten sie, eine der finanziell erfolgreichsten Touren des Jahres in Angriff zu nehmen. Ihr Publikum liebte zwar die Musik, konnte sich aber im Großen und Ganzen nicht wirklich für die schmutzigen, heruntergekommenen Aspekte des Punk-Lifestyles erwärmen. Anders ausgedrückt: Sie mochten eine glattpolierte Hochglanzversion schneller, gitarrenlastiger Rockmusik – und Blink-182 boten ihnen mit eingängigen Songs, gut produzierten Alben und strahlenden Bühnenproduktionen genau das, was sie sich wünschten. Sie zogen eine Welle neuer Fans an und lieferten ihnen die freundlichste Art von Punk, die man sich nur vorstellen konnte: klamaukig, gutgelaunt, fröhlich – angetrieben von einem heute als zeitlos geltenden Sound, bestehend aus einem typisch südkalifornischen Schlagzeug-Galopp, rotzfrechem Gesang und einprägsamen Melodien. Viele, für die unser gemeinsames Genre Neuland darstellte, hatten noch nie einen Song von Bad Religion gehört. Da wir uns mittlerweile drei Alben von jeglicher Präsenz auf MTV oder im Mainstream-Radio entfernt hatten, liefen wir Gefahr, einem in der Musikbranche stets lauernden Status anheimzufallen, nämlich jenem, als irrelevant zu gelten und in der Bedeutungslosigkeit zu versinken.

28B. Auf Tour mit Blink-182

Zwischen dem Aussterben einer Art und einem sprunghaften Anstieg der Population verläuft stets bloß ein schmaler Grat. Eine kleine Störung des Ökosystems kann einer Spezies irreversible Schäden zufügen, während wiederum eine Schlüsselart, insofern sie gesund ist und gedeiht, ein ganzes Ökosystem aufrechterhalten kann. In der ökologischen Zusammensetzung Bad Religions fehlten damals aber gewisse Komponenten. Brett einen Song zu *The New America* beisteuern zu lassen war der Auftakt zum Versuch, diese Mängel zu tilgen.Langsam schienen auch unsere Fans der Punkszene zu entwachsen. Viele arbeiteten nun in gewöhnlichen Brotberufen, gründeten Familien und interessierten sich nicht länger für Konzertbesuche. Da MTV unsere Videos nicht spielte, wir nicht im Mainstream-Radio liefen und lokale Punkszenen samt deren Clubs fortlaufend von kommerzorientierten Massenveranstaltungen in Konzerthallen und Freiluft-Arenen abgelöst wurden, gerieten Bad Religion gegenüber anderen Bands, die diese neuen Ökosysteme rund um die jungen Fans besser für sich zu nutzen wussten, immer weiter ins Hintertreffen. Ohne Hits im Radio und cleverem MTV-Video waren wir chancenlos, zu neuen Fans durchzudringen. Auch war unsere ursprüngliche Fanbase, die sich nun ins Privatleben zurückzog und den Lebensstil des mittleren Alters für sich entdeckte, für uns verlorengegangen. Es fühlte sich an, als wären wir in eine Art Zeitstrudel geraten. Jay und ich führten zahlreiche Gespräche über die Zukunft der Band, weil wir damals nicht wussten, wie wir mit dieser Situation umgehen sollten.

Wir wurden von vielen Bands bewundert und verehrt. Ebenso nichtkommerziell ausgerichtete Bands wie NOFX und Pennywise zählten uns zu ihren Einflüssen und bemühten sich damals darum, der eingeschworenen Fanbase des Genres neues Leben einzuhauchen. Auch viel kommerziellere Bands wie The Offspring und Green Day verwiesen darauf, in unserer Schuld zu stehen, während sie auch weiterhin auf der Erfolgswelle surften, die sie ein halbes Jahrzehnt zuvor selbst ausgelöst hatten. Blink-182, das neue Aushängeschild des Pop-Punk, gab sich ebenfalls allergrößte Mühe, jeden neuen Punk-Fan auf Bad Religion aufmerksam zu machen. Auch Rage Against The Machine wiesen auf die wichtige Rolle hin, die Bad Religion für die moderne Musiklandschaft spielten und ihre Mitglieder Zack, Tom und Brad bezeichneten sich allesamt als Fans unserer Band – und ihre zahllosen Fans nahmen das gern zur Kenntnis.

Da waren wir nun – all diese Fans waren mit unserem Namen vertraut und waren vielleicht sogar bereit, uns eine Chance zu geben. Nur leider hatten wir keine Chance, sie mit unserem neuen Album zu erreichen, da das Radio und MTV Bad Religion mittlerweile aufgegeben hatten. Zum Glück eröffnete sich uns genau zum richtigen Zeitpunkt eine interessante Gelegenheit. Blink-182 luden uns ein, sie im Jahr 2000 als „Special Guests" auf ihre Tournee durch Nordamerika zu begleiten. Losgehen sollte es ungefähr zur Zeit der Veröffentlichung von *The New America,* was für Begeisterung in der Marketing-Abteilung von Atlantic sorgte.

Während eine neue Ära heraufdämmerte, endete eine andere. Kurz nach dem Tour-Auftakt informierte uns Michele, dass sie sich als unsere Managerin zurückziehen wolle, um stattdessen zurück nach L.A. zu ziehen, um bei GAS Entertainment mit Rage Against The Machine zu arbeiten. Obwohl es uns traurig machte, ihr Lebwohl sagen zu müssen, wurden wir vom Publicity-Blitzlichtgewitter rund um die Tour und dem rigorosen Reiseplan abgelenkt. Wir flogen im Grunde genommen ohnehin auf Autopilot, weshalb ihre Abwesenheit nicht ganz so stark auffiel, wie in Zeiten, während der wir gerade nicht auf Tour waren.

Die neue Ära wirkte zwar noch einigermaßen kryptisch, begann sich jedoch langsam am Horizont abzuzeichnen. Die Tournee mit Blink-182 brachte uns in direkten Kontakt mit der Mainstream-Jugend Amerikas. Wir hofften, darunter auch ein paar musikalisch aufgeschlossene, anspruchsvolle Fans zu finden, doch im Grunde genommen zog diese Tour so ziemlich jeden aus den nordamerikanischen Suburbs an, der irgendwie etwas mit Punkrock am Hut hatte. Wenn es sich hierbei tatsächlich noch um Punk handelte, dann hatte er sich inzwischen zu einer sehr freundlichen, leicht verdaulichen Musikrichtung entwickelt. Obwohl ihre Songs handwerklich einwandfreie Nummern waren, handelten ihre Texte oft von oberflächlichen Themen wie Schlussmachen und all den anderen Phasen, die eine Beziehung durchmachte. Zwar gelang ihnen auch mit einem Song über den Selbstmord eines Teenagers ein Hit, was natürlich schon ein heftiges Sujet ist, aber trotzdem bestand ihr Set aus eher vergnüglichen Tracks. Und ihr Geschnatter auf der Bühne strotzte – wie sie selbst einräumten – nur so vor juveniler Albernheiten. Vielleicht interessierten sich diese neue Fans einfach nicht für tiefgründige Songs. Würden sie unseren Sound als authentisch empfinden und unseren Ansatz zum Genre ernstnehmen?

Obwohl das Publikum, wenn wir die Bühne betraten, nicht gerade enthusiastisch reagierte – den meisten Fans waren die „Vorgruppen" schlichtweg egal –, lieferten wir dennoch stets eine imposante Show ab. Auch dank unseres legendären Sound-Mannes Ronnie konnte unsere Performance keinen echten Musikfan wirklich kaltlassen. Das bestätigte sich erst viele Jahre später, da immer noch viele Leute zu uns sagen, dass sie uns zum ersten Mal auf dieser Tour mit Blink im Jahr 2000 gesehen haben. Ohne es zu wissen, ebneten wir damals den Weg für unseren nächsten Schritt, von dem wir ebenfalls noch nicht wussten, wie er aussehen würde.

Als die Tour rund um die Veröffentlichung von *The New America* endete, fühlten wir uns erschöpft und unsicher hinsichtlich unserer Zukunft als Band. Bobby zog sich aus der Band zurück und hängte nach dem Ende des südamerikanischen Abschnitts der Tour im März 2001 seine Drum-Sticks endgültig an den Nagel. Er muss sich schon eine Zeitlang mit diesem Gedanken getragen haben, da ich mitbekam, wie ihm seine Schulter während der letzten Gigs immer mehr zu schaffen machte. Leider hatte er sich eine gravierende Gelenksverletzung zugezogen, die von der allabendlichen Belastungsprobe des Tour-Alltags nur noch verschlimmert wurde. Nach der letzten Show, die in Brasilien stattfand, schüttelte er in der Garderobe jedem die Hand und bedankte sich für all die Abenteuer, die er in den Reihen der Band erlebt hatte. „Nun, Greg", sagte er, als er mir seine Rechte entgegenstreckte, „es war eine tolle Zeit, aber ich bin fertig. Das war mein letztes Konzert." Ich sah ihn ungläubig an. „Du meinst für diese Tour, oder?", fragte ich. „Nein", sagte er prompt, „ich bin raus."

Im Durcheinander des Backstage-Bereichs im Anschluss an die Show, konnte ich das, was Bobby mir da mitgeteilt hatte, zunächst gar nicht richtig einordnen. Erst auf dem Rückflug in die USA wurde mir klar, welch großer Verlust sein Ausstieg war. Immerhin war er mehr als nur ein fantastischer Drummer, sondern auch ein gutgelaunter Freund, der mit seinem cleveren Witz und seiner spaßigen Haltung zu brillieren wusste. Sein Ausstieg stellte die Band hinsichtlich ihrer Zukunft vor noch mehr Fragen.

Nachdem wir die vereinbarten vier Alben abgeliefert hatten, wurden unsere Verträge mit Atlantic Records und Sony Music nicht verlängert, womit wir quasi „auf dem Markt“ waren. Ich war mir allerdings nicht sicher, ob ich ohne Brett in der Lage wäre, ein brauchbares Album aus dem Boden zu stampfen. Tatsächlich war ich mir nicht einmal sicher, ob ich überhaupt noch Lust hätte, Bad-Religion-Songs zu schreiben. Als ich nun im Vorfrühling 2001 nach Hause zurückkehrte, schien die Zukunft überaus ungewiss. Wir mussten nun keine Plattenverträge mehr erfüllen und hatten auch keine Welttournee geplant. Ich war fürs Erste einfach nur glücklich darüber, zuhause Zeit mit den Kindern zu verbringen. Allerdings wusste ich auch nicht, was der nächste Tag mit sich bringen würde. Da ich mit derartiger Unsicherheit noch nie sonderlich gut umgehen konnte, ergriff ich die Initiative und nutzte die Gunst der Stunde, um mich von Neuem auf ein Dauerprojekt zu stürzen, welches ich in den vergangenen sechs Jahren ruhen hatte lassen: mein akademisches Streben nach Erleuchtung.

28C. Erleuchtung

Zuhause in Ithaca drängte mich meine Freundin Megan, eine Autorin, zu einem Treffen mit einem ihrer akademischen Betreuer an der Cornell University namens Will Provine. „Kennst du ihn?“, fragte sie. „Ich habe schon von ihm gehört. Immerhin ist er ja eine Berühmtheit. Aber ich habe ihn noch nie persönlich getroffen“, antwortete ich. Das war ähnlich wie mit vielen Punkrock-Fans und Bad Religion: Er war mir zwar namentlich ein Begriff, aber ich kannte keinen einzigen seiner Songs …

Der Evolutionsbiologe Will Provine zählte zu jenen Professoren, deren Kurse so beliebt waren, dass die Studenten Schlange standen, um daran teilnehmen zu können. So wie sein Kollege an der Cornell University, Carl Sagan, zeichnete sich auch Provine durch eine besonders einnehmende Art aus. Auch war er in der Lage, komplizierte Themen für Studienanfänger nicht nur verständlich, sondern auch unterhaltsam aufzubereiten. Anders als viele andere Professoren auf dem Gebiet der Naturwissenschaft war Will kein unflexibler Dogmatiker, sondern zeichnete sich durch seine offenherzige und respektvolle Art aus und wollte stets wissen, was den Studenten so durch den Kopf ging.

Dieser persönliche Stil und seine enzyklopädischen Kenntnisse der Geschichte der Wissenschaft und der Evolution machten ihn zu einem gefragten Redner bei Konferenzen und geschätzten Diskutanten, selbst wenn er wusste, dass sein Publikum seinen Standpunkt bezüglich eines spezifischen Themas nicht unbedingt teilte. Provine gehörte zu den ganz wenigen Evolutionsforschern im Land, die selbst von Evangelikalen wertgeschätzt und sogar gefördert wurden, da er bereit war, auf religiösen Konferenzen und bei öffentlichen Debatten aufzutreten. Ohne seine Opponenten lächerlich machen zu wollen, legte er ebenso respektvoll wie schonungslos die unbestreitbaren Fakten der Evolution dar. Obwohl er sein berühmtes Zitat, demzufolge Evangelikale ja ganz vernünftig wirkten, „solange man sein Gehirn an der Eingangstüre abgibt", nie revidierte, war Will in einem entscheidenden Punkt mit seinen Gegnern doch ein und derselben Meinung: Wenn man sich mit dem Studium der Evolution befasste, führte dies unausweichlich zum Atheismus. Will Provine zufolge gibt es nämlich keinen ehrlich vertretbaren Kompromiss oder Mittelweg. Das war der Grund, warum ihn die Evangelikalen so liebten: Er war der einzige prominente Wissenschaftler im Land, der offen zugab, dass Wissenschaft – insbesondere die Evolutionslehre – mit konventioneller Religion inkompatibel war. All die anderen Wissenschaftler und Politiker redeten um den heißen Brei herum, wenn es um die heikle Frage ging, ob wir Kindern die Evolution lehren sollten, wenn sie dies dazu führte, die Grundsätze des Christentums abzulehnen. 100 andere Gelehrte speisten einen zum Thema der Kompatibilität von Religion und Wissenschaft mit einer ausweichenden Antwort ab, doch wenn man Will Provine (oder eben auch einem Evangelikalen) dieselbe Frage stellte, erhielt man eine sehr deutliche Antwort: NEIN, Religion und Wissenschaft sind NICHT vereinbar. Religion beruft sich auf einen intelligenten Schöpfer, etwa eine fürsorgliche Gottheit. Die Evolutionslehre lehnt diese Vorstellung aber ab und mündet letzten Endes in einer atheistischen Weltanschauung.

Aufgrund seiner Reputation und seiner einflussreichen Veröffentlichungen über die Evolution war ich sehr interessiert daran, Will kennenzulernen. Daher rief Megan ihn an, um sich zu erkundigen, ob er sich gern zum Mittagessen treffen würde. Tatsächlich waren Bad Religion Will ein Begriff – vor allem deshalb, weil seine Söhne, die sich im College-Alter befanden, unsere Musik schätzten. Da er zum Lehrkörper an meinem Institut gehörte, wusste er auch, dass ich mir gerade eine ausgedehnte Auszeit von meinem Doktoratsstudium gönnte. Beim Mittagessen erklärte ich ihm, dass mich das Touren mit der Band und meine Familie zu sehr in Anspruch genommen hatten, um meine akademischen Studien weiterzuverfolgen. Mein Projekt verlangte von mir eine Menge Feldstudien im Westen der USA und eine kostspielige Laboranalyse, die an der Uni selbst stattfinden würde. Doch Will sagte etwas, das Eindruck bei mir hinterließ: „Sämtliche meiner Studenten machen ihren Doktor ohne derlei logistischem Ballast. Ihre Werkzeuge sind Bücher, die man jederzeit lesen kann – und schreiben kann man auch überall." Dann fuhr er fort: „Ich glaube, dass du eine wunderbare Dissertation im Bereich Evolution und Religion schreiben könntest. Das ist mittlerweile auch ein offizielles Themengebiet in der Library of Congress." Ich war verblüfft. „Tatsächlich?", fragte ich. „Ich setze mich bereits mein ganzes Erwachsenenleben mit der Evolution auseinander – und ich bin Mitglied einer Band namens Bad Religion." Darauf erwiderte er: „Dann bist du offenbar so gut wie jeder andere Doktorand geeignet, dich mit der Thematik zu befassen." Während wir weiterplauderten, dachte ich darüber nach. Als das Meeting seinem Ende zustrebte, fragte ich kühn: „Wären Sie bereit, meine Dissertation zu betreuen?" Er willigte ein, stellte jedoch eine Bedingung. „Ja, aber du musst deine alte Beraterkommission auflösen. Ich will nicht mit anderen Kollegen vom Institut in Konflikt geraten. Im nächsten Schritt musst du eine neue Kommission berufen, der ich vorsitzen werde – und von da an steht uns nichts mehr im Weg." Will und ich schüttelten die Hände, Megan und ich umarmten uns. Unser Mittagessen war vorüber. Ich fühlte mich, als hätte ich eine Verjüngungskur hinter mir.

Da ich bereits alle erforderlichen Kurse absolviert, selbst unterrichtet und sowohl Labor- als auch Feldarbeit hinter mich gebracht hatte, fehlte mir zu meinem Abschluss nur noch meine Dissertation. Mit Will als Betreuer und unbegrenztem Zugang zu seiner Weltklasse-Bibliothek zur Evolutionsforschung war ich mir sicher, dass ich ein interessantes Thema finden würde, über das ich schreiben könnte. Will war ein starker Fürsprecher der Geschichtsforschung.

Er berief sich gern auf die Wissenschaftsgeschichte – vor allem in Bezug auf die Genetik –, um Bereiche zu illustrieren, die noch genauer erforscht werden mussten. Seine Devise lautete, dass man wissenschaftliche Probleme am besten verstehen konnte, indem man sich mit den ursprünglichen Fragen der Forscher befasst und dann die aktuellen Koryphäen bittet, ihre Erkenntnisse zu schildern. „Interviews mit und Umfragen unter Wissenschaftlern stellen für jeden Fachbereich einen nachhaltigen Beitrag dar", verriet er mir. Dies beeinflusste auch meine Entscheidung, eine Dissertation über die wissenschaftliche Unvereinbarkeit von Evolution und Religion zu verfassen – jene beiden intellektuellen Kräfte, die mich so intensiv beschäftigten und über die ich bereits so viele Bad-Religion-Songs geschrieben hatte.

Nur zwei Wochen später rief mich Jay an. Er und Brett hätten telefoniert und Brett wäre offenbar bereit, Bad Religion wieder auf Epitaph zu veröffentlichen. „Na ja", dachte ich, „das ergibt nur dann einen Sinn, wenn Brett daran glaubt, dass wir noch zumindest ein gutes Album in petto haben." Nur wenig später rief Brett mich an und es war gleich wieder so wie früher. Er erzählte mir ohne Umschweife von einem neuen Song, den er geschrieben hatte, und wie lustig es doch wäre, noch ein Album mit uns aufzunehmen. Mir fiel auf, dass er vor jugendlicher Energie nur so strotzte. Vielleicht hatte sich in all den Jahren, in denen er keine Songs schrieb, etwas in ihm aufgestaut, bis er seine Inspiration wiederfand. Keine schlechte Voraussetzung für produktives Songwriting! Ich war wiederum gerade dabei, einen anderen Weg einzuschlagen. Da ich mich gerade einer Reihe akademischer Pflichten verschrieben hatte, wollte ich mich in der näheren Zukunft eigentlich nicht mit dem Thema Songwriting auseinandersetzen.

Doch Bretts ansteckender Enthusiasmus und die Erwartung des Vergnügen, das ich empfand, wann immer wir zusammen an Alben arbeiteten, versetzten mich in eine Art Hochstimmung. „Ich glaube, wir könnten eine neue Platte schreiben", so Brett, „und sie auf Epitaph herausbringen. Wir könnten sie produzieren, wie wir das getan haben, bevor wir bei Atlantic unterschrieben haben." Das ergab alles einen Sinn für mich, aber ich brachte meine Sorge zum Ausdruck, dass Brett vielleicht gar nicht um unsere Schlagzeuger-Misere wusste. „Ich habe schon gehört, dass Bobby ausgestiegen ist", sagte er. „Aber das heißt doch bloß, dass wir einen neuen Drummer finden müssen. Kannst du vielleicht für ein paar Vorspiel-Sessions herkommen?“ Aus heiterem Himmel hatte die Band eine neue Zielsetzung und das alte Songwriting-Gespann war wiedervereint.

Jay machte sich in der Zwischenzeit eine Menge Gedanken hinsichtlich unserer Tourneen. Trotz unserer sinkenden Albumverkaufszahlen blieb unsere Fanbase, die die Grundlage für ebendiese Touren war, nicht nur stabil, sondern nahm weltweit gesehen sogar zu. Da Jens sich in Europa um unsere Agenden kümmerte und Darryl unsere Touren in den USA und dem Rest der Welt betreute, gab es keinen Grund, einen Manager anzuheuern. Stattdessen übernahm Jay einen aktiveren Part hinsichtlich unserer Konzertreisen und Brett brachte gleich ein ganzes Label mitsamt Büros in L.A. und Europa mit. Da er der Boss von Epitaph war, konnten sämtliche Anfragen für Bad Religion über seine Plattenfirma beziehungsweise deren PR- und Marketing-Abteilung abgewickelt werden. Somit wurden die Geschäfte der Band von Profis betreut, die uns zum Teil bereits jahrelang begleitet hatten. Brett und ich würden wieder so wie früher unsere Songs schreiben und uns darum kümmern, neue Alben zu produzieren.

Zwei große Fragezeichen standen nun noch im Raum: Wären wir erstens in der Lage, eine gute Platte zu schreiben? Und würden wir zweitens einen neuen Drummer finden? Um Ersteres zu erfahren, mussten wir zunächst Zweiteres klären. Wir machten uns ohne Zögern daran, einen Ersatzmann für Bobby aufzutreiben. Der perfekte Kandidat musste nur ein paar Takte vorspielen, bis wir wussten, dass wir unseren neuen Drummer gefunden hatten. Sein Name? Brooks Wackerman. „Er ist ein so hervorragender Schlagzeuger“, betonte Brett, „dass wir hinsichtlich der Punk-Beats, die wir uns für das neue Album wünschen, aus dem Vollen schöpfen können.“ Sein dynamischer Stil und seine Fähigkeit, perfekt den Takt zu halten, in Kombination mit seinen komplexen Fills und seiner perfekten Technik waren nach unserer Rückkehr zu Epitaph ein integraler Bestandteil unseres Sounds. Brooks war genau die richtige Frischzellenkur, um uns bei unserer Heimkehr taufrisch wirken zu lassen. Anstatt uns als traurigen Schatten unserer selbst zu präsentieren, klangen wir nach unserem Vorstoß in die Gefilde der Major-Labels nun wieder besonders agil. Bad Religion waren zwar immer noch die Alten, aber mit Brooks machte unser Sound definitiv einen Schritt vorwärts.

Bretts Wiedereinstieg in die Band und die Rückkehr zu Epitaph gaben Anlass zum Feiern. Aber vor allem verstärkte es unser beider intellektuellen Antrieb, unser Vermächtnis als Band abzusichern, die immer noch in der Lage war, mit der Zeit zu gehen und zum Nachdenken anzuregen.

Die Tour mit Blink-182 war ein wichtiger Ausgangspunkt. Nachdem uns in diesem Jahr über eine Viertelmillion Punk-Fans live erlebt hatten, wollten wir der Welt ein Album schenken, an dem jeder seine Freude haben würde. Doch anstatt uns einem Publikum anzubiedern, das sich ganz offensichtlich für eine schlichtere Form von Punk begeisterte, entschieden wir uns, ein Album aufzunehmen, mit dem wir unseren Wurzeln treublieben. Wir wollten auch weiterhin nachdenkliche Hörer inspirieren, ganz unabhängig von ihre Background oder ihren sonstigen Ansichten. Darin bestand die Motivation, mit der Brett und ich unsere Arbeit als Songwriting-Team wiederaufnahmen.

Brett hatte schon den Großteil des Jahres 2001 damit verbracht, Songs zu schreiben. Als ich ihn besuchte, spielte er mir einen seiner besten Songs seit Jahren vor. „Diese Nummer hier heißt ‚Sorrow'“, sagte er. „Brett“, antwortete ich, „das ist ein lupenreiner Hit!“ Daraufhin spielte ich ihm ein Demo von mir vor, dass von meinen Forschungen für meine Dissertation inspiriert war. „Ich habe hier einen Track mit dem Titel ‚Materialist'“, verkündete ich. Der Song illustrierte ein paar der Widersprüche, die sich ergaben, wenn man versuchte, Evolution und Religion unter einen Hut zu bekommen. Eine der Strophen lautete: *„The process of belief is an elixir when you're weak. I must admit at times I indulge it on the sneak. But generally my outlook's not so bleak. I'm materialist!“* Brett hielt den Einstieg für einen coolen Albumtitel. Nachdem wir etwas später im Jahr die Aufnahmesessions abgeschlossen hatten, einigten wir uns einstimmig darauf, das Album *The Process Of Belief* zu nennen.

Unser neues Album erschien Anfang 2002 und erwies sich als großer Erfolg. Zwei Faktoren trugen besonders dazu bei. Erstens brachte uns Bretts Rückkehr zur Band und unser damit verbundenes Comeback bei jenem Label, das wir mitbegründet hatten, eine Menge Publicity. Aber nicht weniger wichtig war, dass der Song „Sorrow“ von KROQ ins Programm genommen wurde. KROQ zählte immer noch zu den einflussreichsten Modern-Rock-Sendern im Land und spielte die Nummer schon drei Monate vor der Albumveröffentlichung mit großer Regelmäßigkeit. Dieser Song fand jenes Publikum, das uns in den letzten paar Jahren gefehlt hatte. Ab sofort beabsichtigten wir, wieder ein paar Gänge höherzuschalten. Wir verfügten über jene professionelle Repräsentation, die für erfolgreiche Tourneen Voraussetzung waren. Dank Bretts revitalisierendem Impuls und seinem Antrieb, wieder Platten zu machen, waren wir zudem in der Lage, auf seine fähigen Mitarbeiter beim Label zurückzugreifen, um unsere Veröffentlichungen zu bewerben und weiterhin an unserem Vermächtnis zu feilen.

29 PARADOXON UND VERMÄCHTNIS

Die Band trat nun in eine betriebsame, wenn auch beschauliche Phase produktiver Ausgeglichenheit ein. Die daraus resultierende Klarheit meines Geistes und die neuerwachte Motivation halfen mir dabei, mein Doktoratsstudium abzuschließen.

Wir befanden uns nun im August 2003. Jodi, meine kluge Freundin aus der Schulzeit, die mir seinerzeit geholfen hatte, eine Förderung zu beantragen, arbeitete inzwischen als Anwältin in der Unterhaltungsbranche. Sie war zudem mit Wryebos Schwester Katy befreundet. Die beiden hatten sich, ohne dass ich davon wusste, kurz nach Katys eigenem erfolgreich abgeschlossenen Studium der Rechtswissenschaften an der Marquette University in Milwaukee kennengelernt. Auch Katy würde letzten Endes als Anwältin im Entertainment tätig sein. Jodi war nun leider an Krebs erkrankt und benötigte nach ihrer Chemotherapie einen friedlichen Rückzugsort, wo sie sich von der Behandlung erholen konnte. So lud ich sie zu mir nach Ithaca ein. Das war eine willkommene Abwechslung vom Trubel Manhattans, wo sie zuletzt praktiziert hatte. Den Großteil des Tages verbrachte ich mit stillem Nachdenken, während ich an meiner Dissertation schrieb. Außerdem kochte ich und kümmerte mich dreimal in der Woche um die Kinder. Doch ansonsten war das Haus, umgeben von grünen Rasenflächen und Wald, so idyllisch ruhig wie ein Garten Eden. Jodi nahm meine Einladung jedenfalls dankend an und zog in mein großes Gästezimmer.

Anfangs bekamen wir gar nicht viel voneinander mit. Zumeist ruhte sie sich aus und blieb lieber allein. An manchen Tagen aber übermannte sie ihre Neugier und sie half mir, indem sie meine Dissertation lektorierte. Sie blieb letztlich den ganzen Monat August bei mir, kam langsam wieder zu Kräften und näherte sich dem Normalzustand. Mit meinem Doktorvater Will verstand sie sich ebenfalls besonders gut. So wie sie hatte auch er in seinem Kampf gegen einen Gehirntumor bereits Erfahrung mit Chemotherapie gemacht. Aber sie hielten sich nicht mit ihren Gebrechen auf. „Jodi, Greg hat ja so ein Glück, dass er dich als Korrekturleserin hat", betonte Will. „Das motiviert ihn sicherlich sehr." Da lag er richtig. Ich gab mir besondere Mühe, da ich mit Jodi eine besondere Edelfeder an meiner Seite wusste, die meine Ergüsse nun als Erste zu sehen bekam. Ihre Kommentare waren immer sehr hilfreich. Doch das Allerschönste war, dass ich Zeuge wurde, wie es ihr von Tag zu Tag besser ging. Ich befand mich auf Kurs, meine Dissertation pünktlich zum vereinbarten Termin einreichen zu können.

Doch am Tag vor der Abgabe ereignete sich ein unglaublicher Zwischenfall. Im Osten der USA kam es zu einem der größten Stromausfälle in der Geschichte. 50 Millionen Menschen mussten 30 Stunden lang ohne Strom ausharren, weil in der Nähe von Cleveland ein Baum auf eine Stromleitung gekracht war. Die Lichter gingen aus und niemand konnte abschätzen, wann genau der Strom wieder fließen würde. Vielleicht kann man sich ja meine Panik vorstellen, als ich vor der Aufgabe stand, rechtzeitig vor meiner Deadline 250 Manuskriptseiten ohne Elektrizität ausdrucken zu müssen. Sollte ich zu spät einreichen, würde sich mein Abschluss zumindest um ein weiteres Semester verzögern. Jodi, die über mehr Erfahrung mit offiziellen Dokumenten und Abgabeterminen verfügte als ich, blieb ruhig und gefasst. Obwohl Städte in einem Umkreis von mehreren hundert Kilometern ohne Strom waren, hatte sie eine Eingebung und machte mithilfe unseres Festnetztelefons einen Dienstleister ausfindig, der über einen eigenen Generator zur Stromerzeugung verfügte, nämlich die örtliche Filiale der Copyshop-Kette Kinkos! So war ich in der Lage, meine Dissertation ausdrucken zu lassen und am nächsten Tag abzugeben, obwohl die Universität selbst ebenfalls noch zum Großteil vom Stromausfall betroffen war. Ich machte meinen Doktor – und Jodi war die Allererste, die mir gratulierte.

Es ist schon erstaunlich, welch wichtige Rolle bestimmte Individuen auf dem Lebensweg eines Menschen spielen können und direkten Einfluss auf alles nehmen, was einem wichtig und lieb ist, und dabei doch körperlich abwesend sind und wenig Zeit mit einem verbringen. Jodi war für meinen Alltag von höchst marginaler Bedeutung. Man hätte getrost behaupten können, dass sie mir nicht wirklich wichtig war. Aber wenn man die maßgeblichen Kapitel in meinem Leben genauer betrachtet, dann fällt auf, dass sie offenbar an vielen wichtigen Wegkreuzungen auftauchte. So traf ich Jodi im Oki-Dog, als ich dort mit den Straßenpunks abhing. Sie ermutigte mich, eine Förderung zu beantragen, als ich an der High School begann, mich zum Intellektuellen zu entwickeln. Sie traf meine Freunde aus der Kindheit, die mit mir befreundeten Punks, meine Bandkollegen und meinen Doktorvater. Sie begleitete mich auf meinem Weg zu meiner höchsten akademischen Leistung sogar bis über die Ziellinie. Dennoch standen wir über die Jahrzehnte hinweg nur über kurze Zeitspannen hinweg miteinander in direktem Kontakt.

Die letzte dieser einflussreichen Episoden ereignete sich im Frühling des Jahres 2004 – und vielleicht war dieses Treffen mit Jodi sogar das wichtigste von allen, da es die Ausrichtung der Graffin University für immer ändern sollte. Ich befand mich gerade nicht auf Tour und liebäugelte mit einem Ausflug nach New York City, woraufhin mich Jodi in ihr Büro nach Manhattan einlud. Nachdem ich mit dem Zug zum Union Square gefahren war, erwartete mich ein strahlend schöner Tag, bevor ich mich zum zehnstöckigen Firmengebäude in der 18th Street begab. Ich fuhr mit dem Aufzug hoch zu ihrer Etage und wurde sogleich von einer jungen Frau, einer von Jodis Mitarbeiterinnen, in Empfang genommen, die mir mitteilte, dass sie sich gerade in einem Meeting befand. „Okay, großartig. Das heißt dann wohl, dass ich mich, bis sie fertig ist, mit dir unterhalten werde“, sagte ich. „Ich bin Greg, wie heißt du?“ Sie lächelte. „Ich heiße Allison“, sagte sie. Dann stellte ich ihr meine übliche Einstiegsfrage: „Wo hast du das College besucht?“ Sie antwortete: „Marquette.“ Ich war perplex. „Marquette?!“, rief ich und hakte nach. „Bist du etwa aus Milwaukee?“ Ich erzählte ihr, dass ich ebenfalls von dort stammte, und meine Freundin Katy, die mit Jodi befreundet war, ihr rechtswissenschaftliches Diplom ebenfalls an der Marquette gemacht hatte. So plauderten wir angeregt weiter und fanden heraus, dass unsere Familien tief in Wisconsin verwurzelt waren.

Allison und ich fingen an, uns regelmäßig zu verabreden. Bald schon begleitete sie mich auch auf meinen Welttourneen. Ich erinnerte mich daran, dass mir Ric Ocasek erzählt hatte, wie er seine spätere Frau Paulina in den Anfangstagen ihrer Beziehung, als die Cars noch auf Tour gingen, auch überallhin mitnahm. Ich kopierte diesen Ansatz kurzerhand, verwöhnte sie mit den allerschönsten Dingen, trug sie förmlich auf Händen und ließ sie wissen, dass ich sie an meiner Seite wollte. Zum ersten Mal in meinem Leben war ich an einem Punkt angelangt, an dem ich endlich das Gefühl hatte, dass ich die grundlegenden Ingredienzien zu einer dauerhaften Beziehung bereitzustellen imstande war. Ein echter Romantiker hätte wohl gesagt, dass Allison und ich einfach füreinander bestimmt waren. Ich bevorzugte jedoch die Lesart, der zufolge wir uns zu einer Zeit trafen, als wir beide für eine liebevolle Beziehung bereitwaren, von der beide gleichermaßen profitieren konnten. Sollte unser Bund tatsächlich vorherbestimmt gewesen sein, so müssen die Gottheiten, die dieses Szenario ausgeheckt hatten, auch eine tragische Begleiterscheinung miteinberechnet haben.

Tragischerweise verstarb Jodi kurz nach Allisons und meiner Hochzeit. Der Krebs hatte letzten Endes die Oberhand behalten. Sie war zwischenzeitlich zurück nach L.A. gezogen und verließ unsere Welt nur wenige Kilometer von dort entfernt, wo ich sie 1981 beim Oki-Dog inmitten eines Meeres aus Punkrockern zum ersten Mal getroffen hatte. Wie hätte ich damals wissen können, dass diese Person, die in ihrem grünen BMW so fehl am Platz gewirkt hatte, einen solch profunden Effekt auf meine Lebensgeschichte haben würde? Nur ein extrem egozentrischer Mensch konnte ihr viel zu frühes Ableben irgendwie als Teil eines vorbestimmten Plans begreifen.

2004 befanden sich Bad Religion endgültig wieder auf der Überholspur. Wir funktionierten fast wie eine völlig autarke Institution samt einem fleißigen Team von Vollprofis, die Seite an Seite mit uns arbeiteten und sich um die zunehmend komplexen Geschäftsdetails kümmerten. Wir gingen zuverlässig auf sommerliche Touren durch Europa und bereisten im Herbst und Frühling unterschiedliche Regionen der USA. Brett hatte klargemacht, dass er der Band auch weiterhin als Co-Songwriter, Co-Produzent und Co-Was-auch-immer angehören wollte, solange wir ihn benötigten. Aber um seinen Job bei Epitaph erfüllen zu können, würde er nicht mit auf Tour kommen. Trotzdem absolvierten wir noch 15 Welttourneen in ebenso vielen Jahren und schenkten unseren Fans noch fünf weitere Alben, von denen jedes erfolgreicher war als der jeweilige Vorgänger.

Nachdem ich meine Doktorwürden empfangen hatte, begann ich, Evolutionslehre zu unterrichten – zunächst an der UCLA, später an der Cornell University. Wenn ich gerade nicht mit umfangreichen Touren beschäftigt war, boten mir die Semester am Campus die Gelegenheit, mich in den vertrauten Kreis der Elfenbeinturm-Intellektuellen zurückzuziehen. Zwischenzeitlich mutierte Punk wieder einmal zu einer hypertrophen Karikatur seiner selbst, bis ich kaum mehr einen Unterschied zur amerikanischen Gesellschaft in ihrer Gesamtheit ausmachen konnte. Bad Religion erwiesen sich in diesem Klima als vitaler und relevanter als je zuvor. Irgendwo, irgendwann war Punk seine Einzigartigkeit abhandengekommen – und dennoch vermochte er immer noch etwas auszusagen. Wir fanden uns jedenfalls im Mittelpunkt dieser erstaunlichen Sachlage wieder.

Punk war von Anfang an durch eine gewisse Widersprüchlichkeit geprägt, doch waren wir seinerzeit schlicht zu unreif und unerfahren, um darauf aufmerksam zu machen. *„I've got no values"*, heißt es etwa in einem Song von Black Flag. Das ist für sich genommen schon wieder eine Wertaussage, die sich sofort entkräften lässt. Doch sie landete daraufhin nicht etwa im Mülleimer der Geschichte, sondern fungiert bis heute als Kampfschrei eines jeden Jugendlichen, der sich seinen Kopf rasiert und seine Haarkrone zu einem aufwändigen, bunt gefärbten Irokesen auftürmt. Erst in späteren Jahren macht man sich dann vielleicht Gedanken über die inkongruente Logik dieser Aussage.

Mit Bad Religion wateten wir nie durch solch trübe Gewässer. Wir verkauften uns nie als Hohepriester des Punkrock-Wertekatalogs. Man kann getrost behaupten, dass keiner von uns wusste, was Punks tatsächlich ausmachte – selbst damals nicht, als wir noch überzeugt davon waren, selbst welche zu sein. Ich spreche für mich und nicht für den Rest der Band, wenn ich sage, dass ich heute sogar noch weniger weiß, was es damit wirklich auf sich hat. Trotzdem habe ich mich über all die Jahre bewährt und gelte heute als eines der Aushängeschilder oder auch Sprachrohre des Punkrocks. Aber so wie Admiral Stockdale, der 1992 als Ross Perots Kandidat für das Amt des Vizepräsidenten antrat, lasse ich mitunter meinen Blick über Ansammlungen von Punkrockern schweifen und stelle die rhetorische Frage: „Wer bin ich? Was mache ich hier?"

Von den Geschehnissen auf jener Veranda in Racine, wo ich mit Wryebo und André (alias „Peg Leg") herumtollte, bis hin zu meiner Verwicklung in zwei legendäre Polizei-Krawalle in der frühen Punkszene von L.A. (in der Baces Hall und im Hideaway) erwiesen sich etliche Vorkommnisse als völlig isolierte, willkürliche Erfahrungen in meiner Lebensgeschichte. Andere Vorfälle erwiesen sich wiederum als viel bedeutsamer, wie etwa, dass ich einen Typen mit blauen Haaren kennenlernte, der mich daraufhin meinen zukünftigen Bandmitgliedern vorstellte. Oder auch das Aufeinandertreffen mit einem deplatziert wirkenden Mädchen in einem BMW, durch die ich 20 Jahre später meine heutige Frau kennenlernte. Wir wählen selbst die Augenblicke und Menschen, die uns für die Geschichten, die wir erzählen wollen, am wichtigsten erscheinen. Die Erschaffung von Identität verlässt sich auf diesen Prozess, bei dem Ereignissen in der Vergangenheit spezifische Bedeutung zugemessen wird. Wie wir uns selbst betrachten und empfinden, bestimmte die Art der Geschichte, die wir erzählen.

Aber was ist mit den Geschichten, die andere über uns erzählen? Dieses Phänomen nennt man wiederum Vermächtnis.

Wenn ich mir über die Bedeutung unserer Band in der öffentlichen Wahrnehmung und unsere ungewöhnliche Langlebigkeit Gedanken mache, tue ich dies unter dem Aspekt eines Paradigmenwechsels. Paradigmen stellen innerhalb des wissenschaftlichen Diskurses grundsätzliche Denkweisen und „Normen" dar. Zum Beispiel ist es ein zentrales Paradigma der Evolutionslehre, dass sich die Arten im Verlauf der Zeit verändern. Man nahm an, dass dieser Prozess stets graduell und kontinuierlich vonstattenging, sich die Arten also über sehr lange Zeiträume zu etwas anderem entwickelten. Ungefähr zur Mitte des 20.

Jahrhunderts, als Biologen vermehrt damit begannen, die Evolutionsgeschwindigkeit unterschiedlicher Spezies zu untersuchen, deutete die überwiegende Mehrheit der gesammelten Daten darauf hin, dass die Abstammungslinie mancher Arten sich im Verlauf der Zeit nur sehr wenig veränderte. Andere zeigen wiederum rapide und drastische anatomischen Veränderungen innerhalb sehr kurzer Zeit. Diese Phänomene schlugen Wellen innerhalb der Gemeinschaft der Evolutionsbiologen und es setzte eine Debatte hinsichtlich des lange vorherrschenden Paradigmas des Gradualismus (durchgängige, graduelle Veränderung von Arten) ein. In den 1970ern prägten Stephen Jay Gould und seine Gefährten mit Punktualismus einen neuen Begriff, mit dem eine alternative Evolutionsgeschwindigkeit beschrieben werden sollte: Auf sehr lange veränderungslose Phasen (alias Stasis) folgten kurze Perioden schnellen Wandels. Der Fachbereich der Evolutionsbiologie konnte sich nicht auf Anhieb mit diesem Ansatz anfreunden. Vielmehr war Punktualismus Gegenstand vieler hitziger Debatten. Doch eines war auch klar: Kein Biologe würde sich mehr in Bezug auf sämtliche Spezies auf das veraltete Paradigma des langsamen, graduellen Wandels berufen. Heute akzeptieren Evolutionisten bereitwillig, dass die Veränderungsgeschwindigkeit nicht bei allen Arten gleich ist. Manche zeigen Merkmale eines graduellen Wandels, wohingegen viele, womöglich die meisten sogar, punktuelle Entwicklungssprünge vollziehen, auf die dann wieder lange Phasen der Stasis folgen.

Der Grund für diesen Exkurs besteht darin, veranschaulichen zu können, dass verschiedene Sichtweisen hinsichtlich eines Forschungsgebiets nicht in Stein gemeißelt sein müssen. Obwohl die Evolutionslehre bereits seit über 100 Jahre als Basis der Biologie gilt, unterscheiden sich die Ideen und Vorstellungen heute von jenen, von denen in der Vergangenheit ausgegangen wurde. Im Fachgebiet selbst zweifelt zwar niemand die Evolution an sich an, doch die Art und Weise, wie sie erforscht wird (Praxis und Datenerfassung) und die erhobenen Daten interpretiert werden (Art der Dokumentation, implizite Annahmen), unterscheidet sich heute von dem, wie vor 50 Jahren vorgegangen wurde. Somit hat sich die „Kultur" des Fachgebiets verändert. Ein „Paradigmenwechsel" hat stattgefunden.

Ein ähnliches Konzept kann man auch auf Punkrock anwenden. Die Punk-Community orientierte sich einst an bestimmten „Normen" wie Irokesenfrisuren, Bondage-Mode und Nietenhalsbändern. Mit diesen Attributen demonstrierte man seine Loyalität gegenüber einer gewissen Lebensweise und drückt somit aus: „Ich bin ein Punkrocker." Obwohl all diese Dinge auch heute noch akzeptable Komponenten des Punk-Outfits sind, haben sich mit der Zeit andere modische Ausprägungen eingebürgert, die vormals nicht akzeptabel gewesen wären.

Eines Tages im Jahr 2021 wollten Allison und ich in einem Pub nahe unseres Hauses zu Abend essen. Wir nahmen auch unseren Sohn Stanley mit, der der jüngste Zugang an der Graffin University ist. Obwohl er noch ein kleiner Junge ist, fährt er schon auf Pub-Food ab. Wir schlenderten ins pittoreske Hafenviertel von Watkins Glen, wo sich sowohl Touristen als auch Einheimische tummeln. Es war das erste Mal seit mehr als einem Jahr, dass wir zum Abendessen ausgehen konnten, da uns die Covid-19-Regulierungen zuvor davon abgehalten hatten. Doch nun, da die Pandemie scheinbar langsam zu Ende ging, hatten die Restaurants in New York wieder ihre Pforten geöffnet. Es wirkte so, als ob die ganze Stadt unterwegs wäre, um das herrliche Mai-Wetter zu genießen und so wie die Feriengäste die Bretterpromenade neben dem Restaurant entlangzuflanieren. Wie das bei größeren Ansammlungen von Urlaubern eigentlich immer der Fall ist, konnte man auch hier alle möglichen Moden, Stile, Größen und Temperamente bestaunen. Die Stimmung war generell positiv und ausgelassen. Eine der fröhlichsten Personen, die ich sah, war eine Frau mit welligem blonden Haar, vielleicht Anfang 30. Sie war lässig gekleidet und trug abgeschnittene Jeans und ein buntes T-Shirt. Sie passierte unseren Tisch auf ihrem Weg an die Bar, die sich am anderen Ende des Essbereichs befand. Dann fiel mir das Logo auf ihrem T-Shirt auf. „Allison, diese Frau trägt ein Misfits-Shirt!", sagte ich verdutzt. Normalerweise wäre das keine große Sache. Wir hatten hier schon oft Touristen in Punk-Shirts – sogar von Bad Religion – gesehen. Aber dieses spezifische Exemplar verblüffte mich, da es gebatikt war.

Ich bin mir nicht wirklich sicher, ob Glenn Danzig, der Sänger der Misfits und der King der schwarzen Horror-Klamotten im Punk und Metal hinsichtlich dieses speziellen Produkts konsultiert worden war, aber ich glaube nicht, dass er damit einverstanden wäre, dass das ikonische Logo seiner Band mit den archetypischen Farben und Mustern der Hippie-Bewegung kombiniert wurde. Scherz beiseite: Dieses T-Shirt war ein ganz eindeutiger Beweise dafür, dass sich in Bezug auf das Punk-Paradigma doch so einiges geändert hatte. Was einst von vielen Fans als quasi heiliges Logo verehrt wurde und als unmissverständliches Punk-Merkmal galt, prangte nun vor einem Hintergrund, der Bewunderung für die Woodstock-Generation zum Ausdruck brachte. Der Frau war es vermutlich ziemlich egal, wofür Batik oder die Misfits konkret standen. Sie wollte der Welt vermutlich nur mitteilen, dass ihr die Band gefiel, und ihr der farbenfrohe Look des T-Shirts zusagte.

Das ist keine Entwicklung, die in dieser Form unerwartet kommt. Auch ist es keine schlechte Sache per se. Es ist nicht Außergewöhnliches, auf Musikfans zu treffen, die sich keiner bestimmten Szene zurechnen – sie lieben es einfach nur, Konzerte und Festivals zu besuchen. Tatsächlich ist es überhaupt nicht schräg, wenn jemand sagt, dass er die Grateful Dead UND die Misfits mag. Vielleicht soll dieses T-Shirt ja genau solche Leute ansprechen. Was auch immer dahinterstecken mag, es enthält auch eine wichtige Botschaft in Bezug auf Punk. Es findet auch hier seit Längerem ein Paradigmenwechsel statt.

In der frühen Punkszene wäre jeder, der derlei Hippie-Mode getragen hätte, womöglich sogar gewaltsam konfrontiert worden und – sagen wir mal – aufgefordert worden, sich ihrer zu entledigen. Ein Faible für Hippie-Klamotten und dazugehörige Wertvorstellungen galt als Antithese zum „Movement" des Punks. Batik war verpönt – ebenso wie Federn und Glöckchen, Stirnbänder und Lederfransen, die entlang der Nähte an den Ärmeln einer Wildlederjacke verliefen. Auch Friedenssymbole waren eine Seltenheit. „Friede" war das Motto einer anderen Generation. Punks wollten einzigartig sein, indem sie sich von ihren Vorgängern abgrenzten. Symbole und Embleme, die für „Peace and Love" standen, wurden von solchen abgelöst, die „Destroy and Anarchy" aussagen wollten.

Doch was später als Punk verkauft wurde, einen demokratisierender Einfluss auf ebendiesen hatte und später in so ziemlich jeden Haushalt Amerikas vordrang – dem Land der endlosen technologischen und konsumorientierten Möglichkeiten –, waren die kommerziell relevanten Accessoires, mit denen der unersättliche Appetit der jungen Leute gestillt werden sollte. Es handelte sich hierbei um modische Kleinode genauso wie Lifestyle-Aktivitäten und Extremsportarten à la Skateboarden, Snowboarden, Motocross und Surfen. Kurz darauf folgte der technologische Boom rund um Computerspiele, die nicht nur diese Trendsportarten simulierten, sondern gleich noch welche dazuerfanden, um die entrückte Generation von Couchpotatos zufriedenzustellen, die sich selbst ebenfalls als Punks empfanden.

Was für ein unsagbares Glück aber auch! Denn ohne diese Demokratisierungswelle innerhalb unseres Genres wären Bad Religion bloß eine unbedeutende Fußnote im Geschichtsbuch der Musik des 20. Jahrhunderts geblieben. Doch so wurden wir zu einer relevanten Größe, die selbst im 21. Jahrhundert noch Bestand hat. Selbst wenn man sich an uns nur als Band erinnern würde, die eine Handvoll Songs zu ein paar weltweit höchst populären Games wie *Tony Hawk's Pro Skater 2*, *Crazy Taxi*, *Guitar Hero* oder *Forza* beigesteuert hat, wäre unser Vermächtnis immer noch beneidenswert. Aber inzwischen haben wir noch viel mehr vorzuweisen. Ohne es darauf abgesehen zu haben, das Regelwerk unseres Genres umzustrukturieren, sind wir in den Mainstream eingesickert und trugen mehr bei als nur ein paar schnöde Goldene Schallplatten, nämlich eine spezifische ethische Ausrichtung und unser Engagement für die offenbar bedrohten Werte der Aufklärung. Seit jeher handeln unsere Songs vom Kampf gegen die Engstirnigkeit. Wie paradox es erscheint, dass so ein wichtiger Beitrag zur Gesellschaft und Zivilisation ausgerechnet von einer Punkband stammt, deren ursprüngliches Milieu, selbst wenn dieses heute dank der Konsumgesellschaft eine gewisse Popularität genießt, einst ganz im Zeichen von Zerstörung, Anarchie und Nihilismus stand. Destruktives Verhalten mag selbst heute noch als Punk-Archetyp gelten, doch wir trachten ausschließlich danach Ignoranz, Unwahrheit und Aberglaube zu zerschmettern. Es scheint fast, als stünden wir vor einem der rätselhaftesten Paradoxa überhaupt: Punk als positiver Einfluss auf die Gesellschaft.[10] Sollte das von Bad Religion etablierte Paradigma glaubwürdig sein, kann es gar keinen anderen Rückschluss

---

10 Positives Denken wurde bereits in den 1980er- und 1990er-Jahren als eigene Strömung innerhalb der Punk-Community etabliert. Rund um die Band 7 Seconds aus Reno, Nevada, entstand die Aktivistengruppe „Positive Force", zu der sich später auch viele andere Bands (hauptsächlich von der Ostküste) bekannten. Sie versuchten eine Art „Movement" zu begründen, das gewisse Verhaltensweisen vorschrieb. So musste man dem Alkohol und den Drogen entsagen („Straight Edge") und sich an einer Reihe „humaner Werte" orientieren. Allerdings traf diese Bewegung in der schnell expandierenden Welt des Punkrocks nicht auf breite Akzeptanz. Warum auch? Die meisten Leute wollen unterhalten werden und nicht gesagt bekommen, was sie tun und lassen sollen. Sie wollen Musik – keine Vorschriften für angemessenes Verhalten. Punk ist letzten Endes auch nur Unterhaltung und kein Social Engineering. Wenn Punks sich nach einer Lebensanleitung sehnen, sollten sie besser die Kirche besuchen oder eine Sekte gründen – genau jene Dinge eben, gegen die Bad Religion seit jeher eingestanden sind.

geben. So wie das selbstkorrigierende Rahmenkonzept der wissenschaftlichen Forschung streben wir mit unserem musikalischen Gesamtwerk nach einer Verbesserung des menschlichen Daseins. Schon seltsam, solchen Dingen sein ganzes Leben zu widmen. Da könnte man auch gleich gegen eine Wand reden. Wäre es nicht vielleicht doch besser gewesen, wenn ich wie meine Vorfahren Zimmermann oder Maschinenschlosser geworden wäre? Oder gar die Tradition meines Urgroßvaters Zerr als Bibelgelehrter und Prediger fortgeführt hätte? Nein. Sie alle verkörperten eine gewisse Engstirnigkeit und Widerwillen gegenüber Wandlungsprozessen. Mein Leben hat mich jedoch gelehrt, dass Veränderung unausweichlich ist. Deshalb sollte man besser in der Lage sein, auch die unangenehmen und bitteren Momente des Lebens zu akzeptieren und seine Intelligenz zu nutzen, um sich anzupassen und zu überleben. Punk hat mir bisher eine angenehme Reise ermöglicht, obwohl das Genre regelmäßig von Miesmachern, Verleumdern, Gaunern und voreingenommenen Fundamentalisten heimgesucht wird. Trotz all dieser verzichtbaren Anhängsel unserer zivilisierten Gesellschaft hält sich Punk weiterhin wacker. Meine Ratschläge in Bezug auf all die negativen Aspekte? Man sollte trotz aller Widrigkeiten immer weitermachen. Die Werte der Aufklärung sind dabei eine gute Orientierungshilfe. Auch ist es stets besser, sein Wissen mit anderen zu teilen, als eine Doktrin zu verbreiten. Solcherlei Vorgehensweisen haben sich als besonders „Punk“ erwiesen – mehr ist fast nicht möglich.

EPILOG

Ich war mit dem Auto nach Kalifornien gefahren und so dem trostlosen Aprilwetter im Bundesstaat New York entkommen. Dort stand ich nun an der Kreuzung Wilshire Boulevard und Merv Griffin Way, gerade einmal einen Häuserblock vom Santa Monica Boulevard entfernt, jenem sündigen Korridor des Abenteuers, auf dem wir einst – „in der guten alten Zeit" – gen Osten und somit Richtung Hollywood gelangten. Ich habe die letzten vier Nächte im Beverly Hilton verbracht und fahre jetzt aus dessen Parkplatz aus. Der Verkehr kommt kurzfristig zum Erliegen, während eine Fußgängerin über die geschäftige Kreuzung schlendert. Hinter mir bildet sich eine Schlange von Autos – ein Phänomen, das auch auf der Gegenfahrbahn zu beobachten ist. Ganz vorne erkenne ich einen unverkennbaren grünen Toyota-Truck, der niemand Geringerem als meinem alten Kumpel und Bassisten Jay gehört. Da die Ampel wohl nicht so bald auf Grün springen wird, betätige ich einen Knopf auf meinem Lenkrad, mit dem ich die Stimmerkennung aktiviere. „Jay Bentley anrufen", sage ich mit meiner heiseren Morgen-Stimme. Der Computer verbindet mich erfolgreich. „Ich bin gerade direkt vor deinem Hotel", sagt er. „Kannst du mich von deinem Balkon aus sehen?" Ich verneine und weise ihn an, seinen Blick zu senken. „Fantastisch", lachte er. „Lass uns im Konvoi fahren!"

Wir machten uns auf den Weg nach Hollywood, das sich nur ein paar Kilometer die Straße runter befand. Dort wollten wir anlässlich unseres 40-Jahre-Jubiläums im berühmten Nachtclub Roxy ein Konzert spielen, das man online streamen konnte. Auf uns wartete bereits ein professionelles Team samt Kameraleuten und Technikern. Angeleitet wurden sie von Rick, unserem Tourmanager, der als Produzent der Show fungierte. Der Gig sollte eine vierstündige, in mehrere Episoden unterteilte Sondervorstellung sein, für die wir Songs aus allen Jahrzehnten unseres Bestehens zum Besten geben wollten. Viele der ausgewählten Nummern waren echte Raritäten, die wir noch nie oder nur selten live gespielt hatten.

40 Jahre zuvor hätte man Jay und mich vielleicht zusammen in einem Truck gleicher Farbe an derselben Kreuzung in dieselbe Richtung zu derselben Location fahren sehen können, um ein Punk-Konzert im Roxy oder nebenan im Whisky a Go Go zu besuchen. Während unseres Telefonats überkam mich ein Anflug von Nostalgie. „Jay, stell dir vor, ich hätte dir seinerzeit gesagt, dass du mich 40 Jahre später während einer globalen Pandemie an dieser Kreuzung treffen würdest, um hinter meinem Wagen, an dem ein New Yorker Nummernschild befestigt ist, zum Roxy zu fahren, wo wir unsere 17 Studioalben und all unsere Songs mit einem Konzert feiern werden, das man auf der ganzen Welt sehen kann." Er fand das unglaublich. „Yeah", stimmte ich ihm zu. „So unglaublich, wie dass wir uns heute an dieser Kreuzung treffen!"

Während ich in diesem Augenblick schwelgte, den uns der Zufall beschert hatte, übernahm der emotionale Teil meines Gehirns die Kontrolle über mein Denken, mitsamt Erinnerungen und Assoziationen, die sich aufgrund ihrer Komplexität jeglicher mathematischer Berechnung entziehen. Mir wurde klar, dass es unmöglich wäre, all die unzähligen außergewöhnlichen Ereignisse adäquat aufzulisten, die mich hierhergebracht hatten. Um seine eigene Geschichte erzählen zu können, bedient sich jeder Mensch aus dem Fundus seines selektiven Gedächtnisses. Den Augenblick auszukosten ist ja schön und gut, aber zu begreifen, wie man überhaupt dorthin gelangt ist, kann eine echte Lebensaufgabe darstellen. Aber das ist wohl mein Los als aufmerksamer Beobachter der menschlichen Natur. Der Moment löste jedenfalls einen Nachdenkprozess aus, den ich bis nach unserem Konzert aufschieben musste.

Als ich wieder zuhause in New York war, las ich endlich jenes Buch, das mich seit 1971 von Dads Bücherregal aus angestarrt hatte: Konvoi von Norman Mailer. Die Lektüre dieses Schmökers zeigte mir, dass Mailer schon 1968 die antiautoritäre Haltung der amerikanischen Jugendbewegung auf den Punkt gebracht hatte. Im Prinzip erklärt Mailer, dass die Neue Linke eine kritische Reaktion auf die Alte Linke darstellte, die als Komplizin mit den Rechten gemeinsame Sache gemacht hatte, um auf diese Weise das Übel der sogenannten „Obrigkeit“ zu erschaffen. In ihrer einfachsten Form diente die Arbeiterschaft den Bedürfnissen der Industriellen. Die Neue Linke strebte danach, diesen Zustand mithilfe der „Hippie-Revolution“ zu beenden, was, wie Mailer aufzeigte, zu einem ambivalenten und vorhersehbaren Resultat führte. Die Märsche zum Pentagon im Jahr 1967 waren konkrete Handlungen, mit denen uneindeutige Ziele verfolgt wurden. Die Teilnehmer wussten nicht, was es letzten Endes bringen würde, das Gebäude mit ihren Einberufungsbefehlen in Händen zu stürmen. Dennoch versinnbildlichte diese Aktion den antiautoritären Geist, der sich während der 1960er zu einem zentralen Merkmal der Neuen Linken entwickelte.[11] Infolgedessen hatte sich die sogenannte Obrigkeit bis zum Auftreten von Punk nicht grundlegend verändert. Scranny von Wasted Youth und Jim Lindberg von Pennywise sangen im Abstand von 20 Jahren jeweils Songs mit dem Titel „Fuck Authority“, doch im Grunde genommen vertraten sie damit eine Aussage, die bereits in den 1960ern die Runde gemacht hatte. Die Kids, die Mailer beschrieb, empfanden die Obrigkeit als „das manifestierte Böse … welches das Land mit diesen Suburbs zugepflastert hatte“. Dabei handelte es sich um dieselben Suburbs, gegen die wir auch Suffer gezetert hatten und in denen zahllose unserer Fans wohnten, die wiederum Punkrock endgültig in den Stand einer brauchbaren Musikrichtung hieven sollten. So neuartig unsere Herangehensweise auch gewesen sein mag, so veranschaulicht sie trotzdem viel mehr ein Kontinuum als eine Revolution im Geiste einer Bewegung, die unserer eigenen lange vorausgegangen war. (Tatsächlich gab es sie ja schon vor den Hippies.) Es gibt eben wirklich nichts Neues unter der Sonne, wie es so schön heißt.

Als ich weiterlas, kam es mir so vor, als würde ich einen Code entschlüsseln. Die geheimen Worte standen dort förmlich Schwarz auf Weiß. Als würde Dad sie uns telepathisch als Anleitung für ein gutes Leben zuschicken. Der moralische Kompass der Graffin-Sippschaft. Mailer gibt einen Hinweis darauf, woher

---

11 Wie ironisch, dass dieses Vorgehen mittlerweile als ein Charakteristikum der Neuen Rechten durchgeht, nicht wahr?

er den Titel seines Buches ableitet, wenn er offenbar Fitzgerald paraphrasiert und von „der langen dunklen Nacht der Seele, in der es immer drei Uhr morgens ist" schreibt. Damit meint er VERANTWORTUNG. In diesem konkreten Fall die Verantwortung, als Autor und Lehrer, gute Arbeit zu leisten, denn „als die Macht der Kommunikation größer wurde, trat auch die Verantwortung in den Vordergrund, die Nation zu unterrichten". Obwohl Dad nie auf solch präskriptive Art mit uns sprach und dieser Ausschnitt auch ein wenig aus dem Kontext gerissen war, sprangen mich die Worte förmlich an. Es ist fast so, als ob der „Geist" unsers Haushalts – die Einschränkungen und Freiheiten, die unser Verhalten bestimmten – den Berufsweg seiner Bewohner festgelegt hätte.

Das Gefühl, für meine Arbeit, meine Songs und meine Ideen verantwortlich zu sein, war von Anfang an beeinflusst vom Geist der Graffin University. Der Campus ist inzwischen größer als damals. Das originale Gebäude und dessen kleine Bibliothek in Racine, Wisconsin, beherbergen nach wie vor meinen Dad. Dort befinden sich auch einige meiner frühen Werke, die zum Teil noch aus der Zeit stammen, als ich ein Kleinkind war. Sie zieren etwa die Wände meines damaligen Kinderzimmers und scheinen seit den 1970ern und 1980ern, als sie dort aufgehängt wurden, nicht mehr berührt worden zu sein. Die jüngste Erweiterung fand im Bundesstaat New York statt und umfasst ein 40 Morgen großes Campusgelände mitsamt einem zweistöckigen Domizil, das mit neumodischen, „grün zertifizierten" Materialien erbaut wurde. Allison kümmert sich um die Administration und unser Neuzugang Stanley ist der jüngste Student, der unser Curriculum durchläuft.

Leider erfuhr der Campus im San Fernando Valley 2018 einen herben Verlust. Mom verstarb nach einem tapferen Kampf gegen CCL (chronische lymphatische Leukämie). Für ihre letzten beiden Lebensjahre behielt sie ihr Leiden und ihre alltäglichen Qualen zum Großteil für sich. Obwohl ich viel auf Tour war, spürte ich die Verschlechterung ihres Zustandes. Allerdings konnte ich nur aus der Ferne zuschauen. Die Familie war dennoch an ihrer Seite, als sie ihren letzten Atemzug tat.

Moms Tod brachte die Aufgabe mit sich, ihr Leben zu rekonstruieren und nachzuvollziehen. So durchstöberten wir ihre archivierten Fotos, Notizen, Dokumente und auf dem Dachboden verstaute Artefakte. Mom folgte dem Diktat ihres Gewissens, als sie ihre Garage unserer Band zur Verfügung stellte und mich stets sanft ermutigte, indem sie mir versicherte, dass mich in der Zukunft immer etwas Gutes erwartete, so lange Bad Religion aktiv wären. Ihre eigene Freude über unseren Erfolg ging weit über den Stolz und die Liebe einer Mutter hinaus. Ihr Zuspruch basierte stets auf ihrer antireligiösen Einstellung und ihren von der Aufklärung geprägten Werten – den grundlegenden Faktoren ihrer lebenslangen Rebellion gegen die Engstirnigkeit der Gesellschaft, die sie seit ihrem Abschied aus dem ländlichen Teil Indianas begleiteten.

Die abgrundtiefe Traurigkeit, die ich während des langgezogenen Abschieds von meiner Mutter empfand, drängte das bandinterne Drama rund um den Ausstieg beziehungsweise die Ablösung meines alten Kumpels Greg Hetson etwas in den Hintergrund. Aber auch dies war ein herber Verlust. Greg hätte Besseres von mir verdient, aber ich konnte leider nicht für ihn da sein, als ihm seine Mitgliedschaft in der Band entzogen wurde. Wie es dazu kam, ist eine Geschichte für ein anderes Mal. Vielleicht wäre es auch am besten, wenn er sie eines Tages selbst erzählt. Doch wie so vieles im Leben war auch diese Episode von unvorhersehbarer Willkür gekennzeichnet.

Jay und ich reminiszierten über eine erstaunliche Tatsache: Punk liefert nun schon seit 40 Jahre die Kulisse zu unserem Leben. „Welch beachtliche Widerstandsfähigkeit dieses Punk-Dingens doch aufweist!", bemerkte ich. Anstatt zu versuchen, mich anzupassen, war mein Leben zwischen Wissenschaft – dem intellektuellen Treibstoff – und der Welt des Entertainments – meinem pädagogischen Werkzeug – hin und her mäandriert. Über die Jahre hinweg bemühte ich mich, den Prinzipien der Graffin University treuzubleiben, und hörte auf, mir Sorgen darüber zu machen, ob meine Handlungen nun mit irgendeiner überholten Vorstellung von Punk konformgingen.

Diese simple Conclusio empfand ich als zufriedenstellend, als ich auf die Bühne im Roxy stieg, um unsere Show zu performen. Doch später am Abend, nachdem wir unser Konzert gespielt hatten und ich wieder in meinem Auto saß, widmete ich mich noch einmal der unentwirrbaren Verstrickung von Kultur und menschlichem Verhalten. Beide Faktoren entstanden simultan, anstatt einander zu bedingen. Die Höhlenmalereien der prähistorischen Menschen waren das Produkt einer Vorstellungskraft, die nur durch eine andere Kunstform hervorgerufen werden konnte. Auch war es nicht so, als hätte Punk die Punkrocker erschaffen. Vielmehr war es andersherum. Um diese Sichtweise zu untermauern, muss man den „Ur"-Punk identifizieren. Wer war das? Wann betrat er/sie/es die Bildfläche? Den Ursprung zu finden, wird eine schier endlose Aufgabe. Vielleicht kann meine eigene Geschichte dieser Suche ja ein wenig Textur und Kontext verleihen. Aber so weit es mich betrifft, verfügt Punk über keinen definitiven Ursprung. Zum Glück kann ich abschließend auch sagen, dass es keinerlei Hinweise für sein baldiges Aussterben gibt.

DANKSAGUNGEN

Der Autor möchte sich bei den folgenden Personen für ihre Beteiligung an diesem Projekt bedanken:

Matthew Elblonk von der literarischen Agentur DeFiore & Company
Ben Schafer, Lektor bei Hachette Books
Mike Mantgem, Lektor
Fred Francis, Projekt-Lektor bei Hachette Books
Christina White, Mutiny PR
Allen Freunden, Familienmitgliedern und Kollegen, die zu den Ereignissen, die auf den Seiten dieses Buches geschildert werden, beigetragen haben.